Riemann
One Earth Spirit

Thomas Schuler

Immer im Recht

Wie Amerika sich und seine Ideale verrät

Riemann
One Earth Spirit

Für RUBEN

1. Auflage
© 2003 Riemann Verlag, München
in der Verlagsgruppe Random House GmbH
Redaktion: Ralf Lay
Satz: Uhl + Massopust, Aalen
Druck und Bindung: GGP Media, Pößneck
Printed in Germany
ISBN 3-570-50036-5
www.riemann-verlag.de

Inhalt

Prolog 9
Einführung: The American Way of Law –
und seine Schattenseiten 13

Kapitel 1: Die Natur der Skorpione
Wie Anwälte nach dem 11. September 2001 erstmals
nicht klagen und ihr »wahres Gesicht« zeigen wollten 25
Opfer vor Fluggesellschaften 29
She Wants her Day in Court 38
Der Schuss geht nach hinten los 42
Der Dammbruch 49

Kapitel 2: The Rule of Law, not Men. Not Men?
Wie die Siedler das Recht und
damit die Geschichte beherrschen 54
Das Recht – König der Neuen Welt 58
Besitz vs. Indianer, Schwarze und Frauen 63
Verbrechen waren Sünden, und Sünden
waren Verbrechen 82
Die Herrschaft der weißen protestantischen
Männer 87
Indianer sollen ihr Recht bekommen –
Washingtons Casinopolitik 91
Im Namen der Sklaven? Die Entschädigungsklage
und die Folgen 97

Kapitel 3: Eine Krankheit namens Jurismania
Die Besessenheit, zu klagen und zu strafen 99
Der Glaube an das Recht –
und an die Anwälte 99
Verrückte Klagen und ihr »Sinn« 109

Die Angst, verklagt zu werden 118
Lebenslang für Ladendiebstahl 128
Knast als Kult 137
Keine Wahl für Kriminelle 141
Todesstrafe: Im Zweifel gegen den Angeklagten.
The System works 144

Kapitel 4: Money Makes the World Go Round
Wie das Recht die Wirtschaft beherrscht und
Unternehmen das Recht beherrschen 149
Firmen sind Personen 151
Die Tricks der Bosse 158
Die Kontrolleure kontrollieren nicht 163
Der König der Sammelkläger 176
Ein Modell versagt:
Die Waffenlobby blockt die Klagen ab 188
Justice & President for Sale 203
Charity: Tue Gutes und lass es alle wissen 211
Meinungsfreiheit:
Die Freiheit einiger weniger, ihre Meinung zu sagen 222

Kapitel 5: Fünf Richter wählen einen Präsidenten
Wie das Recht die Politik und Politik das Recht
beherrscht 231
Politikerjuristen und der Bauch eines Grashüpfers 231
Verschwundene Wähler 239
Der Coup d'État 254
Wie christliche Fundamentalisten Politik machen 260
Gegen Homosexualität, Ehebruch und Bill Clinton 271
John Ashcrofts Härte im Kampf gegen den Terror 278

**Kapitel 6: Im Namen der Menschenrechte –
oder der Waffen und des Öls?**
Wie das Recht die Außenpolitik (nicht) beherrscht 286
Als Präsident gescheitert, als »Privatmann«
Friedensnobelpreisträger 287
Auch Konservative achten die Menschenrechte –
manche besonders 297

(K)ein Imperium 301
Weltbank und Währungsfonds als
Erfüllungsgehilfen 311
Die Hüter der Menschenrechte 320
Ein Supermarkt für Waffen 331
Menschenfreunde werfen Bomben –
und humanitäre Hilfsgüter 343
Internationales Recht – in den USA
nicht durchsetzbar 347
Klagen gegen Diktatoren und Folterer 355
Das Internationale Strafgericht:
Niemand darf über dem Recht stehen – (nur wir!) 359
Bhopal: Der Starke bekommt Recht 375
Die Antwort weiß nur der Wind:
Monsanto vs. Schmeiser 380
Die Aufrüstung des Iraks 390
Präventivkrieg vs. UN-Charta 400
Amerikas »lebenswichtige Interessen«: Öl 407
Der Kampf ums Recht und der Kampf ums Öl:
Wie sich beides ergänzt 417

Epilog: Coca-Cola oder Root Beer
American Law – ein Exportgut erobert die Welt.
Wird es sich und die Welt zerstören? 421

Anhang
Literatur 431
Glossar 441
Danksagung 443
Register 445

Prolog

Fünfunddreißig Tage nach der Präsidentschaftswahl am 7. November 2000, die keinen Gewinner fand, kürte der höchste Gerichtshof der Vereinigten Staaten am 12. Dezember 2000 George W. Bush zum Präsidenten. Mit fünf zu vier Stimmen ernannten die neun obersten Richter Bush knapp zum »mächtigsten Mann der Welt«, als welcher der Präsident der USA gemeinhin bezeichnet wird. Die Richter urteilten kontrovers und knapp. Sie wählten Bush nicht direkt, und doch muss ihnen die Tragweite ihrer Entscheidungen von Beginn an klar gewesen sein. Erst stimmten sie gegen die weitere Auszählung der Stimmen in Florida, die möglicherweise einen Sieg Al Gores ergeben hätte. Die diesbezügliche Anordnung des obersten Gerichts von Florida sei nämlich nicht rechtens. Bevor das Gericht in Florida reagieren und seine Anordnung neu formulieren konnte, stoppten die fünf konservativen Richter des Supreme Court in Washington das höchste Gericht von Florida und verhinderten damit eine Neuauszählung. Am nächsten Tag, dem 13. Dezember, gab Al Gore auf und erklärte seinen Gegner George Bush zum Wahlsieger.

Dass Richter einen Präsidenten bestimmen, war ohne Beispiel. Der Vorgang machte sichtbar, wie groß die Rolle ist, die Richter und das Recht in den USA spielen. Und wie fragwürdig. Fünf konservative Richter, deren Mehrheit in ihrem Gericht gefährdet schien, falls Al Gore gewonnen hätte, sprachen nicht Recht, sondern trafen eine politische Entscheidung. Sie entschieden für Bush und damit für sich, denn Richter des Supreme Court werden vom Präsidenten ernannt. Die fünf sicherten ihre konservative Mehrheit im höchsten Gericht der USA.

Bemerkenswert war, dass es keine Unruhen gab wegen des Urteils. Amerikaner akzeptierten es, so parteiisch es auch sein mochte. In den Stunden, in denen der studierte Jurist Gore seinem Gegner zum Sieg gratulierte, bat er seine enttäuschten Mitarbeiter, bitte nicht gegen das Urteil oder gegen die Richter zu polemisieren. Der Ausgang der Wahl bezeugte, wie tief verwurzelt der Glaube an das Recht in Amerika ist und wie sehr Amerikaner das Recht achten. Die Herrschaft des Rechts ist ihnen heilig. Der Ausgang der Wahl schien der Beweis, dass sie sich immer im Recht bewegen und sich ihm willig beugen.

Kurz nach der Entscheidung des Supreme Court vollbrachte Bill Clinton – auch er ausgebildeter Jurist – seine letzte Amtshandlung: Nach langem Zögern unterzeichnete er im Dezember 2000 das Abkommen für einen Internationalen Strafgerichtshof in Den Haag und schien damit zu bezeugen, dass sich Amerika auch im Zusammenleben mit anderen Staaten dem Recht beugt. Allerdings schickte er das Abkommen nicht dem Senat, um es von ihm ratifizieren zu lassen. Im Februar 2001 erklärte Bush schließlich die Ablehnung des 1998 von 120 Staaten beschlossenen Abkommens über die Gründung eines Internationalen Strafgerichtshofs. Nach den Terroranschlägen am 11. September 2001 durfte man kurze Zeit glauben, dass die USA dem Strafgericht nun doch vielleicht beitreten würden. Immerhin schienen George W. Bush und die Senatoren plötzlich geläutert, was die Bedeutung der Vereinten Nationen betraf. Sie zahlten ausstehende Beiträge und traten lautstark für internationale Zusammenarbeit ein.

Doch ihre Rhetorik hielt nicht lange an. Statt das Abkommen zu ratifizieren, verkündete Bush im Mai 2002, die USA nehmen die Unterschrift Clintons zurück. Die Vereinten Nationen waren schockiert. Das hatte es noch nie gegeben. Während die USA in den darauf folgenden Monaten mit Nachdruck betonten, man müsse gegen den Irak Krieg führen, weil er internationale Abkommen gebrochen hat, nahmen sie sich das Recht heraus, die Unterschrift eines Vertrags einfach für ungültig und ungeschrieben zu erklären. Was, fragten sich die Juristen der Vereinten Nationen, wenn auch andere Länder im Krisenfall plötzlich von Verträgen zurücktreten? Bestärkten die USA durch ihr Verhalten nicht gerade Länder wie den Irak in ihrer Auffassung, es sei völlig in Ordnung, Verträge zu brechen?

Damit aber noch nicht genug. In Verträgen ließen sich die USA zusichern, dass Amerikaner immun gegen Anklagen des Internationalen Strafgerichts sind und somit über dieser Instanz stehen. Weitgehend unbemerkt von der Öffentlichkeit segnete der Kongress sogar ein Gesetz ab, wonach die USA es nicht akzeptieren, wenn Amerikaner vor das Strafgericht gestellt werden. Das Gesetz sieht vor, dass die USA ihre Bürger notfalls mit Gewalt aus dem Gewahrsam des Gerichts in Den Haag befreien werden.

Damit war amerikanisches Gesetz, dass es kein Recht geben darf, das über amerikanischem Recht steht: Wer über Amerikaner richten will, muss mit gewaltsamer Gegenwehr rechnen. Amerika glaubt, selbst diese Machtfrage rechtlich regeln zu müssen. Die Botschaft Washingtons an den Rest der Welt war somit eindeutig: Amerika ist immer im Recht.

The American Way of Law – und seine Schattenseiten

»In Japan kommen etwa zwölf Anwälte auf 100 000 Einwohner. In Deutschland sind es 82 Anwälte pro 100 000 Einwohner. In England kommen 103 auf die gleiche Zahl von Bewohnern, und in den USA kommen fast 308 Anwälte auf 100 000 Einwohner.«   *Ed Rubenstein*

»Wo zu viele Polizisten sind, kann es keine Freiheit geben. Wo zu viele Soldaten sind, kann es keinen Frieden geben. Wo zu viele Anwälte sind, kann es keine Gerechtigkeit geben.«   *Patrick Regan*

»In seinen extremen Ausformungen kann das, was die Amerikaner ›die Herrschaft des Rechts‹ nennen, einer Geisteskrankheit ähneln. Warum glauben Amerikaner jeglicher sozialer Herkunft und politischer Ausrichtung so beharrlich, dass sich the law erfolgreich durchsetzen kann, wo Politik und Gesellschaft scheitern?«
Paul F. Campos

Der American Dream verspricht jedem Bürger in den USA das Recht, sich zu verwirklichen. Es gibt keine Klassen, sondern gleiches Recht für alle. Das ist das Versprechen, dem Millionen in dieses Land gefolgt sind, Tausende auch heute immer noch Jahr für Jahr folgen. Doch der American Dream verspricht nicht nur das Recht auf Selbstverwirklichung. Er verspricht jedem Bürger the *rule of law* – die Herrschaft des

Rechts. Wem Unrecht geschieht oder wer glaubt, dass ihm Unrecht geschieht, der kann sich wehren und vor Gericht für sein Recht kämpfen. Eine Klage ist die moderne Version eines Duells mit Waffen. Der Glaube an das Recht ist eines der Fundamente des Landes: Der American Way of Life ist der American Way of Law.

Auf der ganzen Welt herrsche die Vorstellung, dass man in Amerika nur hart genug arbeiten müsse, um alles zu bekommen, sagt der Jurist und Rechtsgelehrte Stuart M. Speiser. Der amerikanische Traum handle vom Haben, nicht vom Sein. Der Traum mag geistig sein, aber sein Ziel ist handfest: ein größeres Auto, ein größerer Kühlschrank, ein schöneres Haus, eine schönere Frau. Der Traum ist beständig, er hat Jahrhunderte überlebt. Er überlebt auch die Gescheiterten, denn die Erfolgreichen schreiben seine Geschichte ganz allein. Die Gescheiterten schweigen schamvoll oder werden einfach nicht gehört. Die Einwanderer erhalten den Mythos am Leben, meint Speiser: »Auf jeden Amerikaner, der es nicht schafft, kommen hundert Ausländer, die den Platz der Amerikaner einnehmen.«

Tatsächlich gibt es kein Land, in dem der Glaube an das Recht so ausgeprägt, allgegenwärtig und beherrschend ist wie in den USA. Kein anderes Land verfügt über vergleichbar viele Anwälte, auch nicht in Proportion zur Bevölkerung. Auf rund 800 000 wird ihre Zahl geschätzt.

Viele Amerikaner denken, dass es zu viele Anwälte gibt; sie stehen ihrer großen Zahl jedoch hilflos gegenüber und flüchten in Witze über deren Geschäftstüchtigkeit, die manche als Geldgier bezeichnen, zum Beispiel: »Wie viele Anwälte braucht man, um einen platten Reifen zu wechseln? Antwort: drei. Einer ruft den Abschleppwagen, einer schüttelt die Martinis, und einer macht sich Notizen für den kommenden Prozess gegen den Reifenhersteller.« Oder: »Wie viele Anwälte braucht man, um eine Glühbirne zu wechseln? Antwort: Wie viele kannst du dir leisten?« Oder: »Was haben Anwälte und

Computer gemeinsam, was nicht? Antwort: Beider Zahl hat in den vergangenen Jahrzehnten stark zugenommen. Unglücklicherweise sind die Anwälte jedoch nicht jedes Jahr doppelt so schnell und halb so teuer geworden.«

Zwischen 1960 und 1985 hat sich ihr Anteil am Einkommen der Nation verdoppelt; das heißt, 1985 gab Amerika zweimal so viel Geld für Anwälte aus wie 1960. Der Trend hält seither an. In den neunziger Jahren hat das Land rund 100 Milliarden Dollar jährlich auf die Konten der Anwälte überwiesen, während es zwanzig Jahre davor angeblich weniger als ein Drittel der Summe war. Allein dank des 246 Milliarden Dollar teuren Vergleichs der Städte und Staaten mit den Tabakkonzernen im Jahr 1998 erhalten eine Hand voll Anwälte zusammen drei Milliarden Dollar – jährlich, 25 Jahre lang. Diese Anwälte jetten in eigenen Flugzeugen durchs Land. Sie sind Stars, über deren Lifestyle in Presse und Fernsehen im Stile von Rockstars berichtet wird. Sie können nun praktisch jede Industrie ins Visier nehmen. Einer von ihnen, Ron Motley, kann es sich leisten, 25 Anwälte auf saudi-arabische Banken sowie die Königsfamilie anzusetzen. Wegen Beteiligung an den Attacken vom 11. September 2001 will er sie auf eine Billion Dollar Schadenersatz verklagen. Im Außenministerium in Washington beobachtet man mit gemischten Gefühlen, dass ein streitlustiger Anwalt die engen Beziehungen zu einem verbündeten Land gefährdet.

Allein die immensen Honorare des Tabakvergleichs brächten das amerikanische Rechtssystem in den nächsten Jahren aus der Balance, fürchtet James Wootton, Präsident der amerikanischen Handelskammer. Unternehmen beziffern ihre Kosten für Klagen bereits jetzt auf jährlich mehr als 200 Milliarden Dollar. Weil die Firmen diese Kosten auf ihre Produkte umlegen, würde jede Person in den USA jährlich mit einer unsichtbaren »Klagesteuer« von 1200 Dollar belegt. Macht 5000 Dollar für eine vierköpfige Familie – der Preis der Demokratie auf dem Klageweg.

In keinem anderen Land haben Anwälte so viel Einfluss darauf, wie Geld und Macht verteilt werden. Ein Rechtsanwalt ist eine Person, die die Regeln des Landes kennt, sagt der Komiker Jerry Seinfeld. »Wir alle würfeln, spielen unser Spiel, machen unseren Einsatz auf dem Spielfeld, aber wenn ein Problem auftaucht, dann ist der Anwalt die einzige Person, die die Spielregeln kennt.« Er kennt das System. Schließlich hat er die Regeln gemacht. Historisch gesehen, waren mehr als die Hälfte aller Kongressabgeordneten Anwälte. »Dass ein Anwalt Gesetze macht, ist in etwa so, als würde ein Doktor Krankheiten machen«, sagt man zwar. Aber Anwälte haben dafür gesorgt, dass nur an die wichtigen Schaltstellen des Landes kommt, wer das System versteht und weiß, wie man es manipulieren kann. Heutzutage sind rund ein Drittel der Kongressabgeordneten Anwälte. 26 der ersten 42 Präsidenten des Landes waren Anwälte, darunter Franklin D. Roosevelt, Richard Nixon und Bill Clinton. Bezeichnend, wie die *New York Times* die ersten Amtswochen von Clinton beschrieb: Er agiere »auf Art eines Anwalts«, beschäftige sich »mit technischen Details, Schlupflöchern und Fliegendreck«.

Das politische Geschäft ist zutiefst von Juristen geprägt. Entweder stammt man – wie Vater und Sohn Bush – aus einer reichen Bankerfamilie, die sich die besten Anwälte leisten kann, etwa James Baker. Dem Vater hat er als Außenminister gedient; dem Sohn verhalf er in Florida zum Wahlsieg. Oder man ist – wie Bill Clinton und seine Frau Hillary oder wie Clintons Vize Al Gore – selbst Anwalt und hat genügend gute Freunde, die ebenfalls Juristen sind. Etwa Warren Christopher, der erst Clinton als Außenminister diente und später in Florida für Al Gore gegen James Baker und George W. Bush kämpfte. In Clintons erster Amtszeit waren 75 Prozent seiner Kabinettsmitglieder Anwälte; Juristen besetzten außerdem mehr als ein Drittel der wichtigen Posten auf der Ebene darunter. Der ehemalige Unternehmer Bush hat sein Kabinett

mit deutlich mehr ehemaligen Unternehmern statt mit Anwälten bestückt.

Einst meuterten die Kolonien gegen den britischen König,
weil er das eigene Recht nicht befolgt hatte. Amerika wurde geboren, damit die Schwachen gegen die Starken auf ihrem Recht
bestehen konnten. Es gibt ihn zwar auch heute noch, den kleinen Anwalt, der gegen 20 000 Dollar Jahreslohn tapfer und
aufopferungsvoll für eine Bürgerrechtsorganisation kämpft.
Immer seltener jedoch verhelfen die kleinen Anwälte den
Armen zu ihrem Recht, klagen Beobachter eines Systems, das
längst an seinen Auswüchsen leidet. Denn die Auswüchse
seien nicht mehr die Ausnahme, sondern die Regel. Die Anwälte, auf die es ankommt, sind jedenfalls die so genannten
»Power-Anwälte«. Sie arbeiten zu Hunderten in großen Kanzleien, und etliche von ihnen verdienen jährlich eine Million
Dollar oder mehr. Für Geld tun sie alles, was ihre Auftraggeber von ihnen verlangen. Sie sichern den Reichen den Reichtum und mehren ihn. Nach dem Motto: Es ist ja nichts Falsches
daran, Geld zu verdienen. Der Bankier John P. Morgan sagte
einmal: »Ich möchte nicht, dass mir ein Anwalt sagt, was ich
nicht tun darf. Ich bezahle einen Anwalt, damit er mir sagt, wie
ich tun soll, was ich tun will.«

Die Öffentlichkeit hält nicht viel von Anwälten. »Bitte vergeben Sie mir, aber ich verteidige auch die Existenz von Anwälten«, warnt der Autor und Journalist Roger Rosenblatt im
Vorwort seines Essays *Where we stand*, in dem er – von dem
Angriff auf die amerikanischen Werte am 11. September 2001
tief berührt –»Dreißig Gründe, unser Land zu lieben« auf-
zählt. Sosehr sich Amerikaner über eine Gesellschaft beschwerten, die ständig vor Gericht klagt, so sicher suchten sie
Halt und Hilfe bei einem Anwalt, sobald sie in Schwierigkeiten
steckten. »Wir hassen Anwälte, und wir lieben Gesetze, oder,
um es pauschaler zu sagen, wir lieben die Herrschaft des
Rechts – *the rule of law*«, sagt Rosenblatt. Es sei nicht unwe-

17

sentlich, in einem Land zu leben, das sich an Gesetze hält. Damit man das zu schätzen weiß, müsse man – wie er – nur mal in Kambodscha, Beirut, Sudan oder Ruanda gewesen sein. Amerikaner glaubten fest an das Recht, und »wir vertrauen Anwälten unser Leben an«.

Das Rechtssystem soll für Gerechtigkeit sorgen. Wenn der Weg der Rechtsfindung gerecht ist, so hofft man, dann ist die Rechtsprechung »gerecht«. Amerikaner scheinen jedoch nicht sicher zu sein, ob ihr Rechtssystem wirklich gerecht ist. Ihre ambivalente Haltung gegenüber Anwälten und dem Recht zeigen Amerikaner, indem sie einerseits die bereits zitierten *lawyer jokes* – Witze über Anwälte – reißen, während sie andererseits die Kultur des Rechts zufrieden aufsaugen und TV-Programme bzw. -Sendungen wie »Court TV«, »Law & Order« und »Ally McBeal« zu schätzen wissen. Recht wird als Geschäftemacherei gesehen. Dank dem System der *contingency fee* – des Honorars, das nur im Erfolgsfall fällig wird – kann man ohne Risiko klagen. Wenn man Glück hat, zieht man einen Hauptgewinn.

Wenn Anwälte sich über die Probleme des American Way of Law Gedanken machen, spielen ihre Kollegen keine gute Rolle: *A Nation Under Lawyers* hat die Juristin Mary Ann Glendon 1994 in einem Buchtitel beklagt. Die einst tief moralische Berufung sei zu einem reinen Beruf um des Geldes willen verkommen, lautete ihre Kritik. Das Problem sind jedoch nicht die Anwälte allein. Problematisch ist das Recht, das sie geschaffen haben. Eine Anklage gegen Anwälte formulierte die Juristin und ehemalige Richterin Catherine Crier in ihrem Werk *A Case against Lawyers* und brachte es damit im Herbst 2002 auf die Bestsellerlisten. Anwälte, Politiker und Bürokraten hätten das Recht in ein Instrumentarium der Tyrannei verwandelt, bemängelt die heutige CNN-Moderatorin. Sie beklagt die Bürokratie, die die Freiheit beschneidet. Das Recht habe das Ideal der Freiheit ins Gegenteil verwandelt.

Amerika hat keine lange Geschichte, und es hat keine so

dominante Religion wie Länder in Asien, Südamerika oder Europa. Amerika duldet viele Religionen. Die wichtigste ist jedoch der Glaube an das Recht. Recht ist die Ersatzreligion. Zugleich ist Recht auch Ersatz für die Geschichte, wobei Puritaner in der Geschichte so gut wie keinen Unterschied kannten zwischen Recht und Religion. Amerika ist stolz, dass es, obwohl es auf keine so lange Historie zurückblicken kann, ein besseres System entwickelt habe als jedes andere Land. Amerika sei »die freieste Nation der Welt«, behaupten die Amerikaner. Doch um die Schattenseiten der »freiesten Nation der Welt« müssen sich offenbar nur diejenigen wirklich sorgen, die davon betroffen sind. Freilich sorgen sich auch einige professionelle Bürgerrechtler und Stiftungen der Reichen, die ihnen die Sorgen abnehmen. Es ist ein fast perfektes System, das Schattenseiten fern hält. Die Betroffenen haben zu den Schatten einen Schutzmechanismus entwickelt, der selbst darin das Gute sieht: »Wenn es keine schlechten Leute gäbe«, lautet eine Volksweisheit unter amerikanischen Juristen, »dann gäbe es auch keine guten Anwälte.«

Vielleicht sollte man gleich zu Beginn eines Buches über das Recht in Amerika das Missverständnis ansprechen, wonach das Rechtssystem an verrückten Klagen leide. Worauf ich anspiele, ist eine weit verbreitete, irrige Ansicht: dass das amerikanische Rechtssystem *allein* an verrückten Klagen leide. Was sind verrückte Klagen? Das sind die manchmal lustigen, manchmal absurden Fälle, über die man im »Vermischten« der Tageszeitung schmunzeln kann. Sie sind so beschrieben, dass man beim Lesen den Kopf schüttelt und hinterher leise zu sich sagt: Die spinnen, die Amerikaner! Eine Frau, heißt es in einer Meldung, habe 1 Million Dollar erstritten, weil ein medizinischer Test sie angeblich ihrer übersinnlichen Fähigkeiten beraubt habe. Oder: Ein Einbrecher sei durch ein Hausdach gefallen und habe daraufhin den Hauseigentümer verklagt. Oder: Eine 81-jährige Frau habe in ihrem Auto in einem Drive-in von

McDonald's Kaffee gekauft. Beim Anfahren habe sie Kaffee verschüttet und sich verbrannt. Daraufhin habe sie McDonald's verklagt und von einer Jury fast 3 Millionen Dollar zugesprochen bekommen.

Solche Fälle dienen der Boulevardpresse zur Unterhaltung. Zu einer Einschätzung des Rechtssystems taugen sie nicht. Oft geben sie lediglich die Klageschrift, einen Teil des Gerichtsverfahrens oder, im besten Fall, die erstinstanzliche, noch nicht rechtsverbindliche Juryentscheidung wieder. Die Klägerin etwa, die angeblich ihre übersinnlichen Kräfte verloren hat, bekam nicht einen Cent Entschädigung. Der vermeintliche Einbrecher existierte nur in der Einbildung der Reporter. In Wirklichkeit handelte es sich um einen Schüler. Er war auf das Dach seiner Schule gestiegen und durch ein Dachfenster gefallen, das abgedeckt und deshalb nicht erkennbar war. Bleiben Stella Liebeck und der heiße Kaffee: Die Frau hat tatsächlich viel Geld für das Verschütten von heißem Kaffee bekommen. Verrückt. Aber auch ihr Fall trug sich ein wenig anders zu, als man knappen Zeitungsmeldungen entnehmen konnte.

Durchs Internet geistern Tausende von E-Mails über die Verleihung der »Stella Awards«. Benannt, so heißt es in den Mails, seien die »Auszeichnungen« nach ebenjener Stella Liebeck, die heißen Kaffee von McDonald's über sich vergossen hatte. 1994 wurden der 81-jährigen Frau von einer Jury deshalb 2,9 Millionen Dollar zugesprochen. Im Gedenken an sie würden jährlich die dreistesten Zivilklagen ausgezeichnet, und daran herrsche kein Mangel. Viele Amerikaner und Europäer erinnern sich an das Urteil, von dem sie aus der Zeitung erfuhren, und sie sind sich sicher, dass es völlig bescheuert war. An dieser Einschätzung ändert auch nichts, dass ein Richter die Summe später auf 640 000 Dollar reduzierte und sich Liebeck und McDonald's außergerichtlich auf eine niedrigere Summe geeinigt haben: Die alte Frau galt als gierig – die Jury muss verrückt gewesen sein.

Dass hinter solch einem Urteil ein Wert steht, vermutet zunächst wohl niemand. Dennoch ist es so, auch wenn man ihn nicht auf den ersten Blick erkennen kann. Kritiker der dreisten Klagen nehmen an, dem amerikanischen Rechtssystem gehe es *nur* um die Entschädigung der Opfer. Wenn das stimmte, wären die Klagen und Entschädigungssummen tatsächlich völlig verrückt und unverständlich. Es geht natürlich *auch* ebendarum, aber erst in zweiter Linie. In erster Linie geht es um das Ideal der Freiheit. Klagen und Gerichte sollen diese Freiheit schützen. Doch dazu später mehr.

Die entscheidende Frage lautet, ob das Rechtssystem dazu taugt, Unrecht in Recht zu verwandeln. Gelingt es den Anwälten, Fehler in Gesellschaft, Wirtschaft und Politik zu korrigieren? Wie geht die Gesellschaft mit ihren schwächsten Mitgliedern um? Schützt sie sie oder beutet sie die Schwächsten aus? Bekräftigt das Rechtssystem die Herrschaftsverhältnisse? Es ist das Paradoxe an der Freiheit, dass sie Regeln braucht. Man muss sie verteidigen können. Man braucht Gesetze, um frei zu sein, um die Freiheit der anderen, vor allem der Schwachen, zu schützen. Die Gesetze sind die dunkle Seite der Freiheit, denn sie bringen die Gefahr mit sich, dass einige freier sein wollen. Deshalb verteidigen sie ihre Freiheit so vehement, dass die Freiheit anderer darunter leidet.

In Schüben scheint das Rechtssystem große Fortschritte zu feiern. Schwarze und Minderheiten erhielten in den Sechzigern Bürgerrechte, in den Siebzigern hat die Presse über korrupte Politiker wie Nixon gesiegt. Doch den Erfolgen stehen Niederlagen gegenüber, die so gewaltig sind, dass sie an den Erfolgen zweifeln lassen.

Freiheit und Gleichheit. Darauf baut Amerika. Darauf stützt es seine Demokratie. Das Land ist stolz auf seine Werte – und sieht sich selbstbewusst als das freieste und das demokratischste Land der Welt. Doch wie passt es dazu, dass im Zweifel Politiker gegen Menschen – und für Konzerne stimmen? Dass die Jury im Zweifel gegen die Begnadigung eines zum Tode Verurteilten entscheidet, dass Anwälte reiche Klienten bevorzugen und selbst die obersten Richter parteiisch sind und weder Fairness noch Moral zu kennen scheinen? Wie lässt sich die hohe Zahl der Gefangenen mit dem Ideal der freiesten Gesellschaft der Welt vereinen? Wie passen die rassistischen Tendenzen in vielen Bereichen und die offensichtlichen Gräben zwischen Arm und Reich zur Behauptung, es herrschten Chancengleichheit und Gerechtigkeit für alle Menschen? Warum ist das Recht auf freie Meinungsäußerung offenbar das Recht weniger, ihre Meinung zu sagen?

Im letzten Jahrzehnt des 20. Jahrhunderts wurde der Eindruck erweckt, als wäre der Kapitalismus der bessere Sozialismus: Dank der Börse galten die Anleger als die wahren Besitzer der Unternehmen. Die Börse schien den Traum des Sozialismus wahr zu machen, wonach die Unternehmen dem Volk gehören. Erst der Blick auf ihr leeres Depotkonto machte vielen Amerikanern jedoch bewusst, dass *the rule of law* die Unternehmen schützt, nicht aber die Anleger.

Aktieninhaber haben zig Milliarden Dollar verloren. Die Rolle der Anwälte in Korruption und Bilanzfälschung hat nicht viel Aufmerksamkeit erhalten, doch so, wie die Börse und sämtliche Geschäfte im Kapitalismus auf der Arbeit und Beihilfe von Anwälten beruhen, so sind auch die Fehler des amerikanischen Kapitalismus unter maßgeblichem Einfluss von Juristen und Anwälten entstanden.

Die Geschichte des amerikanischen Rechts im 20. Jahrhundert ist die Geschichte, wie immer mehr Macht von der Peripherie der Bundesstaaten ins Zentrum nach Washington gerückt ist. Im Jahr 2000 hat sich schließlich der Supreme Court in Washington über das eherne Gesetz, dass Wahlen Sache der Bundesstaaten sind, hinweggesetzt und George W. Bush zum Präsidenten gekürt. Dabei sollte der Oberste Gerichtshof eigentlich die Politik kontrollieren. Stattdessen hat er das Volk um das Recht, einen Präsidenten zu wählen, betrogen. Mit seiner Entscheidung hat er den Wert verraten, den er schützen soll – nämlich die Demokratie.

Aus ihrem tiefen Glauben an das Recht heraus empfinden sich die Amerikaner als die Hüter der Menschenrechte, und sie sind in die Rolle des Weltpolizisten geschlüpft.Doch jahrelang haben die USA die Verteidigung der Menschenrechte dem Kampf gegen den Kommunismus untergeordnet. Seit einigen Jahren ordnen sie die Menschenrechte nun wirtschaftlichen Erwägungen unter.

Amerikaner meinen es immer gut. Allerdings sind die Gutmeinenden oft die Feinde des Guten. Besonders wenn sie mehr Macht haben als alle Übrigen – und sich wenig um deren Meinung kümmern. Besorgnis erregende Auswüchse zeigt der weltweite Krieg gegen den Terror: Oberstes Ziel sei, die Werte Amerikas zu schützen und zu bewahren, beteuert der amerikanische Präsident. Immer wieder spricht er davon, dass es den Terroristen vor allem darum gehe, die Freiheit zu zerstören. George W. Bush gibt vor, das mit allen Mitteln verhindern zu wollen. Doch indem er eherne Prinzipien des Rechtssystems außer Kraft setzt, greift er genau die Werte an, die er vorgibt schützen zu wollen: Freiheit, Gleichheit und Demokratie.

Dieses Buch versucht, Schwächen Amerikas aufzuzeigen, und sucht ein System hinter den vielen Schwächen. Ich gehe das Thema nicht als Jurist, sondern als Journalist an. Das Buch soll keine Schilderung von Fällen sein, die »zufällig« einzelne Probleme aufzeigen, sondern eine Analyse des Gesamtzustandes. Es ist nicht in erster Linie ein Buch über Recht in den USA, sondern ein Buch über Amerika und seine Probleme. Es untersucht auch rechtliche Praktiken, die Anwälte aus den USA nach Europa exportieren wollen, etwa das Prinzip der Sammelklage. Ist ihr Prinzip tatsächlich nachahmenswert?

»Ich möchte lieber ganz sein als gut«, sagte einst der Psychologe C. G. Jung und prägte den Begriff des »Schattens« für seine therapeutische Arbeit. Wer seine Schatten, seine negativen Seiten, nicht sieht, kann sie auch nicht integrieren, ihre Energie nicht nutzen. Er ist damit beschäftigt, sich selbst zu bekämpfen. Jung meinte, er wolle sich nicht verraten, um einer falschen Vorstellung von sich zu gefallen. Amerika gilt als Land der Psychologen und Therapeuten. Doch ihre Arbeit ist auf die Schatten Millionen Einzelner beschränkt. Nur eine kleine Gruppe von Amerikanern scheint auch die negativen Seiten ihres Landes, ihres Auftretens und ihrer Politik zu bedenken, zu kennen und zu benennen. Die Mehrheit, vor allem derjenigen, die das Land regieren, will den Schatten nicht wahrhaben und versucht nicht, ihn zu integrieren. In der wohlmeinenden Absicht, ihre Ideale zu schützen, tun sie genau das Gegenteil. Sie verraten sich und ihre Werte.

KAPITEL 1
Die Natur der Skorpione

*Wie Anwälte nach dem 11. September 2001 erstmals
nicht klagen und ihr »wahres Gesicht« zeigen wollten*

»Der 11. September hat Amerikas Herzen gebrochen... Wir Amerikaner haben Blut, Lebensmittel und Geld gegeben. Jetzt bieten *trial lawyers* ihr juristisches Fachwissen, ihre Erfahrung und ihre Zeit, um den Opfern und ihren Familien zu helfen. Kostenlos... Das zeigt, wer wir sind und warum wir Recht praktizieren: für das Wohl der Allgemeinheit. Feinde des Rechtssystems haben versucht, uns als opportunistisch, gierig und selbstsüchtig darzustellen. Aber unsere Reaktion auf den 11. September zeigt unsere wahren Prioritäten.«

Leo Boyle

»Die noble Geste der ATLA, kostenlos zu arbeiten, hat bei unserem Präsidenten nichts bewirkt... *Trial lawyers* sollten ihre hohen Berufsstandards beibehalten und ihre Kraft und Unabhängigkeit bewahren und ihr Bestes für ein angemessenes Honorar geben.«

Lee S. Kreindler

Die meisten der mehr als 3000 Toten und Hunderte von Schwerverletzten des Anschlags auf das World Trade Center in New York und das Pentagon in Washington waren noch nicht geborgen. Die Rauchschwaden über dem südlichen Manhattan und über dem Pentagon waren noch nicht ganz abgezogen. Die Angehörigen der Toten waren in tiefer Trauer. In diesen

Zeiten der nationalen Katastrophe und Trauer wollte der Verband der knapp 60 000 Anwälte der Association of Trial Lawyers of America nicht zurückstehen und verkündete etwas nie Dagewesenes: Leo Boyle, der Präsident des Verbands, schlug am Tag nach dem 11. September 2001 »ein Moratorium für Zivilklagen vor, die sich aus diesen grässlichen Ereignissen ergeben könnten«. Niemand sollte klagen – zumindest bis auf weiteres nicht. Boyle nannte nicht einmal einen genauen Termin für das Ende des Moratoriums.

Boyles Ankündigung war aus mehreren Gründen bemerkenswert. Erstens: Es war das erste Mal in der 55-jährigen Verbandsgeschichte, dass die Trial Lawyers Association Opfer bat, nicht zu prozessieren. Wäre die Ankündigung von der American Bar Association gekommen, hätte sie weniger Aufmerksamkeit erregt, denn die Bar Association, in der die meisten Rechtsanwälte eingeschrieben sind, ist bekannt dafür, sich auch mal unpopulär zu entscheiden – etwa gegen die Todesstrafe. Die *trial lawyers* aber sind die Anwälte, die als Verteidiger oder Zivilanwälte vor Gericht stehen, und sie gelten als hungrige Bluthunde. Sie werden gern als *ambulance chasers* beschimpft, Anwälte also, die dem Notarzt folgen, wo immer ein Unfall passiert ist, und nicht davor zurückschrecken, in den Fluren eines Krankenhauses vor den Operationssälen nach Klienten zu suchen. Besonders schlimm in Erinnerung ist der Öffentlichkeit die Giftgasexplosion im indischen Bhopal, als amerikanische Anwälte – als befänden sie sich in einem Wettbewerb – im Rudel nach Indien flogen, um vor Ort Opfer für eine Sammelklage gegen Union Carbide, den amerikanischen Betreiber der Anlage, unter Vertrag zu nehmen. Einige der damals Beteiligten sind Spezialisten für Sammelklagen, stets auf der Suche nach einem Opfer, das Gewinn bringend verklagt werden kann. Ihre Namen tauchen bei fast jeder großen Sammelklage auf – sei es gegen Asbest, Tabak oder Waffen. Die Association of Trial Lawyers ist kein harmloser Feierabendverein. Der Verband arbeitet in seinem Lobbying effektiv, weil er einer der größten Spendengeber der Demokratischen Partei ist. Er bekämpft seit Jahren vehement jegliche Restriktionen gegen Klagen, die die Republikaner der Wirtschaft zuliebe durchsetzen wollen. Daher war es erstaunlich, dass Verbandschef Boyle seine Mitglieder von dem Moratorium überhaupt hatte überzeugen können. Eigentlich ist es doch Aufgabe seines Verbandes, die Interessen der Anwälte zu wahren – also Klagen zu ermöglichen. Denn Klagen ist nun mal das Geschäft der Anwälte. Nicht ohne Grund werden die *trial lawyers* in der amerikanischen Öffentlichkeit gern als schmierig und geldgierig beschrieben.

Doch nach dem schlimmsten Anschlag auf Amerika seit dem Zweiten Weltkrieg erwies sich diese Sicht als offensichtlich zu einseitig und als billiges, bestenfalls halb richtiges Klischee. »Es gibt jetzt dringendere Dinge« (als zu klagen), schrieb Boyle seinen Mitgliedern in der Verbandszeitschrift *Trial* vom 1. November 2001. Wenn man Leo Boyle, der in der Kanzlei »Meehan, Boyle & Cohen« in Boston praktiziert, glauben darf, dann zeigten Juristen in den Tagen nach dem Anschlag ihr wahres Gesicht: Sie reagierten pragmatisch, hilfsbereit, verantwortungsbewusst und selbstlos: ein stolzer Moment in der jüngeren Geschichte des Rechts in den USA.

Die Terroristen wollten die USA mit den Anschlägen in ihrem Innersten treffen: indem sie die Werte angriffen, die das Land stark gemacht haben. Sie nahmen dem Land die Sicherheit und zielten auf die Freiheit der Amerikaner – einen der Werte, auf denen Amerika gründet: Freiheit, Gleichheit, Demokratie. Als die Freiheit bedroht war, besannen sich die Amerikaner und andere westliche Staaten auf ihre Wertegemeinschaft. Die *trial lawyers* versuchten, Brüderlichkeit auf ihre Weise zu zeigen. Wir helfen alle zusammen in der Not. Das war die Botschaft von Boyle.

Einen Monat nach dem Angriff, am 15. Oktober, legte Boyle

sogar noch nach und präsentierte im Regency Room des Grand Hyatt Hotel in New York ein noch ambitionierteres Vorhaben als das Moratorium, das irgendwann ja doch zu Ende sein würde. Sein Verband habe eine Unterorganisation namens »Trial Lawyers Care« – kurz TLC – gegründet, erläuterte Boyle auf einer Pressekonferenz, zu Deutsch: »Prozessanwälte kümmern sich«. Die TLC habe es sich zur Aufgabe gemacht, den Opfern des Anschlags zu helfen, und zwar unentgeltlich ihre Ansprüche gegenüber einem nationalen Fonds, dem so genannten Victims Compensation Fund, einzufordern.

Der 11. September 2001 habe Amerikas Herzen gebrochen. »Aber er hat nicht unseren Geist gebrochen«, sagte Boyle. Er wählte pathetische Worte: »Alle bis auf neunzehn von den Tausenden, die an jenem Tag gestorben sind, waren Helden. Sie lebten, arbeiteten und kümmerten sich um ihre Lieben, als die Demokratie angegriffen wurde in der freiesten Nation der Welt.« Die Terrortaten seien schlimmer als nahezu jedes andere Ereignis in der Geschichte, doch die Tragödie habe unvergleichbare Leidenschaft und Freundlichkeit hervorgebracht. Nun böten auch *trial lawyers* ihr juristisches Fachwissen, ihre Erfahrung und ihre Zeit auf, um den Opfern und ihren Familien zu helfen. Und damit das auch niemand überhören konnte, sagte er nach einer kurzen Pause im Stil eines Jahrmarktschreiers: »And we are going to do it for free.« Kostenlos! Doch das Pathos schien ihm noch nicht gut genug. Er fügte hinzu: »Falls es jemals einen Moment gegeben hat, in dem *trial lawyers* Menschen helfen, die ohne ihr eigenes Verschulden schwer verletzt wurden – was *trial lawyers* eigentlich jeden Tag tun –, dann jetzt.«

Opfer vor Fluggesellschaften

Elf Tage nach dem Anschlag etablierten der amerikanische Präsident George W. Bush und der Kongress den Victims Compensation Fund. Laut Gesetz steht jedem der rund 300 Verletzten und allen Angehörigen von 3000 toten Opfern des Anschlags eine Entschädigung zu. Ersetzt werden sollen der volle wirtschaftliche Schaden sowie unbegrenzter Schaden für seelisches und körperliches Leiden. Die Entschädigungssummen des Fonds müssen nicht versteuert werden, und für den Erhalt müssen weder Versagen noch ein Kausalzusammenhang bewiesen werden. Mit anderen Worten: Um Geld aus dem Fonds zu bekommen, muss man »lediglich« Opfer oder Angehöriger eines Opfers sein. Man muss nicht für sein Recht klagen. Nur eines besiegelt man auch mit der Unterschrift. Indem man die Entschädigung akzeptiert, verzichtet man auf jegliche Klagen – ausgenommen gegen Terroristen.

Boyle nahm in der Pressekonferenz im Grand Hyatt Hotel auch zu dem Fonds Stellung: Binnen weniger Tage nach dem Anschlag habe der Kongress darüber beraten, wie man den Fluggesellschaften helfen könne – auch gegen teure Klagen der Opfer und ihrer Angehörigen. Dazu verwies Boyle auf Kevin Gallagher, den Präsidenten des New Yorker Feuerwehrverbandes, und sagte: »Wir wären schockiert, falls der Kongress sich um die Fluggesellschaften kümmert, ehe er sich um die rund 6000 Familien gekümmert hat, und den Gesellschaften Sicherheiten garantiert, die keine andere Firma oder Person in unserem Land genießt, und dies möglicherweise auf Kosten der trauernden Familien tut.«

Auch die *trial lawyers* hätten sich an den Kongress gewandt und Lobbying betrieben, sagte Boyle, »nicht für uns selbst oder für unsere Industrie, sondern für die Opfer«. Sein Verband habe argumentiert, dass keiner Interessengruppe geholfen werden sollte, ehe nicht die Tausende Familien all die Hilfe erhielten, die sie benötigten. Daraufhin habe der Kongress den Victims Compensation Fund eingerichtet. Als der Fund etabliert war, habe sein Verband beschlossen, dass keine Familie wegen eines fehlenden Anwalts mehr als ohnehin leiden sollte. Deshalb habe man die Trial Lawyers Care gegründet, damit das Geld auch wirklich den Opfern zugute komme, nicht den Anwälten.»Dies wird die größte kostenlose juristische Dienstleistung sein, die es je gegeben hat.«

Die Entschädigungen an die Familien so schnell wie möglich zu leisten – das klang wie ein sehr nobles Ziel. Denn oft ziehen sich Prozesse in die Länge, weil die Anwälte größere Summen herausholen und damit ihr Honorar erhöhen wollen. Die Opfer des ersten Bombenanschlags auf das World Trade Center 1993 – angeblich ebenfalls von Osama bin Laden angestiftet – warten bis heute auf Entschädigung. Die Gerichtsverfahren laufen noch immer.

Boyles Ankündigungen verfehlten ihre Wirkung nicht. Sie verbesserten das Image seiner Zunft schlagartig und wesentlich.»Enttäuschende Zeiten für alle, die die schmierige Ethik und den unstillbaren Hunger des juristischen Berufsstandes feiern wollen«, diagnostizierte zum Beispiel am 18. Januar 2002 die Zeitung *Star-Ledger* in Newark auf der anderen Seite des Hudson, von wo aus der Path Train jeden Tag Arbeiter aus Newark direkt ins World Trade Center brachte. Rudolph Giuliani, der Bürgermeister von New York, ließ die Organisation TLC wissen, wie sehr er ihr für ihre Bemühungen danke. Giuliani, selbst ein Anwalt, der seine ersten großen und populären Erfolge in New York als Staatsanwalt verbuchte, hob hervor, dass die Freiwilligen ja nicht nur kostenlos arbeiteten, nein, sie hätten sogar mehrere Tage für ein Training geopfert, denn einfach sei die Bürokratie des Victim Compensation Fund nicht zu bewältigen. Mehr als 500 Anwälte hätten sich für diese Arbeit gemeldet.

Im Kongress in Washington wurde die Initiative der TLC als »ein weiteres Beispiel von selbstloser Hilfe« gelobt. »You're doing great work for the country«, sagte der TV-Moderator Chris Matthews live in seiner Sendung »Hardball« des Nachrichtenkanals MSNBC am Tag nach der Pressekonferenz und gratulierte dem frisch gewählten Präsidenten der TLC, Larry Stewart, zu seinem neuen Amt. Der Radiomoderator Don Imus, der sonst in seiner Morgensendung sehr, sehr ruppig und böse sein kann, zeigte sich am 16. November angetan von der TLC und sagte während der laufenden Sendung: »It's a good thing you guys are doing, good for you, Larry.«

Sogar die Versicherungsindustrie gratulierte – sonst steht sie in Gerichtsverfahren stets auf der anderen Seite. Aaran J. Broder, ein Anwalt der Fluggesellschaften, meinte: »Ich stimme völlig mit dem Vize der TLC, Leo Boyle, überein, dass die Leute durch Klagen nichts erreichen. Wenn Sie 3 Milliarden Dollar (die Versicherungssumme der Fluggesellschaften) durch die Zahl der Ansprüche teilen, bleibt nichts übrig.«

Die TLC muss wirklich angetan gewesen sein, dass sogar die Kritiker der Anwälte Positives zu sagen hatten. Jedenfalls veröffentlichte die Gruppe die Stellungnahmen auf ihrer Website und wies besonders darauf hin, dass dieses Lob übrigens aus dem Mund von Leuten komme, die Anwälte normalerweise kritisierten.

Boyle selbst war so sehr beseelt von seinen Ankündigungen und den positiven Reaktionen, dass er ihnen wirklich zu glauben schien. In der Verbandszeitschrift *Trial* redete er seinen Kollegen ins Gewissen und sagte einige zusätzliche Dinge, die er bei der Pressekonferenz vergessen oder als zu dick aufgetragen empfunden hätte: Es sei verlockend, den 11. September als einen *defining moment* – einen bestimmenden Augenblick – für jede Schicht unserer Gesellschaft zu betrachten, »einschließlich unseres Berufs«. Die Kollegen mögen bei diesem Satz schon erschrocken sein. Wollte Boyle wirklich dieses

Erlebnis und die Reaktion zum Standard der Zukunft erheben? Hieße dies, dass bei jeder größeren Katastrophe ein Moratorium für Klagen ausgerufen werden soll? (Immerhin hatte das Moratorium wenigstens bis über November hinaus gehalten. Zumindest waren bis dahin keine Klagen bekannt geworden. Doch dazu später.)

Die Leser der Ausführungen von Boyle mögen beim nächsten Satz etwas aufgeatmet haben, denn er schrieb:»Aber wir – nicht Ereignisse oder Feinde – definieren uns selbst.« Das konnte man so lesen, als sollte der Aufruf zum Moratorium und die Pro-bono-Vertretung der Opfer eine einmalige Aktion bleiben. Dennoch schrieb Boyle:»Dieses breit angelegte Unterfangen zeigt, wer wir sind und warum wir Recht praktizieren: für das Wohl der Allgemeinheit. Feinde des Rechtssystems haben versucht, uns als opportunistisch, gierig und selbstsüchtig darzustellen. Es ist traurig, dass einige wenige von uns zu diesem Image beigetragen haben. Aber unsere Reaktion auf den 11. September hat unsere wahren Prioritäten gezeigt – und die wahre Definition eines *trial lawyers*.« Wer den Kommentar von Leo Boyle las, musste sich fast fragen, ob in Amerika Anwälte denn generell unentgeltlich arbeiteten.

Es schien, als hätte die Tragödie zu einer Sternstunde der amerikanischen Anwälte geführt. Als hätten sich die Anwälte in einer der schwersten Stunden Amerikas auf ihre alten Tugenden zurückbesonnen. Denn ist die Herrschaft des Rechts nicht etwas Wunderbares, auf das es alle seine guten Eigenschaften gründet? Ist es nicht der mit den Jahren so in Ungnade gefallene Anwalt, der dieses System eigentlich am Leben hält? Der aus der Sicht der Opfer, der kleinen Leute, *the rule of law* verteidigt?

In seltsamem Widerspruch dazu stehen allerdings die Bedeutung und Reaktionen der dann doch eingereichten Klagen, die sich aus dem Anschlag auf das World Trade Center ergaben. Das, worauf sie zielen, scheint angesichts des oft geäußerten hehren Anspruchs – Schutz der Demokratie und der Machtlosen – seltsam belanglos bzw. kommerziell orientiert. Und doch sind diese Klagen keineswegs Ausnahmen, sondern beispielhaft für den American Way of Law und einige seiner Ausprägungen.

Nach den Anschlägen auf das World Trade Center führten das Moratorium und die Zurückhaltung der Opfer nämlich keineswegs zum völligen Stillstand der Klagekultur in Zusammenhang mit dem 11. September. Leute, denen selbst und deren Verwandten nichts Schlimmes passiert war, mussten nicht trauern. Sie konnten sich sofort damit beschäftigen, wie sie das Unglück am besten für ihren materiellen Vorteil zu nutzen vermochten. Wie konnte man eine maximale Versicherungssumme herausholen? Gab es eine Geschäftsidee, die sich verwirklichen ließ? So oder so ähnlich mussten der Mieter der beiden eingestürzten Türme und manche Leute, die die Attacke am Fernseher verfolgten, gedacht haben.

Jeder Bürger soll sein Recht einklagen dürfen. Das ist die Idee. Das ist jedermanns Recht. Doch der Großteil der Klagen, die nach dem 11. September eingereicht wurden, legt nahe, dass trotz des Moratoriums das beste Geschäft wohl auch hier die Anwälte machten, die an einer möglichen Entschädigung beteiligt werden müssen.

Der Mieter der beiden Türme des World Trade Centers in New York, Larry Silverstein, verklagte zum Beispiel nach dem Einsturz seine Versicherung. Seiner Meinung nach habe es sich nämlich bei den Attacken um zwei voneinander getrennt zu betrachtende Ereignisse gehandelt. Die Versicherung dagegen wollte die Einstürze als einen einzigen Angriff werten. Die Betrachtungsweise dieses Sachverhalts entschied schließlich darüber, ob der Mieter die doppelte Summe als Entschädigung erhielt – immerhin 350 Millionen Dollar mehr. Witwen von Opfern der Angriffe auf das WTC in New York haben im Februar 2002 Osama bin Laden in einem amerikanischen Gericht auf Entschädigung verklagt. Und der Erfinder eines Inhalationsgerätes verklagte Ende Januar 2002 den Hersteller des Geräts, weil der nach dem Angriff am 11. September nicht genügend Werbung für das Produkt gemacht habe. Die 11 000 Rettungsleute in New York und Bewohner Manhattans hätten es gut gebrauchen können, so der Erfinder. Der Hersteller sei für den mangelhaften Absatz haftbar. Seine ursprüngliche Klage stammte aus dem Jahr 1999 und war längst beigelegt. Als nach den Anschlägen vom 11. September in den Medien vom »World-Trade-Center-Husten« die Rede war, erneuerte der Erfinder seine Klage und verlangte Entschädigung.

Das Wirtschaftsmagazin *Forbes*, sonst stets kritisch gegenüber dem Anwaltsverband eingestellt, lobte nach dem Anschlag, die Aktion der *trial lawyers* könne künftig als Modell für ähnliche Fälle dienen und helfen, die Zahl der Sammelklagen zu senken. Als wäre es tatsächlich Boyles Ziel gewesen, künftig weniger zu klagen. Sein Verband würde da sofort lautstark rebellieren! Der Grund, warum Anwälte nicht wie üblich zuerst klagten und dann Fragen stellten, liege vielmehr darin, dass viele das neue Victims Compensation Law noch nicht richtig einschätzen könnten, schrieb das *Wall Street Journal* am 27. September 2001 – und »nicht in der Angst vor dem Moratorium der *trial lawyers*«. Die Anwälte hätten registriert, dass die Begrenzung der Versicherungssummen ohnehin keine hohen Klagesummen erlaubte, und sie hätten deshalb »Gutes« mit guter PR verbinden wollen.

Mitte Januar ehrten die *trial lawyers* von San Diego, ein örtlicher Zusammenschluss des Verbands, Leo Boyle im Rahmen einer Cocktailparty zum »Consumer Advocate of the Year«. Der Ortsverband schien immer noch schwer beeindruckt von Boyles Aktion. »Wer sind in ihren Augen die Helden? So eigenartig es klingen mag, es ist jemand, der einen Weg fand, Klagen zu vermeiden.« Boyle habe schnell gehandelt und Klagen gegen Fluggesellschaften, Flughäfen, Sicherheitsdienste und eine ganze Reihe weiterer denkbarer Adressaten einer Klage verhindert. Vincent J. Bartolotta jr., der als *trial lawyer* des Jahres beim selben Bankett geehrt wurde, sagte anerkennend, Boyle sei der eigentliche Star des Abends. »Als *trial lawyer* bin ich stolz, zu sehen, wie meine Kollegen unter seiner Anleitung ihr eigenes Interesse hintanstellen und ihre Energie und ihr Können darauf verwenden, den Opfern der Tragödie zu helfen.« Bartolotta wurde geehrt, weil er eine der teuersten Klagen in der Geschichte San Diegos gewonnen hatte: Die Stadt war dabei verurteilt worden, einem Geschäftsmann 95 Millionen Dollar zu bezahlen. Bartolotta dürfte 25 Prozent der Summe erhalten haben – mehr als 20 Millionen Dollar. Niemand schien sich zu wundern, dass in San Diego zwei völlig verschiedene Prinzipien geehrt wurden, hemmungsloses Geldverdienen und kostenlose Hilfe.

Leo Boyle jedenfalls erhielt reichlich Lob. »Viele Anwälte, die so erfolgreich sind wie Boyle, würden an seiner Stelle nun über Ferienhäuser und Yachten nachdenken«, schrieb Deirdre Robbins an den *Boston Globe*. Boyle jedoch habe feste Prinzipien und kümmere sich wirklich um die Opfer. Er sei »eine ethische Person, die immer das Richtige tut«. Das könne sie bezeugen, weil sie zu Beginn ihrer Karriere mit ihm zusammengearbeitet habe. »Die Öffentlichkeit muss wissen, dass es Anwälte wie Boyle gibt. Anwälte, denen fast nichts wichtiger ist, als normale Leute, die Hilfe brauchen, zu vertreten.«

Nicht alle Anwälte waren jedoch Boyles Meinung. Einige Mitglieder des Verbands hat die Ankündigung, dass er im Namen des Anwaltsverbands ein Moratorium für unbestimmte Zeit ausrief, irritiert. Denn laut Gesetz müssen sie binnen dreißig Tagen eine Klagevorwarnung einreichen, falls sie beispielsweise gegen die Aufsichtsbehörde Massport des Bostoner Logan International Airports klagen wollten. Der Flughafen war potenzielles Ziel einer Klage, weil von dort die Maschinen gestartet waren, die die Terroristen entführten. Waren nicht auch teilweise die mangelnden Sicherheitsvorkehrungen des Flughafens schuld, dass ihnen die Entführungen so leicht gefallen waren? Politiker und FBI-Leute konnten noch so oft im Fernsehen beteuern, dass man alles Mögliche getan habe. Die Frage nach ausreichender Sicherheit würde in einem Gerichtsverfahren sicherlich zur Sprache kommen.

Wer die TLC um kostenlose Hilfe bat und dem Fund gegenüber seine Ansprüche anmeldete, der verzichtete, wie gesagt, automatisch auf sein Recht, später gegen die Port Authority, die Besitzer des World Trade Center, gegen Flughäfen oder Fluggesellschaften zu klagen. Lediglich die Terroristen dürfen verklagt werden. Aber wie aussichtsreich ist das? Anwälte wie Aaron J. Broder warnten Ende September, noch ehe Boyle die groß angelegte Aktion der TLC öffentlich gemacht hatte: Die Angehörigen und Opfer sollten sehr genau das Kleingedruckte in den Papieren des Fund lesen und es sich zweimal überlegen, bevor sie an ihn Ansprüche stellten, sagte Broder. Die Regeln des Funds bevorzugten klar die Fluggesellschaften. Die Familien der Opfer verzichteten auf ihr Recht zu klagen, obwohl sie nicht einmal wüssten, ob und wie viel Geld sie aus dem Fund bekämen. Es sei wichtig zu wissen, dass sie blind unterzeichnen müssten, sagte Broder. Seinem Wort wird Bedeutung beigemessen, denn Broder hat wegen einer Terrorbombe in einem Flieger über dem schottischen Lockerbie einst gegen die Fluggesellschaft Pan Am geklagt und 19 Millionen Dollar gewonnen. In einem anderen Fall – beim Abschuss eines koreanischen Passagierflugzeugs durch die Sowjetunion 1983 – hat er fünfzehn Jahre lang gestritten, bis er schließlich 1,5 Millionen Dollar gewann. Dieser Mann also sagte, der Fund folge zweifelhaften Regeln, die die Opfer benachteiligten. Mehr noch: Eigentlich hätten die Opfer eine ziemlich aussichtsreiche Position. »Es geht hier nicht nur um viel Geld«, sagte Broder. »Es geht auch um viel Verantwortung.« Er sprach nicht von der

Verantwortung, den Fluggesellschaften zu helfen, sondern von den Fehlern der Sicherheitskontrollen.

Noch ehe Boyle die Nation wissen ließ, dass sich in dieser Tragödie das wahre Gesicht der Anwälte zeige, offenbarte sich also bereits ein anderes Gesicht. Man musste nur genau genug hinsehen. Zumindest ließen die Bedenken von Broder und einigen seiner Kollegen erkennen, dass es unter den Anwälten Zweifel über Boyles Reaktion gab. Würde bald eine Welle von Klagen über die Behörden und Fluggesellschaften hereinbrechen?

Bei all dem Lob und den Ehrungen, die Leo Boyle und der Trial Layers Association zuteil wurden, war auch eines bemerkenswert: Die Öffentlichkeit vernahm keinen Jubel aus den Reihen der Betroffenen. Hätten sie sich nicht zuallererst über die kostenlose Hilfe lautstark bedanken und freuen müssen? Zu hören waren nur Politiker, Anwälte, Versicherungsleute und Journalisten. Nun gut, sagte man sich. Die Toten sind tot, und ihren Angehörigen ist kaum nach öffentlichen Statements zumute. Einleuchtend schien zudem das Argument, dass sie wohl erst die Auszahlung der ersten Entschädigungssummen abwarten wollten, bevor sie Stellung bezogen. Man kann sich halt alles irgendwie erklären.

Am 20. Dezember 2001 ließ das Justizministerium die Opfer und die Hinterbliebenen wissen, dass sie ihre Ansprüche an den Fonds anmelden könnten. Immerhin stehe jedem im Schnitt mindestens 500 000 Dollar zu, so das Justizministerium. Diese rasch erfolgte Zusage schien ein erster Erfolg für Boyle zu sein. (Später hieß es gar, jeder bekomme 1,5 Millionen Dollar.) Denn warum sollte jemand angesichts der fest zugesagten Summe von einer halben Million Dollar klagen wollen? Konnten die Opfer und Hinterbliebenen nicht nun völlig unbesorgt eine Klausel unterschreiben, wonach sie ihr Recht auf eine Klage aufgäben, sobald sie ihre Ansprüche gegenüber dem Victims Fund anmeldeten?

Doch zunächst passierte etwas Unerwartetes. Nicht nur, dass nicht alle ihr Recht zu klagen gegen eine halbe Million Dollar eintauschen wollten. Es kam schlimmer für die Administratoren des Fonds und Trial Lawyers Care: Als betrachtete sie die halbe Million Dollar als Beleidigung, reichte die Witwe eines Mannes, der in einem der Todesflieger saß, noch am selben Tag die erste Klage ein. Sie beschuldigte die Fluggesellschaft United Airlines, durch Vernachlässigung ihrer Sicherheitspflicht mit schuld an den Entführungen und damit an den Attacken zu sein.

She Wants her Day in Court

Die Witwe, Ellen Mariani aus Derry, hatte bei dem Anschlag ihren Mann Louis Mariani (58) verloren. Er saß in der United Flug 175, der zweiten Maschine, die in die Türme raste. Ihr Anwalt, Don Nolan, sagte, die Fluggesellschaft hätte die höchsten Anforderungen an die Sicherheit stellen müssen – ohne zu benennen, was genau United hätte tun können. Ebenso wenig sagte er, wie viel Geld die Witwe und ihre Kinder forderten. Nolan erklärte lediglich, Frau Mariani habe sich entschieden, keine Entschädigung aus dem Fonds zu beantragen, weil sie ihr Recht auf eine Klage nicht habe verwirken wollen. »Frau Mariani will das Geld der Steuerzahler nicht«, sagte Nolan. »Sie will ihr Gerichtsverfahren gegen United Airlines.« Wörtlich sagte er: »She wants her day in court.«

Die Geschichte der Marianis ist eine tragische: Die beiden Eheleute waren getrennt nach Kalifornien geflogen, um dort die Hochzeit ihrer Tochter zu feiern. Eigentlich hatte Louis »Neil« Mariani zu Hause bleiben wollen, weil ihm zwei Flüge zu teuer waren. Daraufhin verkaufte seine Frau einige Sachen aus ihrem Hausrat und überraschte ihn mit einem zweiten Ticket.

Dass die erste Klage ausgerechnet zu dieser Zeit bekannt gegeben wurde, rief Kritik hervor. Es vermittle den vielen Witwen eine »falsche Botschaft« über die Vorteile des Victim Compensation Funds, sagte Robert Clifford, ein auf Flugunfälle spezialisierter Anwalt aus Chicago, der im Ausschuss für Terrorismus der American Bar Association sitzt. »Es gibt Familien in Not, die nicht noch durch Anwälte manipuliert werden sollten. Das führt nur zu noch mehr Verwirrung.«

Gut möglich, dass Mariani den Zeitpunkt ganz anders empfunden hat. Für ihren Anwalt mag es der Tag nach der Bekanntgabe des Justizministeriums gewesen sein. Für sie war es drei Tage vor dem Geburtstag ihres Mannes. Noch als sie ein Dreivierteljahr später befragt wurde, sprach Ellen Mariani, als säße ihr Mann neben ihr. »Im Juli haben wir unseren vierzehnten Hochzeitstag«, sagte sie im Juni 2002. Wer sie auf den staatlichen Victims Compensation Fund ansprach, der bekam allerdings deutliche Worte zu hören. »It's a shut-up fund«, sagte sie: Schweigegeld. Ellen Mariani aber sagte, sie wolle Antworten. Deshalb reiche sie ihre Klage ein. Je mehr die staatlichen Helfer des Fund beteuerten, alles laufe schnell und zügig, und je mehr die TLC kundtat, wie gut doch alles zum Wohl der Angehörigen der Opfer organisiert sei, umso mehr ärgere sie sich. Sie wolle nichts mit dem Geld zu tun haben. Sie nehme es den Anwälten der TLC übel, dass einer der kostenlos agierenden Juristen ihr geraten habe, am besten sei sie dran, wenn sie das Angebot des Fund wahrnehme.

Ellen Mariani sagte, sie wolle nicht wissen, wie viel Geld ihr zusteht. Sie wolle wissen, wie die fünf Entführer an Bord der Maschine gekommen seien und wieso United ihre Fluggäste nicht besser hatte schützen können. Im Juni 2002 nahm sie in Washington auch an einer Protestkundgebung einiger Witwen von Opfern des Anschlags teil und forderte eine unabhängige Untersuchung. So gelegen vermutlich ihrem Anwalt eine Frau kam, die sich durch eine Untersuchung von möglichen Selbstvorwürfen befreien wollte, so ungelegen musste sie Washington und Boyles TLC sein. Ein Dreivierteljahr nach den Attacken waren lediglich zehn Klagen eingereicht worden. Das scheint nicht viel zu sein. Doch einige Anwälte warteten nur den Ausgang der ersten Entschädigungsverfahren ab. Sie ließen sich Zeit. Still und leise sammelten sie Hunderte von Mandanten und bereiteten zahlreiche Klagen vor.

Schon bald nach Boyles Ankündigung hatte es vereinzelt auch grundsätzliche Kritik an der TLC gegeben: Einmal mehr sei das Lobbying der *trial lawyers* erfolgreich gewesen, schrieb die Zeitung *Wisconsin State Journal* am 24. Dezember 2001. Der Kongress habe »seine Freunde« wieder einmal belohnt. Er hatte inzwischen die Höhe der Anwaltshonorare in allen Klagen, die wegen des 11. September geführt werden, auf 20 Prozent begrenzt. Statt dies zu tun, hätte das Parlament entscheiden sollen, dass überhaupt nicht geklagt werden darf, schrieb das Blatt. Es sei einfach »absurd«, wenn man nun Unternehmen oder Fluglinien für die Terrorakte verantwortlich machen wolle, lautete der Kommentar. Der Kongress sei jedoch eingebrochen und habe Klagen als unvermeidlich akzeptiert, und dann hätten sich die Abgeordneten gegenseitig auf die Schulter geklopft, dass sie die Höhe der Gewinne nach oben begrenzt hätten.

Haben die Fluglinien etwa gewollt, dass ihre Flugzeuge entführt und zerstört werden und dabei Tausende Menschen sterben? Kann man sie wirklich verantwortlich machen? War es etwa ihr Fehler? Der Kommentator gab die Antwort gleich selbst: »Kaum.« Aber gesunder Menschenverstand und der Anstand hinderten einen Anwalt, dem das Dollarzeichen in den Augen stehe, nie daran, jemandem die Schuld für etwas zu geben, für was man eigentlich niemandem die Schuld geben könne. Gesunder Menschenverstand und Anstand spielten freilich auch keine Rolle im Kongress, der nicht gegen die Interessen seiner Spender entscheiden wollte. Am Ende profitierten die Anwälte also doch von den schrecklichen Taten der Terroristen.

Überhaupt: Wie gerissen seien diese Anwälte eigentlich? Um das zu beurteilen, müsse man sich nur ihren Umgang mit dem Victims Compensation Fund genauer ansehen, riet das *Wisconsin State Journal*. Eigentlich sollte die TLC ja kostenlose Beratung gewährleisten. Leider seien zwei kleine Probleme aufgetaucht. Das »kostenlos« beziehe sich lediglich auf den ersten Teil der Beratung. Für ihre eigentliche Arbeit – das Erstellen der Anträge – erwarteten sie eine angemessene Bezahlung bzw. Beteiligung an den zugesprochenen Geldern. Dabei hatte der Kongress den Fonds doch gerade deshalb eingerichtet, damit die Opfer schnelle Entschädigung bekämen, *ohne* dass Anwälte mitkassierten!

Im Januar 2002 eröffneten einige Freiwillige der TLC ein Büro in Manhattan. Etwa um dieselbe Zeit tauchten die ersten Zweifel auf, ob tatsächlich alle Opfer so großzügig entschädigt würden, wie es noch Monate davor angekündigt worden war. Zu Beginn hatte es geheißen, jeder bekomme im Schnitt 1,6 Millionen Dollar. Doch im Januar stellte sich heraus, dass es große Unterschiede geben werde. Opfer beschwerten sich, wer eine private Versicherung habe, werde betrogen. Denn die private Lebensversicherung beispielsweise sollte von der Entschädigung abgezogen werden. Wer viel verdiente und noch viele Jahre an Arbeitszeit vor sich hatte, sollte reichlich entschädigt werden. Wer jedoch gut versichert war, sollte weniger hoch entschädigt werden. Einigen mag das nur legitim erscheinen, dass das Leben eines gut verdienenden und gut versicherten Menschen nicht unermesslich mehr wert sein sollte als das Leben eines armen Kellners – und mehrfachen Vaters – im Restaurant im obersten Stock des World Trade Centers, der sich keine Lebensversicherung leisten konnte.

Am 11. Januar 2002 teilte die TLC den Namen der Frau mit, die man nun als Erste kostenlos vertreten werde. Sie hieß

Erma Bourdier. Ihr Mann, Francisco Bourdier, war als Sicherheitsposten bei der Deutschen Bank angestellt, deren Büro gegenüber des World Trade Center liegt. Kurz bevor die Türme einstürzten, hatte er noch seine Frau von der Lobby der Deutschen Bank aus angerufen und ihr gesagt, sie solle sich keine Sorgen machen. Er werde bald zu Hause sein. Die Witwe hat es nicht leicht, hieß es. Sie müsse sich nun allein um ihre bald zweijährige Tochter kümmern. Dazu kommt, dass die dreißigjährige Frau aus der Wohnung, in der sie mit ihren Schwiegereltern lebe, ausziehen muss.

Die Umstände des ersten Falles ließen schon einen Vorgeschmack auf einige der Probleme erkennen. Ihre Schwiegereltern hatten nämlich ebenfalls einen Antrag auf Entschädigung gestellt – ohne Hilfe der TLC. Die Witwe hatte davon nur durch Zufall erfahren, als sie die Website des Justizministeriums studierte – auf der der Antrag der Schwiegereltern gelistet war. Magdalena Bourdier, Franciscos 72-jährige Mutter, machte in einem Zeitungsinterview ihrem Ärger Luft. Sie ärgerte sich, dass ihre Schwiegertochter eine Sterbeurkunde für ihren Mann beantragt habe – wo sein Leichnam doch überhaupt nicht gefunden wurde. Der Rechtsbeistand der Witwe, der Manhattaner Anwalt Stephen Peskin, ein ehemaliger Präsident der New Yorker Ortsgruppe der Association der *trial lawyers*, bestand darauf, dass die Frau die rechtmäßige Person für die Entschädigung sei. »Es ist unglücklich, dass Schwiegereltern so etwas tun«, sagte er.

Der Schuss geht nach hinten los

Etwa um diese Zeit, Mitte Januar, tauchten massive Zweifel am guten Willen der TLC auf. Man erinnerte sich, dass die *trial lawyers* eine der einflussreichsten Lobbygruppen in der Politik sind – und Aspekte einer alten Debatte über den Sinn ihrer

Arbeit und die Frage, ob man ihnen Grenzen setzen solle, mischten sich in die Lobpreisungen des Moratoriums. Kritiker aus den eigenen Reihen, Juraprofessoren und Zeitungen begannen, an den guten Absichten hinter Boyles Worten zu zweifeln: Ging es ihm wirklich darum, zu helfen, oder wollte er nur das Image der Anwälte verbessern? Boyle und seine Mitglieder fürchteten nur, sagten Akademiker, dass sie sich angreifbar machten, wenn sie von der Tragödie am 11. September profitierten. Deshalb hätten sie die Moratoriumsaktion gestartet, um jeden wissen zu lassen, dass sie davon nicht profitieren wollten. Als Unternehmer und Republikaner, sonst traditionell Gegner der *trial lawyers*, begannen, das Moratorium und den Fonds als modellhaft für andere Unglücksfälle zu bezeichnen, mehrten sich die Stimmen in Boyles Verband, dass seine PR-Strategie »nach hinten losgehen« und am Ende den Anwälten mehr schaden als nutzen könne.

Klar war, dass es den Politikern und Anwälten nicht um die Angehörigen der Opfer ging. Freilich heuchelten sie genau dies vor. Aber bei anderen Terroranschlägen davor, sei es beim Bombenattentat in Oklahoma City oder bei Anschlägen auf das World Trade Center 1993 oder auf Botschaften in Afrika 1998, mussten die Familien ohne üppige staatliche Hilfe auskommen. Der eigentliche Grund der plötzlichen Nächstenliebe 2001 war, dass die Politiker die Fluglinien vor dem Bankrott bewahren wollten, der durch Geschäftsrückgang und zahlreiche Klagen drohten. Indem der Verband der *trial lawyers* dieses Gesetz guthieß, akzeptierte er, dass der Staat die Entschädigung regulieren und Grenzen nach oben setzen sollte. Vor allen Dingen der letzte Punkt war es, der den erfolgreichen Anwälten Kopfschmerzen bereitete. Sie sahen ihre Millionenhonorare schwinden: Wer braucht denn noch einen Anwalt, wenn man Versagen bei einem Unglück künftig gar nicht mehr nachweisen muss? Wer ist bereit, ein Viertel von seiner Entschädigung abzugeben, wenn sich die Arbeit der

Anwälte auf die Beratung und das Ausfüllen einiger Formulare beschränkt?

Mehr und mehr zerfiel die Solidarität unter den Anwälten; immer lauter wurden die Stimmen derjenigen, die Boyles Moratorium von Beginn an für die völlig falsche Lösung gehalten hatten. Der New Yorker Anwalt Lee S. Kreindler hatte von Anfang an Zweifel an Boyles Strategie: Die Kanzlei Kreindler & Kreindler gilt als Spezialist für Flugzeugunglücke. Ob der Absturz der Swissair-Maschine vor Neuschottland, der Absturz der TWA vor Long Island oder der Anschlag von Lockerbie – immer spielte Kreindler in den Prozessen eine wichtige Rolle. Dafür hat die Kanzlei erfolgreich mit Libyen verhandelt: Die Angehörigen der Opfer von Lockerbie 1988 bekommen fast 3 Milliarden Dollar von dem Staat. »Wir haben bewiesen, dass man einen Staat für eine terroristische Aktion durchaus zur Verantwortung ziehen kann.« Nach diesen Erfolgen brauchte die Kanzlei nicht zu annoncieren: Sie vertritt 300 Opfer und 900 verletzte Feuerwehrleute. Bis zum Jahrestag der Katastrophe waren alle 25 Anwälte der Kanzlei mit diesem einen Fall beschäftigt. Die Bestimmungen des Fonds vom 11. September führten zu Entschädigungssummen, die deutlich unter den Beträgen lägen, die man im Schnitt vor Gericht erstreite, sagte Kreindler. Wer den Fonds unterstütze, dürfe sich eigentlich nicht *trial lawyer* nennen. Die Hilfsaktion sei in Wahrheit ein politisches Spiel, um »Kredit« für künftige Debatten anzulegen, warf der New Yorker Anwalt Mitch Baumeister, der vierzig Angehörige von Verunglückten vertritt, der Verbandsspitze vor. Dafür opfere sie die Familien der Verunglückten, sagte Baumeister – und rechtfertigte so zugleich seine Klagen, die ihm freilich rund 20 Prozent am Gewinn sicherten.

Lee S. Kreindler dagegen ließ sich auf keine Diskussion über die Höhe der Honorare ein. Die PR-Geste, deren Kosten auf rund 1 Million Dollar geschätzt wurden, habe kaum Erfolg gehabt, beklagte er im *New York Law Journal* vom 19. August

2002. Die Republikaner machten die *trial lawyers* weiterhin für alles Negative verantwortlich, einschließlich des schlechten Wetters. Die Regierung habe dank ihrer mangelhaften Nachrichtenauswertung und Sicherheit die Tragödie zwar nicht zu verantworten, aber sie habe sie geschehen lassen – und müsse deshalb dafür zahlen. *Trial lawyers* sollten ihre Unabhängigkeit bewahren, appellierte Kreindler an seine Kollegen, und einfach ihre Arbeit so gut wie möglich machen – natürlich gegen angemessene Bezahlung.

Die meisten Beiträge zur Debatte trieften vor Heuchelei in ihrer Trauer und Sorge um die Opfer. Gemeinsam schien allen nur, den Terror bekämpfen zu wollen. Anwälte und Politiker verharrten in den Positionen, die ihre Haltung in Bezug auf Anwälte generell prägen und die in den nachfolgenden Kapiteln über ihren Einfluss auf Gesellschaft, Wirtschaft und Politik näher behandelt werden. Nur ganz selten wagte ein politischer Kommentator eine distanzierte Einschätzung des American Way of Law: Michael Kinsley, ehemals Kommentator bei CNN und Chefredakteur des Online-Magazins *Slate*, machte in der *Washington Post* vom 29. März 2002 den seltenen Versuch und äußerte ein paar grundsätzliche Gedanken über die eigentümliche Auffassung, die seine Landsleute von Gerechtigkeit haben. Der Entschädigungsfonds legte nach Meinung Kinsleys einen der wesentlichen Fehler des amerikanischen Rechtssystems offen: »In bestimmten Fällen sind wir zu sehr besorgt um Gerechtigkeit. Im Allgemeinen jedoch sind wir nicht besonders um Gerechtigkeit bemüht.« Das führe dazu, dass Gerechtigkeit dem Zufall überlassen sei und mehr von öffentlichkeitswirksamen als von moralischen Faktoren abhänge.

Wenn einem das World Trade Center wegen eines Bombenanschlags auf den Kopf falle, erhalte man (oder die Angehörigen) 2 Millionen Dollar. Wenn einem dagegen nur das eigene Haus auf den Kopf falle, aber keiner zusehe, dann erhalte man – wenn man niemandem die Schuld geben kann –

nicht einmal grundlegende Krankenversicherungsleistungen. Die Verletzten und Angehörigen der Opfer des Anschlags 1993 hätten keine Entschädigung vom Staat erhalten, ebenso wenig die Angehörigen der Opfer des Bombenanschlags in Oklahoma City 1995. Damals waren die Familien der Opfer auf private Spenden angewiesen. Der Grundsatz »Alle Menschen sind gleich« gilt offenbar nicht für die Opfer von Katastrophen. *Trial lawyers* sorgten mit ihren Klagen im Alltag nur für jene Art limitierter Gerechtigkeit, die man leicht verteilen könne, beobachtet Kinsley. Doch die Demokraten, dank riesiger Geldspenden ihre natürlichen Verbündeten, sorgten nicht wirklich für Gerechtigkeit im Allgemeinen: Weil sie es nicht schaffen, sich um grundlegende Bedürfnisse der Menschen zu kümmern – Essen, Arbeit, Sicherheit –, unterstützen sie die Anwälte in ihrem medienwirksamen Kampf um *justice* und schaffen so eine Illusion von Gerechtigkeit.

Kinsley gibt den Republikanern in ihrer Kritik Recht: Der Rechtsstaat, der sich auf diesem Weg finanziert, sei zu teuer und zu wenig effizient, zu willkürlich, und oft erreiche er das Gegenteil dessen, was er erreichen zu wollen vorgibt: Gerechtigkeit. Eine aktuelle Studie des Cato Institutes ergebe, dass Zivilklagen in den USA allein 91,5 Milliarden Dollar an Anwaltshonoraren kosteten. Wohlgemerkt: nur an Honoraren. In den Attacken der Republikaner vermisst Kinsley jedoch einen ehrlichen Versuch, »verrückte, willkürliche soziale Gerechtigkeit« durch gesunde soziale Gerechtigkeit zu ersetzen. Man würde ihnen die Reden von *justice* eher abnehmen, wenn sie ihre Forderungen, die Klagerechte von Patienten zu begrenzen, mit einer Forderung nach Einführung einer allgemeinen Krankenversicherung verbinden würden. Doch eine Debatte darüber findet so gut wie nicht statt.

Im August 2002 ergab sich aus den Attacken auf das World Trade Center folgende Situation: Geld schien reichlich vorhanden zu sein. Allein in die elf größten amerikanischen Spendenfonds waren 2,3 Milliarden Dollar geflossen. Darin sind nicht enthalten einige ausländische Fonds sowie der vom Kongress eingerichtete staatliche Sondertopf – noch einmal zusammen rund 4,5 Milliarden Dollar. Doch das Versprechen unbürokratischer Auszahlung schien nun etwas realitätsfern. Obwohl Geld in großen Mengen vorhanden zu sein schien, hatten viele Opfer und Hinterbliebene im August 2002 noch keinen einzigen Cent erhalten. Die Frage, wer wie viel bekommen sollte, wurde komplizierter und komplizierter. Selbst die Verwalter der privaten Spendenfonds und Wohlfahrtsorganisationen waren mit dem bürokratischen Aufwand überfordert, sodass bis August weniger als die Hälfte der Spenden verteilt waren. Mehr als tausend Anwälte beschäftigten sich inzwischen mit den Anträgen der Verletzten und Hinterbliebenen auf staatliche Entschädigung.

Im August 2002 bereiteten sich beide Parteien auf die Gedenkfeier vor: Wie viele der Hinterbliebenen würden bei der Feier am 11. September 2002 wohl einen Scheck in Händen halten? Die Palmen im Wintergarten des Financial Center waren neu gepflanzt worden. Das *Wall Street Journal*, dessen Büros von den beiden einstürzenden Türmen nebenan beschädigt waren, war in die alten Redaktionsräume zurückgekehrt. Das Leben in New York hatte wieder etwas an Normalität gewonnen. Im US-Bundesstaat Iowa entschuldigte sich die Hotelkette Marriott International bei einer arabisch-amerikanischen Gruppe dafür, dass das Hotel nach dem 11. September die Jahresversammlung der Gruppe abgesagt hatte. Aus Angst vor einer Klage zahlte Marriott dem American Syrian-Lebanese Club 115 000 Dollar. Doch mit dem Versprechen der schnellen unbürokratischen Hilfe war es so eine Sache. Weit weniger als ein Drittel der hinterbliebenen Familien hatte ein Jahr später einen Antrag an den Victims Compensation Fund gestellt – trotz der kostenlosen Hilfe von 2000 Anwälten. Dabei hatte die TLC zunächst Probleme damit, genügend Anwälte aus dem Raum New York zu finden, die bereit waren, kostenlose Beratung zu gewähren. Denn was nutzt ein Anwalt in Texas oder in Kalifornien – selbst wenn er unentgeltlich arbeiten wollte? Etliche Familien wandten sich deshalb schließlich an teure Anwälte, die Erfahrung mit Flugzeugabstürzen haben und ihre Dienste gegen Bezahlung anboten. Weniger als 25 Prozent der rund 2800 Toten haben ein Testament hinterlassen. Umstritten ist daher, ob in allen anderen Fällen einfach die gesetzlichen Erben entschädigt werden sollen, vor allem in jenen Fällen, in denen die Opfer nicht verheiratet waren, aber mit einem festen Partner zusammenlebten. Klar war daher, dass nach der Verteilung der Entschädigungen gesetzliche Erben und feste Partner untereinander um ihre Ansprüche klagen würden. Ken Feinberg – den das Justizministerium ernannt hat, das Geld zu verteilen – sagte, er werde versuchen, auch die festen Partner zu berücksichtigen. Kaum hatte er das verkündet, sah er sich mit der Frage konfrontiert, ob auch homosexuelle Partner – gegen den Willen der Angehörigen – entschädigt werden sollten.

Mitte August hatten 662 Familien Entschädigung beantragt. Doch nur etwa hundert von ihnen reichten die Anträge vollständig ein. Viele Hinterbliebene warteten ab. Sie waren unsicher, ob sie auf ihr Recht zu klagen verzichten sollten. Spätestens jetzt musste den Beteiligten klar sein, dass die entsprechenden Verfahren noch mehrere Jahre dauern würden. Feinberg sagte, Termin für den Antrag sei Dezember 2003. Manche Familien ließen sich Zeit und warteten in Ruhe ab, wie viel andere bekämen. Ungelöst waren zu diesem Zeitpunkt zwölf so genannte *lead cases* – also beispielhafte Fälle, die Aufschluss über komplizierte Fragen geben sollten. Er sei jedoch sicher, dass am Ende 90 Prozent der Opfer Entschädigung beantragen würden.

Ende August schließlich konnten die Mitarbeiter des Justizministeriums ein wenig aufatmen. Immerhin 25 Familien wurden benachrichtigt, dass man ihren Anträgen stattgebe – jede erhielt im Schnitt 1,3 Millionen Dollar. Die Summen reichten von 300 000 bis 3 Millionen Dollar. Die höchsten Summen – 2,1 bis 3 Millionen Dollar – wurden Angehörigen von Personen gewährt, die im Jahr 200 000 Dollar oder mehr verdienten. Die meisten der Entschädigungen betrugen 1 bis 1,5 Millionen Dollar, sagte Feinberg. Neun der 25 Familien haben die Entschädigungen akzeptiert, ließ er wissen. Vier seien jedoch mit der Höhe nicht einverstanden. Sie wollten in Anhörungen geklärt sehen, ob ihnen nicht doch mehr Geld zustehe. Von den restlichen zwölf habe er noch nichts gehört. Anfang September verkündete er, man habe nun den zweiten Schub Entschädigungen bewilligt: Achtzehn Familien sollten zwischen 280 000 und 3,7 Millionen Dollar erhalten. »Das ist meiner Meinung nach zu wenig«, kommentierte der Anwalt James Kreindler die Ankündigung von Feinberg.

Der Dammbruch

Im September 2002, wenige Tage vor dem Termin, nach dem keine Klagen mehr eingereicht werden konnten, sagte der New Yorker Bundesrichter Alvin K. Hellerstein schließlich, er könne verstehen, dass etliche Familien trauerten und bislang weder geklagt noch Entschädigung beantragt hätten. Er erlaube den Angehörigen der Opfer, Klagen gegen die Port Authority von New York und New Jersey einzureichen, und falls sie sich später anders entschieden, dürften sie dennoch Entschädigung beantragen. Dieser Hinweis hatte die Wirkung eines Dammbruchs!

Als Rudolph Giuliani am 11. September 2002 um 8.48 Uhr morgens (die Minute, in der ein Jahr zuvor der erste Flieger einen der Türme rammte) am Ground Zero, wo einst die Türme des World Trade Centers standen, in einer Gedenkfeier die Namen der Toten vorzulesen begann, war die hehre Idee eines Klagemoratoriums der nüchternen Wirklichkeit gewichen. Ein Jahr nachdem Verbandspräsident Boyle das Moratorium ausgerufen hatte, klagten Angehörige nicht nur gegen Osama bin Laden, gegen die irakische und die saudi-arabische Regierung. Sie klagten auch gegen die amerikanische Regierung. Witwen klagten gegen wohltätige Spendensammler, Angehörige gegen andere Angehörige, Hinterbliebene gegen Terroristen. Feuerwehrleute klagten gegen Giuliani, weil er die Bergung der toten Kollegen behindert habe, und einige hundert Hinterbliebene bereiteten angeblich ihre Klagen vor. Am Tag nach der Trauerfeier, dem 12. September 2002 – dem letzten Tag der Frist –, reichten fast tausend Familien Klage gegen die Port Authority ein, den Besitzer des World Trade Center, der auch für dessen Sicherheit verantwortlich war.

Die Wahrnehmung der Angehörigen in der Öffentlichkeit hatte sich mittlerweile stark gewandelt: Anfangs wurden die Opfer als »Helden« dargestellt, auch deshalb, weil man dann die Frage nach Fehlern und den dafür Verantwortlichen nicht stellen musste. Doch bereits im Januar 2002 war die Saga langweilig geworden, und die Angehörigen der Opfer wurden mit einem neuen Adjektiv beschrieben: gierig. Eine Frau, die ihren Mann im World Trade Center verloren hatte, verlangte, dass sie so viel bekommen sollte wie die Witwen der Polizisten und Feuerwehrleute, schließlich habe ihr Mann, ein Sicherheitswachmann, eine ähnliche Tätigkeit verrichtet. Die Angehörigen von Polizisten und Feuerwehrleuten haben immerhin lebenslang steuerfrei Anspruch auf den Lohn ihrer Gatten – als Entschädigung für das Risiko, das diese Berufsgruppen auf sich nehmen. Als die Witwe Gleiches verlangte, hatte sie bereits 15 000 Dollar vom Roten Kreuz und anderen Organisationen bekommen, darüber hinaus 80 000 Dollar aus einer Lebensversicherung. Dazu standen 250 000 Dollar Schmerzensgeld aus dem Victims Compensation Fund in Aussicht plus

50 000 Dollar, weil sie ein Kind hat. Das müsse reichen, befanden viele. Schließlich sei der Fund nicht dazu da, den Angehörigen einen Vorruhestand zu ermöglichen, sondern ihnen zu helfen, ein neues Leben zu beginnen. Zum Vergleich: Die Witwe eines Kriegsgefallenen erhält einen Grabstein, ein Begräbnis, 6000 Dollar Sterbegeld, 200 000 Dollar aus einer Lebensversicherung und 10 000 Dollar jährliche Witwenrente. Sie kann nicht klagen, selbst wenn der Vorgesetzte den Tod des Soldaten verschuldet hat oder ein technisches Versagen vorlag. Als Dank des Volkes erhält sie nach dem Begräbnis die amerikanische Flagge, die den Sarg geschmückt hat.

Nachdem die geschätzte Entschädigungssumme von 500 000 auf 1,6 und dann auf 1,85 Millionen Dollar stieg, war nicht mehr von den »Helden«, sondern von ihren »gierigen Familien« die Rede. Die einschlägigen Talkshows des Nachmittagsfernsehens leisteten ihren Beitrag zu dieser veränderten Wahrnehmung, und einige der Angehörigen erhielten Hassbriefe. Wann immer Verwandte kritisierten, der Fonds verteile das Geld nicht gerecht, weil er Lebensversicherung, Pension und Ähnliches abziehe, dann konnten sie wenige Tage später Leserbriefe erboster Steuerzahler lesen, die schimpften: Wenn ihnen das nicht reiche, dann sollten sie halt klagen. Die, die klagten, beteuerten aber immer wieder, ihnen gehe es nicht ums Geld. Sie wollten wissen, wer die Verantwortung trägt für die Fehler.

Das ist der American Way of Law: Es ist etwas passiert, und nun muss man einen Schuldigen finden, auch wenn es eigentlich gar keinen gibt. Und dann? Dann muss dieser Jemand für seinen Fehler bezahlen. Das ist die Form von Gerechtigkeit, die Michael Kinsley fragwürdig und unzureichend erscheint.

Die Verantwortung: Natürlich wurden Fehler gemacht. Wer war schon auf einen solchen Bombenanschlag wie am 11. September 2001 vorbereitet? Erst hatte Präsident Bush keine Notwendigkeit für eine Untersuchung der Attacke gesehen. Aber

Mitte September gab er Bitten aus dem Kongress nach und sagte eine etwa eineinhalb Jahre dauernde umfangreiche Untersuchung über die Fehler von FBI und CIA zu. Im Juli war zudem bekannt geworden, dass nach dem Attentat von 1993 in Studien die mangelnde Kommunikation unter Feuerwehrleuten bemängelt worden war. Doch ausgerechnet weil ihre Kommunikationssysteme seit 1993 nicht verbessert worden waren, wurden 2001 mindestens 121 Feuerwehrmänner unter den Trümmern des Nordturms begraben. Anwälte hatten auf solche Details nur gewartet, um sie in ihre Klagen aufzunehmen.

Mancher Beobachter fühlte sich spätestens jetzt durch die selbstlose Geste des Präsidenten der *trial lawyers* und die nüchterne Wirklichkeit an die Geschichte vom Skorpion und der Schildkröte erinnert. Darin will ein Skorpion, der nicht schwimmen kann, einen Fluss überqueren. Deshalb bittet der Skorpion eine Schildkröte, ihn ans andere Ufer zu bringen. Darauf die Schildkröte:»Nie und nimmer. Du wirst mich stechen. Dann kann ich nicht mehr schwimmen und werde untergehen und ertrinken.« Der Skorpion redet der Schildkröte gut zu:»Ich habe überhaupt keinen Grund, dich zu stechen. Denn dann würde ich doch mit dir untergehen, nicht wahr?« Zögernd lässt sich die Schildkröte überreden und trägt den Skorpion. Sie haben den Fluss kaum zur Hälfte durchquert, als der Skorpion die Schildkröte in den Nacken sticht. Die Schildkröte schreit entsetzt:»Warum hast du das getan?« Daraufhin der Skorpion:»Ich weiß es nicht. Ich glaube, es liegt einfach in meiner Natur.«

Den Anwälten, ganz besonders den amerikanischen, liegt es wohl einfach in der Natur, zu klagen. Wenn ein Teil der Ansprüche, die mit dem 11. September 2001 verbunden sind, in einigen Jahren gerichtlich geklärt sind, dann werden die beteiligten Anwälte um mehrere Millionen Dollar reicher sein. Was sich über Anwälte sagen lässt, das kann man freilich auch von den Amerikanern und ihrer Gesellschaft insgesamt behaupten: Amerikaner klagen wegen allem gegen jeden. Sie können nicht anders. Sie fühlen sich immer im Recht. Es liegt in ihrer Natur.

KAPITEL 2
The Rule of Law, not Men.
Not Men?

Wie die Siedler das Recht und damit
die Geschichte beherrschen

>»(Eine Geschichte des Rechts in Amerika ist) nicht
>mehr und nicht weniger als die gesamte Geschichte des
>Lebens in Amerika. Die Zukunft des einen ist die Zu-
>kunft des anderen.« *Lawrence M. Friedman*

>»Der Sklave steht unter der Kontrolle des Rechts, ob-
>wohl er vom Recht nicht geschützt wird. Er kann Recht
>nur als Feind kennen lernen, nicht als Freund.«
>*William Goodell*

>»Mit Grund wachsen Afroamerikaner in dem Glauben
>auf, dass das Recht ihr Feind ist.« *Brent Staples*

Im März 2002 verklagte Deadra Farmer-Paellmann die drei
Firmen Aetna, FleetBoston Financial Corporation und CSX
Corporation. Ihr Vorwurf lautete, die Firmen (oder ihre Vor-
läufer) hätten einst vor mehr als 150 Jahren Sklaven versichert
und damit indirekt von der Sklaverei profitiert. Die Jurastudentin Farmer-Paellmann, deren Vorfahren als Sklaven nach
Amerika kamen, war bei ihrer Recherche für eine Seminar-
arbeit auf die Praxis der Versicherungen gestoßen. Bald reichten
andere Nachfahren von Sklaven ähnliche Klagen ein. Mit ihrer
Klage hatte die Jurastudentin eine alte Debatte erneuert: Nach

dem Bürgerkrieg und der Abschaffung der Sklaverei gab es Stimmen, die sagten, es genüge nicht, Sklaven zu befreien. Man müsse ihnen »40 Acres Land und einen Esel« geben. Später forderten Schwarze, der Staat müsse Reparationen für die Sklaverei leisten. Keine der beiden Ideen wurde umgesetzt.

Zu keinem Zeitpunkt nahmen die Amerikaner ihre Verantwortung für die Sklaverei ernst genug, um Entschädigung zu leisten. Laut Umfragen lehnen es 70 Prozent der US-Bürger bis heute ab, sich für die Sklaverei zu entschuldigen. In ihrer ersten Hauptstadt Philadelphia bestaunen sie die Freiheitsglocke, Symbol des Wertes, auf dem ihr Staat gründet. Oft wissen die Besucher jedoch nicht, dass sie am Eingang des Gebäudes genau an jenem Ort stehen, wo ihr erster Präsident George Washington seine Sklaven hielt – acht Schwarze, darunter seinen Koch »Hercules«. Nachdem das Liberty Bell Center im Jahr 2003 nach einer Renovierung wieder geöffnet worden ist, bleibt unklar, wie man mit dem Thema Sklaverei an dem symbolträchtigen Ort, an dem Freiheit und Sklaverei wie selbstverständlich nebeneinander existierten, umgehen wird.

Es gibt heute so genannte Affirmative-Action-Programme, die sicherstellen sollen, dass Schwarze bei der Arbeitsplatzsuche nicht benachteiligt, sondern bevorzugt eingestellt werden. Im Grunde sind diese Programme eine Form der Reparation. Aber viele Schwarze, die es nie zu etwas gebracht haben, werden das Gefühl nicht los, dass ihre heutige Situation mit der Geschichte und Unterdrückung ihrer Vorfahren zu tun hat. Sollte das Thema nun 150 Jahre nach dem Ende der Sklaverei doch noch gelöst werden – auf dem Klageweg? Also mit dem Mittel des Rechts, das die Schwarzen einst mithilfe von so genannten Sklavengesetzen unterdrückt hat?

Die Entschädigungsklage von Deadra Farmer-Paellmann berührt grundsätzliche Fragen des amerikanischen Selbstverständnisses: Eigentlich waren die Siedler in den Kolonien doch mit dem Vorsatz angekommen, alles besser zu machen als der König im fernen England. Statt willkürlich Steuern zu erheben und befreundete Adelige davon auszunehmen, wollten sie ein gerechtes System schaffen – basierend auf der Herrschaft des Rechts, nicht der Herrschaft des Menschen. Die»Rule of Law, not Men« war stets das amerikanische Ideal, wie Kinder schon früh in der Schule lernen. Doch von Beginn an haben die Siedler die Ideale der Freiheit und Gleichheit nur auf einen Teil der Menschen bezogen. Indianer und Schwarze waren in ihren Augen weder frei noch gleich. Der Wert der Freiheit, auf dem Amerika gründet, wurde vielleicht nie so sehr missachtet wie zur Zeit der Sklaverei. Freilich geschah die Unterdrückung völlig legal. Wer Sklaven hielt, war im Recht. Auch nach der offiziellen Abschaffung der Sklaverei waren Schwarze noch längst nicht gleichgestellt. Mithilfe dubioser Gesetze wurde ihnen verboten zu wählen. Der Staat schützte sie nicht vor dem Lynchen und verfolgte die weißen Täter nicht.

Heute haben Schwarze ihre Freiheit. Aber was ist mit dem Ideal der Gleichheit? Vielen Schwarzen geht es schlechter als den weißen und anderen Minoritäten. Sie leben in Ghettos und beziehen Sozialhilfe. Sie fühlen sich von einer fehlgeschlagenen Drogenpolitik unterdrückt. Wenn es auch nicht zu vergleichen ist, so haben viele Schwarze doch das Gefühl, dass die Weißen die Sklaven- durch Drogengesetze ersetzt haben, um die Schwarzen zu unterdrücken. Die Soziologen Douglas S. Massey und Nancy A. Denton sprechen allen Ernstes von »American Apartheid«. Das Wort»Rassentrennung« sei zwar aus dem Wortschatz von Politikern, Journalisten und Soziologen verschwunden. Aber Amerika sei immer noch eine Gesellschaft, die durch Rassentrennung geprägt sei, meinen sie. Das macht nicht einmal allen Amerikanern ein schlechtes Gewissen. Im Gegenteil. Als das Wort im Dezember 2002 im öffentlichen Diskurs auftauchte, geschah es in eigenartigem Zusammenhang: Trent Lott, der Fraktionsvorsitzende der Republikaner im Senat, hielt eine öffentliche Rede und sagte, dass es dem Land besser ginge, wenn die Rassentrennung gesetzlich durchgesetzt worden wäre. Erst mit einigen Tagen Verspätung gab es einen Aufschrei im Land. Vor allem Schwarze mögen sich gefragt haben, ob es je eine Lösung für die Rassenfrage und die daraus resultierende Diskriminierung geben wird.

In die Säulen vor New Yorks Kriminalgericht, dem ältesten Amerikas, sind die idealistischen Worte des Juristen und späteren Präsidenten Thomas Jefferson gemeißelt: »Equal and exact justice to all men of whatever state or persuasion.« Doch es sind vor allem Schwarze, die seit jeher in diesem Gericht auf den Anklagebänken sitzen; und es sind vor allem Weiße, die über sie richten. Anfang der neunziger Jahre verglich der oberste Richter von New Jersey die Situation der Schwarzen mit derjenigen der Weißen: Die Wahrscheinlichkeit sei höher, dass Schwarze verhaftet werden, dass sie nicht gegen Kaution freigelassen werden, dass sie kein Mitglied ihrer Rasse im Gerichtssaal und in der Jury finden, dass ihnen die Todesstrafe droht, wenn sie des Mordes beschuldigt werden – vor allem, wenn das Opfer ein Weißer war. Diese Wirklichkeit sei Schwarzen und Hispanos – im Gegensatz zu Weißen – nur allzu vertraut.

Justitia wird in amerikanischen Gerichtsgebäuden gern mit verbundenen Augen dargestellt und als blind gegenüber Status und Herkunft idealisiert. Doch in Wirklichkeit ist sie nicht farbenblind. Ein Mann, der eine schwarze Frau vergewaltigt, muss im Schnitt lediglich für zwei Jahre ins Gefängnis. Wer eine hispanische Frau missbraucht, bekommt fünf Jahre. Doch wer dasselbe Verbrechen an einer weißen Frau begeht, verbringt zehn Jahre hinter Gittern. Von den über 1100 Richtern in New York sind mehr als tausend weißer, die übrigen schwarzer, hispanischer und asiatischer Herkunft. Kein einziger Richter stammt von den Indianern ab. Man vermutet also nicht ohne Grund, dass das Gerichtssystem im Bundesstaat New York voreingenommen ist und dass in den Gerichten zwei Rechtssysteme existieren, eines für die Weißen und ein ganz anderes für Minderheiten und Arme.

Gleichheit kann natürlich nicht heißen, jeder Amerikaner müsse ein Haus mit Garten, einen Mercedes und einen guten Job haben. Gleichheit kann nur Chancengleichheit bedeuten. Jeder hat das Recht, sich zu verwirklichen. Doch wenn die Ausgangssituation für eine Gruppe der Bevölkerung so miserabel war wie die der Schwarzen, kann man dann überhaupt von Chancengleichheit sprechen? Muss es Schwarze nicht grausen vor all den Heldengeschichten, die die amerikanischen Medien so sehr lieben: vor dem Aufstieg zum Millionär aus eigenem Antrieb und eigener Kraft?

Man kann die Klage im März 2002 als Versuch betrachten, einen Ausgleich zu schaffen für die ungleiche Ausgangslage, die Weiße und Schwarze aufgrund des Rechts seit der Gründung Amerikas hatten. Das Ideal der Gleichheit bedeutete plötzlich nicht mehr Chancengleichheit, sondern Entschädigung. Sollten Anwälte mithilfe des Rechts also das einst verratene Ideal der Gleichheit ausgleichen, ja Gleichheit »wiederherstellen« können?

Das Recht – König der Neuen Welt

Das heutige Amerika ist nicht ohne einen Blick in seine Geschichte zu verstehen, so wenig, wie ohne die Geschichte die Bedeutung der *rule of law* und die Dominanz ihrer Philosophie zu begreifen sind.

Anfang des 17. Jahrhunderts begannen die Briten, entlang der Ostküste Nordamerikas zu siedeln. Sie gründeten Kolonien vom heutigen Maine bis Georgia. Darüber hinaus siedelten sie in Kanada und in der Karibik. Die britischen Kolonisten, die später das ganze Land im Kampf gegen Holländer, Spanier, Franzosen und Indianer eroberten, etablierten britisches Recht in Nordamerika. Das Recht wurde ihre Autorität und sicherte ihnen die Trennung zwischen Kirche und Staat. Im Streit um das Recht trennten sie sich von der britischen Krone. Das Recht war fortan ihr König in der Neuen Welt, und es ist bis heute die oberste Autorität.

Amerika, sagen Akademiker in den USA, hat keine Geschichte, obwohl die Vereinigten Staaten von Amerika als Staatswesen älter sind als etliche der heutigen Staaten in Europa. Wesentlich ist jedoch das eigene Empfinden der Amerikaner: Sie nehmen sich selbst gegenüber Europa als vergleichsweise geschichtslos wahr. Amerika mag vielleicht keine Geschichte haben, meinen sie. Eines aber ist ihnen sehr bewusst: Amerika hat *law*. Darauf gründen Politik, Wirtschaft, Gesellschaft und Kultur. Auf der Herrschaft des Rechts gründet die Macht der Vereinigten Staaten. Die Leute der Union setzten sich mehr mit den Ideen des Rechts auseinander als irgendeine andere Nation, beobachtete Alexis de Tocqueville schon vor weit mehr als hundert Jahren.

Die Zeit vom Eintreffen der ersten Siedler bis zur Unabhängigkeitserklärung 1776 gilt als Kolonialzeit. De facto agierten die Kolonien jedoch auch davor bereits unabhängig. Die Kolonien in Nordamerika sind nicht mit den britischen Kolonien im 19. Jahrhundert zu vergleichen. Sie waren nahezu selbständig. Ihre Eigenständigkeit führte so weit, dass sie sich schließlich von England lossagten, als die »Kolonialherren« die Zügel straffen wollten.

Eigentlich lag dem Kampf um Unabhängigkeit eine rechtliche Auseinandersetzung zugrunde, argumentiert Bernard Schwartz, Juraprofessor der New York University. Die gegnerischen Parteien formulierten ihren Streit damals als Rechtsstreit, denn im Kern ging es um unterschiedliche Auffassungen, wie sehr die Kolonien in Übersee an das britische Recht gebunden und ihm unterworfen seien, so Schwartz. Die Kolonien in Amerika waren selbständig. England und der König waren weit.

Lange Zeit hatte die britische Krone kein Konzept für die Verwaltung der Kolonien; und als die Krone ihr Empire strenger organisieren wollte, war es zu spät. Die Kolonien waren zu eigenständig und zu mächtig und hatten sich im Lebensstil zu weit von England entfernt, um sich aus der Ferne regieren zu lassen. Die Kolonien wollten, dass sich der König an das Recht hielt. Sie rebellierten, weil sie sich ungerecht behandelt fühlten. Sie ärgerten sich, dass sich England nicht an das Recht hielt, sondern nach Gutdünken regierte. Ironischerweise beruht die Gründung der Vereinigten Staaten also auf einem Verhalten Englands, das die USA heute selbst an den Tag legen, indem sie sich über internationales Recht stellen. Jedenfalls beruht die Gründung der USA auf der strikten Rechtsgläubigkeit der Amerikaner. Sie ersetzten die Autorität des Königs durch die des Rechts.

Alexis de Tocqueville sagte 1840 in seiner Studie *Über die Demokratie in Amerika*, wenn man ihn frage, wo er die Aristokratie in Amerika suche, »dann würde ich ohne Zögern antworten, dass sie nicht von den Reichen gebildet wird, die ohne bestimmtes Band vereint sind, sondern dass sie [die Aristokratie] auf den Sitzen der Juristen hinter den Gerichtsschranken zu finden ist«.

Die ersten Siedler haben ihr Recht aus England in die Neue Welt mitgebracht – also *common law*, gemeines Recht. Sie kamen in Schüben – erst einige wenige, dann immer mehr. Die Einheimischen hatten ihre eigene Rechtskultur; jeder Stamm regelte Streitigkeiten und Vergehen auf eigene Art. Rechtstraditionen waren zwar nicht schriftlich festgehalten, aber sie wurden überliefert. Doch je mehr die Siedler in ihr Land drängten, desto mehr verdrängten sie die Rechtskultur der Einheimischen. Sie haben nie wirklich auf die Ureinwohner

60

Rücksicht genommen und versucht, von ihnen zu lernen. Sie drängten ihnen einfach ihr System auf. Die Engländer sahen sich von Beginn an im Recht und hatten nie einen Zweifel daran, dass ihr System das überlegene sei. In mitunter abgewandelter Form etablierten sie britisches Recht und britische Normen – etwa die Jury im Gerichtsverfahren – entlang der Atlantikküste und dann westwärts im gesamten Land. Welchen Jargon man vor Gericht auch sprach – er kam »per Schiff direkt aus England«, so der Historiker Lawrence M. Friedman. Die Herren der Siedlungen waren weder Anarchisten noch Demokraten. Sie regelten den Alltag nach ihren Vorstellungen. Aus England kannten sie *common law* bzw. *case law* und versuchten, das anzuwenden, was ihnen erinnerlich war und nützlich schien. Lange Zeit dienten im *case law* britische Fälle als Hilfe, weil es keine so große amerikanische Tradition gab. Dennoch hatte man in den Kolonien auch geschriebenes Recht – im Gegensatz zu England. Streitigkeiten wurden von so genannten Friedensrichtern entschieden. Anfangs gab es kaum Anwälte, die waren verpönt. Die Siedler lehnten britische Anwälte ab; und sie wollten sich von ihrer Vergangenheit abgrenzen, indem sie selbst Recht sprachen. Sie pflegten ihre eigene Version des britischen Rechts. Aber die Tradition des gemeinen Rechts über Bord werfen – so weit wollten sie denn doch nicht gehen.

Die Friedensrichter vernahmen Verdächtige, Angeklagte und Zeugen oft ohne Anwesenheit von Verteidigern. Selbst die Gerichtsverfahren liefen ohne Anwälte ab. Die Richter hatten alles unter Kontrolle, zelebrierten ihre Verurteilungen und ließen die Dorfbewohner mit ihren Urteilen wissen, was Recht ist. Gerichtsverfahren glichen Theateraufführungen, schreiben Historiker. Bis etwa 1730 wurden Angeklagte vor Gericht nicht anwaltlich vertreten. Die Verfahren waren dementsprechend kurz. Die Richter erwarteten ein Geständnis – und sprachen in Zusammenarbeit mit der Jury ein Urteil. Allerdings waren von der Jury nicht Fairness oder Unabhängigkeit gefragt, sondern das Gegenteil: eine feste Meinung, begründet durch die Abhängigkeit von der Lebensgemeinschaft. Die Jury sollte aus der Nachbarschaft stammen und wissen, was gut oder schlecht war. Wenn überhaupt, übernahmen Laien die Arbeit der Anwälte, denn Gerichtsverfahren werden im *common law* stärker von Anwälten dominiert als im *civil law*, wo Verfahren zum großen Teil darin bestehen, dass Juristen Dokumente austauschen. Im *common law* hat der Richter die wichtigste Stimme. Er entscheidet, was mit einem Fall geschieht und ob das Urteil der Jury akzeptabel ist. *Common law* wird auch »Richterrecht« genannt.

So wie es heute nicht etwas gibt, das sich »American Law« nennt, so gab es damals kein koloniales Recht. Es existierten stattdessen unterschiedliche Rechtssysteme in unterschiedlichen Bundesstaaten. Zunächst herrschten die Holländer in New Amsterdam (New York), die Franzosen in New Orleans, die Spanier in Florida. Aber die Geschichte des Rechts in den USA ist die Geschichte der Sieger. So wie die Engländer nach und nach die Kolonien der anderen Europäer und Texas und einen Teil von Mexiko eroberten und ihre Sprache in der Neuen Welt durchsetzten, so setzten sie auch das so genannte gemeine Recht durch. Teile des römischen Rechts – des *civil law* – der Spanier und Franzosen finden sich allenfalls noch vereinzelt in Louisiana, Texas und Kalifornien.

Das *common law* regiert heute all jene Länder, die England erobert und als Kolonien verwaltet hat – und Kolonien der Kolonien. Dazu zählen Kanada (außer Quebec), Australien, Neuseeland, Barbados, Jamaika und einige afrikanische Länder. In Kontinentaleuropa und Lateinamerika herrscht römisches Recht.

Kein Land, das nicht von England oder einer seiner Kolonien beherrscht wurde, hat freiwillig das *common law* eingeführt. Darin liegt heute eine Ironie: Wegen der wirtschaftlichen Macht amerikanischer Konzerne ist das Rechtssystem Amerikas immer mehr zu einem Exportgut geworden. Auch in Ländern, die das gemeine Recht ablehnen, sehen sich Juristen heute mehr und mehr gezwungen, sich damit zu beschäftigen. Amerikanische Firmen diktieren die Normen von Fusionen, Verträgen und Verhandlungen. Junge Leute aus Ländern, in denen römisches Recht herrscht, studieren an amerikanischen Universitäten *common law*, obwohl sie später in ihrem Heimatland arbeiten wollen: Dank des Verständnisses der amerikanischen Rechtskultur sind sie in fast allen großen Firmen, die globalen Handel treiben, willkommen. So gesehen ist der Siegeszug des *common law* noch nicht beendet, sondern lebt weiter in der Globalisierung der Wirtschaft. Was nicht mit Waffengewalt erobert oder befriedet ist, das wird mithilfe des Rechts den amerikanischen Standards angeglichen: Der Imperialismus des Rechts ersetzt nackten Imperialismus. Sich dagegen zu wehren, fällt schwer: Wer mag schon etwas dagegen sagen, Zusammenarbeit rechtlich zu regeln? Studieren all die jungen Leute nicht freiwillig in den USA, um später im eigenen Land aufzusteigen?

Besitz vs. Indianer, Schwarze und Frauen

Doch zurück zur Geschichte: Im Jahr 1763 erließ der britische König George III. eine Proklamation. Das britische Weltreich war nach dem Ende des Siebenjährigen Krieges um Kanada gewachsen. In London schien es nur logisch, das große Reich effektiver zu organisieren und einen Teil der Kriegsschulden durch Einnahmen aus den Kolonien zu finanzieren. George III. tat dies unter anderem, indem er den Siedlern Landerwerb im Westen untersagte. Er wies das Gebiet zwischen Apalachen und Mississippi als Indianerreservate aus und stellte es unter militärischen Schutz. Hat das Recht ursprünglich also nicht dazu gedient, Indianer zu schützen?

Lässt sich Ähnliches nicht auch über die Sklaven sagen? Im Juni 1839 segelte das spanische Schiff »Amistad« von Havanna in die kubanische Hafenstadt Principe. An Bord waren 54 Afrikaner, die Portugiesen gefangen hatten und auf Kuba als Sklaven verkaufen wollten. Die »Amistad« erreichte Principe jedoch nie, denn den Afrikanern gelang es, die Mannschaft zu überwältigen. Sie töteten den Kapitän und ein Besatzungsmitglied. Zwei weitere Seeleute entkamen, und zwei zwangen sie, zurück nach Afrika zu segeln. Zwei Monate war das Schiff fortan unterwegs. Die Afrikaner merkten nicht, dass die beiden verbliebenen Seeleute nur tagsüber Richtung Afrika segelten, nachts jedoch zurückfuhren und Kurs auf Amerika nahmen. Dort, so hofften die Spanier, würden sie irgendwo in einem Staat anlegen, wo Sklaverei erlaubt war. Aber die Winde waren ungünstig, und die »Amistad« landete bei Montauk auf Long Island zwischen New York und Connecticut. Als das Schiff landete, waren die Lebensmittel verbraucht, und fünfzehn der 54 Afrikaner waren bereits an Auszehrung, Erschöpfung und Mangel an Lebensmittel und Wasser gestorben.

Als amerikanische Soldaten das Schiff entdeckten und betraten, waren die beiden Spanier erfreut. Die Soldaten brachten die »Amistad« nach New London in Connecticut. Vier Parteien reklamierten Rechte am Schiff und an den Afrikanern. Zunächst wurden die Afrikaner gefangen genommen und des Mordes und der Piraterie angeklagt. Keiner der Afrikaner konnte sich verständigen.

Die beiden Spanier verlangten die Auslieferung, weil die Afrikaner legal unter spanischem Recht versklavt worden seien. Die amerikanischen Soldaten waren der Ansicht, dass die Schwarzen ihnen gehörten. Der amerikanische Präsident Martin van Buren wollte den Spaniern entgegenkommen; es fehlten jedoch Beweise, dass die Schwarzen wirklich den Spaniern gehörten. Dazu kam, dass einige Amerikaner, welche die Sklaverei abschaffen wollten, für die Freilassung der Schwarzen eintraten: Sie sammelten Spenden und öffentliche Unterstützung für die »Amistads«, wie die Schwarzen bald genannt wurden. Richter Andrew Judson entschied schließlich, dass sie freie Menschen seien – weil es Sklaverei in Connecticut nicht gebe. Er verwarf auch die anderen Anklagepunkte, weil keine davon in amerikanischem Gewässer stattgefunden habe.

Die Afrikaner beließ er jedoch einstweilen im Gefängnis, bis ein weiteres Verfahren über die Ansprüche der spanischen Regierung entschieden sei. Zu diesem Zeitpunkt hatte sich jemand gefunden, der die Afrikaner verstehen konnte. Bald machte ihre Geschichte national und international Nachrichten. Die Bewohner Connecticuts sympathisierten mit den Schwarzen; die Regierung wollte jedoch ihr Abkommen mit Spanien erfüllen. 1840 entschied Richter Judson schließlich, dass die Schwarzen von den USA in ihre Heimat zurückgebracht werden sollten. Doch das war noch nicht das Ende. Die Regierung gab sich nicht damit zufrieden und brachte den Fall »Amistad« 1841 vor den Supreme Court. Acht Tage lang wurde er vor dem höchsten Gericht verhandelt. Die Regierung erinnerte an internationale Abkommen; die Gegner der Sklaverei warfen der Regierung vor, Komplize der Sklavenhändler zu sein. Zur Überraschung vieler bestätigte der Supreme Court das Urteil von Richter Judson. Die Afrikaner seien entführt worden und nicht legal im Sklavenstand gewesen. Die »Amistads« waren demnach frei und durften in ihr Land zurückkehren. Es war ein Happy End nach dem Geschmack von Hollywood.

Das ist die Art und Weise, wie viele Amerikaner heute an die Sklaverei und die Unterdrückung der Schwarzen zurückdenken. Es mögen schlimme Zeiten für Schwarze gewesen sein, aber als das höchste Gericht schließlich gefordert war und einen der aufsehenerregendsten Fälle entscheiden musste, siegte am Ende die Gerechtigkeit. Kein Amerikaner bejubelt heute das dunkle Kapitel Sklaverei in der Geschichte des Landes. Aber stimmt es nicht auch, dass die Herrschaft des Rechts armen Afrikanern schließlich zu Gerechtigkeit verhalf? Das zumindest ist die Botschaft, die Hollywood in den neunziger Jahren weltweit an die Leinwände warf, als die Episode verfilmt worden war. *The rule of law* gelte nach vielen schweren Zeiten schließlich auch für Sklaven; sie seien nach schwerem, leidvollem Kampf befreit worden.

Obwohl die Neuankömmlinge eine Welt aufbauen wollten, die weniger korrupt war als die alte, eine Welt, die allen Land gab, die es bewirtschaften wollten, waren mit »allen« beileibe nicht alle gemeint. Auch in den Kolonien gab es Hierarchien, wenngleich weniger starke als in England. Doch hat der Rechtsstaat nicht von Beginn an die Schwachen und Armen beschützt? Hat er die Indianer beschützt? Galt sein Schutz auch für Sklaven? Hat er sie gar befreit? Hat das Land nicht sogar einen Krieg geführt, um den Schwarzen Freiheit und Unabhängigkeit zu geben? War jene Entscheidung des Supreme Court vielleicht sogar das Fundament, auf dem den Schwarzen sehr viel später Bürgerrechte gewährt wurden? Recht kann nicht einfach da sein. Es muss erkämpft werden und sich entwickeln dürfen. Das wäre die Sicht jener, die die Geschichte des Rechts weitgehend positiv sehen: als manchmal schwierige, mitunter stockende, aber weitgehende Erfolgsgeschichte; als im Wesentlichen lineare Entwicklung hin zum freiesten Land der Welt.

Die Wirklichkeit sah anders aus: Das Recht sollte die Schwarzen und die Indianer unterdrücken und den Besitz (*property*) sichern. Verbrechen waren Sünden, und Sünden waren Verbrechen. Die religiösen Siedler – wenigstens die Männer, die etwas zu sagen hatten – kannten keinen Unterschied. Sie hatten das Recht, die Indianer, die Schwarzen und die Frauen zu unterwerfen und die Gottlosen zu bestrafen. Selbst Entscheidungen des Supreme Court waren bis ins 20. Jahrhundert sehr rassistisch. Auch sie dienten dazu, die Vorherrschaft der Weißen zu rechtfertigen.

Die versklavten Afrikaner bildeten im Bewusstsein der meisten Kolonisten die unterste Klasse, betont der Historiker Willi Paul Adams. »Die auf Zeit verdingten, oft frisch zugewanderten Diener und Knechte, die ihre Überfahrt nicht hatten bezahlen können, litten nicht unter der gleichen Diskriminierung nach Rasse, verfügten aber ebenfalls nur über eingeschränkte Rechte, das heißt, sie konnten ihren Aufenthaltsort nicht selbst bestimmen, ihre Familien konnten zerrissen werden, und sie hatten kein Stimmrecht, weil sie im rechtlichen Sinn ebenso wie Frauen angeblich keinen eigenen Willen besaßen. Am Tag nach Ablauf ihrer Dienstzeit zählten sie aber zu den Freien. Der Weg vom verdingten Knecht über den Pächter oder Handwerksgesellen bis zum Besitzer einer Farm oder zum Handwerksmeister stand ihnen prinzipiell offen und ist von vielen gegangen worden – auch wenn Historiker noch nicht genau wissen, wie vielen dieser Aufstieg gelang.«

Wer die Proklamation des britischen Königs isoliert betrachtet, mag in der Tat auch zu dem (falschen) Schluss kommen, das Recht habe die Indianer zu schützen versucht. Tatsächlich hatte es den Zweck, die Indianer in Sicherheit zu wiegen, ihnen Schutz zu versprechen und sie dann – unter Verweis, dass man Schutz und Sicherheit in ihrem Territorium nicht mehr garantieren könne – weiter nach Westen zu schicken. Dort könne man nämlich ihre Sicherheit garantieren. Nach einer Weile begann das Spielchen erneut.

Ein Meister dieses zynischen Spiels war Andrew Jackson, der es vom Offizier und Kriegsminister immerhin zum Präsidenten der USA brachte. Für 1829 bis 1837 war er ins höchste Amt gewählt worden; heute gilt er als liberaldemokratischer Präsident und wird von namhaften Historikern wie Arthur Schlesinger für seine Verdienste gelobt. Seine »Verdienste« um die Vertreibung der Indianer scheinen sie zu übersehen. Denn Jackson war Landspekulant, Kaufmann, Sklavenhändler »und der aggressivste Feind der Indianer in der frühen Geschichte Amerikas«, wie der Historiker Howard Zinn in seinem Standardwerk A *People's History of the United States* schreibt. Jacksons Schwiegervater John Donelson, ein Landvermesser, hatte ein großes Stück Land gekauft, 20 000 Acres nahe dem heutigen Chattanooga. Jackson unternahm seine zahlreichen Reisen zu seinen Spekulationsgeschäften von Nashville aus.

Im Jahr 1812 war Jackson zu Ruhm als Kriegsheld gekommen. Der Krieg, so der Historiker Zinn, sei jedoch nicht – wie fälschlicherweise in amerikanischen Lehrbüchern beschrieben – lediglich ein Krieg gegen England gewesen. Vielmehr sei es dabei um die Erweiterung des Landes einer neuen Nation gegangen. Eine Erweiterung und Eroberung von Kanada, von Florida – und vor allem von Land, in dem Indianer lebten. 1814 kam Jackson zu nationalem Ruhm, als er die Schlacht am Horseshoe Bend gegen tausend Chreeks gewann und dabei 800 der Indianer töten ließ – ohne große Verluste hinnehmen zu müssen. Seine weißen Kämpfer hatten die Chreeks nicht überwinden können; entscheidend war, dass er den Cherokee-Indianern seine Unterstützung und die Hilfe der Regierung versprochen hatte, falls sie ihm helfen würden.

Sie fielen den Chreeks in den Rücken und besiegten sie. Damit hatte Jackson ein Prinzip angewandt, das er später immer wieder erfolgreich einsetzen würde: Er spielte die Indianer gegeneinander aus. Nach dem Krieg kaufte er das Land von den Chreeks auf, ganz egal, ob sie ihm geholfen oder gegen ihn gekämpft hatten. Die Verträge, die er mit den Chreeks schloss, brachten den Indianern den Kapitalismus näher: Indianer galten nun offiziell als Besitzer ihres Landes. Einige wurden korrumpiert, andere vertrieben – Jackson säte Neid und behandelte bei weitem nicht alle gleich. Indianer verfeindeten sich immer mehr untereinander. 1814 bis 1824 schloss Jackson Verträge mit Indianern, die ihm drei Viertel von Alabama und Florida, ein Drittel von Tennessee, ein Fünftel von Georgia und Mississippi und Teile von Kentucky und North Carolina einbrachten. Wenn nötig, half er nach, indem er Weiße aufforderte, das Land zu besetzen, und den Indianern dann sagte, leider könne man die Weißen nicht zum Abzug zwingen. Dabei bestach er Weiße und Indianer. So zwang er Indianer, von einem Ort zum nächsten zu ziehen. Jedes Mal schloss er neue Verträge und kaufte mehr Land.

Als Präsident versicherte Jackson den Indianern stets, sie seien seine Kinder und er ihr Vater. Jackson war nicht der einzige Weiße, der diese Rhetorik benutzte. Einem der führenden Sprecher der Indianer, dem Shawnee-Häuptling Tecumseh, gefiel diese Sprachregelung jedoch gar nicht. Als er William Henry Harrison traf, der später Präsident werden sollte, sagte der Übersetzer zu Tecumseh:»Dein Vater möchte, dass du Platz nimmst.« Tecumseh lehnte ab.»Mein Vater! Die Sonne ist mein Vater, und die Erde ist meine Mutter«, soll er geantwortet haben. Den Wünschen von Sonne und Erde werde er gern nachkommen. Dem Willen der weißen Eroberer wollte er sich nicht beugen. Er traute ihnen nicht, und vor allem fand er, sie hatten gar kein Recht, das Land der Indianer in Besitz zu nehmen und sie zu vertreiben.

»Der Weg, und zwar der einzige Weg«, diesem Übel zu begegnen und es zu stoppen, argumentierte Tecumseh gegenüber Angehörigen anderer Indianerstämme, liege darin, sich zu vereinigen und gemeinsam ein allgemeines und gleiches Recht auf das Land geltend zu machen. So sei es von jeher gewesen. Das Land sei nie aufgeteilt gewesen. Es habe stets allen gehört. Jeder habe es nutzen können.»Niemand hat das Recht, Land zu verkaufen, nicht einmal untereinander, geschweige denn an Fremde – an jene, die alles wollen und sich nicht mit weniger zufrieden geben.« Als einige Indianer der amerikanischen Regierung ein großes Stück Land verkauften, war Tecumseh empört und organisierte 1811 ein Treffen von 5000 Indianern in Alabama und warnte vor einem weiteren Ausverkauf an eine Regierung und an Siedler, die nie genug bekamen. Geholfen hat sein Protest nichts.

Die Chreeks, die einen Großteil von Georgia, Alabama und Mississippi bevölkerten, waren sich untereinander nicht einig, wie sie sich gegenüber den Weißen verhalten sollten. Ein Teil war bereit, die Lebensregeln der Weißen anzunehmen – wenn sie nur selbst in Frieden leben dürften. Andere, die ihr Land und ihre Kultur nicht teilen und nicht aufgeben wollten, galten bei den Weißen als »Red Sticks«. Andrew Jackson lieferte sich harte Kämpfe mit den »Red Sticks«, und er stiftete Weiße wie ihm freundlich gesinnte Indianer an, das Land der »Red Sticks« zu plündern. Was immer sie ergatterten, das gehöre ihnen, lautete Jacksons Versprechen.

Die Weißen versuchten es mit freundlichen Worten, sprachen von geschützten Ländereien, die sie den Indianern im Tausch anbieten wollten, und wenn das nichts half, setzten sie Gewalt ein. Mit »Indian Removal« wird euphemistisch umschrieben, was manche Historiker einen »Beinah-Genozid« oder einen »Genozid« nennen. Die Dörfer der Indianer wurden niedergebrannt, sie selbst wurden vertrieben. In Zahlen drückt Michael Rogin, Autor des Buchs *Fathers and Children*, das so aus: Im Jahr 1790 habe es 3,9 Millionen Amerikaner gegeben, und die meisten lebten keine 50 Meilen vom Atlantik entfernt. 1830 gab es schon 13 Millionen Amerikaner, und 1840 hatten bereits 4 500 000 die Apalachen hinter sich gelassen und waren im Tal des Mississippi gelandet. 1820 hatten noch 120 000 Indianer östlich des Mississippi gelebt. 1844 waren nur weniger als 30 000 übrig geblieben. Die meisten von ihnen waren gezwungen worden umzusiedeln, oder sie starben unterwegs oder im Kampf gegen die Eindringlinge. Andere Vergleiche sind drastischer: Vor der Ankunft der Weißen hätten rund 8 Millionen Ureinwohner in etwa 600 verschiedenen Stämmen gelebt. Nach der Invasion waren noch 360 000 am Leben.

Viele der Indianer hatten während der Revolution aufseiten der Briten gekämpft. Das verbesserte ihre Lage nach dem Sieg der Amerikaner nicht unbedingt. Aber die Revolutionäre wussten auch kein Mittel, wie sie die Indianer auf einfache Art hätten besiegen können. Zunächst klang es so, als wollte Washington sie schützen. Außenminister Thomas Jefferson hatte 1791 gesagt, der Staat werde die Indianer nicht angreifen. Im Gegenteil, wenn Siedler sich ihres Landes bemächtigten, sollte der Staat die Invasoren zurückdrängen. Kriegsminister Henry Knox sagte: »Die Indianer sind die Ersten, die hier gesiedelt haben. Sie besitzen das Recht auf das Land.« Doch bald schon zeigte sich, dass der Staat seine Absichtserklärungen nicht halten wollte. Als Jefferson 1800 Präsident wurde, waren etwa 700 000 Siedler westlich der Berge angelangt. Sie zogen einfach nach Ohio, Indiana, Illinois, Alabama und Mississippi, ohne lange zu fragen. Sie fühlten sich im Recht – ihr Recht war das Recht der Stärke. Ihre Zahl lag achtmal über derjenigen der Indianer. Und Jefferson gab sein Versprechen auf und propagierte die Umsiedlung der Indianer.

Im Jahr 1803 verdoppelte Jefferson die Größe der Vereinigten Staaten, indem er den Franzosen Louisiana abkaufte. Er dachte, eigentlich könnten die Indianer doch dorthin ziehen, und schlug dies dem Kongress vor. Auch hatte er eine Idee, wie sie dort zu leben hätten: Sie sollten Agrarwirtschaft betreiben. Die Jagd müssten sie aufgeben, Geschäfte mit den Weißen machen, um in deren Schuld zu geraten und ihre Schulden dann mit Land zu bezahlen. So gedachte Jefferson, sie der »Zivilisation« näher zu bringen. Er wollte das Land für Landwirtschaft und die Herstellung von Gütern gewinnen, schreibt der Historiker Howard Zinn. Die Verdrängung der Indianer sei notwendig gewesen, um das weite Land für Landwirtschaft und Produktion – und damit für die amerikanische Marktwirtschaft – zu öffnen. Reiche Spekulanten, darunter auch George Washington, kauften große Stücke Land. In North Carolina wurde das Gebiet der Chickasaw-Indianer verkauft, obwohl dieser Stamm während der Revolution aufseiten der Amerikaner gekämpft hatte und ihnen versprochen worden war, dass sie ihr Land behalten dürften.

Kaum war Jackson Präsident, erließen Georgia, Alabama und Mississippi Gesetze, die den Indianern Rechte absprachen: Stämme verloren ihren Rechtsstatus und durften keine Stammestreffen mehr abhalten. Sie entzogen den Stammeshäuptlingen Macht und zwangen die Indianer zum Militärdienst und zum Zahlen von Steuern. Dennoch durften die Ureinwohner nicht wählen, keine Klagen vor Gericht einreichen oder vor Gericht als Zeugen aussagen. Das Land der Indianer wurde über eine Lotterie vergeben; Weiße wurden aufgefordert, dort zu siedeln. Das alles verordneten Gesetze der Staaten, obwohl doch eigentlich der Kongress zuständig war für Indianerpolitik. Der Kongress versprach, die Indianer zu schützen; die Staaten hinwiederum nahmen ihnen ihr Land. Jackson übte dieses Spiel, das bis heute von Politikern gerne gespielt wird. Sie schieben die Schuld zwischen Bundesregierung und den Staaten hin und her, und während sich die Betroffenen fragen, wer denn nun zuständig sei, werden Fakten geschaffen, die sich nicht mehr rückgängig machen lassen. Natürlich wurden die Indianer nicht gewaltsam zum Abzug gezwungen. Aber wer blieb, war künftig den Gesetzen der Staaten unterworfen und galt als Outlaw – auch wenn ihm der Bund davor seinen Schutz zugesagt hatte. Plötzlich sah sich der Bund außerstande, sein Versprechen zu halten.

Sollte Andrew Jackson sich tatsächlich als Vater der Indianer betrachtet haben, so war er ein Vater, der »seine Kinder« nicht sehr gemocht haben kann. 1829 sagte er über sie: »Sie haben weder die Intelligenz, den Fleiß, die moralische Struktur noch das Verlangen nach einer Entwicklung, die so wichtig für die günstige Wende ihrer Lebensbedingungen ist. So müssen sie notwendig der Gewalt der Umstände weichen.« Das ist die

Einstellung, die die Landnahme und den Genozid erleichtert hat. »Die Indianer können sich nicht selber regieren«, sagte später der General S. C. Armstrong. »Sie sind Kinder und brauchen Väter.«

Vor dem Eintreffen der Europäer hat es in Nordamerika weder geschriebene Gesetze noch Sheriffs, Richter oder Geschworene gegeben. Allerdings berichten Autoren von festen Grundsätzen, die auch bei den Indianern gegolten hätten. So herrschte ein starkes Bewusstsein von richtigem und falschem Verhalten. Recht war nicht aufgeschrieben, wurde aber mündlich weitergereicht. Die Iroquois, die im heutigen Pennsylvania und im Staat New York lebten, brachen den Kontakt ab zu Stammesangehörigen, die gestohlen oder sich im Kampf als Feiglinge erwiesen hatten, bis sie sich offenbar besserten: Bestrafung mittels Beschämen. Ähnliche Gesetzmäßigkeiten galten auch bei anderen Stämmen. Indianer in Maryland antworteten 1635 dem Gouverneur auf seine Bitte, Stammesmitglieder, die einen Weißen getötet hatten, auszuliefern, damit sie den Gesetzen der Siedler entsprechend bestraft wurden: Die Indianer wüssten einen Täter selbst zu bestrafen. Außerdem seien die Fremden in das Land der Indianer gekommen. Daher sollten sie sich an deren Gebräuche gewöhnen und sie annehmen – und nicht umgekehrt. Dass man Land besitzen kann, war für die Indianer ebenso unverständlich wie z.b. der Besitz von Luft. Das führte dazu, dass die weißen Eindringlinge sich riesige Landteile – das heutige Brooklyn etwa – für ein bisschen Ramsch aneigneten. Erst nach und nach realisierten die Indianer, dass sie mit dem Land auch ihr Recht darauf abgetreten hatten. Sie mussten weichen.

Die Siedler, die in den Kolonien britisches Recht etablierten, taten dies von Beginn an, um ihre Interessen zu schützen, neu gewonnenes Land zu sichern, Indianer zu vertreiben und Sklaven zu unterdrücken. »Die ganze Geschichte der amerikanischen Besiedlung ist eine Erzählung darüber, dass man nahm, was nur eben zu nehmen war«, schreibt der Historiker Joe Frantz von der University of Texas. Der Eroberung und Unterdrückung folgte die Etablierung und Herrschaft des Rechts. Dabei folgten die Herrschenden dem Grundsatz, dass niemand das Recht brechen darf – außer demjenigen, der es erlassen hat. Die Indianer galten als unzivilisierte Wilde. »Für den Mann im Wilden Westen rangierte der Indianer in der Ordnung der Werte irgendwo unterhalb des Hundes«, meint Joe Frantz. Der aus Texas stammende Historiker T. R. Fehrenbach ergänzt: »Der durchschnittliche Siedler betrachtete die Indianer nicht als Menschen. Indianer zu töten war kaum etwas anderes, als einen Bären umzubringen. Sie waren gleichermaßen Hindernisse auf dem Weg, Land zu nehmen, zu entwickeln und seine Erträge zu genießen.«

Unter Jackson verabschiedete der Kongress den so genannten Indian Removal Bill, demzufolge die Indianer weit, weit im Westen des Landes siedeln sollten, in einer Gegend, deren Klima sie nicht gewohnt waren: Das Land bestand vor allem aus Steppe und Wüste. Die Nordstaaten waren gegen den Bill; die Südstaaten waren dafür und gewannen. Das Gesetz sah keine Gewaltanwendung vor, sondern versprach »Hilfe« beim Umzug. Als die Choctaws sich weigerten umzusiedeln, wurden fünfzig von ihnen mit Geld und Land bestochen. Jackson versprach ihnen Lebensmittel für ihr erstes Jahr und sagte zu, dass sie nie wieder umsiedeln müssten. Ende 1831 machten sich 13 000 Choctaws auf die Reise. Die Armee ließ den Umzug von privaten »Helfern« organisieren, die alles andere taten als helfen. Es fehlte an allem, besonders an Essen. Es kamen Winter, Kälte und Tod, und viele Indianer starben an Lungenentzündung. Im Sommer darauf wurden sie von einer Cholera-Epidemie weggerafft. Die 7000 zurückgebliebenen Choctaws weigerten sich daraufhin, ihr Land zu verlassen.

Wie mit den Choctaws so ging Jackson auch mit den anderen Stämmen um. Ihnen wurden Land und Sicherheit versprochen. Sie dürften bleiben –»solange die Sonne aufgeht« und»solange Gras wächst und Wasser fließt«. Einige von ihnen wurden bestochen, damit sie ihren Stamm anstachelten. Wenn sie umgesiedelt waren, waren die Versprechen der Hilfe vergessen. Manche Stämme kämpften und wurden von den Weißen gezwungen umzusiedeln. Während der harten Reise starben sie zu Hunderten. Allein auf dem»Trail of Tears« gingen rund 4000 Cherokees zugrunde.

Ähnlich zweckorientiert war der Umgang mit den Schwarzen, die die Siedler aus Afrika ins Land geholt hatten. Das Leben in den Kolonien war beschwerlich. Anfangs drohten die Gemeinschaften langsam dahinzusterben. Es fehlte den Neuankömmlingen an fast allem – außer an einem: Land. Dringend gebraucht wurden im Besonderen Arbeitskräfte, um das Land zu bewirtschaften. Daher bekam der Sklavenhandel eine immense Bedeutung, und Sklavenhalter wurden sehr, sehr reich. Die Unterstützung der Sklaverei hatte einen einfachen Grund, sagt der Historiker Howard Zinn: Sie war dem Staat nützlich. 1790 wurden im Süden jährlich etwa 1000 Tonnen Baumwolle produziert. 1860, also siebzig Jahre später, waren es 1 Million Tonnen. Im gleichen Zeitraum stieg die Zahl der Sklaven von einer halben auf vier Millionen. In Virginia machten die Schwarzen 1649 etwa 2 Prozent der Bevölkerung aus; um 1750 waren es etwa 40 Prozent, und der überwiegende Teil von ihnen waren Sklaven. Sklaverei war ein gutes Geschäft: James Madison erzählte einem Besucher aus England kurz nach der Unabhängigkeitserklärung, dass er für einen Sklaven etwa 12 bis 13 Dollar pro Jahr ausgeben müsse – und 257 Dollar an ihm verdiene.

Ein System, das nichts mehr als einen Aufstand der Sklaven fürchtete, entwickelte zahlreiche Mechanismen, um sie zu kontrollieren. Dies geschah durch Diskriminierung. Bewaffnete Siedler unterdrückten die Schwarzen. Vor allem aber unterdrückten die Siedler die Schwarzen durch Gesetze und

Gerichte. Durch die *rule of law*. Die Herrschaft des Rechts diente dazu, die Schwarzen zu unterdrücken und die Herrschaft der Weißen zu sichern. Als um 1720 in Boston und New Haven einige Feuer ausbrachen, verdächtigte man Schwarze als Brandstifter. Einer von ihnen wurde hingerichtet, und ein Rat in Boston entschied, dass Schwarze sich künftig nicht mehr versammeln dürften. Sklaven, die nicht beaufsichtigt seien, dürften sich nicht treffen. Wenn zwei oder mehr Sklaven angetroffen würden, müsse man sie bestrafen: durch Auspeitschen.

Der Supreme Court, das höchste Gericht der USA, war keineswegs überzeugt davon, dass es sich bei Sklaven um Menschen handelte. Selbst ein dem Sklavenhandel reserviert gegenüberstehender oberster Richter wie John Marshall, der vorsitzende Richter des Supreme Court, bewertete Sklaven nicht als Menschen, sondern als Besitz. Dabei könnte man Marshall als sehr moderaten Verfechter und zugleich Kritiker der Sklaverei sehen, als Juristen, der Sklavenhandel nicht wirklich akzeptierte. Immerhin war er 1829 Mitglied der American Colonization Society geworden und fungierte zeitweise im Landesverband in Virginia sogar als deren Präsident: In einem Schreiben an ein Verbandsmitglied trat er 1831 dafür ein, die schwarze Bevölkerung nach Afrika zurückzuschaffen. Doch er argumentierte nicht etwa aus Menschlichkeit, sondern weil er die Gefahr eines Aufstands ausschließen wollte. Er sprach in seinem Brief von einer großen Gefahr, die man nicht einschätzen könne. Die gesamte Union wäre gestärkt und würde daher davon profitieren, wenn die Schwarzen wieder nach Afrika gebracht würden, schrieb er. Die Society brachte genug Geld auf, um einige tausend freie Schwarze zurück nach Afrika zu schaffen. Dort gründeten sie an der Westküste Afrikas den Staat Liberia. Aber einige Tausend waren vergleichsweise wenig: Zwei Millionen Sklaven mussten weiter in den USA dienen.

Marshall hatte eine ambivalente Haltung zur Sklavenhalterei. Er stammte aus einer Familie, die Sklaven besaß, und er selbst hatte welche – wenngleich er die Sklaverei als Institution ablehnte. Er glaubte, dass die Sklaverei gegen »natürliches Recht« verstieß. Aber er glaubte auch, dass die amerikanische Verfassung sie erlaube. Er glaube, dass Sklaven Menschen seien, aber wenn es darauf ankam, betrachtete er sie auch als *property* – als Besitz. Er vermied es, sich während des Disputs um die Sklaverei einer Seite anzuschließen. Er versuchte einen Mittelweg, der seinen Ausdruck in einem sehr seltsamen Urteil fand.

Das war das Urteil im Fall »Antelope« 1825: »Antelope« hieß ein spanisches Schiff, das Sklavenhandel betrieb. Ein Schiff namens »Arraganta« hatte Sklaven von Amerikanern, spanischen und portugiesischen Sklaventreibern gestohlen und war damit Richtung Brasilien gesegelt. Dort erlitt es Schiffbruch. Die »Antelope« übernahm die etwa 280 Sklaven und segelte damit Richtung Amerika. Kapitän John Smith wollte die Sklaven ins Land schmuggeln, denn der Kongress hatte die Einfuhr weiterer Sklaven verboten. Doch vor der Küste von Georgia wurde die »Antelope« von einem Boot unter das Kommando eines gewissen Kapitäns Jackson gestellt und in den Hafen von Savannah gebracht. Fünf verschiedene Parteien erhoben nun Ansprüche auf die Sklaven: die Spanier und Portugiesen, von deren Schiffen sie gestohlen worden waren; Kapitän Smith, der sie als Kriegsbeute ansah; Kapitän Jackson, der die Afrikaner als seine Beute betrachtete; und schließlich der amerikanische Staat, der betonte, unter amerikanischem Recht seien die Afrikaner frei.

John Marshall sollte den Fall lösen. Er schrieb, zwar sei Sklavenhandel gegen das »Naturrecht«, aber so schlimm der Handel sei, so sehr sei er doch durch das »Recht aller Völker« sanktioniert, die Kolonien führten. Gefühle von Menschlichkeit müssten sich dem Recht der Völker unterordnen, meinte Marshall. Er scheute sich, die Afrikaner den Spaniern oder

Portugiesen zurückzugeben, weil Amerika ja keine Sklaverei mehr fördere. John Marshall bestimmte, dass sechzehn Afrikaner ausgewählt und freigelassen werden sollten, denn sechzehn Afrikaner waren nach den Berechnungen eines niedrigeren Gerichts von einem amerikanischen Schiff gestohlen worden. Die unglücklichen Verlierer wurden den Spaniern und Portugiesen übergeben und mussten Amerika als Sklaven verlassen. Marshall betrachtete die Afrikaner also nicht als Menschen, sondern schlicht als »Besitz« ihrer spanischen und portugiesischen »Eigentümer«. »…er lebte in einer Gesellschaft, deren gutes Leben auf Sklavenarbeit beruhte und die davon profitierte, und er wählte einen Beruf, der dem Schutz von Besitz gewidmet war – so wie es sich bis heute mit der Arbeit der meisten Anwälte verhält«, notierte der Politologe und Jurist Peter Irons in dem Werk *A People's History of the Supreme Court*: »Als er wählen sollte, ob er Freiheit oder Besitz als höheres Recht einschätzen sollte, entschied er sich für Besitz.«

In diesem Sinne entschied auch der Supreme Court den wohl berühmtesten Fall eines Sklaven: Dred Scott, der die meiste Zeit seines Lebens einfach nur »Sam« genannt wurde, war 1833 als Sklave an einen Arzt nach St. Louis in Missouri verkauft worden. Der Arzt fand 1834 in dem »freien« Staat Illinois und später in dem freien Staat Minnesota eine Anstellung und zog mehrfach um. In beiden Staaten war Sklaverei illegal. Also konnte der Arzt seinen Sklaven nicht rechtmäßig als Sklaven halten. Beide – der Arzt und sein Sklave – heirateten und zogen mehrfach um mit ihren Familien. Nach dem Tod des Arztes wollten Dred Scott und seine Frau Harriet Scott in St. Louis ihre Freiheit einklagen – schließlich hatten sie jahrelang als freie Menschen in Staaten gelebt, wo die Sklaverei nicht existierte. Dies, so dachten sie, habe aus ihnen de facto freie Menschen gemacht. Denn das Recht in Missouri versprach genau dies: dass Herren, die ihre Sklaven in freie Staaten mitnehmen, ihnen damit die Freiheit geben. Doch

1857 trafen die Scotts auf einen Supreme Court, in dem fünf Richter aus dem Süden stammten, der die Sklaverei befürwortete. Sie entschieden, dass die Scotts ihre Freiheit nicht einklagen dürften, weil sie keine Personen, sondern Besitz seien. Das Urteil markiert einen der Tiefpunkte amerikanischer Rechtsprechung.

Schwarze seien in der Geschichte Amerikas vom Staat absichtlich sehr viel schlechter gestellt worden als Weiße, sagt Randall Kennedy, Juraprofessor an der Harvard Law School. Der Staat habe Weiße sehr viel besser und stärker beschützt als Schwarze. Das sei eine der härtesten Formen von Unterdrückung in der Geschichte seines Landes. In diesem Zusammenhang kommen uns die Bilder von einem aufgebrachten weißen Mob in den Sinn, der Schwarze in einem kurzen Standgericht aufgrund ihrer Hautfarbe verurteilt und gelyncht hat. So furchtbar solche Ereignisse gewesen seien, sagt Kennedy, schlimmer noch sei die rassistisch motivierte Unterlassung von Schutz und Hilfe. Diese Form der Diskriminierung sei gravierender, da sie viel mehr Menschen betroffen habe als vereinzelte Fehlurteile. Sie sei auch deshalb schlimmer, weil die Gesellschaft kaum Wege gefunden habe, etwas dagegen zu tun. Denn sogar vor der Abschaffung der Sklaverei hätte es unter Vertretern des Staates die Übereinkunft gegeben, dass der Staat im Prinzip nur wirklich Verurteilte bestrafen dürfe – ungeachtet ihrer Rassenzugehörigkeit. Sehr viel schwerer habe sich allerdings der Gedanke durchgesetzt, dass der Staat Schwarze genauso vor Verbrechen schützen müsse wie Weiße.

Die rassistische Politik, Schwarzen den Schutz zu verweigern, gehe auf die Sklaverei zurück. Der Sklave, beobachtete William Goodell, »steht unter der Kontrolle des Rechts, obwohl er vom Recht nicht geschützt wird. Er kann Recht nur als Feind kennen lernen, nicht als Freund.« Sklave zu sein, hieß nicht automatisch, schwarz zu sein. Im Prinzip. Doch bei der Gründung der Vereinigten Staaten waren praktisch alle Sklaven schwarz. Nicht alle Schwarzen aber waren Sklaven. Es gab einige wenige Freie unter ihnen. Der Staat jedoch behandelte oft auch diese, als wären sie Sklaven.

Dahinter stand die Überlegung der weißen Herren, dass sie ihre Sklaven nur dann unter Kontrolle zu halten vermochten, wenn die Sklaven die freien Schwarzen nicht zu offen als freie Menschen wahrnehmen konnten. Die Weißen betrachteten Letztere als Gefahr. Sie waren nicht glücklich darüber, dass es solche Schwarze gab. Sie hielten es für etwas Normales, deren Freiheit nicht zu bekämpfen, aber sie auch keineswegs zu fördern. Wie machten sie das? Das geschah, indem man Schwarzen den Schutz vor Verbrechen, der Weißen gewährt wurde, vorenthielt, berichtet Randall Kennedy.

Vor allem im Süden haben Staatsvertreter Verbrechen gegen Schwarze entkriminalisiert – so lange, bis ein Verbrechen gegen Schwarze kein Verbrechen mehr war. Sklavenhalter dagegen wurden vom Rechtsstaat beschützt, auch dagegen, wegen eines Verbrechens gegen einen Sklaven angeklagt oder bestraft zu werden. Mord an einem Sklaven galt nicht als Mord, sondern wurde als notwendig erachtet, um die Sklaverei zu schützen. Der Sklave sei gestorben, weil man die Disziplin und Ordnung habe aufrechterhalten müssen, wurde argumentiert. Die Herrschaft des Rechts schützte nicht die Schwarzen – vielmehr wurden Sklaven gefoltert, schwer verletzt und getötet, weil man die Herrschaft des Rechts schützen zu müssen glaubte.

Im Jahr 1798 etwa hat man in North Carolina das Töten eines Sklaven als Verbrechen erklärt, aber hinzugefügt, das Gesetz solle nicht auf Personen angewendet werden, die einen Sklaven töten, der sich seinem Herrn und Meister widersetzt habe. Ausgenommen hat das Gesetz ausdrücklich auch den Tod eines Sklaven, der wegen *moderate correction* sterbe – was als »moderate Bestrafung« zu gelten hatte, war freilich Ansichtssache. Jeder Sklavenhalter hätte sich darauf berufen können: Ich habe ihn nur ein bisschen gefoltert, als Warnung sozusagen, und plötzlich war er tot...

Das oberste Gericht von Mississippi akzeptierte 1860 den Tod eines Sklaven als notwendig, um Recht und Ordnung zu wahren. Der Sklavenhalter war mit seinem Sklaven in Streit geraten, weil jener die Hausarbeit nicht zur Zufriedenheit seines Herrn verrichtete. Das oberste Gericht widerrief ein früheres Urteil gegen den Sklavenhalter und entschied: Wenn sich ein Sklave widersetze,»darf der Meister Gewalt anwenden, um seinen Sklaven zum Gehorsam zu bringen. Dabei darf der Meister den Tod des Sklaven in Kauf nehmen, wenn er notwendig wird, um seine rechtmäßige Autorität zu wahren.«

Mitunter verurteilten Gerichte Sklavenhalter wegen der Tötung eines Sklaven. Aber das war die Ausnahme und geschah nur, wenn das Verhalten des Sklavenhalters grausam und in keiner Weise zu rechtfertigen war. Wie im Fall von Simeon Souther, der 1850 in Hanover, Virginia, wegen Mordes an dem Sklaven Sam verurteilt wurde, weil Sam getrunken hatte. Das Gericht gab den Fall wie folgt wieder: Souther habe Sam an einen Baum gebunden und mit einer Rute ausgepeitscht. Als Souther vom Auspeitschen müde war, ließ er Sam von zweien seiner Sklaven foltern. Dann malträtierte Souther Sam mit Feuer an Rücken, Bauch und Geschlecht. Dann ließ er Sam mit heißem Wasser waschen, in das er zuvor roten Pfeffer hatte mischen lassen. Darauf schlug und trat Souther so lange auf Sam ein, der an einen Bettpfosten gefesselt war, bis dieser schließlich starb. Alles, was unterhalb derartiger Barbarei einzustufen war, wurde vergeben und als natürliches Verhalten eines Sklavenhalters angesehen, so Kennedy. Selbst in den seltenen Fällen, in denen ein Sklavenhalter einmal verurteilt wurde, fiel die Strafe sehr viel gnädiger aus, als wenn ein Weißer getötet worden wäre. Souther etwa musste wegen seines Mordes an Sam nur für fünf Jahre ins Gefängnis. Weitere Beispiele dafür, dass Sklaven nie den Schutz erhielten, den Weiße genossen, gibt es viele. Lange Zeit waren gemischtrassige Beziehungen verboten und wurden bestraft. Noch 1896 bestätigte der Supreme Court eine Gerichtsentscheidung, wonach Schwarze nicht in denselben Zugabteilen sitzen durften wie Weiße. Wenn die Abteile technisch identisch seien, dann sei Rassentrennung unbedenklich, entschied das Gericht. Es sollte noch sechzig Jahre dauern, bis der Supreme Court die Rassentrennung in Bussen schließlich aufhob.

Verbrechen waren Sünden, und Sünden waren Verbrechen

»Juristen tendieren dazu, das Recht als etwas völlig Eigenständiges zu betrachten«, meint Lawrence M. Friedman in seinem Buch *Crime and Punishment in American History* – als einen eigenen Bereich. Doch das Recht existiert nie für sich, ist nie Selbstzweck. Das Recht versucht stets, bestimmte Ansichten zu schützen. Recht ist nie neutral, nie nur Handwerkszeug oder reine Technik, deren sich ein Staat bedient. Kein Rechtssystem kann ohne Moral existieren. In dem einen kommt sie stärker, in dem anderen weniger stark zur Geltung. In dem einen besagt die Moral, alle sind gleich, und versucht, danach zu handeln. In dem anderen besagt die Moral ebenfalls, alle sind gleich, folgt aber insgeheim dem Grundsatz, dass manche gleicher sind. Während der Kolonialzeit verheimlichten die Siedler und die Richter in den Siedlungen gar nicht, welcher Moral das Recht zu folgen hatte: Ein Teil der Kolonien, vor allem im Norden, war von sehr gläubigen Menschen gegründet worden, den Puritanern. Protestantischer Glaube und Geistliche spielten eine wichtige Rolle im Alltagsleben. Englisches Recht modifizierten sie deshalb so, dass es ihrer Idee von einer göttlichen Gesellschaft entsprach. Die Puritaner in Massachusetts machten Gesetze über den Umgang mit Hexen, Blasphemie und Kirchgang. Für Puritaner galt: Ihre Religion war ihr Recht. Die Religion hatte immer Recht, wobei freilich die Geistlichen letztendlich bestimmten, was richtig war und was nicht. Grundsätzlich aber galt: Recht war dazu da, die Religion zu schützen. Wer die Moral der Religion verletzte, der verstieß gegen das Recht. »Die Kolonien machten so gut wie keinen Unterschied zwischen Sünde und Verbrechen«, sagt Friedman. »Das Recht hatte die Aufgabe, den wahren Glauben hochzuhalten, zu ihm zu ermutigen und ihn durchzusetzen. Die Regierung war Gottes Werkzeug auf Erden. Die meisten Regeln waren nicht von Menschen geschrieben, sondern das Geschenk und der Befehl Gottes.« Ziel des Rechts war, die göttliche Moral in Statuten über Verbrechen zu übersetzen.

Sonntags ging man in die Kirche. Fast alles andere verstieß gegen Recht und Gesetz, auch wenn nicht jedes Vergehen aufgeschrieben war. Wer nicht in die Kirche ging, verstieß gegen das Recht und musste eine Strafe zahlen, beispielsweise 5 Shilling oder 50 Pfund Tabak. Diese Strafen war keine leere Drohung; sie wurden häufig verhängt. Sonntags war Reisen verboten. Wer es dennoch tat, musste eine gute Entschuldigung haben – am besten einen Notfall. In der Kirche galten strikte Verhaltensgrundsätze. Man musste sich ruhig und andächtig verhalten. In Plymouth wurde 1758 ein Junge beschuldigt, in der Kirche gespielt und einem anderen Besucher mit Kreide den Rücken bemalt zu haben. Auch für das Verhalten im Freien gab es strikte Regeln. In Boston war 1656 ein Mann verurteilt worden, weil er am Sonntag seine Frau öffentlich geküsst hatte. Dass Kapitän Kemble drei Jahre auf See war und seine Frau so lange nicht gesehen hatte, spielte keine Rolle. Kemble musste dafür zur Strafe zwei Stunden absitzen. 1712 war in Philadelphia ein Friseur verhaftet worden, weil er am Sonntag Haare schnitt. Mit der Zeit wurden solche Bestimmungen aufgeweicht; Sonntagsgesetze gab es jedoch in allen Kolonien.

Die zweite Gruppe religiöser Einwanderer, die Pilgrims, waren toleranter als die Puritaner. Beide Gruppen waren Protestanten, die bis heute die Mehrheit der Christen in den USA ausmachen. Der Konflikt zwischen der Toleranz und der Besessenheit beider Gruppen spiegelt bis in unsere Tage die Einstellung Amerikas zur Religion: Münzen und Geldscheine tragen immer noch das Motto: »In God we trust.« Allerdings haben die Verfassungsväter das Wort »Gott« aus der Verfassung herausgehalten und damit früh eine Trennung zwischen Staat und Kirche eingeleitet. Immerhin war die Religion einer der Hauptgründe, warum ein Teil der Siedler überhaupt nach Amerika auswanderte und einen neuen Staat gründete. Amerika sieht sich gern als *God's own country*. Bis heute zeichnet Amerikaner ein gewisser Missionarsgeist aus, mit dem sie der Welt gegenübertreten. Er findet sich im Verhalten der Christian Coalition wie in der Außenpolitik der Regierung, etwa in der moralischen Rolle, die die USA als Hüter der Menschenrechte spielen wollen. Die Religion erklärt auch die Einstellung Amerikas zum Geld. Amerikaner sehen keinen Widerspruch darin, zugleich Gott und dem Mammon zu dienen. Das liegt an ihrer kalvinistisch geprägten Einstellung: Wer hart arbeitet und reich wird, der ist von Gott belohnt worden. Reichtum signalisiert demnach Gottes Einverständnis, großer Reichtum bedeutet große Zustimmung. Armut dagegen ist stigmatisiert, weil sie signalisiert, dass Arme etwas gegen den Willen Gottes getan haben. Wer so denkt, muss sich freilich nicht um arme Leute kümmern. Im Gegenteil. Arme haben gesündigt und dürfen froh sein, wenn man ihnen Almosen überlässt. So erklärt sich ein Teil der Rechtsphilosophie gegenüber reichen und armen Leuten in Amerika.

Man kann die Bedeutung, die die Religion spielte, kaum

überschätzen, behaupten Historiker. Der Glaube der Richter und führender Siedler spielte eine wichtige Rolle bei der Art der Vergehen, die sie vor Gericht behandelten, und beim Umgang mit den Angeklagten. Das Gerichtswesen war eine Form von kirchlicher Gerichtsbarkeit, besonders in den nördlichen Kolonien der Puritaner. Die Regeln, die 1646 in den Laws and Liberties of Massachusetts festgelegt wurden, haben fast auf jeder Seite Glaubenssätze zum Inhalt. Ketzerei und Hexerei galten in Massachusetts als Verbrechen. Jesuiten waren dort nicht willkommen. Sie wurden nur geduldet, wenn sie Schiffbruch oder einen anderen Unfall erlitten hatten. So bald wie möglich wurden sie aus der Gemeinschaft verbannt. Wenn sie es wagten und zurückkehrten, um zu missionieren, riskierten sie ihr Leben. Ebenso wenig willkommen waren die Quäker. Ein Gericht legte 1658 in Massachusetts fest, dass Quäker, die nach der Verbannung zurückkehrten, mit dem Tode bestraft werden durften. Quäkern wurde Ketzerei vorgeworfen, weil sie mit ihren Predigten die Autorität der religiösen Führer verletzten. 1651 und 1661 wurden drei Quäker – jeweils durch den Galgen – hingerichtet.

Der Alltag in den Kolonien spielte sich in den Dörfern ab. Leben hieß Dorfleben, hieß gläubiges Leben. Wer gegen den Glauben verstieß, bedrohte damit den Ablauf des Alltags. Vor allem im Norden, wo Puritaner siedelten, setzten diese ihre Glaubensgrundsätze mit Rechtsmitteln durch. »Ein Verstoß gegen Gott war ein Verstoß gegen die Gesellschaft«, betont Friedman. Die Gesellschaft fasste das als Bedrohung auf. In den Kolonien der Puritaner, also vor allem in New England, waren Lügen und Nichtstun Vergehen, die Strafe erforderten. Gerichtlich geahndet wurden auch vor- oder außerehelicher Geschlechtsverkehr, ebenso wie gleichgeschlechtlicher oder Sex mit Tieren. Als rechtmäßiger Verkehr galt Sex nach Lesart der Bibel. »Gerichte fungierten wie der weltliche Arm der Kirchen«, meint Friedman. Die Kirchen bestraften diese Vergehen freilich zusätzlich, indem sie die Angeklagten exkommunizierten und aus ihrer Gemeinschaft ausstießen.

Geringe Verstöße wurden mit verhältnismäßig geringen Strafen geahndet. Aber manche Vergehen – etwa Sex mit Tieren – galten als schwere Verstöße und wurden dementsprechend schwer bestraft, sogar mit dem Tod. William Paine wurde 1646 in New Haven wegen Masturbation angeklagt. Er habe Jugendliche verführt und sie verdorben, hieß es. Das Gericht sah in ihm »ein Monster in Menschengestalt«. Zur Strafe wurde er hingerichtet. Der sechzehnjährige Thomas Granger war 1642 wegen Sex mit Tieren angeklagt – »mit einer Stute, einer Kuh, zwei Geißen, fünf Schafen, zwei Kälbern und einem Truthahn«. Er gestand und musste die Schafe, die er missbraucht hatte, identifizieren – bevor sie der Reihe nach getötet wurden. Zum Schluss wurde dann auch der Sechzehnjährige hingerichtet.

Die Beweisführung vor Gericht blieb dabei einiges schuldig, gemessen an heutigen Maßstäben. Als in New Haven, Connecticut, eine Sau ein »monströses Schwein« warf, waren sich die Siedler einig, dass das kein Zufall sein könne. Das musste sichtbares Ergebnis einer Sünde sein, einer monströsen Sünde. Die Siedler verdächtigten denn auch Thomas Hogg des Geschlechtsverkehrs mit der Muttersau. Hogg versicherte, er sei unschuldig. Wie konnten die Siedler die Wahrheit herausfinden? Die Richter brachten Hogg in einen Saustall und zwangen ihn, zwei Säue anzufassen. Eine der beiden, ausgerechnet die Muttersau des Monsterschweins, reagierte mit einem Schrei »der Lust«, wie die Richter überlieferten. Die andere Sau zeigte überhaupt keine Reaktion. Damit war für sie die Schuld von Hogg zweifelsfrei bewiesen.

Die Herrschaft der
weißen protestantischen Männer

Wenn Europäer den Amerikanern ihre Geschichte vorwerfen, entgegnen Amerikaner zu Recht, dass es den Menschen in Europa damals nicht besser ergangen sei. Es ist ein beliebter Streit zwischen Europäern und den Euroamerikanern, die die Vereinigten Staaten während des größten Teils ihrer Geschichte beherrschten. Haben diejenigen, die Europa hinter sich ließen, nicht doch einen besseren und gerechteren Staat geschaffen? Die Amerikaner werfen den Deutschen und Italienern Hitlers Holocaust vor, die Italiener und Deutschen klagen die Amerikaner dagegen des »Beinahe-Genozids« an den Indianern an. Jede Seite scheint beweisen zu wollen, dass nicht nur das eigene System große Schwächen in seiner Geschichte hatte.

Fest steht jedoch: Die Herrschaft des Rechts in Amerika hat *white protestant males* von Beginn an dazu gedient, ihre Herrschaft zu sichern und Indianer und Schwarze mit Folter und Gewalt zu unterdrücken. Wie gesagt war Sklaverei in England unbekannt; dementsprechend kannte man im englischen *common law* keine Sklavengesetze. Es gab Sklaverei in den britischen Kolonien außerhalb Nordamerikas, ebenso in den spanischen oder portugiesischen Kolonien. Aber anfangs war sie nicht Gesetz, sondern Brauch. Ab dem 15. und 16. Jahrhundert behandelte man schwarze Diener wie Sklaven. Gesetzlich festgeschrieben wurde ihr Status allerdings erst später. Der erste Hinweis auf formellen rechtlichen Sklavenstatus fand sich in Virginia im Jahr 1640. Bald darauf wurde gesetzlich festgelegt, dass auch die Kinder einer Sklavin dem Herrn der Sklavin gehörten, also als Sklaven geboren wurden und es ihr Leben lang blieben. Amerikaner betrachten die Unterdrückung der Indianer und der Schwarzen gern als Vergangenheit. Der Historiker James Burns jedoch meint: Mit der Unterdrückung der Indianer schufen die Weißen »eine Kaste, die von den anderen Amerikanern völlig abgetrennt ist und Armut erleidet, Diskriminierung, Unterdrückung und Segregation«. Mit anderen Worten: Wenn die Indianer auch nicht mehr unterdrückt werden, so ist ihre marginale Stellung im heutigen Amerika dennoch eine Folge der jahrhundertelangen Unterdrückung.

Sklaverei war nicht gleich Sklaverei, sagen Historiker. Die Sklaverei im britischen Teil Amerikas sei sehr viel härter gewesen als diejenige in Lateinamerika. Dort seien Sklaven, die als befreit galten, tatsächlich wie solche behandelt worden. Außerdem habe man auch Sklaven als Menschen und nicht nur als Besitz betrachtet; beispielsweise durften sie heiraten. In Nordamerika gab es wohl Sklaven, die eheähnlich zusammenlebten. Legal konnten sie jedoch nicht heiraten. Freie Schwarze, die nie oder früher eine Zeit lang Sklaven waren, konnten in Nordamerika nicht freie Bürger mit allen Rechten werden.

In England gehörten einem winzigen Teil der Bevölkerung – rund 1 oder 2 Prozent – so gut wie alle Ländereien. In New England dagegen gab es keine Großgrundbesitzer und keine großen Besitztümer. Das Land »gehörte« den Indianern, aber, wie gesagt, war diesen das europäische Konzept vom Landbesitz völlig unbekannt. Die Neuankömmlinge verstanden die Beziehung der Indianer zu ihrem Land nie wirklich. Und sie gaben sich auch keine Mühe, sie zu verstehen. Wer die Indianer vertrieb, so die Logik der Kolonisten, der konnte das Land in Besitz nehmen. Land schien es im Überfluss zu geben, und es war offensichtlich jedem zugänglich. Das machte New England so attraktiv für Einwanderer. Das Recht regelte die Besitzverhältnisse, und abgesehen von Sklaven war Besitz Landbesitz. Daher war amerikanisches Recht während und nach der Kolonialzeit vor allem Landrecht, das die Verteilung regelte.

Warum soll man den Amerikanern ihre Geschichte vorhalten? Verhielten sich die Europäer zur gleichen Zeit nicht viel schlimmer? Sie führten blutige Glaubens- und Eroberungskriege; auch sie brandmarkten Menschen als Hexen und verfolgten sie.

Man kann versuchen, die Gegenwart zum großen Teil aus der Geschichte abzuleiten: Ist der allgegenwärtige Rassismus, den Afroamerikaner auch heute noch wahrnehmen, nicht ein Überbleibsel der Sklaverei? Die Spuren der früher einmal legitimen Diskriminierung? Sicher, die Nordstaaten schafften die Sklaverei nach der Revolution ab. Die Südstaaten hielten daran fest. Gehen die Gewalt und das Beharren auf dem Recht, Waffen zu tragen, nicht auf das Erlebnis der Siedler zurück, sich das Land gewaltsam unterworfen zu haben?

In den Südstaaten wurden vor der Bürgerrechtsbewegung Weiße mit größerer Wahrscheinlichkeit wegen kleiner Vergehen bestraft als wegen Mordes an einem Schwarzen. Weiße, die einen Schwarzen gelyncht hatten, wurden meist nicht einmal vor Gericht gestellt, und wenn doch, dann wurden sie von einer (weißen) Jury freigesprochen. Schwarze Zeugen mieden die Gerichte und sagten lieber nicht aus, um ihr Leben nicht zu gefährden. 1963 zum Beispiel bombardierten Mitglieder des Ku-Klux-Klan eine Kirche in Birmingham, Alabama, und töteten dabei vier kleine Mädchen. Es dauerte vierzig Jahre, bis die Täter endlich verurteilt wurden, den letzten sprach man erst im Jahr 2002 schuldig. So lange hatten die Zeugen geschwiegen.

Die Bürgerrechtsbewegung und die einzelnen Gesetze führten dazu, dass die meisten Amerikaner die Unterdrückung der Sklaven und Indianer heute ganz anders sehen als beispielsweise den Holocaust. So wie sie die Deutschen befreiten, so haben sie nach eigenem Empfinden auch ihre dunkle Geschichte weitgehend erfolgreich verarbeitet. In der Bürgerrechtsbewegung bekämpften die Amerikaner das Übel aus eigener Kraft. Das ist sicher richtig, aber eben nur zum Teil. Und es mag für viele Amerikaner eine Entschuldigung sein, dass sie sich nicht mehr mit dem Elend der Schwarzen beschäftigen und die eigene Verantwortung an diesem Elend der anderen nicht erkennen.

Dass Schwarze das Recht in den USA mit anderen Augen sehen als Weiße, wurde beim Freispruch des schwarzen Sportlers O. J. Simpson im Prozess wegen des Mordes an seiner weißen Frau deutlich. Schwarze jubelten bei der Urteilsverkündung. Weiße waren empört. In diesem Fall wurden zwei Urteile gesprochen, und sie lauteten einmal auf unschuldig, dann aber auf schuldig. Es hielt sich der Eindruck, dass sich der Angeklagte zweimal mit viel Geld freigekauft hat. Zuerst ersparten ihm seine teuren Anwälte einen Schuldspruch von einer mehrheitlich schwarzen Jury; dann ließ ein den Weißen zugetanes Gericht ihn seine Schuld finanziell büßen. Erst haben die Schwarzen gewonnen, dann die Weißen. Mit dem Ergebnis, dass hinterher keine Seite befriedigt war. Verfestigt hatte sich nur der Eindruck, dass Gerechtigkeit eine Frage des Geldes ist.»Ich habe einige Leute verteidigt, obwohl ich wusste, dass sie schuldig sind«, hat Simpsons Verteidiger F. Lee Bailey einmal gesagt. Aber die Schuldigen kämen nie ganz ungeschoren davon.»Meine Honorarforderungen sind ausreichende Strafe für jedermann.« Ob mittellose Schwarze wirklich über den Scherz lachen können? Je länger sie darüber nachdenken, desto deprimierender müssen ihnen beide Urteile erscheinen.

Amerikaner empfinden die Herrschaft des Rechts grundsätzlich als Errungenschaft. Sie denken dabei nicht an die frühen Zeiten, die in Europa auch nicht wesentlich besser verliefen, sondern daran, dass ihnen eine Revolution gelungen ist, dass sie die Sklaverei abgeschafft haben und den Schwarzen und Indianern gleiche Rechte gewähren. Im Prinzip. Sie gewähren Chancengleichheit. Jeder kann aus seinem Leben machen, was er will. Der Rassismus lebt jedoch fort, und Schwarze, Indianer und andere Minderheiten werden auf subtile Art weiter unterdrückt. Amerikaner denken wie Juristen.

90

Sie betrachten stets nur den einzelnen Fall. Wenn ein einzelner Fall als gerecht gelten darf, dann ist das ganze System gerecht. All jene Fälle, die nicht zur Verhandlung kommen, mögen ungerecht verlaufen – es scheint die Mehrheit nicht zu kümmern. Sie hat das Wort »Rassentrennung« abgeschafft. Damit glaubt sie auch, deren Existenz abgeschafft zu haben.

Indianer sollen ihr Recht bekommen – Washingtons Casinopolitik

Im 20. Jahrhundert haben Indianer das Konzept des weißen Mannes schließlich doch (gezwungenermaßen) angenommen und versuchen nun, sich mit dem Mittel des Rechts zu wehren und zu ihrem Recht zu kommen. Sie fechten Verträge an, die vom Kongress nie ratifiziert wurden – und sie sind ziemlich erfolgreich damit. Ein Jurist indianischer Abstammung leitet beispielsweise das Indian Law Resource Center in Washington und berät Angehörige der einzelnen Stämme, wie sie sich Recht verschaffen können. Wiederholt hat der Supreme Court den Indianern Recht gegeben. Sie haben sich auf die Herrschaft des Rechts eingelassen und versuchen, die Herrscher des Rechts mit den Waffen des Rechts zu schlagen.

Die Identität der Indianer hat der Kongress geregelt. Indianer sind Amerikaner. Aber teilweise gilt in ihren Reservaten ihr Recht, das sich vom *common law* unterscheidet und dem *civil law* nahe kommt. Abgesehen von der Zeitung *Indian Country Today* (www.indiancountry.com), die dem Stamm der Oneidas im Staat New York gehört, haben sie wenig Möglichkeit, sich Gehör zu verschaffen. Ihre Angelegenheiten werden aus der Sicht ihrer ehemaligen Unterdrücker geschildert – oder übersehen und übergangen, weil sie keine Lobby haben.

Zahlreiche Stämme haben in den vergangenen Jahrzehnten versucht, auf dem Klagewege ihr Land zurückzubekommen.

91

Dabei erzielten sie erstaunliche Ergebnisse: Eine über dreißig Jahre ungeklärte Forderung der Oneidas im Staat New York endete im Februar 2002 mit einem Vergleich. Zwar erhielten die Indianer nicht ihr Land um Syracuse zurück, das längst verteilt, verkauft und bebaut ist. Aber der Staat sicherte den Indianern zu, 225 Millionen Dollar Entschädigung zu zahlen. Zudem sollten sie bis zu 35 000 Acres in dem umstrittenen Gebiet erwerben dürfen. Oneidas aus benachbarten Staaten in Wisconsin und Kanada sollten weitere 250 Millionen Dollar bzw. 25 Millionen Dollar erhalten, allerdings ohne die Möglichkeit, Land zu erwerben. Insgesamt sollen die Indianer also 500 Millionen Dollar Entschädigung erhalten. Die Oneidas in New York bekundeten Zufriedenheit mit dem Vergleich. Die Oneidas in Wisconsin und Thames in Kanada waren jedoch empört, dass sie an den Verhandlungen nicht beteiligt worden waren. Sie hatten längst den American Way of Life adaptiert und verklagten sechzig Grundbesitzer im Staat New York. Klagen sei das letzte Mittel, das ihnen bleibe, ihr Recht zu bekommen, sagte einer ihrer Anführer, Gerald Danforth. Im September wies ein Bundesrichter in Albany die Klagen jedoch ab.

Mitunter setzen Indianer ihre Klagen als Druckmittel ein: Als Indianer vom Stamme der Oklahoma im April 2002 auf Rückgabe von 64 027 Acres klagten, ließen sie die Regierung wissen, dass sie interessiert seien, ein Casino in der Finger-Lakes-Region zu betreiben. Neben den Oneidas forderten auch die Cayugas, die Senecas und die Mohawks, die alle den Iroquois angehören, Land im Bundesstaat New York und klagten. Die Streitereien reichen bis in die Zeit des ersten Präsidenten George Washington zurück. Vor 300 Jahren nahm der Bundesstaat New York den Indianern einfach Land ab oder zwang sie zum Verkauf. Dabei wartete er nicht auf die Ratifizierung durch den Kongress. Man fühlte sich im Recht. De facto verletzte der Bundesstaat jedoch ein Bundesgesetz aus dem Jahr 1790. Darauf gründen die Indianer heute ihre Klagen.

Tatsächlich berühren die meisten Diskussionen um Entschädigung die Frage, ob man den Indianern nicht gestatten sollte, noch ein Casino zu betreiben. Indianerpolitik heute ist Casinopolitik. Ein Großteil der Klagen dreht sich um die Frage nach dem rechtlichen Status von Indianern. Gehören sie einem Stamm (*tribe*) an? Wenn ja, dann haben sie Anspruch auf Bundeszuschüsse – und das Recht, ein Casino zu betreiben. Das Casino dürfen sie in einem Reservat errichten und betreiben. Dazu brauchen sie Land. Daher die Klagen auf Entschädigung. Mit der Entschädigung erwerben sie Land in der Nähe großer Städte oder großer Highways. Denn das Wichtigste an dem Recht, ein Casino zu betreiben, ist die Lage. Deshalb sind Indianer meist gar nicht an der Rückgabe ihrer alten Jagdländereien interessiert, sondern an Geld oder einem Stück Land, wo viele Weiße leben.

Ende der achtziger Jahre suchte die Regierung Möglichkeiten, Indianern die Bundeszuschüsse zu kürzen. Glücksspiel bot sich als Alternative an. Die Stämme könnten investieren und später von den Erträgen leben und für sich selbst sorgen. 1988 verabschiedete der Kongress den Indian Gaming Regulatory Act. Vierzehn Jahre später zeigte sich, wie mangelhaft die Gesetzgebung war und dass der Großteil der Indianer von der *rule of law* mal wieder hereingelegt worden war. Wenigstens hatten Armeen von Anwälten Arbeit gefunden und debattierten so wichtige Fragen wie die Definition eines Spielautomaten.

Dabei geht es um richtig viel Geld in diesem Geschäft: Allein 2001 haben die 290 Casinos der Indianer in 28 Staaten mindestens 12,7 Milliarden Dollar eingenommen. Geschätzte 5 Milliarden Dollar blieben ihnen als Gewinn. Wertete man das Glücksspiel der Indianer als ein Unternehmen, würde es zu den zwanzig gewinnbringendsten Firmen Amerikas gehören. Die rund hundert Mitglieder der Table Mountain Rancheria in Kalifornien haben im Dezember 2002 jeweils einen Scheck über 200 000 Dollar aus den Einnahmen des Table Mountain Casinos erhalten – zusätzlich zu den 15 000 Dollar, die sie monatlich bekommen. Aber dass große Gewinne verteilt werden, ist die absolute Ausnahme. In der Regel landen die Millionen nicht bei den armen Indianern in den Reservaten, die Geld nötig gebrauchen könnten. Der Großteil der Gewinne erreicht die Bedürftigen nie: Eine vom *Time Magazine* am 8. Dezember 2002 veröffentlichte Untersuchung von Donald L. Barlett und James B. Steele fand heraus, dass weiße Investoren Millionen kassierten, während die meisten Indianer arm in ihren Reservaten lebten und von den satten Gewinnen keinen Cent erhielten.

Nur die Hälfte der rund 1,8 Millionen Indianer besitzen überhaupt Casinos. Einige große Stämme, etwa die Navajo, lehnen Glücksspiel aus religiösen Gründen gänzlich ab. Dutzende Casinos bringen kaum etwas ein, weil sie abseits von dicht bewohnten Gegenden und viel befahrenen Straßen liegen. Eine kleine Zahl von Casinos aber macht große Gewinne. Casinos in fünf Staaten, in denen knapp die Hälfte aller Indianer leben, nehmen weniger als 3 Prozent der Gesamteinnahmen ein. Pro Kopf fallen gerade mal 400 Dollar jährlich ab. Dagegen verdienen Casinos in drei Staaten, in denen nur 3 Prozent der Indianer leben, 44 Prozent der Einnahmen, im Schnitt 100 000 Dollar pro Person. Die Mission-Indianer verdienen mit ihrem Casino in Kalifornien mehr als 100 Millionen Dollar jährlich: Jedes Stammesmitglied erhält etwa 900 000 Dollar. Ausgerechnet die Indianer, die gut verdienen, erhalten hohe Zuschüsse vom Staat, hat das *Time Magazine* herausgefunden. Jedes der 2800 Mitglieder der Semiole in Florida bekam von 1995 bis 2001 vom Indian Health Service Gesundheitsvorsorge im Wert von 2100 Dollar, obwohl sie zuletzt jährlich auch 35 000 Dollar aus Casinoeinnahmen erhielten. In der gleichen Zeit gab der Health Service für jeden der 52 000 Indianer der Muscogee Creek Nation im Schnitt nur 470 Dollar aus, obwohl deren Casinos in Oklahoma so gut wie keine Gewinne erwirtschaften. Das Prairie Wind Casino der Oglala-Sioux in South Dakota hat im Jahr 2001 einen Gewinn von 2,4 Millionen Dollar gemacht. Mit dem Geld wurden Hilfsprogramme für Alte und Kinder finanziert. Umgerechnet auf jedes der 41 000 Stammesmitglieder, erhielt jeder Indianer 16 Cent täglich, die in die Hilfsprogramme wanderten.

Damit der Unterschied zwischen Arm und Reich nicht mittels Gesetzen verändert wird, spenden die reichen Indianer Politikern riesige Summen an Lobbygeldern; im Jahr 2000 immerhin 9,5 Millionen Dollar – zusammen kommen sie auf einen Betrag, der solche Schwergewichte im Lobbyinggeschäft wie AT&T, General Motors, Boeing oder Enron hinter sich lässt.

Dem Glücksspiel sei es nicht gelungen, den Großteil der Indianer aus der Armut zu befreien, folgerte das *Time Magazine* aus seinen Recherchen. Wieder einmal gewinne der weiße Mann. Reiche Investoren ziehen im Hintergrund die Fäden: Sie spüren versprengte Indianer ohne Stamm und ohne Reservate auf, die sich als Stamm qualifizieren könnten. Es geht darum, ihnen mittels Klagen das Recht zu verschaffen, Indianer zu sein. Denn wie schon zu Beginn der Besiedlung können die Weißen erneut gute Geschäfte machen, indem sie Indianer ausnehmen. Plötzlich ist es gut, Indianer zu sein. Die Investoren geben ihnen Anwälte an die Hand, die sie bezahlen, und lassen den Indianern einen Stammbaum erstellen. Dann bezahlen sie Lobbyisten in Washington und helfen den Indianern, in Washington den Status als Stamm zu erhalten, was zugleich ein Recht auf den Bau und Betrieb eines Casinos impliziert. Weil armen Indianern Land und Geld zum Bau eines Casinos fehlen, wickeln all das die Investoren für sie ab. Sie kaufen Land und holen sich von der Regierung in Washington die Erlaubnis, das Land den Indianern als »Trust«, als Reservat, überlassen zu dürfen. Indianer werden allerdings später in den Casinos als Alibi-Mitarbeiter eingestellt. Seit 1979 ist die Zahl der anerkannten Stämme immerhin um 23 Prozent auf 337 hochgeschnellt. Weitere 200 Gruppen haben den Status beantragt. Die Mashantucket Pequots in Connecticut, die nie in einem Reservat zusammengelebt hatten, wurden 1983 anerkannt. Heute betreiben sie das weltgrößte Casino, Foxwoods, das Milliardengewinne abwirft.

Die Recherchen des *Time Magazine* ergaben, dass die weißen Investoren von Lücken in Gesetzen profitieren – oder Gesetze brechen, um viel Geld mit dem Glücksspiel der Indianer zu verdienen. Sie kassierten Hunderte von Millionen Dollar, so *Time*. Unter den Investoren, die am meisten profitierten, sind ein weißer Unternehmer aus den USA, ein Millionär aus Südafrika und ein Glücksspielunternehmer aus Malaysia. Sie kassieren bei manchen Casinos mehr als 40 Prozent der Gewinne. Die Aufsicht kümmert sich kaum darum – oder scheitert an der Geheimniskrämerei, die Indianern gesetzlich gestattet wurde. Das Gesetz erlaubt ihnen, Berater einzuschalten. 90 Prozent aller Verträge mit Nichtindianern werden nicht kontrolliert. Das heißt, die Identität der Investoren bleibt unbekannt. Ob aus Absicht oder Desinteresse – das Gesetz, das Indianer entschädigen sollte, entschädigte einige Indianer, beließ die Mehrheit aber in Armut.»Was immer der Kongress beabsichtigte, als er das Gesetz verabschiedete, vermutlich wollte er nicht die Taschen eines malaysischen Spielmagnaten, eines südafrikanischen Millionärs oder eines Lederwaren-Krösus aus Minnesota füllen.«

Im Namen der Sklaven?
Die Entschädigungsklage und die Folgen

Bis November 2002 reichten etwa zwei Dutzend Nachfahren von Sklaven Klagen ein gegen Firmen, die angeblich vom Sklavenhandel profitiert haben. In diesem Monat fasste der Stadtrat von Chicago einen Beschluss, wonach jedes Unternehmen, das mit der Stadt Geschäfte machen wolle, etwaige Verbindungen zur Sklaverei offen legen müsse. Der Ruf nach Entschuldigungen und Entschädigungen wurde lauter. Doch Deadra Farmer-Paellmanns Klage machte vor allem bewusst, wie schwer und fragwürdig es ist, das in der Vergangenheit begangene Unrecht an Tausenden von Menschen per Gericht mit einer Entschädigungsklage gegen wenige Firmen aufarbeiten zu wollen. Das Zivilrecht soll Bürgern helfen, auf Entschädigung zu klagen. Es ist nicht dazu da, für geschichtliches Unrecht zu entschädigen.

Während Zwangsarbeiter und Holocaust-Opfer ihre Entschädigung zumindest noch in Empfang nehmen können, sind die Sklaven und ihre Familien längst tot. Kaum war die Klage eingereicht, setzte eine Debatte über ihren Sinn ein: Würden solche Klagen nicht den versteckten Hass der Weißen auf die Schwarzen unnötig schüren? Profitierten davon nicht nur einige wenige? Am Ende gar in erster Linie der (weiße) Anwalt Ed Fagan, der die Klage eingereicht hat und ein Drittel der Klagesumme – rund 10 Milliarden Dollar – erwartet? Gegner der Klage wiesen darauf hin, dass die beklagten Firmen auch viele Schwarze beschäftigten und Schwarze zudem ihre Pension auf den Aktienkurs der Firmen stützten. Mit anderen Worten: Am Ende würden Schwarze den Schwarzen Entschädigung für die Sklaverei zahlen, und ein einzelner Weißer würde am meisten profitieren.

Außerdem hatte sich die Versicherungsfirma Aetna entschuldigt. Sollte man es nicht dabei bewenden lassen? Muss die Firma nun stellvertretend die Verantwortung für die Sklaverei übernehmen? Immerhin hat ja keine der drei beklagten Firmen je einen Sklaven besessen oder für sich arbeiten lassen. Die Firmen wurden von einem findigen Anwalt ausgesucht, weil bei ihnen Geld zu holen ist und weil sie als börsennotierte Firmen auf ein gutes Image angewiesen sind. Soll man der Firma Aetna nicht hoch anrechnen, dass sie in den vergangenen zwanzig Jahren nach eigenen Angaben rund 36,5 Millionen Dollar für Gesundheitsvorsorge und Stipendien an Afroamerikaner ausgegeben hat? Kann man die Schuld damit nicht als gesühnt betrachten? Beobachter vermuten, der Anwalt Fagan wolle die Firmen zu einem Vergleich zwingen und hoffe, dass die Regierung zugleich Reparationen leistet.

Doch das ist keineswegs unumstritten: Der schwarze Akademiker Joe Hicks sagte, er lehne Reparationen grundsätzlich ab. Er verzichte auf eine Gabe des Staates für etwas, das vor über einem Jahrhundert passiert sei. Hicks, der in Los Angeles ein konservatives Institut leitet, behauptet, Schwarze spürten in ihrem Alltag den Schatten der Sklaverei nicht. Gegner warnten, unklar sei, wer eigentlich Reparationen bekommen sollte. Kinder aus Mischehen? Sie prognostizierten, dass ein Erfolg der Klage vor allen Dingen zweierlei nach sich ziehen würde: Streit unter Schwarzen und neue Klagen.

KAPITEL 3

Eine Krankheit namens Jurismania

Die Besessenheit, zu klagen und zu strafen

>»Amerikanisches Recht spiegelt alles, was in der amerikanischen Gesellschaft passiert.«
> *Lawrence M. Friedman*

>»Während der ersten neun Tage in unserem Kurs ›Einführung in Rechtsstudien‹ haben wir alles gelernt, was man über juristische Recherche und das Verfassen von Rechtstexten wissen muss.«
> *Jaime Marquart*

Der Glaube an das Recht – und an die Anwälte

Im Sommer 2000 begann Billy Sheridan, als Anwalt juristische Fragen von Hilfesuchenden auf der Internet-Seite AskMe.com zu beantworten. Billy Sheridan war gut, die Ratsuchenden waren zufrieden, und der Web-Anwalt, der so viel Zeit zu haben schien, wurde beliebter und beliebter. Man sah ihn nie im Fernsehen, kannte seinen Namen nicht aus der Zeitung. Aber niemand schien sich darüber zu wundern, dass ihn keiner je gesehen hatte. Billy Sheridan erteilte teuren Rat – kostenlos. Das reichte. Niemand ahnte, dass die Geschichte von Billy Sheridan auf seltsame Art mit der Geschichte von Marcus Arnold verknüpft war.

Nämlich so: Im Frühjahr 2000 lernte Marcus Arnold für eine

Biologieprüfung und stellte auf der Website AskMe.com dazu eine Frage. Dabei las er zufällig eine andere Frage, auf die er die Antwort zu wissen glaubte. Gefragt war zwar der Rat eines Anwalts. Aber wieso sollte Marcus nicht helfen? Marcus war fünfzehn Jahre und hatte viele Gerichtsshows im Fernsehen gesehen: Sein Wissen war das Resultat des aufmerksamen Verfolgens von »Court TV« und ähnlichen Programmen über Prozesse. Er glaubte, einiges über Gerichtsverfahren zu wissen – und er half. Damals wohnte er in einem kleinen Ort namens Perris auf halber Strecke von Los Angeles nach Palm Springs. Er lebte mit seinem Zwillingsbruder bei seinen Eltern in einem Ziegelhaus, und zwar in einer Gegend, in der man täglich Dutzende Fallschirmspringer zur Erde gleiten sah. Ein faszinierender Anblick. Aber das interessierte Marcus Arnold kaum. Er spielte lieber den ganzen Tag am Computer, der mitten in der Wohnung zwischen zwei Zimmern stand. Das Gerät gehörte der ganzen Familie, doch Marcus hatte es in Beschlag genommen. Er verfügte über einen Internet-Zugang mit mehreren Benutzernamen.

Einer seiner Namen hieß Billy Sheridan. Wer auf seine Site bei AskMe.com klickte, konnte dort »LawGuy1975 aka Billy Sheridan« lesen. Denn bald nachdem er auf AskMe.com gestoßen war, avancierte der Fünfzehnjährige zu einem der gefragtesten »Anwälte« im Internet, der in puncto Popularität und Sachverstand in einer Rangliste gestandene Juristen hinter sich ließ. Um auf AskMe.com ein »Experte« zu werden, hatte er nur ein Formular ausfüllen müssen. Er tat es am 5. Juni 2000. Er wollte Anwalt werden, seit er zwölf Jahre alt war. Natürlich hätten sich die Leute gefragt, was ihnen ein Zwölfjähriger sagen will, und ihn für verrückt gehalten. Aber einem Fünfzehnjährigen, der sich zehn Jahre älter machte, dem glaubten sie, solange sie nicht sehen konnten, wie jung der pummelige Bursche noch war. Eine Weile gab Marcus Arnold sein Alter mit 25 Jahren an und legte sich die AOL-Adresse LawGuy1975 zu, was signalisieren sollte, er sei 1975 geboren.

Einige Tage nachdem er sich als Experte eingeschrieben hatte, verbrachte er bereits ganze Nachmittage mit den juristischen Problemen von Erwachsenen. Etwa: »Mein Mann sitzt im Gefängnis wegen Mordes. Er hat nichts getan, und ich muss eine Eingabe schreiben, dass er unschuldig ist. Wie mache ich das?« Viele der Fragen schienen Marcus leicht zu fallen: Wie viele Jahre muss ich für dieses oder jenes Verbrechen ins Gefängnis? Und so weiter. Die Hilfesuchenden gaben den rund 150 Juristen, die sie bei AskMe.com berieten, zwischen einem und fünf Sternen, je nach Geschwindigkeit und Qualität ihrer Antworten. Wer viel Rat gab, konnte schnell aufsteigen. Nach vier Wochen war Billy Sheridan auf Platz 10 angelangt.

Plötzlich gratulierten ihm einige Konkurrenten – gestandene Anwälte – per E-Mail zum raschen Aufstieg auf der Rangliste. Nun war plötzlich sein Ehrgeiz geweckt. Er änderte seinen Namen sowie seine Kurzbiographie und gab vor, er sei ein Jurist mit zweijähriger Erfahrung, unter anderem in juristischer Forschung und vor Strafgerichten. Momentan sei er in Los Angeles nicht als Anwalt zugelassen, aber er helfe jedem. Er nannte sich jetzt »Justin Anthony Wyrick Jr.«. Das war dann das Pseudonym seines Pseudonyms. Der Name klang einfach besser als Billy Sheridan. Er suggerierte mehr Autorität, glaubte Marcus. Offenbar sahen das auch die Hilfesuchenden so, denn die Nachfrage nach Justin stieg derart, dass er bald 110 Fragen an einem einzigen Nachmittag beantworten musste.

Es waren keine Doktorarbeiten, die er zu schreiben hatte, so viel ist gewiss, vielmehr Fragen wie die folgenden: Wie viel Geld muss man in Illinios ergaunern, damit einem ein Verbrechen vorgeworfen wird? Darf ein Bewährungshelfer eine Heirat verhindern? Justin antwortete knapp, meist in einem Satz. »If you need anything else please write back! Sincerely, Justin Anthony Wyrick Jr.« Seine schnellen Antworten brachten ihn auf der Rangliste schnell nach oben. Bald stellten Leute ihre

Fragen mit dem Zusatz, sie wollten bitte die Antwort von Justin erhalten. Sollte heißen: von Justin und bitte nur von Justin! Einmal erhielt er in zwei Wochen 943 Fragen und gab 939 Antworten. Die restlichen vier Fragen betrafen Verkehrsrecht. Darin kannte er sich einfach nicht aus, gab Marcus Arnold später einmal zu. Nichtsdestotrotz war er Mitte Juli in der Kategorie Strafrecht bereits zur Nummer 3 bei AskMe.com aufgestiegen. Nun hatte er 125 Anwälte, Polizisten und Exhäftlinge hinter sich gelassen. Der jüngste Experte – außer ihm – war 31 Jahre alt.

Kann ein Fünfzehnjähriger, der keinerlei juristische Ausbildung hat, rechtlichen Rat geben, ohne irgendwann nicht doch als Schwindler entlarvt zu werden? Im Falle von Marcus Arnold ging es eine Weile gut. Aber er scheiterte an seinem eigenen Erfolg. Denn bald schon baten ihn Hilfesuchende um seine Telefonnummer. Sie fragten nach seinen Honorarsätzen. In diesen Momenten regte sich erstmals sein Gewissen, und ihm wurde bewusst, dass er etwas Verbotenes oder wenigstens etwas Falsches tat. Er dachte, es sei an der Zeit, sein wahres Alter zu verraten.

Er tat dies allerdings, ohne viel Aufhebens davon zu machen – als glaubte er, dass er als Fünfzehnjähriger dann offen und ehrlich weiterhin juristische Hilfe geben könnte: Er änderte einfach seine Angaben zur Person in seinem Lebenslauf. Wo einst »juristischer Experte« stand, schrieb er nun »fünfzehnjähriger Anwaltspraktikant« und versah das mit dem Zusatz »Experte«.

Wenige Stunden nachdem er die Änderung vorgenommen hatte, erreichten ihn E-Mails von verärgerten Klienten und Konkurrenten. »Ein kleiner Krieg«, so die *New York Times*, brach in dem Forum aus. Marcus beschuldigte die Anwälte, sie wollten seine Glaubwürdigkeit zerstören und ihn von seinem guten Listenplatz 3 verdrängen. Die Anwälte beschuldigten Marcus, er wisse doch gar nicht, wovon er spreche. Seine Konkurrenten suchten nun seine alten Antworten heraus und versahen sie mit niedrigen Bewertungen. Dadurch drückten sie seine Gesamtbewertung. Noch schlimmer: Sie stellten ihm unentwegt detaillierte komplizierte rechtliche Fragen. Er wusste die Antworten nicht wirklich – und sie kritisierten ihn heftig dafür.

»Lasst mich in Ruhe«, schrieb Marcus verzweifelt in seinen Mails: »Ich bin doch kein Jurist!« – »Ich bitte euch, schreibt mir nicht mehr, dass ihr mich beobachtet. Ihr macht meinen Eltern Angst.« Ein anderes Mal bat er: »Lasst uns Freunde sein«, worauf ihm einer seiner Kritiker schrieb, ihn zu fragen, ob er sein Freund sein wolle, das sei, als ob ein tödlich verwundeter Gladiator der Freund des Löwen sein wolle. Wirkliche Juristen machten sich einen Spaß daraus, Marcus öffentlich im Forum von AskMe.com bloßzustellen. Doch er machte weiter, beantwortete Fragen und klammerte sich an seine schlechtere Bewertung. Er wolle den Konkurrenten doch nichts wegnehmen, nicht ihr Geschäft schmälern, sagte er einmal.

Vielleicht erkannte er nicht, dass es für etablierte Juristen nicht nur eine Blamage, sondern eine Bedrohung ist, wenn ein Fünfzehnjähriger sie aussticht. Und sei es nur, dass vermeintliche Kunden glauben, ein Jugendlicher übertrumpfe sie. Wahrscheinlich war sich Marcus nicht klar darüber, aber gefragt, ob er denke, juristischer Rat sei überbewertet und überbezahlt, sagte er nur: »Völlig überbewertet.« Indem er seine Maske hatte fallen lassen, drohte er auch die etablierten Juristen als Hochstapler zu entlarven. Zumindest wurde deutlich, dass sie für manchen einfachen Rat viel zu viel Honorar forderten.

Dann geschah etwas Seltsames: Die Leute, denen Marcus geholfen hatte, meldeten sich zu Wort und boten den echten Anwälten Paroli. Sie sollten das Kind endlich in Frieden lassen, setzten sie sich für Marcus ein. Sie bewunderten den Fünfzehnjährigen, der es auf der Bewertungsliste so weit gebracht hatte, und respektierten ihn. Sie schätzten seinen Rat weiterhin, und er wurde sogar noch gefragter als in der Zeit, bevor er sein richtiges Alter verraten hatte. Sie schienen seine Ehrlichkeit zu schätzen. Mehr Leute denn je wollten eine Antwort von Justin – und nur von Justin! Innerhalb weniger Tage hatte der Junge sein Selbstvertrauen wiedergewonnen und war aktiver denn je. Es gebe immer irgendwelche Kritiker, sagte er und warf den Anwälten vor, sie fühlten sich in ihrem Stolz verletzt. »Sie verkraften es nicht, dass sie einer übertrifft, der ihr Sohn sein könnte.« Marcus' Tage waren nun voller Arbeit: sechs Stunden Schule, vier Stunden Hausaufgaben und nach dem Abendessen stundenlanges Tippen am Computer. Seine Eltern, die von Belize nach South Central Los Angeles und dann – nach der Ermordung ihres ältesten Sohnes – nach Perris gezogen waren, beobachteten verwirrt, wie sich plötzlich die Welt ihres Sohnes um sie drehte. Seine Mutter bewunderte ihn und sah ihn auf dem Weg zu einer glanzvollen Anwaltskarriere; sein Vater konnte sich nicht erklären, was eigentlich geschah, und ärgerte sich über die vielen Telefonanrufe von Fremden. Er fürchtete, dass irgendein Krimineller plötzlich im Haus auftauchen könnte, um Marcus um Rat zu fragen. Eine Frau hatte Marcus immerhin gebeten, sie vor Gericht zu vertreten – obwohl sie sein Alter kannte. Seine Mutter weigerte sich jedoch, ihn zu seinem Auftritt zum Gericht zu fahren.

Zwei Wochen nach der Bekanntgabe seines Alters hatte Marcus den Abstieg gebremst, ja überwunden. Weitere zwei Wochen später war er am Ziel seiner Träume angelangt. Er war die Nummer 1. Freilich, viele seiner Antworten waren keine juristische Meisterleistung, sondern formulierten nur Offensichtliches in freundlichem Ton, seine Erläuterungen waren auch nicht komplex. Aber vielleicht lag gerade darin sein Geheimnis: Die Leute verstanden sie besser als die Auskünfte der richtigen Anwälte. Sie fühlten sich verstanden und hatten das Gefühl, dass Marcus ihnen half. Das zählte.

Wie groß muss der Glaube an das Recht sein, wenn ein Fünfzehnjähriger zu einem Rechtsexperten aufsteigen kann – weil er einfache Dinge ausspricht! Oder beweist die Geschichte genau das Gegenteil, nämlich dass ein Großteil der Amerikaner das Vertrauen in Juristen und in das Recht verloren haben?

Ein Junge schlägt ausgebildete und praktizierende Anwälte: natürlich nicht wirklich, aber in der Vorstellung der Hilfesuchenden. Zunächst ist die Geschichte verwirrend und zeigt, dass viele Amerikaner dem so genannten Sachverstand der Anwälte nicht trauen. Sie können der Logik von Anwälten und des Rechts nicht folgen. Sie suchen nach einfachen Antworten. Die Herrschaft des Rechts ist so kompliziert geworden, dass Erwachsene offenbar lieber einem Fünfzehnjährigen glauben wollen, als ihre Hoffnung der komplexen Realität zu opfern. Ein Großteil der amerikanischen Gesellschaft lebt mit der Ahnung, dass man der Herrschaft des Rechts hilflos ausgeliefert ist: Wo ein des Mordes Angeklagter einmal in einem Strafprozess rechtskräftig freigesprochen, dann aber derselbe Mann wegen derselben Tat in derselben Stadt in einem Zivilprozess für schuldig befunden wird, haben viele Amerikaner ihr Vertrauen in das Recht verloren. Für sie scheint es durchaus möglich zu sein, dass ein Fünfzehnjähriger versteht, was sie selbst nicht mehr begreifen. Einfache Leute glauben nicht, dass die Regeln der Logik noch viel zu bedeuten haben. Es sieht so aus, als hätte sich die große Kraft der *rule of law* für einen Teil der Amerikaner in ihr Gegenteil verkehrt.

Im Prinzip ist es so, dass das Parlament eine Vielzahl von Gesetzen erlässt, über die Zeitungen und Fernsehen berichten. Doch *case law* scheint so einfach: Man muss nur alte Fälle finden und zeigen, dass sie für einen vorliegenden Fall von Bedeutung sind. Der oder jener Richter hat einen ähnlichen Fall so oder so entschieden, also muss dieser auch so entschieden werden. Schwierig wird es allerdings dann, wenn ein Richter sich über alte Fälle hinwegsetzt. Er kann nämlich stete neues Recht schaffen und sagen, dass Vorgänger zwar soundso entschieden haben, aber die Zeiten hätten sich geändert. Er kann alte Fälle ignorieren und anders entscheiden. Ja, in gewissem Maße wird das sogar von Richtern verlangt. Durch immer neue Entscheidungen sollen sie Gesetze schaffen, die zeitgemäß sind. Manchmal muss ein Richter also sogar anders entscheiden als seine Vorgänger. *Case law* stützt sich auf Traditionen, ist jedoch stets offen für zeitgemäße Neuerungen. Das ist das Ideal.

Verwirrend? Es reicht, wenn irgendeine Jury oder irgendein Richter meint, die früheren Urteile seien auf den vorliegenden Fall nicht anzuwenden. Man ist nie sicher. Recht kann sich über Nacht drehen. Das gibt Hoffnung. Aber es verwirrt auch zutiefst. Denn um eine Jury oder einen Richter zu überzeugen, bedarf es eines guten Anwalts, der die stichhaltigen Argumente schlüssig darbietet. Und gute Anwälte sind teuer, besonders solche, die evidentes Beweismaterial finden und überzeugend präsentieren.

Was vor diesem Hintergrund beim Beispiel des fünfzehnjährigen Marcus Arnold ein absurder Vorgang zu sein scheint, trifft dennoch einen Teil der Wirklichkeit. Denn ähnliche Ansichten wie über dieses Phänomen lassen sich verblüffenderweise auch über jene Einrichtungen finden, die eigentlich die Experten schaffen: die Law Schools der Eliteuniversitäten, die den Nachwuchs der großen, wichtigen und einflussreichen Kanzleien ausbilden. So erinnert sich beispielsweise Jaime Marquart in seinem Buch *Brush with the Law* (gemeinsam mit Robert Ebert Byrnes) an seine Studienzeit an der Harvard Law School und sagt, »dass neun Tage reichen, alles zu lernen, um in einer Kanzlei anzufangen. Deshalb verschwenden die meisten Jurastudiengänge ihre Zeit mit der Geschichte und der Rechtfertigung für das Recht. Die juristische Alltagsarbeit ist zu einfach, als dass man damit drei Jahre Studieren rechtfertigen könnte. Ein Anwalt kennt selten die Antwort auf eine rechtliche Frage. Anwälte werden nicht bezahlt, weil sie die Antwort wissen, sondern weil sie wissen, wie man sie findet. Die meisten Anwälte geben das auch zu. Aber sie würden dir nie sagen, dass es nur neun Tage dauert, um zu erlernen, wie man das macht.«

Die Harvard Law School ist *die* Jura-Eliteuniversität Amerikas. Zu den Spitzenfakultäten mögen auch Columbia in New York, Stanford in San Francisco, Yale in Princeton und einige andere zählen. Harvard Law aber ist das amerikanische Rechtsdenken in seiner höchsten Form, so wie Oxford English als reinstes und bestes britisches Englisch gilt. Wer die Harvard Law School mit einem guten Abschluss absolviert hat, auf den warten die besten Jobs in den Top-Kanzleien des Landes. Die ›besten Jobs‹ bedeutet natürlich die best*bezahlten* Jobs.

Egal, ob Boom oder Rezession, auf jeden Harvard-Studenten kämen immer eine Hand voll Kanzleien, die einem Studenten 20 000 Dollar für ein Sommerpraktikum zahlen und ihn auf jede Art und Weise umwerben. Warum?»Damit sie ihm 150 000 Dollar im Jahr zahlen, wenn er das Studium abgeschlossen hat.« 150 000 Dollar klinge unheimlich viel, so Jaime Marquart, aber für die Kanzleien sei das immer noch ein Geschäft. Sie stellen ihren Mandanten für einen Harvard-Anwalt 2200 Arbeitsstunden zu je 200 Dollar in Rechnung. Das heißt, die Kanzlei berechnet etwa das Dreifache des Jahresgehalts.

Dieses Business laufe ab, ohne dass jemand frage, ob der neue Associate wirklich etwas vom Recht verstehe.»In der Tat«, meint Marquart,»falls du von Harvard kommst, ist die Wahrscheinlichkeit hoch, dass du tatsächlich nichts vom Recht verstehst. Aber die Wahrscheinlichkeit ist auch hoch, dass du das gut verbergen und das Wichtige später erlernen kannst.« Die Kanzleien wüssten das freilich, aber das ändere nichts an ihren hohen Honorarforderungen.»Ihre Kunden wollen Harvard. Das Harvard-Diplom gilt als Garantie, dass man ein guter Anwalt ist.«Es sei ein Blankoscheck in jedem entwickelten Markt weltweit, die ultimative Monopoly-Karte, um aus dem »Gefängnis« zu kommen, meint Jaime Marquart. Er sei *the master-key door opener*. All die Ideen, die Welt zu retten, könne man sich für die Bewerbung oder Wahlkampfreden aufheben. Marquart:»Die Leute wollen aus dem gleichen Grund Harvard besuchen, aus dem andere Banken ausrauben: Geld. Zumindest war das mein Grund, nach Harvard zu gehen.«

Der Jurist und Krimiautor Scott Turow hat seine Erfahrungen in dem Buch *One L* (so werden die Jurastudenten in ihrem ersten Jahr genannt) fiktional verarbeitet und den Mythos verstärkt. Zwanzig Jahre später versuchten Jaime Marquart und Robert Byrnes in ihrem Buch *Brush With The Law* dagegen, an diesem Mythos zu kratzen. Dass ihnen dies durchaus gelungen ist, wird am besten vielleicht am Lob von Amerikas Gonzojournalist Hunter S. Thompson deutlich, dem Autor von *Fear and Loathing in Las Vegas*. Er könne das Buch sehr empfehlen, schreibt er. Es sei ein Klassiker voller »degeneriertem Humor«, der »die pathologische Gier zeige, die das schwarze Herz des juristischen Berufsstands beherrscht«.

Die Kommilitonen der beiden Jurastudenten schätzten die Wahrheiten nicht unbedingt, die Jaime Marquart über das Studium verriet. Das ist verständlich, schrieb er doch, es besuchten mehr »dumme« Jurastudenten Harvard, als man glaubt. Stellvertretend gab ihm ein Absolvent der Yale Law School nach der Veröffentlichung zu bedenken:»Ich möchte dir raten, zu überdenken, was du schreibst – egal, ob es stimmt oder nicht. Du kommst dir wohl sehr schlau vor, aber der Wert deines Abschlusses – und der Abschluss eines jeden anderen – kann von eurem Buch betroffen sein.«

Verrückte Klagen und ihr »Sinn«

Die Angst vor einer Klage zwingt zur Transparenz, sagen die Befürworter des amerikanischen Rechtssystems – zwingt sogar Männer, die in ihren Predigten Sonntag für Sonntag behaupten, die Menschen seien nur einem Herrn verantwortlich, und der sei nicht von dieser Welt. Denn im Januar 2002 bekamen Gottes Vertreter auf Erden die Macht der Herrschaft des irdischen Rechts zu spüren. Damals wurde in Boston bekannt, dass manche von ihnen ihre Ministranten und Jugendliche aus ihren Gemeinden sexuell missbraucht haben. Nach der Enthüllung warfen einige der Opfer anschließend den Bischöfen vor, nicht genügend gegen pädophile Pfarrer getan zu haben. Die Anschuldigungen würden wohl Bischöfe in keinem Land der Welt gefallen. Aber in jedem anderen Land wären die obersten Kirchenmänner nicht unter vergleichbaren Druck geraten. Sie hätten womöglich die Anschuldigungen als interne Sache betrachtet und stillschweigend »geregelt« – und es am Ende womöglich bei einer Warnung belassen. In den USA aber kam die katholische Kirche unter Druck zu reagieren. Es drohten Millionenklagen von Betroffenen. Das führte dazu, dass die Kirche zögernd harte Schritte gegen einige Hundert pädophile Pfarrer beschloss und bis August 2002 angeblich mehr als 300 Pfarrer vom Dienst suspendiert hat. Mit diesem Schritt, der der Amtskirche Sammelklagen ersparen sollte, sahen sich die Täter erst recht schutzlos Zivilklagen der Opfer ausgesetzt.

Das wiederum führte dazu, dass einige der beschuldigten Pfarrer gegen ihre Opfer, die die Beschuldigungen erhoben, auf Schadenersatz klagten. Eine Hilfsorganisation, in der sich 4100 Missbrauchsopfer zusammengeschlossen hatten, betonte, die Klagen der Priester seien »brutal«, »unchristlich« und »rachsüchtig«. Robert J. Silva, der Präsident von National

Federation of Priests Councils, einem Zusammenschluss von 25 000 der insgesamt etwa 47 000 katholischen Pfarrer in den USA, verteidigte dagegen das Verhalten der Priester. Sie hätten ein Recht zu klagen, um sich gegen falsche Anschuldigungen zu wehren, sagte er. Klagen sei geradezu ein notwendiger Schritt gegen falsche Anschuldigungen. »Das ist nicht unchristlich, nicht brutal, nicht rachsüchtig«, sagte Silva. »Das ist Gerechtigkeit.«

Weniger gefallen wird Silva wahrscheinlich, dass einige der suspendierten Priester – in Boston, Detroit und Miami – auch Klagen gegen ihre Bischöfe androhten, weil diese mit der Suspendierung ihre Rechte als Arbeitnehmer verletzt hätten. In Trenton, New Jersey, klagte ein Priester – auf Kirchenrecht gestützt – sogar gegen einen Kollegen. Alles in allem kann man sagen: In den USA wollen nicht einmal Kirchenmänner auf Gottes Rechtsprechung warten und sich auf seine Gerechtigkeit verlassen. Auch sie leben den American Way of Law.

Doch viele Klagen lassen den unparteiischen Beobachter über ihren Sinn rätseln. Sie erscheinen als eine unverhältnismäßige, überzogene Reaktion auf ein vergleichsweise kleines Ärgernis. In South Dakota verklagten die Eltern von siebzehn Schülern im Juli 2002 die Schulaufsicht und die örtliche Polizeibehörde, weil sie ihre Kinder – darunter einige gerade mal sechs Jahre alt – von einem Drogenspürhund beschnüffeln ließen. Die Schüler der ersten Klasse seien angeblich derart geängstigt gewesen durch einen Schäferhund, dass einige weinten und mindestens einer in die Hose gemacht habe, hieß es in der Klageschrift. Die Eltern waren wenig beeindruckt von der Fürsorge der Schule, die auf ein Drogenproblem verwies. Auch dass der Schäferhund laut Schülerangaben nur 2 Minuten in das Klassenzimmer geführt worden war, konnte sie offensichtlich nicht von der Klage abhalten.

Im Juli 2002 verklagte ein Mann in Florida einen Striptease-Club, weil der Club nicht alle Séparées des Clubs rollstuhlgerecht ausgebaut hatte. Dem 39-jährigen Mann mit dem viel sagenden Namen Edward Law war bei einem Besuch im »Wild Side« in West Palm Beach aufgefallen, dass alle Séparées nur über Stufen erreichbar sind. Dort tanzen die Mädchen für den Gast allein, eine halbe Stunde lang, und man trinkt Sekt. Edward Law ist seit einem Tauchunfall, den er fünfzehn Jahre zuvor erlitt, von der Brust abwärts gelähmt. Er kann nur zwei Finger seiner linken Hand bewegen. Kurz vor seinem Besuch hatte Law den Anwalt Anthony Brady kennen gelernt, der Behinderte vertritt. Der Anwalt fertigte eine Mängelliste an, monierte, dass die Toiletten und das Bad nicht behindertengerecht seien und Rampen zu den Séparées fehlten. Mal sind es zwei, mal fünf, mal fünfzehn Stufen. Die beiden beriefen sich in ihrer Klage auf den Americans with Disabilities Act, den der Kongress 1990 verabschiedet hatte, um Körperbehinderten in ihrem Kampf um Gleichbehandlung zu unterstützen. Die Klage fand viel Aufmerksamkeit, und mancher schmunzelte. Doch die Behindertenverbände stöhnten. Sie nahmen die Klage wirklich ernst, weil er die Verbände angreifbar machte. Von allen Klagen, die sie sich vorstellen konnten, war diese diejenige, auf die sie wirklich nicht gewartet hatten.

In San Francisco klagte eine Frau wegen Diskriminierung gegen die Fitnesskette »Jazzercise«, weil ihre Bewerbung als Tanz-Fitnesstrainerin abgelehnt worden war. Man habe sie nur abgelehnt, weil sie mehr als 200 Pfund wiege, glaubte die Frau nicht ganz zu Unrecht – und klagte. In der Tat hatte die Kette Jennifer Portnick abgelehnt, weil sie mit ihren 240 Pfund keine Fitness ausstrahle – was im Fitnessgeschäft nun mal nicht ganz unwichtig ist. Allerdings gibt es in San Francisco ein Gesetz gegen Diskriminierung am Arbeitsplatz. Darauf stützte die Dame ihre Klage – und gewann.

Wenn man dieser Logik folge, dann sei der Tag nicht mehr fern, an dem eine dicke Schauspielerin klagen könne, weil Julia Roberts ihr zu Unrecht die Rolle der »Pretty Woman« weggeschnappt habe, schrieb das *Wall Street Journal* am 8. Mai 2002 und orakelte: Bald werde wohl ein 300 Pfund schwerer Mann erfolgreich McDonald's verklagen können, weil er den Cheeseburgern einfach nicht habe widerstehen können. Der Autor des *Wall Street Journal* fand diese Bemerkung wohl besonders witzig. Dabei hatte ihn längst die Wirklichkeit eingeholt. Denn einige Wochen davor war bereits genau das passiert, was er vorherzusagen glaubte: Ein dicker Mann hatte McDonald's verklagt, weil er dessen fetten Pommes frites, Burger und Chicken McNuggets nicht hatte widerstehen können. Der schwergewichtige Mann verklagte neben McDonald's auch die Schnellimbissketten Burger King, Wendy's und Kentucky Fried Chicken. Jahrelang hatte sich der 56-jährige fast ausschließlich von Fast Food ernährt und machte das Essen für seinen hohen Blutdruck und Cholesterinspiegel, für zwei Herzinfarkte und Diabetes verantwortlich. Sein Anwalt nannte die Praktiken der Ketten unverantwortlich, weil sie den wahren Fettgehalt des Essens »verschleierten«, und sprach im Fernsehen bereits von einer Sammelklage. Mit ihrem fetten Essen würden die Ketten eine »De-facto-Sucht« bei ihren Kunden auslösen, vor allem bei armen Bürgern und bei Kindern.

Fügen sich diese scheinbar dummen, harmlosen oder fragwürdigen Klagen in ein System? Gibt es einen Sinn, nach dem die Herrschaft des Rechts in den USA funktioniert?

Die Idee dahinter ist, den Unternehmen völlige Freiheit zu gewähren. Der Staat soll sich weitgehend aus der Regulierung von Produkten heraushalten. Den Schutz der Konsumenten sollen Anwälte und Gerichte übernehmen. Ist ein Produkt fehlerhaft, sollen Anwälte dagegen klagen.

Im Falle von Stella Liebeck, von der in der Einführung die Rede war, stellte sich heraus, dass der Kaffee von McDonald's tatsächlich heißer war als gewöhnlicher Kaffee. Angeblich hatten sich Hunderte Kunden vor ihr über Verbrennungen beschwert. McDonald's machte den Kaffee so heiß, um Geld zu sparen. Auf diese Weise musste nicht jeder Kaffee neu gekocht werden. Um den Konzern zu zwingen, das Herstellungsverfahren zu ändern, wurde eine Millionen Dollar schwere Strafe gegen das Unternehmen ausgesprochen. Wäre die Summe geringer ausgefallen, hätte McDonald's keinen »Anreiz« gehabt, seine Herstellungsmethode zu ändern. Im Idealfall schützen Anwälte also die Konsumenten und regulieren Unternehmen.

Tatsächlich haben McDonald's und seine Konkurrenten die Herstellung des Kaffees geändert und bieten nun Schutzhalterungen aus Pappe an, damit sich kein Kaffeetrinker mehr verbrennen muss. Somit ist auch klar, warum alle Kläger, die später in der Erwartung, Millionär zu werden, Kaffee mehr oder weniger absichtlich über sich vergossen hatten, mit ihren Klagen nie vor Gericht zugelassen wurden. Freilich bleibt die Frage, ob es nicht gesünder und billiger wäre, Schnellimbissketten vorzuschreiben, Kaffee nicht brühheiß auszuschenken. Anders gesagt: Ist die Freiheit der Schnellimbissketten, sich die Temperatur des Kaffees nicht vom Staat vorschreiben lassen zu müssen, nicht eine sehr teure Freiheit, mit der am Ende wenig gewonnen wird?

Das mag sein. Aber an dem Fall Liebeck lässt sich eben das wichtige Prinzip der Herrschaft des Rechts in Amerika erkennen, dass die Freiheit der Unternehmen über alles geht. Im Zweifelsfall sollen die Urteile der Gerichte dafür sorgen, dass die Unternehmen die bestmöglichen Produkte herstellen. Dadurch bleiben sie trotz hoher Kosten international konkurrenzfähig. Das System der Produktkontrolle sollte einfach sein. Tatsächlich jammern Unternehmen jedoch über die teuren verrückten Klagen und fordern Entschädigungsgrenzen. Ließen sich die Abgeordneten auf solche gesetzlich verankerten Grenzen ein, würde das Rechtssystem, das Unternehmen ohnehin begünstigt, sie noch stärker favorisieren. Der ehemalige Unternehmer George W. Bush will genau dies durchsetzen. In vielen Bundesstaaten ist das ohnehin bereits geschehen: Mehr als dreißig Staaten haben Grenzen für überzogene Entschädigungssummen erlassen. In Georgia erhält der Staat 75 Prozent der Summe, wenn eine Jury den Hersteller eines Produkts bestraft. Zudem darf die Strafe 250 000 Dollar nicht übersteigen. Ist das Problem damit gelöst? Nun, es wird weniger lustige Zeitungsmeldungen geben. Aber hat die rechtliche Ordnung nicht ihren Sinn verloren, wenn der Staat ein teures System schafft, das den Unternehmen Freiheit vor staatlichem Eingreifen geben soll – und am Ende doch eingreift und die erzieherische Wirkung zerstört?

Die Amerikaner klagen in vielen unwichtigen Fällen und haben dabei das Gefühl, sich stets im Recht zu bewegen. Sie täuschen sich dadurch selbst über das angebliche Funktionieren ihres Rechtssystems und wollen gar nicht wahrhaben, dass ihnen viele wichtige Rechte von ihrem Staat nicht gewährt werden. Amerikaner sind stolz darauf, dass sie ihren Staat klein gemacht und in eine unwichtige Rolle gedrängt haben. Sie übersehen in ihrem Stolz gern, dass der Staat immer noch mächtig ist, sich aber aus der Verantwortung zurückziehen konnte. Viele Rechte muss er gar nicht gewähren.

So klagen Amerikaner wegen erstaunlich unwichtiger Dinge, aber je mehr man von diesen seltsamen Klagen vernimmt, desto unwirklicher und merkwürdiger erscheint einem das Fehlen mancher Klagen gegen offensichtliche Mängel der amerikanischen Gesellschaft. Klagt keiner gegen die immer weiter auseinander klaffende Schere von Reich und Arm? Klagt niemand gegen die viel zu hohe Zahl von Eingesperrten? Gegen den Bau immer weiterer Gefängnisse? Gegen die Aushöhlung der Pressefreiheit? Gegen die Hersteller von Schusswaffen, die viel zu viel Unheil anrichten? Gegen die Ausbeutung von Einwanderern?

Die wirklich armen Bürger tun sich schwer, ihr Recht auf Ernährung oder Bildung einzuklagen. Wer gewährt diese Rechte?

Der Staat überlässt soziale Dienste oft der Spendenbereitschaft der Unternehmen und ihrer Initiative. Man lobt die Kultur der Stiftungen und Spenden und vergisst gern, dass sie nie das Volumen staatlicher Fürsorge in anderen Ländern erreichen, und sie sind freiwillig. Kein Bürger hat einen Anspruch darauf. So kann niemand Rechte einklagen, die von den Vereinten Nationen und von Menschenrechtlern als grundlegend eingestuft werden. Amerikaner haben das Recht, gegen schlechtes Essen und Fettleibigkeit zu klagen. Aber sie haben kein Recht, gegen den Mangel an Essen und gegen Hunger zu klagen. Um die Bedeutung dieses Widerspruchs zu verstehen, sollte man ein paar Dinge wissen: Jeder siebte Amerikaner hat keine Krankenversicherung. Mit den Kosten der Versicherung steigt auch die Zahl der Unversicherten. In einem Jahrzehnt ist ihre Zahl auf 41,2 Millionen geklettert; das entspricht 14,5 Prozent der Bevölkerung. Fast ein Drittel aller Lebensmittel, die in den USA produziert werden, landen im Müll. Doch im Jahr 1999 ergab die Studie»Hunger in the United States«von Ashley Sullivan, die im Jahr 2000 veröffentlicht wurde, dass 36,2 Millionen Amerikaner in Haushalten leben, in denen die Versorgung mit Lebensmitteln als unsicher gilt. 12,1 Millionen Kinder unter zwölf Jahren wachsen auf, ohne sicher sein zu können, am anderen Tag Essen zu bekommen. Jeder dritte Haushalt einer allein erziehenden Mutter hatte Probleme mit Lebensmittelsicherheit. Zwar gingen entweder Vater oder Mutter von 63 Prozent aller armen Kinder einer Arbeit nach. Doch verdienten die Eltern lediglich Einkommen an der Grenze zur Armut, die in den USA mit 17 650 Dollar jährlich für eine vierköpfige Familie definiert ist.»Hunger ist Amerikas stumme und versteckte Krankheit«, betont die Journalistin Loretta Schwartz-Nobel nach mehrjährigen Recherchen.»Das wirkliche Merkmal einer bewundernswerten Gesellschaft ist nicht die Art, wie sie den Reichen hilft, sondern wie sie die Armen schützt; nicht, wie sie die Mächtigen fördert, sondern wie sie die Schwachen schützt, besonders Kinder.« Eine Studie »Welfare to What?« des Children Defense Fund ergab 1998, dass die neuen Wohlfahrtsgesetze die Menschen zwar aus der Sozialhilfe entlassen, ihnen jedoch keine Arbeit gegeben haben. Die Zahl der Kinder, die in »extremer Armut« aufwachsen, habe sich von sechs Millionen 1995 auf 6,3 Millionen 1996 und 6,4 Millionen 1997 erhöht. Die Eltern, die tatsächlich Arbeit fanden, verdienten nicht genug, um ihre Familien zu ernähren. Die Studie kam zu dem Ergebnis, dass es den Politikern offenbar gelungen war, die Leute aus der Sozialfürsorge, aber nicht aus der Armut zu drängen.

John F. Kennedy betonte 1961 zuversichtlich, in den sechziger Jahren würde nicht nur ein Mensch den Mond betreten, sondern man würde auch den Hunger unter Kindern beseitigen. Es reichte dann doch nur zur Mondlandung. Als Außenminister hat Henry Kissinger gesagt, binnen eines Jahrzehnts würde kein Kind mehr hungern müssen. Kennedy und Kissinger taten so, als würde der Hunger weltweit abgeschafft. Dabei ist er nicht einmal in den USA beseitigt, im Gegenteil. Allerdings weigerten sich amerikanische Politiker, internationale und nationale Abkommen zu unterzeichnen, die Nahrung als Menschenrecht ansehen. Den Teil der allgemeinen Erklärung der Menschenrechte über wirtschaftliche Gleichberechtigung, der das Recht auf »angemessene Nahrung, Kleidung und Wohnung« vorsieht, hat der Senat nie ratifiziert.

Politiker geben allenfalls zu, dass es Armut gebe; das Wort »Hunger« ist ein Fremdwort für sie. Bill Clinton hat den Rest von Sozialgesetzen gekippt; George W. Bush appellierte im Mai 2001, der Glauben solle helfen, Armut zu bekämpfen, denn:»Vieles an der heutigen Armut beruht mehr auf problematischem Leben denn auf einer problematischen Wirtschaft.« Man müsse sich um die emotionalen und geistigen Nöte armer Leute kümmern. Es gibt mehr als 140 000 Wohltätigkeitsorganisationen, die Lebensmittel sammeln und mehr und mehr von Familien in Anspruch genommen werden, die man in wirtschaftlicher Hinsicht der Mittelklasse zuordnen würde. Ohne diese Organisationen wäre Hunger ein Problem von epidemischen Ausmaßen, so Schwartz-Nobel. Schwer zu sagen, wie groß die Hungersnot in Amerika tatsächlich ist.

Politiker und Juristen mögen oft versichern, dass die *rule of law* den Bürgern die Rechte sichert. Doch die USA haben peinlichst vermieden, internationale Abkommen zu unterzeichnen, wonach auch Bildung oder Ernährung zu den Menschenrechten gehören. Denn wo es kein Recht auf Essen gibt, ist man auf Almosen angewiesen. An den fehlenden Rechten auf Bildung, auf Ernährung, auch Sicherheit, zeigt sich die vielleicht größte Schwäche des amerikanischen Rechtsstaates. Der Staat soll sich heraushalten, nicht einmal die Grundbedürfnisse garantieren. Politik und Wirtschaft aber sorgen vor allem für die Wohlhabenden.

Dass jedoch Anwälte nie gegen Armut geklagt hätten, stimmt nicht ganz. Aufgrund der Erfolge einiger Anwälte, die für Minderheiten vor Gericht Bürgerrechte erkämpften, arbeiteten in den sechziger Jahren einige hundert Anwälte für Wohlfahrtsvereine. 1971 wurden immerhin 2500 so genannte *public interest lawyers* gezählt, die sich um arme Menschen kümmerten. Die Anwälte klagten beispielsweise gegen Wohlfahrtsbehörden, die armen Frauen Unterstützung verweigerten. Von 1965 bis 1974 brachten sie 164 Fälle vor den Supreme Court. Aber ihre Erfolge waren nicht zahlreich, und irgendwann gaben die meisten auf. Das Konzept, dass Anwälte Armut bekämpfen, sei gescheitert, sagt Lawrence Friedman. Armut sei stigmatisiert bei der weißen Mittelklasse. Daran scheiterten auch die sozial gesinnten Anwälte.

Amerikaner müssen sich also weiterhin damit trösten, nicht gegen Hunger, aber gegen Überfluss an Essen klagen zu können. Es wurde bereits gesagt, dass hinter diesem Kuriosum der

Gedanke steht, die Menschen wüssten selbst am besten, was gut für sie ist – und seien für ihr eigenes Schicksal verantwortlich. Das ist eine Facette des »freiesten Landes der Welt«. Doch ausgerechnet in diesem Land klagen Menschen gegen eine Fast-Food-Kette, weil sie nicht wussten, dass zu viel fettes Essen dick macht? Der Konzern habe nicht genügend darauf hingewiesen, sagen sie. Es ist paradox, dass ein Richter eine solch – letztlich allerdings abgewiesene – Klage überhaupt in Erwägung zieht, liegt ihr doch genau die Auffassung zugrunde, dass die Bürger völlig unfrei sind, Entscheidungen zu treffen, dass sie nicht in der Lage sind, einfachste Zusammenhänge zu verstehen, deshalb den großen Konzernen hilflos ausgeliefert sind – und von einem starken Staat geschützt werden müssen.

Die Angst, verklagt zu werden

Die Angst vor Klagen hat seltsame Ausprägungen gezeitigt. Produkte warnen vor allen möglichen Dummheiten. Auf einem Massagegerät steht: »Nicht benutzen, während Sie schlafen oder bewusstlos sind.« Eine Dose Pfefferspray zur Selbstverteidigung warnt: »Kann Augen reizen.« Auf einer Schachtel mit Schlaftabletten steht: »Kann zu Schlaflosigkeit führen.« Ein Bügeleisen warnt: »Bügeln Sie Kleider nicht, während Sie sie tragen.« An einem Kinderwagen schließlich findet sich der Warnhinweis: »Vor dem Zusammenfalten Kind entfernen.«

So befremdlich und amüsant solche Warnhinweise erscheinen, sie haben einen ernsten Hintergrund. Die Angst vor einer Klage lähmt die Gesellschaft. Galten Pragmatismus und Hilfsbereitschaft stets als positive Eigenschaften vieler Amerikaner, so droht die Klagekultur diese Eigenschaften verkümmern zu lassen. Amerikaner fürchteten, sich auf ihren gesunden Menschenverstand zu verlassen, meint der konservative Kommentator George F. Will in der *Washington Post* vom 2. Juni 2002.

Der Grund dafür sei nicht fehlendes Urteilsvermögen, sondern: »Sie haben Angst, verklagt zu werden.« Das Land leide unter einer *lawsuit culture.*

Die am weitesten verbreitete Klage über die *national love affair with the lawsuit* laute, dass sie Amerikas Tradition von persönlicher Verantwortung aushöhle, besagen Studien über Rechtsreformen des Manhattan Institute. Wann immer irgendetwas schief laufe, gebe es ein wachsendes Gefühl, dass man irgendjemanden dafür verantwortlich machen könne, wird einmal mehr konstatiert. Dieser Jemand soll dafür bezahlen. So verrückt es auch sein mag, gegen diesen Jemand zu klagen – einen Versuch ist es vielen Amerikanern wert. Es ist ja nur eine Klage. Dass Risiko immer auch die Möglichkeit des Scheiterns impliziert, scheint vergessen.

Nachbarschaftshilfe und ehrenamtliches Engagement bergen somit mehr und mehr Gefahren. Alles Tun impliziert eine potenzielle Klage. Jeder noch so kleine Streit soll von einem Gericht gelöst werden. Richter Hiller Zobel in Boston sollte etwa einen Sorgestreit für einen Hund klären, einen Streit über eine Gratisbeigabe in einer Keksschachtel sowie die Frage, ob ein Päckchen mit Verhütungspillen einer Fünfzehnjährigen oder einer Dreizehnjährigen gehörten. Die beiden Mädchen konnten sich einfach nicht einigen. Solche Klagen haben meist keinen Erfolg und schaffen es gar nicht vor einen Richter, dennoch seien sie symptomatisch für eine Gesellschaft, die von ihren Rechten besessen sei, meint der Jurist Philip K. Howard. Amerikaner seien so stolz auf ihre *rule of law*, wüssten nicht mehr, was man tun darf und was nicht. Sie hätten das Recht »verloren«, es sei ihnen keine Hilfe mehr, glaubt er. Amerikaner haben keine Angst, etwas Falsches zu tun, sagt er. Sie haben Angst davor, dass sie von jemandem beschuldigt werden, etwas Falsches getan zu haben, und verklagt werden. Sie haben verlernt, ihren Instinkten und ihrem gesunden Menschenverstand zu vertrauen.

»Lächerliche Warnhinweise verschandeln Amerika«, betont der Jurist und Autor Philip K. Howard. Wer sich einen heißen Kaffee bestelle, der bekomme ihn mit der Aufschrift: »Vorsicht: Inhalt ist heiß!« Howard kritisiert, dass Amerika »im Recht erstickt« und eine von Klagen gekennzeichnete Gesellschaft die Freiheit behindere. Die Vorstellung von Autorität sei verdächtig geworden, der Feind individueller Rechte, so Howard. Doch der Sieg individueller Rechte über Autorität habe viele Auswirkungen, denn jede Entscheidung betreffe irgendjemanden. Einfache Entscheidungen würden blockiert. Der Alltag vieler Leute sei gekennzeichnet von Angst und Verdächtigungen – und den Folgen, die sich daraus ergeben.

Wer Nachbarskinder zu einem Geburtstag einlädt, muss für Aufsicht sorgen. So weit der gesunde Menschenverstand. Was aber, wenn eines der Kinder etwas anstellt – sagen wir, im Streit gegen eine Glasscheibe rennt? Dann würde man in Deutschland mit den Kindern schimpfen wegen ihrer Unachtsamkeit. In den USA müssen die Gastgeber fürchten, dass die Eltern der Nachbarskinder, falls diese sich verletzt haben, sie verklagen. Sie hätten die Kinder nicht in die Nähe der Glasscheibe laufen lassen dürfen. Punkt. Sofern es einigermaßen reiche Eltern sind, umso besser. Dann kann man an die Klagesumme noch zwei Nullen hängen. Es schadet ja niemandem. Sie werden hoffentlich gut versichert sein.

Fünfzig Jahre lang hatten die Kinder im Stadtpark von Oologath im US-Bundesstaat Oklahoma ihre Freude an einer Doppelrutsche, die aussah wie zwei Spinnenbeine. Sie war einst von einem Verein gestiftet worden. Über die Jahrzehnte hatten sich die Einwohner des Ortes so sehr daran gewöhnt, dass sie sie fast unter Denkmalschutz gestellt hätten. Im Jahr 1995 allerdings spielte ein Kind unbeaufsichtigt darauf und verletzte sich dabei. Die Eltern des Kindes verklagten die Stadt.

Ein Kind, das von der Rutsche fällt, ist nicht selbst schuld, dies ist kein ungewöhnliches Denken in Amerika. Mein Kind ist von der Rutsche gefallen, die Stadt hat das Gerät aufgestellt, also ist die Stadt schuld an den Verletzungen des Kindes. Bald nachdem die Eltern die Stadt verklagt hatten, entschied der Stadtrat, die Rutsche zu entfernen. Da half auch eine Bürgerinitiative nichts, die sich für ihren Erhalt aussprach. Die Stadt konnte sich das Spielzeug einfach nicht mehr leisten. Sie versteigerte es an Charles Montgomery, der in einer Nachbarstadt lebte, für 326,50 Dollar. Was mit der Doppelrutsche passiere, sei eine Schande für die Gesellschaft und die Anwälte, sagte er.

Was in Oologath passierte, ist kein Einzelfall. Im ganzen Land schließen Städte aus Angst vor Klagen der Eltern Spielplätze oder beseitigen völlig normales Spielzeug. Bistol in Connecticut ließ 1997 alle Wippen und Drehschaukeln von den Spielplätzen entfernen – sehr zum Verdruss der Kinder. Einige Städte haben herkömmliche Geräte durch neue, angeblich viel sicherere ersetzt – transparente Tunnel etwa zum Durchkriechen oder Wippen für Einzelpersonen, die auf Springfedern sitzen. Das neue Gerät sei derart langweilig, sagt Lauri Macmillan Johnson, eine Professorin für Landschaftsarchitektur an der University of Arizona, dass Kinder »interessantere« Spiele erfinden – und beispielsweise mit ihren Rädern gegen die Geräte krachen…

Sicherheitsdenken zerstöre einfache Freuden des Alltags, kritisiert Howard. Park City in Utah wollte Einheimischen und Touristen kostenlos Fahrräder anbieten, um den Verkehr zu beruhigen und die Innenstadt lebenswerter zu gestalten. Bevor es zu einem entsprechenden Beschluss kam, wurde die Stadt vor den Folgen eines Unfalls gewarnt. Wer, wenn nicht die Stadt, die die Räder zur Verfügung stellt, wäre haftbar? In anderen Ländern mögen die Beteiligten schuld sein, wenn sie einen Unfall verursachen. In den USA muss sich auch der fürchten, der nicht direkt daran beteiligt war, aber einem Anwalt geeignet scheint, eine Entschädigung zu zahlen. Die Stadt ließ die Idee fallen. Der Plan wurde begraben.

Die Liste der Fälle lässt sich auch hier beliebig fortsetzen: Der Zugang zu einem See wird für die Öffentlichkeit gesperrt, weil Jugendliche beim (unerlaubten) Baden einen Unfall erleiden könnten. Schulen verbieten Lehrern, ihren Schüler auf die Schulter zu klopfen, sie zu umarmen bzw. überhaupt anzufassen, denn die Eltern könnten die Schule deswegen verklagen. Die Beispiele mögen harmlos klingen, aber mitunter sind die Folgen schwerwiegend. In New York sei eine angehende Ärztin an einem Ort vorbeigefahren, an dem sich ein Motorradunfall ereignet hatte, berichtet Howard. Der Fahrer lag am Boden und war offensichtlich schwer verletzt. Die Medizinstudentin, die eine Woche vor ihrer Zulassung als Ärztin stand, habe mit ihrer Mutter telefoniert und dann entschieden, dass es besser für sie sei, dem Verletzten nicht zu helfen. Die Mutter erinnerte sie nämlich daran, dass sie doch kurz davor stehe, den Beruf ihrer Wahl auszuüben zu dürfen. Was, wenn sie nun – ohne Zulassung – etwas falsch mache und ihre Zulassung nie erhalte? Diese Logik, meint Howard, zeige, zu welch absurdem Denken die Angst vor Klagen geführt habe. »Wie wäre es, als Mensch zu helfen, der zufällig die Fähigkeit hat, Leben zu retten?«, fragt er.

Als tragischer Höhepunkt mag der Fall Christopher Sercye gelten. Der Fünfzehnjährige war im Mai 1998 beim Basketballspielen in Chicago von einer verirrten Kugel aus einer Schießerei zwischen zwei Jugendgangs, getroffen worden. Der Spielplatz, an dem er getroffen wurde und zu Boden ging, lag in unmittelbarer Nähe des Krankenhauses im Stadtteil Ravenswood. Glück im Unglück? Nicht wirklich. Zwei Freunde halfen dem Verletzten, bis sie wenige Meter vor dem Eingang des Krankenhauses waren. Dort brach Christopher Sercye zusammen, er lag fast direkt vor den Türen der Klinik. Seine Freunde rannten hinein, um Hilfe zu holen.

Doch die Mitarbeiter des Notfallteams weigerten sich, vor

die Tür zu gehen. Denn das Krankenhaus hatte festgelegt, dass kein Mitarbeiter während der Arbeitszeit das Krankenhaus verlassen dürfe. Später stellte sich heraus, dass diese Regel aus Angst vor etwaigen Klagen erlassen wurde. Patienten, die sich zwecks Behandlung bereits im Krankenhaus aufhielten, so fürchtete man, könnten klagen, sie seien nicht ausreichend ärztlich versorgt worden.

Während Christopher auf dem Gehsteig lag und verblutete, bat ein Polizist Angestellte des Krankenhauses, herauszukommen und zu helfen. Statt der Bitte Folge zu leisten, rief ein Mitarbeiter telefonisch den Notarztdienst und instruierte die Notaufnahme, jemanden vor die Tür zu schicken. Der Verletzte lag 25 Minuten auf dem Gehsteig, ehe ein weiterer Polizist einen Rollstuhl verlangte und den Jungen schließlich ins Krankenhaus bringen ließ. Zu spät. Kurz darauf starb der Junge.

»Wir reagieren wie Ratten auf einen Elektroschock«, meint Howard. Die Maxime allen Handelns laute: das Risiko, verklagt zu werden, vermeiden. Risiken vermeiden sei quasi zur Religion geworden. In der Tat: Was man Amerikanern einst als eine ihrer positiven Eigenschaften anrechnete – hohe Risikobereitschaft –, hat sich hier offensichtlich ins Gegenteil verkehrt. Wegen ihrer Geschichte als Siedler, die sich das Land erst hatten erobern müssen, glaubte man, diese Eigenschaft liege Amerikanern im Blut. Doch als Risiko gilt heute die Bereitschaft, eine Klage einzureichen und sich der Entscheidung einer Jury auszuliefern.

Seit einigen Jahren macht ein Adjektiv in Zusammenhang mit derartigen Klagen die Runde: Es handelt sich um das Wort »frivol«. Unternehmer, Politiker und, ja, auch Juristen klagen über eine Schwemme von *frivolous lawsuits* – leichtfertige Klagen also, die nicht wirklich ernst zu nehmen sind. Firmenchefs und Politiker lamentieren, dass solche Klagen oft am Ende keinen Erfolg hätten und nur den Firmen und der Justiz unnötig Arbeit aufbürdeten, Kosten verursachten und Zeit stählen.

Schuld an der Angst, etwas Falsches zu tun, mögen die zahlreichen »verrückten« Klagen haben, von denen schon die Rede war. Die Botschaft jedes einzelnen dieser Fälle lautet: Alles ist den Versuch einer Klage wert. Daher die Angst. Die Angst vor einer Klage lähmt weite Teile der amerikanischen Gesellschaft – oder hat sie zumindest verändert. Dass die deutsche Schauspielerin Ursula Karven den Rockmusiker Tommy Lee Jones verklagte, weil er beim Geburtstag seines Sohnes nicht wirklich aufgepasst hat – und Karvens Sohn im Pool ertrunken ist –, das kann man verstehen. Aber käme man hierzulande auch auf die Idee, harmlose Spiele während einer Party gar nicht erst vorzuschlagen, weil sich dabei jemand (ein Erwachsener!) verletzen und hinterher die Gastgeber verklagen könnte, weil sie das Spiel leichtfertig ohne entsprechende Sicherheitsvorkehrungen gewagt hätten?

Besonders jene Klagen, die man in Deutschland am ehesten als Errungenschaft des amerikanischen Rechtswesens betrachtet, zeigen ungeahnte Folgen. Es wird beispielsweise als eine der positiven Seiten der Klagekultur gesehen, dass in den USA Ärzte für ihre Fehler tatsächlich zur Verantwortung gezogen und dafür zur Zahlung hoher Geldsummen verurteilt werden. Jurys sprechen den Opfern von Arztfehlern regelmäßig hohe Entschädigungssummen zu. Wäre das nicht auch in Deutschland überlegenswert? Es trifft doch keine Armen. In der Regel zahlen die Versicherungen von Krankenhäusern oder gut verdienenden niedergelassenen Ärzten. Davon profitieren Kranke, die oft ihr Leben lang unverschuldet an den Fehlern zu leiden haben – und häufig auch noch ihr restliches Leben nicht mehr arbeiten und somit kein Geld mehr verdienen können.

Doch ausgerechnet an dieser Errungenschaft des amerikanischen Rechtssystems kam in den vergangenen Jahren zunehmend massive Kritik auf. Im Sommer 2002 schlossen nämlich rund ein halbes Dutzend Krankenhäuser ihre Geburtshilfestationen oder verringerten die Hilfeleistung für Traumapatienten. Kliniken in ländlichen Regionen hatten gar zeitweise ganz geschlossen. Der Grund für all die Kürzungen waren angeblich immens gestiegene Versicherungskosten gegen mögliche Klagen. Die American Medical Association verzeichnet eine Krise aufgrund der Klagen: In Mississippi, dem ärmsten Bundesstaat, waren die Konsequenzen besonders deutlich zu spüren. Eine der wenigen Geburtshilfekliniken, die es überhaupt gibt, musste im Sommer zehn Tage lang schließen. Laut Adam Nossiter in der *Washington Post* vom 7. September 2002 verblieb ein einziger Neurochirurg an der Golfküste. Ärzte kündigten serienweise an, bereits mit fünfzig Jahren in den Ruhestand zu gehen, weil sie Versicherungsprämien nicht mehr zahlen könnten, die von 30 000 auf 150 000 Dollar im Jahr gestiegen seien. Innerhalb eines Jahres habe das Parlament wiederholt eine Dringlichkeitssitzung einberufen: Infolge der Krise legte der Bundesstaat im September 2002 Grenzen für die Höhe von Klagen fest, damit die Versicherungsbeiträge wenigstens nicht mehr weiter steigen können. – Auf einem Autoaufkleber stehe der Spruch: »Hilf dem Anwalt in deiner Nähe. Lass dein Kind Medizin studieren.« Ähnlich zynisch ist der Hinweis, es habe einmal eine Zeit gegeben, da hieß es: »An apple a day keeps the doctor away.« Heute erfülle Malpractice Insurance (die Versicherung gegen Klagen wegen medizinischer Fehler) den gleichen Zweck.

Für viele Ärzte sei die Versicherung gegen Klagen unerschwinglich geworden, heißt es auch in einer Studie der National Academy of Sciences vom 19. November 2002. Den ganzen Sommer über demonstrierten Ärzte und Krankenschwestern im gesamten Land gegen das Klagewesen, das die Kosten ihrer Arbeit zu teuer mache und sie zwinge, in andere Gegenden umzuziehen oder ganz aufzuhören. Risikoreiche

Operationen lehnen viele Ärzte ab; relativ harmlose Eingriffe bereiten sie mit unzähligen teuren Checks vor – nur um später nicht angeklagt zu werden, nicht genügend Voruntersuchungen vorgenommen zu haben. All das treibt die Kosten der Behandlungen und die Krankenversicherung in die Höhe. Die Versicherung der Ärzte gegen Klagen stieg ebenfalls. »Zum ersten Mal in fast zwanzig Jahren stecken die USA in einer breiten Krise, was die Verfügbarkeit und Erschwinglichkeit von Versicherungen wegen ärztlicher Kunstfehler... betrifft«, beschrieb die Studie die Situation. Landesweit können etwa 126 000 Stellen für Krankenschwestern nicht besetzt werden, 12 Prozent der Kapazität. Hunderte, wenn nicht Tausende von Menschen sterben jedes Jahr in Kliniken wegen mangelhafter Versorgung, schätzt Jack Needleman, ein Wirtschaftswissenschaftler der Harvard School of Public Health, der 2001 die Studie »Nurse Staffing Levels and Patient Outcomes in Hospitals« durchgeführt hat.

Ärzte, Krankenhäuser und andere Dienstleister im Gesundheitswesen müssen erkennen, dass ein auf Profit angelegtes Gesundheitssystem große Schwächen in sich birgt. Schuld daran ist das Klageunwesen, zumindest teilweise. Die Studie schlug daher gesetzliche Alternativen zu Klagen vor: Patienten sollten auf anderem Weg als durch Klagen entschädigt werden. Das heißt, Klagen gegen Ärzte sollten gesetzlich verboten werden. Manche Ärzte versuchen denn auch, Klagen zu umgehen: Sie versprechen schnellere und intensivere Behandlung zu günstigen Preisen, sofern die Patienten auf ihr Recht zu klagen verzichten. Das bedeutet freilich, dass das Konzept des hemmungslosen Einklagens aller Rechte gescheitert ist.

Der Autor Richard Klein argumentiert in seinem Buch *Eat Fat*, dass die amerikanische Kultur des Diäthaltens und der manischen Fitness der eigentliche Grund für die Verfettung – die *fat explosion* – der Gesellschaft sei. Klein glaubt, dass das »Diätsystem die Krankheit hervorruft, die es heilen soll. Fett wird als Gift gesehen, aber das Gegenteil, Diät und Fitness, schaffen mehr Fett... Es gibt gute Gründe zu glauben, dass die Menschen, wenn Ärzte nur aufhörten, sie vor ihrem Gewicht zu warnen, schlanker wären.« Kleins Darstellung weist auf die Gefahren von Besessenheit hin. Wenn wir etwas verbissen verfolgen, wirklich besessen, drohen wir nicht nur an unserem eigenen überhöhten Anspruch zu scheitern. Am Ende erreichen wir genau das Gegenteil unseres Ziels.

Ähnlich verhält es sich mit dem Recht und der amerikanischen Gesellschaft, glaubt der Juraprofessor Paul F. Campos von der University of Colorado. Die besessene Behauptung des Rechts in der amerikanischen Gesellschaft schaffe eine Art bürokratische Anarchie. Campos fragt, ob im Rechtssystem nicht etwas fundamental falsch laufe. Er registriert mit einem gewissen Unwohlsein, dass Befürworter des amerikanischen Rechts auf Kritik immer betonen, das System funktioniere doch (the system works) – ohne dass sie sich die Mühe machten zu erklären, was genau damit eigentlich gemeint sei.

Campos fragt, weswegen amerikanisches Recht so komplex, so obsessiv perfektionistisch und daher so teuer sein muss. »Warum glauben Amerikaner jeglicher sozialer Herkunft und politischer Ausrichtung so beharrlich, dass sich the law erfolgreich durchsetzen kann, wo Politik und Gesellschaft scheitern?« Campos nennt die »Krankheit«, die aus der Verherrlichung des Rechts folgt, »Jurismania«. Er beschreibt das Phänomen als Manie, für alles eine Erklärung zu finden und alle sozialen Konflikte auf rationale Art lösen zu wollen – auch solche, die sich eigentlich nicht verstandesmäßig klären lassen. In seinen extremen Ausformungen ähnele the rule of law einer Geisteskrankheit, sagt der Jurist. Er geht so weit zu sagen, er diagnostiziere nicht nur ein krankes Rechtssystem, sondern auch eine kranke Gesellschaft. Denn wenn man die Grundsätze der Gesellschaft ernst nehme, müsse man glauben, dass sie den Unterschied zwischen der Moral von Sokrates und Hitler gleichsetzt mit dem Unterschied von Coke und Pepsi. Recht existiert nie ohne Moral. Aber die Moral ist beliebig geworden.

Miniarmeen von Rechtsanwälten fordern Dokumente, verhören Zeugen, setzen Anhörungen an, zitieren Gesetze, interpretieren Regularien, entdecken Präzedenzfälle, verurteilen und zerstören im Laufe ihrer Untersuchung fast zufällig die Reputation und Effektivität »unserer wichtigsten politischen Persönlichkeiten«. Und warum das Ganze?, fragt Campos. »Um die Herrschaft des Rechts zu gewährleisten?« Der Jurist weiß freilich genau, dass sein Berufsstand solche Kritik normalerweise nicht äußert. Juristen lassen Recht geschehen und schweigen zu den Kosten. Campos jedoch fragt sich, ob das wirklich »das beste Rechtssystem der Welt« ist – als welches das amerikanische System von seinen Verteidigern stets gelobt wird. Er fragt: »Wann werden wir uns darüber klar werden, dass es genau unsere Sucht auf Recht ist, die so viel Unrecht gebiert, das unser Recht verurteilt?« Sein Rat: Amerikaner müssten dringend die Kunst des juristischen Fastens lernen.

Lebenslang für Ladendiebstahl

Im September 1996 wurde der damals 53-jährige heroinabhängige Billy Ochoa zu 326 Jahren Gefängnis verurteilt. Das hieß, dass er bis ins Jahr 2322 hinter Gittern sitzen würde. Theoretisch, denn dann würde er 379 Jahre alt sein. Sein Verbrechen: Er hatte widerrechtlich und unter falschen Angaben in Los Angeles Sozialhilfe im Wert von 2100 Dollar bezogen. Sein Fehler war, dass er vor Gericht auf »unschuldig« plädierte. Seine Vergehen waren jedoch eindeutig belegt. Aufgrund des so genannten Three-Strikes-Gesetzes in Kalifornien, das überaus harsche Strafen für Angeklagte vorsieht, die das dritte Mal mit dem Gesetz in Konflikt geraten, wird er den Rest seines Lebens in einem Hochsicherheitstrakt verbringen müssen. Der genaue Name des Gesetzes klingt wie ein Abzählreim: »Three strikes and you are out.« Eins, zwei, drei – es ist vorbei. Beim zweiten Vergehen wird die Strafe verdoppelt. Beim dritten verschwindet der Täter für den Rest seines Lebens im Gefängnis. Auch wenn er beim dritten Mal nur ein Fahrrad klaut. Wenn ein Mörder nicht zum Tode verurteilt wird, dann muss er allenfalls damit rechnen, »lebenslänglich« zu erhalten. Ochoa dagegen bekam gleich mehrfach »lebenslänglich«. Er hat niemanden überfallen oder getötet und keine Bank ausgeraubt.

Dahinter steht die Idee, dass ein notorischer Gesetzesbrecher mit einer gewissen Wahrscheinlichkeit irgendwann auch schlimme Taten begehen wird. Sperrt man ihn frühzeitig weg, kann er nichts mehr anstellen. Dass dabei auch diejenigen, die nie schlimme Taten begangen hätten, lebenslang im Gefängnis sitzen, kümmert offenbar kaum jemanden. Man muss schon einen extremen Vergleich wählen, um das seltsame Denken hinter diesem Gesetz deutlich zu machen: Würde man 80 Prozent aller Menschen einsperren, gäbe es vermutlich deutlich weniger Verbrechen, unter denen der kleine Rest leiden müsste… Ein wenig erinnert die Argumentation des Gesetzes an den Science-Fiction-Film »Minority Report«, in dem all jene Menschen verhaftet werden, von denen man zu wissen glaubt, dass sie ein Verbrechen verüben werden. Dass die Orakel, die in die Zukunft blicken, gegenteilige Vorhersagen unterdrücken, übersehen die Verantwortlichen. In Wirklichkeit besteht bei den meisten die Möglichkeit, dass sie doch kein Verbrechen verüben. Der Staat betreibt vorbeugende Verurteilung. So in etwa funktionieren auch die Verurteilungen in Kalifornien, die im Grunde den Gedanken von »Minority Report« acht Jahre vorweggenommen haben.

Billy Ochoa teilt nun sein Schicksal mit Tausenden von Verurteilten in Kalifornien, deren Strafen eigentlich nur vergleichsweise geringe Gefängnisaufenthalte rechtfertigten oder in Entzugseinrichtungen behandelt werden sollten. Er hatte schon wesentlich mehr als drei Delikte verübt, bevor das Gesetz 1994 eingeführt wurde – er war seit seinem ersten Vergehen 1957 ganze 31-mal verhaftet worden, unter anderem wegen Einbruchs. Man hatte ihn immer wieder mal für seine Vergehen verurteilt, und er saß die Strafen im Gefängnis ab. Da er sich nie um Politik kümmerte, wusste er nichts von dem Gesetz, nach dem seine Betrügereien nun härter bestraft wurden als Mord, Vergewaltigung oder bewaffneter Raubüberfall. Dazu kommt noch, dass Kalifornien sich Ochoas Haft rund 20 000 Dollar im Jahr kosten lässt.

Für Pete Wilson, den republikanischen Gouverneur Kaliforniens, war das Gesetz ein voller Erfolg. Er wurde 1994 vor allem deshalb wiedergewählt, weil er sich als starker Mann des Gesetzes dargestellt hatte. Seit Richard Nixon, den Wilson als sein großes Vorbild betrachtet, ist es ein beliebtes Rezept unter konservativen Politikern, in schwierigen Zeiten nach *law and order* zu rufen. Hatte nicht Vater George Bush gegen Michael Dukakis gewonnen, weil er seinen Gegner als weich und schwach bezeichnen konnte, was dessen Fähigkeiten zur Bekämpfung der Kriminalität angeht?

In Kalifornien hatten ehemalige Gefangene 1992 und 1993 zwei Morde begangen; daraufhin stimmten 1994 rund 72 Prozent der Wähler in Kalifornien für das Gesetz. Um grausame Taten zu verhindern, nahmen sie in Kauf, dass auch zahlreiche relativ harmlose ehemalige Gefangene lebenslang hinter Gitter wandern. Wie gesagt: Es reicht ein Fahrraddiebstahl als dritte Tat. Kalifornien gilt als Vorreiter, mittlerweile haben einige weitere Bundesstaaten ähnliche Gesetze erlassen, darunter Washington, Oregon und Georgia. In Kalifornien besagt das Gesetz, dass man beim dritten Vergehen eine Strafe von 25 Jahren bis »lebenslänglich« bekommt. Selbst wer in einem verlassenen Haus übernachtet, begeht ein Verbrechen, nämlich Einbruch. Wer zweimal bei einem solchen Vergehen erwischt wurde, lebt gefährlich. Das dritte Mal, und sei es fünf Jahre später, reicht dann schon ein Ladendiebstahl, um aufgrund des Gesetzes zu 25 Jahren Gefängnis oder mehr verurteilt zu werden.

Binnen weniger Jahre seit Einführung sind in Kalifornien mehr als 5000 Personen aufgrund des Three-Strikes-Gesetzes verurteilt worden. Bei der Mehrheit von ihnen war das dritte Vergehen gewaltlos. Zum ersten Mal in der Geschichte der USA ist nun die Mehrzahl der Gefangenen – mehr als eine Million – wegen gewaltloser Verbrechen eingesperrt, bei denen es oft nicht einmal ein Opfer gibt, etwa wegen Besitzes von Marihuana, was niemand anderen unmittelbar verletzt. Hunderttausende sitzen in den USA für Vergehen, die in Europa oder Kanada auf Bewährung bestraft würden – oder mit einem Aufenthalt in einer Entzugsanstalt.

Das lässt manchen der Insassen in Panik geraten: Steven White hatte aus einem Elektronikladen einen Videospieler im Wert von 146 Dollar entwendet. Der 32-jährige war seit seiner Jugend drogenabhängig. Zehn Jahre vor seiner Verhaftung wegen Ladendiebstahls war er zweimal wegen Einbruchs verurteilt worden. Nie hatte er Gewalt gegen Personen angewendet. White wollte sein restliches Leben nicht im kalifornischen Gefängnissystem verbringen. Er hatte Aids. Als sein Vater nach seiner Verhaftung 10 000 Dollar Kaution gezahlt hatte und er deshalb auf freiem Fuß war, fuhr er nach Las Vegas, quartierte sich in einem billigen Motel ein und schoss stundenlang aus dem Fenster. Aus seinem Abschiedsbrief geht hervor, dass er die Polizei provozieren wollte, ihn zu erschießen. Weil das nicht funktionierte, erschoss er sich schließlich selbst. »Es tut mir Leid, dass ich das getan habe«, stand auf einem Zettel. »Schuld ist Three Strikes.«

Selbst Richter haben ihre Zweifel, ob das Gesetz gerecht ist:

Als der 36-jährige Jed Miller wegen Autodiebstahls zu 25 Jahren bis lebenslanger Haft verurteilt wurde, sagte sein Richter, die Strafe sei zu hart – aber das Gesetz lasse ihm keine andere Wahl. Miller war davor bereits für Einbruch und einen Messerkampf verurteilt worden. Er sagte:»Ich verdiene Gefängnis für meine Tat, aber nicht ›lebenslänglich‹.« Er habe niemanden umgebracht. Als sich ein Richter weigerte, das Gesetz immer anzuwenden, und nach eigenem Ermessen manchmal anders urteilte, brachte die Staatsanwaltschaft keine entsprechenden Anklagen mehr vor diesen Richter. Ein Staatsanwalt, der sich weigerte, das Gesetz anzuwenden, wurde entlassen.

Die mit dem Gesetz erzielten Erfolge seien»spektakulär«, kommentierte die *Tampa Tribune* vom 27. Dezember 1996 im fernen Florida. Angesichts der fallenden Kriminalitätsstatistik scheine das Gesetz Wunder zu wirken. Eine Studie des Rand Institute, die von der Zeitung zitiert wird, schätzte gar, das Gesetz werde dazu beitragen, dass die Zahl der schweren Verbrechen um über 20 Prozent sinken werde. In den ersten fünf Jahren hat es allein in Kalifornien die Strafen von rund 40 000 Angeklagten verschärft.

Es ist jedoch unklar, ob die gesunkene Kriminalitätsrate wirklich auf das harte Gesetz zurückzuführen ist, wie seine Befürworter behaupten. Denn eine Studie des Justice Policy Institute in San Francisco namens»Law Strikes Too Hard« (*Los Angeles Times* vom 24. August 1999) hat fünf Jahre nach dem Erlass des Gesetzes ergeben, dass die Zahl der Verbrechen in Bezirken, in denen Staatsanwälte das Gesetz nicht blind, sondern rücksichtsvoll anwenden, etwa gleich stark gesunken ist wie in Bezirken, die das Gesetz ohne Überlegen hart anwenden. Das Gesetz, folgerte die *Los Angeles Times* aufgrund dieser Beobachtung, führe zu einer»kolossalen Verschwendung von Steuern – und von Leben«. Fälle, in denen junge Leute wegen Diebstahls eines Handys in einem aufgebrochenen Auto verurteilt werden, seien nicht die Ausnahme, sondern zahlreich, berichtete die Zeitschrift *National Journal* am 15. August 1998. Sie gingen in die Hunderttausende im gesamten Land. In der Annahme, Kriminalität kontrollieren zu können, habe das Land ein »riesiges soziales Experiment« gewagt, so das *National Journal*. »Es ist ein Experiment ohne Namen, basierend nur auf einer Annahme, das einen hohen Preis fordert und nur Statistiken kennt.«

Das Gesetz widerspreche dem Trend der Rechtsprechung im 20. Jahrhundert, Verbrechen ohne Opfer nicht mehr zu verfolgen, meint Lawrence M. Friedman. Im 19. Jahrhundert habe die Gesellschaft alle verfolgt, die moralisch nicht sauber waren. Sex war nur in der Ehe geduldet, sonst wurde man dafür bestraft. Es war ganz egal, ob beide Erwachsene mit einer sexuellen Beziehung einverstanden waren: Wenn sie nicht verheiratet waren, lag eine illegale Tat vor, die bestraft werden musste. Opium zu kaufen, zu verkaufen und zu konsumieren war dagegen im 19. Jahrhundert legal. Im 20. Jahrhundert haben Sex und Drogen ihre Plätze vertauscht. Mit harten Strafen: In Michigan wurde Allen Harmelin zu lebenslänglicher Haft verurteilt, weil er 672 Gramm Kokain besaß. Das Urteil wurde 1991 sogar vom Supreme Court bestätigt und Harmelins Einwand verworfen, das Urteil sei grausam und zu hart und daher nicht mit der Verfassung vereinbar. Da in Michigan die Todesstrafe nicht gilt, wird dort einer, der ein Pfund Kokain besitzt, ebenso hart bestraft wie ein Massenmörder.

Kaliforniens Three-Strikes-Gesetz ist das Westküsten-Äquivalent zu den *drug laws* von Nelson D. Rockefeller, dem ehemaligen Gouverneur des Bundesstaates New York. Auch er suchte nach einer erfolgreichen Wahlstrategie, als er Anfang der Siebziger drakonische Strafen für Drogenkriminelle vorschlug. 1980 wurden diese so genannten Antidrogengesetze sogar landesweit erlassen. Sie verordneten feststehende Strafen, die nur dann reduziert werden durften, wenn die Angeklagten andere Drogenkriminelle und Dealer verrieten und halfen, sie in einem Hinterhalt zu fassen.

Rockefeller war sprichwörtlich vermögend und einflussreich, als er die folgenschwere Strategie umzusetzen begann. 1973 war er bereits mehr als ein Jahrzehnt Gouverneur von New York, seit 1959, also kein Neuling mehr. Über fast denselben Zeitraum waren die Zahl der Heroinabhängigen und die damit verbundenen Probleme in den Stadtvierteln der Armen gestiegen. Im Januar 1973 jedoch, als Rockefeller mit seiner neuen Strategie an die Öffentlichkeit ging, war die Verbrechensstatistik in New York gerade dramatisch gefallen – um 21 Prozent im ersten Halbjahr 1972. Denn 1972 hatte der Staat ein Methadonprogramm für Heroinabhängige eingeführt. Rockefeller war davon offensichtlich unbeeindruckt. Er wollte für das Amt des Präsidenten kandidieren und benötigte dringend Stimmen vom rechten Rand der Konservativen. Also ignorierte er die sinkenden Zahlen und warnte vor einer »Herrschaft des Terrors«, den die Heroinabhängigen auslösten, wenn man sie nicht daran hinderte. Ganze Stadtteile seien schon von Abhängigen verwüstet worden – »wie von einer einfallenden Armee«. Dem müsse man einen Riegel vorschieben. »Das wird aufhören«, versprach Rockefeller.

Zu Hilfe kamen ihm Bilder und Hinweise darauf, dass 10 bis 15 Prozent der heimkehrenden Vietnam-Veteranen heroinabhängig seien. Rockefeller schlug etwas vor, das ihn in die Schlagzeilen bringen sollte: Jeder, der dabei erwischt werde, wie er eine – wenn auch noch so kleine – Menge Heroin, Methadon, LSD, Amphetamine oder Haschisch verkauft, erhält eine lebenslange Haftstrafe – ohne Möglichkeit, später Restzeit erlassen zu bekommen und auf Bewährung frühzeitig entlassen zu werden. Rockefeller konnte sich mit den Strafen nicht ganz durchsetzen. Aber immerhin brachte er sein Gesetz durch das Parlament und etablierte so einige der härtesten Drogengesetze im ganzen Land: Wer mehr als 1 Ounce (etwa

0,03 Liter) Marihuana verkaufte, erhielt fünfzehn Jahre Haft. Wer mehr als 1 Ounce Heroin dealte, wanderte tatsächlich lebenslang ins Gefängnis. Nur wer andere Dealer verriet, durfte mit Milde rechnen. Als Richard Nixon im selben Jahr im Watergate-Skandal steckte, wollte er die Öffentlichkeit ablenken, indem er ähnliche Strafen auf nationaler Ebene einzuführen versuchte. Die Ablenkung funktionierte nicht. Im Jahr darauf aber, nachdem Nixon zurückgetreten war, ernannte sein Nachfolger, Gerald Ford, den New Yorker Gouverneur zu seinem Vize. Rockefeller war schließlich populär, auch wegen seiner Drogengesetze.

Drogengesetze sind fast so alt wie die Vereinigten Staaten. Schon die Siedler regelten den Anbau bestimmter illegaler Substanzen. In den letzten Jahren des 19. Jahrhunderts wurden die ersten Prohibitionsgesetze erlassen: Sie limitierten den Handel mit Kokain, Marihuana und Opium – und waren grundsätzlich rassistisch. Sie sollten weiße Frauen vor Schwarzen, Mexikanern und Chinesen schützen, die Drogen nahmen, so James P. Gray, ein Richter in Orange County, Kalifornien. San Francisco beispielsweise hat 1875 das Rauchen von Opium in so genannten *smoking houses* verboten, weil von Drogen berauschte Chinesen angeblich weiße Frauen zur Unmoral verführten. Die ersten harten Verbote wurden 1906 erlassen. Drogenabhängigkeit sei damals größtenteils Zufall gewesen, so Gray. Während des Bürgerkriegs hätten Krankenhäuser im Norden Opium und Morphium als Schmerzmittel benutzt; im Süden war Whiskey gebräuchlich. So viele Soldaten seien süchtig geworden, dass Drogenabhängigkeit als »Krankheit der Soldaten« bezeichnet wurde. Außerdem seien Drogen in so genannte »Schlangenöle« gemischt worden. Das waren allgemein zugängliche Schmerzmittel, die gegen alles Mögliche helfen sollten und den Schmerz zeitweise tatsächlich linderten – solange die beigemischten Drogen eben wirkten. Als Folge ihres Gebrauchs seien viele Hausfrauen der landwirtschaftlichen Mittelklasse abhängig geworden. Vor der Erfindung von Aspirin habe Bayer sogar Heroin verkauft; Coca-Cola mischte Kokain in die Limonade. Ein Verbotsgesetz hat dies 1906 geändert.

Die Drogenpolitik sei gescheitert, meint James P. Gray, der als Richter in Orange County das Three-Strikes-Gesetz anwendete. Seit Jahrzehnten habe Amerika die gleiche Drogenpolitik verfolgt, und die Ergebnisse seien immer schlimmer geworden: »Heute sind in unseren Vierteln mehr Drogen erhältlich als je zuvor – und das zu einem niedrigeren Preis«, klagt Gray in seiner 2001 erschienenen Studie über die Drogenpolitik. »Wir haben die Zahl der Gefängnisse gewaltig erhöht, und dennoch sind sie überbelegt. Als direkte Folge des vielen Geldes, das mit illegalen Drogen verdient wird, sind die Vertreter unseres Staates und Privatbürger sehr viel korrupter geworden. Es gibt mehr Krankheitsfälle wegen Hepatitis und Aids, die von schmutzigen Nadeln verursacht werden, als in den meisten anderen westlichen Ländern.« Das klingt verheerend, aber das sei noch nicht alles: Der Krieg gegen die Drogen habe dazu geführt, dass mehr Bürgerrechte abgeschafft und untergraben worden seien »als durch irgendein anderes Phänomen in unserer Gesellschaft«, meint Gray. »Statt sie zu schützen, drängt unser System unsere Kinder dazu, Drogen zu verkaufen und zu gebrauchen.« Zudem fördere der Erlös aus dem Drogenverkauf im Ausland nichtdemokratische Strukturen.

Im Jahr 2000 saßen rund zwei Millionen Amerikaner hinter Gittern. Ihre Zahl stieg ständig, obwohl die Kriminalitätsrate längst im Sinken begriffen war. Die Medien machten den Widerspruch nicht wirklich zum Thema. Im Gegenteil. Man sah darin einen Erfolg der Inhaftierung großer Bevölkerungsteile. Das mag mit New York zu tun haben. Es jubelten die Medien, als New York Mitte der Neunziger sauber wurde und die Kriminalitätsrate sank. Als Erfolgsrezept galt die Strategie »Zero Tolerance«, die besagte, die Polizei müsse schon geringe

Vergehen ahnden und Kleinkriminelle ins Gefängnis werfen. Dann würden sie keine schwereren Verbrechen mehr begehen. Die Medien beklatschten den Erfolg: New York (und damit Amerika) sei immer noch stark genug, sich selbst zu helfen, hieß es. Andere Städte folgten diesem Beispiel. Das riesige Gefängnisnetz Amerikas diente mehr und mehr »als Müllhalde für die Drogenabhängigen des Landes, seine nicht eingelieferten Geisteskranken, seine Arbeitslosen und Obdachlosen«, sagt Sasha Abramsky, ein Mitarbeiter des New Yorker Open Society Institute, in einer 2002 veröffentlichten Studie zu den Fragen, wie und warum Politiker »eine Gefängnisnation« geschaffen haben. Nach Bushs Wahlsieg mit dem Thema »hart sein gegen Kriminelle« kopierten andere Politiker diese Strategie. Texas schaffte die vorzeitige Entlassung ab. Bill Clinton hatte ein Gesetz erlassen, wonach Gefangene erst 85 Prozent ihrer Strafe verbüßen müssen, ehe sie vorzeitige Entlassung auf Bewährung beantragen könnten. All das hatte zur Folge, dass die Zahl der Gefangenen stieg und stieg. Im Jahr 2000 waren allein in Kalifornien (Bevölkerung: 37 Millionen) mehr als 160 000 Menschen in Gefängnissen, davon 20 000 *lifers* – also lebenslänglich. Auf Platz 2 folgte Texas mit 150 000 Gefangenen. Zum Vergleich: In Großbritannien, dessen Bevölkerung größer ist als die von Kalifornien und Texas zusammen, sind weniger als 60 000 Menschen inhaftiert.

Knast als Kult

Amerika ist fasziniert von Verbrechen und ihrer Bestrafung seit der Zeit der ersten Siedler in den Kolonien bis heute. Die Faszination hat längst die populäre Kultur erreicht. Nur allzu leicht vergisst man die Herkunft vieler Moden: Welche Wurzeln hat die Mode aus der Bronx? Woher kommt die Baggy-Jeans, die die Jugendlichen ohne Gürtel tragen und lässig über

ihr Hinterteil rutschen lassen? Warum laufen Jugendliche mit
Turnschuhen durch die Gegend, die nicht zugeschnürt sind?
Videos auf MTV, Fotos von Konzerten und öffentlichen Auf-
tritten der Stars befördern weltweit das Image der amerikanischen Popmusik. Dieses Image ist eines von der Freiheit des
American Way of Life. Doch immer mehr transportiert junge
Mode aus den USA, die ihren Siegeszug über Pop- und Film-
stars in die Welt antritt und dort als Symbol der Stärke und der
Freiheit gesehen wird, eigentlich die Botschaft, dass die Vereinigten Staaten zu einem Land der Unfreiheit geworden sind,
das mehr Menschen in Gefängnisse gesperrt hat als so genannte Schurkenstaaten oder einige Länder, denen die USA
gröbste Menschenrechtsverletzungen vorwirft.

Amerika scheint seltsam locker damit umzugehen. Die
Mode des Amerikaners Tommy Hilfiger ist überaus populär in
der Bronx und in anderen armen Vierteln und Ghettos. Die
Jugendlichen tragen T-Shirts und Hosen, die nach herkömmli-
chem Modeverständnis eigentlich zu groß geraten sind. Die
Jacken und Hosen sehen aus, als wären sie vom großen Bruder
geerbt – oder müssten irgendwann auch noch anderen, größeren Männern passen. Das soll so sein. Die Straßenmode der
Bronx ist der Modestil der Gefängnisse, wo übergroße Kleidung vielen Insassen passen muss – und Gürtel und Schnür-
senkel wegen Suizidgefährdung verweigert werden. Die
Sachen sind eben zu groß und rutschen. So wie einst im Falle
der Tattoos wurde aus dem Stil ein Zeichen, dass man gesessen
hat, solidarisch ist mit den Brüdern, eine Erfahrung und ein
Schicksal teilt. Hilfigers Mode erlebt weltweit eine Erfolgs-
welle – er hat sogar Läden in Deutschland eröffnet. Er war so
erfolgreich mit der Vermarktung der amerikanischen National-
farben, dass Konkurrenten unter der Hand darauf verwiesen,
sie seien eigentlich doch die Ersten gewesen, die die Farben in
die junge Mode brachten. Im Ausland fehlt meist das Wissen
um die Herkunft dieses Modestils.

Amerika sei mehr und mehr »eine Nation hinter Gittern«, sagt Paul Wright in der *Prison Legal News* vom 11. Oktober 1999. Er ist Journalist, politischer Aktivist und Anwalt – und er hat selbst in einem Gefängnis des Bundesstaats Washington gesessen. In der Zeitschrift *Prison Legal News*, deren Mitbegründer und Chefredakteur er ist, nimmt er hin und wieder zu einem Thema Stellung, etwa dazu, wie es kam, dass die amerikanische Popkultur – einer der erfolgreichsten Exportartikel Amerikas weltweit – so bereitwillig und erfolgreich die Gefängniskultur aufgesogen hat.

Ein steigendes Interesse an der Gefängniskultur beobachtet auch Richard Stratton, Chefredakteur der Zeitschrift *Prison Life*. Er stellte fest, dass *prison culture* nach draußen dränge und sich zur Alltagskultur entwickle. Tattoos zum Beispiel waren wie Abzeichen eines Gefängnisaufenthalts oder Teil einer Uniform, die anderen Ehemaligen signalisierte: Ich habe gesessen. Ich bin einer von euch. In den Neunzigern wurden sie Mode. Gleiches gilt für Rapmusik.

Gefängnisse seien Werkzeuge für soziale Kontrolle, sagt Wright. Jeder Gefangene diene als Beispiel, um einfache Arbeiter und arme Leute daran zu erinnern, was ihnen passieren kann, wenn sie die Normen nicht einhalten. Deshalb würden Gefängnisse zugleich in geheimnisvoller Distanz gehalten und nahe gebracht. Es handelt sich um eine Bedrohung, die ständig existiert, aber zugleich ein Rätsel bleibt. Die Popkultur bediene beide Ansichten, glaubt Wright. Sie lasse das Gefängnis als etwas Normales erscheinen, zugleich aber erinnere sie die nicht eingesperrten Menschen ständig an seine Existenz.

Weil Rockmusik – einst Symbol für Freiheit und Rebellion – innerhalb von zwanzig Jahren als Marketinginstrumentarium für Coca-Cola, Bier und Autos verkommen und nichts als ein Mode-Accessoire des Mainstreams geworden war, konnte sich Gangsta-Rap mit all seinen Anleihen an die *prison culture* als scheinbar revolutionäre neue Musikrichtung durchsetzen. Der

Schatten ist ständig präsent, ohne wirklich als Schatten wahrgenommen zu werden. Um es positiv zu sagen: Amerikanische Popmusiker haben selbst den Schatten in einen Erfolg verwandelt. Während die Symbole in den Ghettos gelesen und verstanden werden, vermischen sie sich in den übrigen Ländern mit all der anderen Popmusik zu einem Gefühl amerikanischer Popkultur.

In Georgia können Männer für 2000 Dollar ein Wochenende in einem ehemaligen Gefängnis verbringen, inklusive der Erniedrigung durch *real prison guards*. Ende der Neunziger wurde unter den Reichen eine Toilettenausstattung aus blankem Stahl schick – ohne Hähne oder irgendwelche Ablagen, die zu Waffen umgebaut werden könnten. Die trendigen Kloschüsseln und Waschbecken werden eigentlich für Gefängnisse hergestellt. Sie kosten mehr als 1000 Dollar das Stück, während man für eine normale Porzellanschüssel nur 60 Dollar berappen muss, wie das *Wall Street Journal* am 24. September 1998 berichtete. Der Hersteller Acorn Engineering erhielt so viele Anfragen von Designern, dass er eine Serie für den Gebrauch außerhalb der Gefängnisse entwickelte. Fans loben die minimalistische Ausstattung; das American Institute of Architects zeichnete das Design aus. Städte, die ein neues Gefängnis eröffnen, laden zur »Jail Party«: Die anständigen Bürger dürfen dann eine Nacht im Gefängnis verbringen – mit Häppchen und Champagner – gegen einige hundert Dollar Eintritt pro Person.

Gefängnismode schafft einen neuen Trend. Doch es ist nicht so, dass die Behörden das mit Missfallen sehen. Im Gegenteil: Am vielleicht konsequentesten wird die Mode im Bundesstaat Oregon umgesetzt. Dort lassen die Gefängnisbehörden Gefangene »in Sklavenarbeit« (*social justice*) die Modekollektion »Prison Blues« schneidern. Die Gefängnisbehörden vermarkten sie mit markigen Sprüchen: »Drinnen gemacht, um sie draußen zu tragen.« Eine Anzeige zeigt eine Jeans neben dem

elektrischen Stuhl. Darunter steht:»Manchmal überlebt Ihre
Jeans die Kerle, die sie gemacht haben.«

Längere Strafen, Überbelegung, Brutalität, Krankheiten
und mangelnde gesundheitliche Fürsorge führten dazu, dass
immer mehr Amerikaner im Gefängnis sterben werden, sagt
Wright. Die Mehrheit der Todesstrafengegner halte es für
falsch, wenn der Staat töte. Sie halte dagegen die Haftstrafe
bis zum Tod für eine humane Alternative.»Das Ergebnis ist
das gleiche. Tod durch den Staat. Nur dass der humane Weg
länger dauert.«

Dadurch, dass das Gefängnis Teil der Popkultur geworden
ist, betrachten junge Menschen – vor allem arme und farbige
– einen Gefängnisaufenthalt quasi als normale Sache – etwas,
was man absolvieren muss wie etwa die Schule. Popkultur mache Gefängnisse zu einer akzeptierten Alltagserscheinung, indem sie eine Gesellschaftspolitik sanktioniere, der zufolge
jeder zwanzigste Amerikaner oder gar jeder vierte unter
Schwarzen eine gewisse Zeit seines Lebens hinter Gittern verbringen muss.»Keiner fragt, ob es klug ist, Millionen ins Gefängnis zu stecken, wer davon profitiert oder welche Alternativen es geben könnte.«

Keine Wahl für Kriminelle

Die Zeiten, als das Wahlrecht ein Privileg reicher weißer Män-
ner war, sind vorbei. Gehalten aber hat sich eines von vielen
Gesetzen, mit denen die weißen Herrscher den ehemaligen
Sklaven das Recht zum Urnengang lange Zeit durch einen
Trick vorenthalten haben. Nach dem Bürgerkrieg erhielten
Schwarze zwar das Wahlrecht, die Gesetzgeber ließen sich je-
doch einige Hindernisse einfallen: Wählen durfte nur, wer le-
sen oder Besitz vorweisen konnte – und einiges andere mehr.
Die Schwarzen konnten weder lesen, noch hatten sie Besitz.

Scheinbar neutral, waren die Gesetze bewusst so formuliert, dass sie überwiegend Schwarze betrafen. Wer einmal im Gefängnis saß, so die Argumentation, der sei »unrein«, drohe die Wahlurne zu »beschmutzen« und dürfe deshalb nicht wählen – auch wenn er seine Strafe bereits verbüßt hatte.

Das Gesetz hat sich bis in unsere Zeit gehalten. Noch heute dürfen Gefangene in 48 US-Bundesstaaten nicht wählen – das betrifft etwa jeden fünfzigsten Erwachsenen. Angesichts der hohen Zahl an Inhaftierten ist dieses Wahlrechtsentzugs-(Disenfranchise-)Gesetz ein zunehmendes Problem. Es ist de facto rassistisch, auch wenn die Befürworter das bestreiten – nimmt es doch einem hohen Anteil Afroamerikanern die Möglichkeit, sich am politischen Entscheidungsprozess zu beteiligen. Höchst problematisch ist es allerdings, dass rund eine Million Menschen ihre Strafe längst verbüßt haben und dennoch ihr Recht nicht zurückerhalten. Sie sind für den Rest ihres Lebens Bürger zweiter Klasse. Fünf Staaten sind von dieser Praxis in den vergangenen fünf Jahren abgekommen und haben rund 450 000 Personen das Wahlrecht zurückgegeben. Doch die meisten behalten die Praxis bei. In einigen Staaten gilt sie nur für Gefangene, die ihre Strafe absitzen oder auf Bewährung entlassen sind. Immerhin vierzehn Bundesstaaten – darunter Iowa, Arizona, Nevada und Wyoming – entziehen das Wahlrecht jedoch auf Lebenszeit. In ganz Amerika sind laut der Studie »Loosing the Vote« der Menschenrechtsorganisation Human Rights Watch/The Sentencing Project von 1998 rund vier Millionen Menschen davon betroffen, denn seit 1974 hat sich die Zahl der Gefangenen vervierfacht. Der Großteil der Rechtlosen lebt in südlichen Staaten wie Florida, Mississippi, Kentucky, Tennessee und Virginia. Vor allem konservative Politiker versuchen zu verhindern, dass das Gesetz geändert wird und Exhäftlinge ihr Wahlrecht zurückerhalten. Nicht ganz unbegründet fürchten sie, dass ehemalige Gefangene mehrheitlich die Demokraten wählen.

»Kein anderes demokratisches Land der Welt verweigert so vielen Menschen – absolut oder proportional gesehen – das Recht zu wählen«, lautet das Resümee der Organisation.

Die Betroffenen sind, wie gesagt, überwiegend Latinos oder Schwarze, gehören also Minderheiten an. Auch die Studie des Sentencing Project ergab, dass Schwarze überproportional betroffen sind, nämlich siebenmal mehr als andere. In Alabama und Florida dürfen sogar mehr als 30 Prozent der schwarzen Männer nie mehr wählen. Wie schwerwiegend die Auswirkungen dieser Praxis sind, zeigte sich in der Präsidentschaftswahl 2000. Allein Texas und Florida haben jeweils mehr als 600 000 Personen das Wahlrecht aberkannt. Hätte nur ein Teil von ihnen in Florida gewählt – und zwar mehrheitlich für Al Gore, wie laut Umfragen angenommen werden darf –, wäre George W. Bush nicht Präsident geworden. In Atlanta wurde daraufhin eine Sammelklage gegen die Praxis in Florida eingereicht.

Der Entzug des Wahlrechts ist nicht unumstritten. »Archaisch« nennt die New York Times vom 17. Oktober 2002 diese Regelung. »Sie ist ein Verstoß gegen grundsätzliche amerikanische Vorstellungen über Bestrafung und Demokratie.« Die Praxis beruhe auf mittelalterlichen Gebräuchen in Europa; in den fünfziger Jahren habe sie in südlichen Staaten wie South Carolina und Alabama dazu gedient, Schwarze von der Wahlurne fern zu halten und die Herrschaft der Weißen zu sichern.

Ein Krimineller, der aus dem Gefängnis entlassen werde, habe seine Schuld an die Gesellschaft bezahlt, und die Gesellschaft solle ihn wieder aufnehmen, fordert die New York Times. Indem man ihm sein Wahlrecht nehme, stigmatisiere man ihn für den Rest seines Lebens, auch wenn ihm nur ein geringes Vergehen vorzuwerfen sei. Denn selbst eine Person, die zum ersten Mal mit dem Gesetz in Konflikt kommt und sich zu ihrer Tat bekennt, könne das Wahlrecht für immer verlieren – auch dann, wenn sie auf Bewährung verurteilt wird. Und das, obwohl die Person nicht einmal im Gefängnis war. Sasha Abramsky vom Open Society Institute sagt, der Entzug des Wahlrechts, verbunden mit der stetig und stark steigenden Zahl von Gefangenen, sei »eine große Herausforderung für unsere demokratischen Werte«.

Todesstrafe: Im Zweifel gegen den Angeklagten. The System works

Es war ein bewegender Augenblick in der Law School der Northwestern University in Chicago: Einer nach dem anderen schritten zwei Dutzend Männer und zwei Frauen über eine Bühne und stellten sich als Überlebende der Todeszelle vor. Dann saßen sie in einer Runde beisammen, die jemand einen »lebenden Friedhof« nannte, und sprachen darüber, wie und warum sie verurteilt und später doch freigelassen worden waren. Die Konferenz im November 1998 war das erste Treffen von Überlebenden der Todeszelle in den USA – organisiert von Gegnern der Todesstrafe, um auf das größte Problem dabei aufmerksam zu machen: die Verurteilung Unschuldiger.

Es gibt jedenfalls mehr unschuldig Verurteilte, als die amerikanische Öffentlichkeit annimmt; und das ist bedeutsam, weil es sich bei der Exekution Unschuldiger um das einzige Problem handelt, bei dem die Befürworter der Todesstrafe in ihrer Zustimmung etwas unsicher werden. Seit 1973 sind rund hundert Menschen zum Tode verurteilt und später wieder freigelassen worden – teilweise nur wenige Stunden vor dem Termin ihrer vorgesehenen Exekution. In den vergangenen 25 Jahren haben die USA mehr als 700 Menschen hingerichtet; im gesamten 20. Jahrhundert waren es mehr als 7000. Eine wissenschaftliche Studie von Michael L. Radelet et al. listet im Jahr 1992 für das 20. Jahrhundert 300 unschuldig zum Tode

Verurteilte auf – 23 davon wurden tatsächlich getötet. Die Dunkelziffer ist freilich höher, weil zahlreiche fragwürdige Fälle nicht bekannt und nicht revidiert werden.

Die häufigsten Ursachen für Fehlurteile waren falsche Zeugenaussagen, Inkompetenz der Strafverteidiger und Beweisunterdrückung durch Polizei und Staatsanwaltschaft. Nimmt man die hundert bekannten Fälle, in denen Todeskandidaten freigekommen sind, so dauerte es im Schnitt jeweils sieben Jahre, bis ihre Urteile aufgehoben worden waren. Von einer Verurteilung bis zur Hinrichtung vergingen bis 1996 im Schnitt acht Jahre. Inzwischen hat der Kongress diesen Zeitraum allerdings halbiert und zugleich Zuschüsse für Anwälte gestrichen. Mit anderen Worten: Anwaltssuche und Unschuldsbeweis werden zeitaufwendiger, während zugleich die Frist knapper wird. Kurz vor Ablauf ihrer Einspruchsmöglichkeiten seien derzeit Dutzende von Todeskandidaten ohne Anwalt, sagt Elisabeth Semmell, eine Mitarbeiterin der Anwaltskammer. Die Anwaltskammer kam zu dem Schluss, dass das gegenwärtige System keinen ausreichenden Schutz gegen die irrtümliche Verurteilung Unschuldiger biete und Hinrichtungen daher eingestellt werden sollten. Das ist jedoch unwahrscheinlich, denn im Gegensatz zu England und Russland haben die USA bislang noch nicht einmal jene Justizirrtümer eingestanden, die unter Fachleuten als gesichert gelten.

Der ehemalige Strafverteidiger Michael A. Mello hatte in Florida vierzehn Jahre lang Todeskandidaten verteidigt, bevor er frustriert aufgab und nun als Juraprofessor an der Vermont Law School unterrichtet. Er habe mehr und mehr den Eindruck gewonnen, dass seine juristischen Eingaben nur Alibifunktion hätten, begründete er seinen Schritt. Die Richter hätten seine Schriftsätze nie wirklich gelesen. Sein wirksamstes Schreiben sei ein Kommentar in einer Zeitung gewesen. Das amerikanische Justizsystem drehe sich im Kreise. Wenn ein unschuldig zum Tode Verurteilter freikam, dann meist nur deshalb, weil Journalisten fragwürdige Details groß herausstellten, weil sie Aussagen von Kronzeugen hinterfragten oder ein Geständnis des wahren Täters präsentierten.

Fehlurteile sind ein großes Problem der amerikanischen Justiz: Im August 2002 wurde Eddie Joe Lloyd freigelassen. Er hatte siebzehn Jahre im Gefängnis gesessen für eine Tat, die er gestanden, in Wirklichkeit aber nicht ausgeführt hat. So seltsam es sich anhört, dass jemand ein Verbrechen gesteht, das er gar nicht begangen hat, es kommt häufiger vor, als man meint. Lloyd befand sich in einer psychiatrischen Klinik und stand unter Einfluss starker Medikamente, als er sein Geständnis ablegte. Fortan haben sich Polizei und Staatsanwaltschaft darauf gestützt und seine Verurteilung wegen Vergewaltigung und Ermordung eines Teenagers in Detroit erreicht. Bei der Verurteilung sagte der Richter, er wünsche, es gebe die Todesstrafe in Michigan. Siebzehn Jahre später ergab ein DNA-Test, dass Lloyd die Tat nicht begangen haben konnte, und man ließ ihn frei. Damit wurde Eddie Joe Lloyd die 110. Person in den USA, deren Verurteilung aufgrund eines DNA-Testes aufgehoben wurde. Die Befürworter des Justizsystems sehen sich bestätigt. Die Tests seien ein Beweis, dass das System funktioniere und Unschuldige früher oder später freikämen. Doch wenn Michigan die Todesstrafe hätte, würde Eddie Joe Lloyd wohl kaum mehr leben, ganz zu schweigen von all den Jahren, die er für eine Tat büßen musste, die er nicht begangen hat.

Die hohe Zahl von unschuldig Verurteilten zeigt, wie sehr Gerechtigkeit dem Zufall überlassen ist, wie fehlerhaft Urteile gefällt werden und wie unzureichend Ermittler und Anwälte sich um die Angeklagten kümmern. Im Zweifel gegen den Angeklagten. Das scheint die Devise von Anwälten und Richtern zu sein. In Texas haben Anwälte immer wieder einen Großteil von Verfahren verschlafen, in denen immerhin die Todesstrafe verhängt wurde. Das Southern Center for Human Rights in Atlanta hat Dutzende solcher Fälle dokumentiert, in denen Anwälte betrunken oder schlafend ins Gericht gingen und keine Ahnung davon hatten, was vor ihnen geschah. Das passierte bei Pflichtverteidigern wie bei Verteidigern, die der Angeklagte selbst ausgesucht hatte. Wiederholt fanden Richter nichts Schlimmes an schlafenden Verteidigern. Sie beeinträchtigten nicht die Fairness eines Verfahrens, urteilten sie. »Die Verfassung garantiert, dass jeder einen Anwalt seiner Wahl bekommt«, betonte Richter Doug Shaver vom Texas District Court (*The Nation*, 7. April 1997). »Aber die Verfassung sagt nicht, dass der Anwalt wach sein muss.« Der Mann, dessen Fall das Gericht zu beurteilen hatte, wurde hingerichtet. Fünf Jahre nach Shavers skandalösem Urteil entschied der Oberste Gerichtshof, dass tatsächlich jeder Mensch das Recht auf einen Anwalt habe, der wirklich wach sein muss, berichtet *The Nation* am 22. Juli 2002.

Am 19. April 1989 war eine 28-jährige Investmentbankerin, die im New Yorker Central Park joggte, vergewaltigt und halb totgeschlagen worden. Sechs schwarze und hispanische Jugendliche wurden der Tat beschuldigt und festgenommen. Fünf von ihnen waren geständig, dann widerriefen sie ihr Geständnis. Obwohl eine DNA-Analyse auf einen anderen Täter hinwies, wurden die fünf zu neun bis dreizehn Jahren verurteilt. Sie saßen ihre Strafen ab. Während andere Gefangene vorzeitig entlassen wurden, rechnete man ihnen negativ an, dass sie ihre Tat leugneten und deshalb keine Reue zeigten. Im Herbst 2002 gestand plötzlich Matias Reyes, er allein habe die Tat begangen. Neue DNA-Tests bestätigten seine Aussage.

Die falsch verurteilten Jugendlichen waren keine Engel. Sie hatten andere Passanten und Jogger am fraglichen Abend belästigt und manche von ihnen verprügelt. Einige New Yorker forderten die Todesstrafe für die Jugendlichen, falls die junge Frau gestorben wäre (sie war in Lebensgefahr). Dreizehn Jahre später stellte sich heraus, dass die Staatsanwalt keine Beweise für ihre Täterschaft hatte, wie sie im Gerichtsverfahren suggerierte. In Kalifornien ergab eine Studie, dass Juroren oft gerade in Fällen die Todesstrafe verhängen, in denen die Angeklagten ihre Unschuld beteuern. Strafe für fehlende Reue, selbst wenn die Schuld nicht wirklich feststeht.

KAPITEL 4

Money Makes the World Go Round

*Wie das Recht die Wirtschaft beherrscht
und Unternehmen das Recht beherrschen*

>»Mit einem guten Anwalt ist es wie mit einer guten
>Prostituierten. Wenn das Geld stimmt, kannst du dich
>für deinen Kunden erwärmen.« *Donald Reuben*

>»Unternehmen genießen heute nahezu denselben ver-
>fassungsrechtlichen Schutz wie Menschen. Sie sind
>künstliche Personen geworden, die über unvergleich-
>lich mehr Macht verfügen als Menschen ... Das Rechts-
>system schafft Frankensteins, die niemandem verant-
>wortlich sind. Sie verfügen über menschliche Macht,
>sind aber dennoch durch die Verfassung vor gesetz-
>licher Verfolgung geschützt und müssen sich weder
>gegenüber Arbeitern noch Verbrauchern oder Steuer-
>zahlern verantworten.« *Ralph Nader*

Einer der oft bemühten Aussprüche von Unternehmern besagt, man solle den freien Markt nur machen lassen. Bestärkt
werden sie von Milton Friedman, den viele Unternehmer als
den bedeutendsten Ökonomen des 20. Jahrhunderts ansehen.
Auf dem Höhepunkt der Finanzskandale wurde er von der
Wirtschaftswoche (24. Juli 2002) gefragt, was nun getan werden müsse. Seine Antwort:»Nichts. Das korrigiert sich selbst.
Wer als Manager Betrug begeht, sollte ins Gefängnis gehen.
Aber dafür brauchen wir keine neuen Gesetze.«

Die Theorie, dass die freien Kräfte alles regeln, übersieht jedoch geflissentlich den Umstand, dass in Wirklichkeit die freien Kräfte längst nicht mehr frei sind. Sie werden beeinflusst von einer Vielzahl von Faktoren. Die freien Kräfte sorgen nicht mehr für Ausgleich. Mehr und mehr haben findige Juristen den freien Markt in einen Selbstbedienungsladen für wenige verwandelt, die die Juristen gut für ihre Dienste bezahlen können. Dabei verdienen vor allem ihre Auftraggeber – und sie selbst. Weil sie die so genannten freien Kräfte des Marktes langsam und von der breiten Öffentlichkeit unbemerkt, aber nicht völlig heimlich, zugunsten ihrer Auftraggeber verschoben haben, können sie mit Recht darauf verweisen, dass die Wirtschaft unter der Herrschaft des Rechts abläuft, die allzu große Verstöße ahndet. Regelmäßig konnte man Ökonomen hören, die während der Bilanzskandale warnten, keine neuen Regularien zu ersinnen. Der Markt werde schon alles richten. Man verfüge längst über alle nötigen Gesetze, um gegen Korruption und Bilanzfälschung vorzugehen. Sonderbarerweise aber scheinen sie doch nicht zu genügen oder werden nicht angewandt. Die vielen Bilanzskandale konnten sie jedenfalls nicht verhindern. Anleger – vor allem Pensionskassen – verloren ein Milliardenvermögen.

Anwälte und Juristen prägen das amerikanische Unternehmen und die gesamte Wirtschaft. Oft treten sie in der Öffentlichkeit gar nicht in Erscheinung. Aber es findet kaum eine Fusion zweier Firmen statt, ohne dass ein Heer von Anwälten die Verträge ausgehandelt hätte. Nicht, dass sie eine Verschwörung planen. Aber sie steuern alle wichtigen Abläufe im Wirtschaftsleben. *Securities lawyers* beraten die börsennotierten Unternehmen. *Litigators* betreiben Kanzleien mit Millionenumsätzen. Juristen regulieren die Branchen in der Regierung in Washington. Sie sitzen in Unternehmen und schirmen die Gewinne gegen Konkurrenten ab. Sie prüfen die Bilanzen und sind somit entscheidend daran beteiligt, ob die Anleger Vertrauen fassen zu einem Unternehmen – und investieren oder nicht. Ihre Zurückhaltung gegenüber der Öffentlichkeit ist nicht Ausdruck von höflichem Understatement, sondern dient dazu, Interessenkonflikte nicht publik zu machen und ihr Netz, das sie zu einflussreichen Politikern (= Gesetzesgebern) knüpfen, intakt zu halten.

Firmen sind Personen

Die Verfassung der Vereinigten Staaten wurde für Menschen gemacht. Unternehmen haben die Verfassungsväter darin nicht eigens erwähnt. Man mag daraus folgern, dass der Staat bei seiner Gründung es nicht für so wesentlich hielt, Unternehmen zu schützen. Doch heute müssen nur einige Leute, etwa ein Unternehmer und ein Anwalt, sich darauf verständigen, ein künstliches rechtliches Gebilde (*legal fiction*) mittels eines Vertrags zu gründen, und schon ist ein Unternehmen geboren, das zwar nicht essen, trinken und reden kann, aber die gleichen Rechte genießt wie Menschen. Wie es dazu kam, ist eine sonderbare Geschichte, die sogar auf eine Entscheidung des höchsten Gerichts zurückgehen soll. Während die Umstände der Entscheidung des Supreme Court nicht ganz geklärt sind, sind die Folgen der Gleichsetzung von Unternehmen und Menschen gewaltig. Sie ist verantwortlich für die Ausformungen und Auswüchse der amerikanischen Wirtschaft.

Man kann sogar noch einen Schritt weiter gehen. Indem sich Konzerne in den USA in die aus ihrer Sicht traumhafte Position gebracht haben und die gleichen Rechte wie Menschen genießen, stehen sie über dem Recht des Menschen und damit über dem Menschen. Denn dank dem Prinzip der beschränkten Haftung kann sie niemand für ihre Fehler zur Rechenschaft ziehen. Eine fragwürdige Auffassung von Gerechtigkeit. Dass sich die USA im Laufe der Jahre auf diese zweifelhafte

Position eingelassen haben, macht nur deutlich, wen das Recht schützt, wem es Vorteile verschafft und wen es behindert. Denn die Verfassung gewährt Menschen aus Fleisch und Blut Rechte, nicht künstlichen rechtlichen Gebilden wie etwa Unternehmen, sagt der Jurist Ralph Nader, der sich seit Jahrzehnten als Konsumentenanwalt engagiert und mehrfach für die Partei der Grünen für das Präsidentschaftsamt kandidiert hat. »Unternehmen genießen heute nahezu denselben Schutz der Verfassung wie Menschen«, beklagt er. »Sie sind künstliche Personen geworden, die über unvergleichlich mehr Macht verfügen als Menschen.«

Die sonderbare rechtliche Sicht geht auf ein Urteil des Supreme Court des Jahres 1886 zurück. Das Gericht entschied damals, es wolle keine Argumente hören in einem Fall, dem zufolge Unternehmen durch ein bestimmtes Amendment der Verfassung geschützt würden, das eigentlich zum Schutz der Schwarzen erlassen worden war. Hierin liegt eine Ironie der Geschichte: Eigentlich sollte der 14. Verfassungszusatz die Schwarzen den Weißen rechtlich gleichstellen. Er hat daher eine wichtige Funktion, denn bekanntlich ist Gleichheit neben Freiheit einer der zentralen Werte Amerikas. Doch ausgerechnet dieser Verfassungszusatz wurde von Unternehmen genutzt, um Gleichheit zu beschwören, wo keine Gleichheit ist: Unternehmen sind nun mal künstliche Gebilde, die auf rechtlichen Verträgen beruhen. Erst Menschen machen sie zu Unternehmen. Es gibt keinen Grund, dass die Regierung ihnen Rechte wie Meinungsfreiheit einräumt. Lange Zeit gab es ohnehin nur zwei wichtige Gruppen für rechtliche Fragen: die Regierung und die Bürger.

Dass irgendwann die Gruppe der Unternehmen dazustieß, ist eine merkwürdige Geschichte. Im Jahr 1886 entschied das oberste Gericht einfach, dass Unternehmen Personen seien. Aus, fertig. Dass einige Richter des Supreme Court mit dieser Entscheidung nicht einverstanden waren, half nichts. Sie wurden überstimmt. Zumindest ist die Entscheidung auf diese Weise überliefert. In Wahrheit trug sie sich noch eigenartiger zu, betont Thom Hartmann in seinem Buch *Unequal Protection*. Der Supreme Court hat nie behauptet, dass Unternehmen die gleichen Rechte besitzen wie Menschen. Dass das Gericht 1886 in dem Fall »Santa Clara County vs. Southern Pacific Railroad« urteilte, »Corporations are persons«, sei eine Legende. Wie ist es dann möglich, dass sich diese Sicht überliefert hat und dem Obersten Gerichtshof zugeschrieben wird?

Der 14. Verfassungszusatz, das so genannte Equal Protection Amendment, sollte alle Menschen, die in den USA geboren werden, zu Bürgern machen. Vorher war es so, dass Kinder von Sklaven automatisch Sklaven waren, und später wurden Schwarzen Bürgerrechte, beispielsweise das Wahlrecht, versagt. Nicht, dass der Verfassungszusatz plötzlich alle Probleme beseitigt hätte. Zumindest aber konnte sich nun jeder darauf berufen. Obwohl darin kein Wort über Wirtschaft oder Unternehmen steht, diente er *corporations* als Grundlage, sich zu personifizieren. Zum Vergleich: Weder Gesetze in Frankreich, Spanien, Holland noch solche in England sagen, dass Unternehmen Personen gleichgestellt sein sollten. Im ersten Jahrhundert nach Gründung der USA bestätigten Gerichte bis hin zum Supreme Court immer wieder: Nein, Unternehmen haben nicht die gleichen Rechte wie Personen. Erst in ebenjenem Jahr 1886 soll der Supreme Court genau das Gegenteil festgestellt haben. Das habe er nicht, betont nun Hartmann: Die Behauptung, Unternehmen seien Personen, stamme von dem Gerichtsreporter J. C. Bancroft Davis, der in einem Kommentar zu den Entscheidungen des Obersten Gerichtshofes diese Aussage machte, dabei allerdings ausdrücklich darauf hinwies, dass das Gericht keine grundsätzliche Entscheidung über diese Frage gefällt habe. Das Gericht lehnte es ausdrücklich ab, diese Frage zu behandeln, hatte der Vorsitzende Richter Waite gesagt. In dem vorliegenden Fall

seien sich die Richter nämlich einig, dass der 14. Verfassungszusatz auch für die betreffenden Unternehmen gelte. Mit anderen Worten: Das Gericht hat 1886 gar keine grundsätzliche
Entscheidung zu dem Thema getroffen.

In diesem wichtigen Punkt zeigt das Richterrecht der USA
eine der Schwächen des *common law*: Richterurteile werden
durch Überlieferung zum Gesetz, und sei es durch falsche
Weitergabe. In späteren Jahren beriefen sich Anwälte von
Unternehmen auf die Entscheidung in der Urteilssammlung –
ohne darauf hinzuweisen, dass der dem Urteilstext beigefügte
Kommentar des Gerichtsreporters keine rechtsbindende Wirkung hat.

Irgendwie hat sich die Idee der Gleichstellung von Unternehmen mit Personen aber dennoch über die Jahre bei Gerichten, beim Staat und bei Unternehmen durchgesetzt. Unternehmen gelten juristisch als »Personen«. Mit diesem Grundsatz, der
die Stellung der Unternehmen in den USA bestimmt, hat die
Wirtschaft das Ideal von der Gleichheit der Menschen verraten
und pervertiert. Denn Unternehmen können als »geschützte
Personen« in Freiheit ihr Ziel der Aktienkursmaximierung verfolgen, ohne dass ihre Freiheit von moralischen Instanzen – wie
etwa dem Gewissen einer wirklichen Person – verantwortungs-
voll gelenkt würde. Dieses Ungleichgewicht bestimmt, wie
Unternehmen mit Menschen (Mitarbeitern wie Aktieninhabern) umgehen. Egal, ob es um Transparenz, um Unabhängigkeit oder um Kontrolle geht, in allen Bereichen hat sich ein Ungleichgewicht eingestellt, das sich auf einen einfachen Nenner
bringen lässt: Das Unternehmen hat mehr Rechte als der
Mensch und trägt weniger Verantwortung als der Mensch. Das
Unternehmen gewinnt; der Mensch verliert.

Über die Jahre versuchten Unternehmen, den Schutz
immer mehr auszuweiten. 1986 klagte Dow Chemical gegen
Kontrollflüge der Umweltbehörde über seinen Fabriken. Viele
Firmen verhinderten Inspektionen von Behörden, indem sie

sich auf ihre Privatsphäre beriefen und den Beamten den Zutritt verweigerten. Unter Berufung auf die Meinungsfreiheit wehrten sich Unternehmen gegen Gesetze, die sie hindern wollten, Lobbying zu betreiben oder Politikern Geld zu spenden. Eine Ladenkette klagte in Florida unter Berufung auf den 14. Verfassungszusatz erfolgreich gegen ein Gesetz, das mittelständischen Betrieben helfen wollte und von großen Ketten eine höhere Lizenzgebühr verlangte. In Kalifornien klagte eine Monopolfirma gegen eine Behördenverordnung, der zufolge sie auf eine gemeinnützige, nicht kommerzielle Organisation hinzuweisen hätte. Die Bestimmung verletze die Meinungsfreiheit des Unternehmens, klagte die Firma. Sie müsse selbst entscheiden dürfen, was sie sagen wolle und was nicht. Man könne ihr den Abdruck des Hinweises nicht aufnötigen. Das verstoße gegen die verfassungsmäßigen Rechte der Firma. Der Supreme Court stimmte dieser Sicht zu und gewährte der Firma das Recht auf freie Meinungsäußerung. Um nicht missverstanden zu werden: Die Manager der Firma, Personen aus Fleisch und Blut, besitzen das Recht ohnehin. Entscheidend ist, dass solche Rechte (auf Meinungsfreiheit oder den Schutz der Privatsphäre) auch von Firmen für ihr Vorgehen – oder gegen das Vorgehen von Behörden – geltend gemacht werden und die Gerichte das völlig in Ordnung finden.

Auf einer Tagung in Pennsylvania gingen Juristen im Jahr 1987 so weit, dass sie Firmen rieten, sich auf ihre Meinungsfreiheit zu berufen, um sich staatlichen Vorschriften zu widersetzen: Beispielsweise empfahlen sie börsennotierten Unternehmen, der Börsenaufsicht SEC (Security and Exchanges Commission) die Veröffentlichung bestimmter Daten zu verweigern und damit ihren wahren Wert zu verheimlichen. Auch gegen das Verbot von Tabakwerbung wollten Firmen mithilfe der Meinungsfreiheit vorgehen – bislang ohne Erfolg. Der Trend, Unternehmen mehr und mehr Rechte einzuräumen, sei »gefährlich außer Kontrolle geraten«, glaubt Ralph Nader.

Der Höhepunkt dieser Entwicklung sei eine Entscheidung des Supreme Court, wonach Unternehmen lebende Wesen, die genetisch verändert wurden, patentieren lassen können. Damit seien Firmen im Schutz ihrer Rechte endgültig über den Menschen gestellt worden. Dabei müsste es genau andersherum sein, meint Nader. Firmen sollten nur die Rechte von den Bundesstaaten gewährt werden, denen sie ihre Existenz verdanken. Die Verfassung jedoch müsse klar benennen, dass Personen über Firmen zu stellen sind. Bislang ist Naders Forderung das Begehren einer klaren Minderheit.

Obwohl das Wirtschaftssystem vom Konzept her gesund und mit demokratischen Vorstellungen von Macht und Verantwortlichkeit zu vereinbaren sei, sei es »in eine ernsthafte Schieflage geraten«, betont Lawrence E. Mitchell in seinem Buch *Der parasitäre Konzern*. Ursache dafür seien die rechtlichen Grundlagen des amerikanischen Unternehmenskapitalismus, der die Unternehmen gedankenlos dem Wirken der Märkte überlässt. Mitchell zufolge krankt die amerikanische Wirtschaft an der »kollektiven Verfolgung« des einen Ziels: der kurzfristigen Aktienkursmaximierung. »Das Diktum der Wohlstandsmaximierung zugunsten der Aktionäre liefert den Managern, Aktionären und Mitarbeitern nicht nur eine gute Ausrede für moralisch bedenkliches Verhalten, sondern spornt sie zu diesem Verhalten geradezu an.« Das habe weit reichende Konsequenzen: Sie »bestehen darin, dass Amerikas Wohlstand und auch der Wohlstand der gesamten übrigen Welt dadurch aufs Spiel gesetzt werden«.

Statt langfristig zu denken und zu planen, seien Manager nur darauf bedacht, die Aktienkurse zu manipulieren. Allerdings sei das Fehlverhalten von Unternehmen »nicht unbedingt den einzelnen Managern, Aktionären und Beschäftigten anzulasten«, sagt Mitchell. »Es ist genau das Ergebnis, das wir von der Rechtsstruktur und den Regeln erwarten können, die wir für die Gründung von Unternehmen geschaffen haben.« Grundübel sei der Umstand, dass Amerikaner das Unternehmen personifizieren.»Daraus ergibt sich, dass wir nicht bereit sind, Regeln für das Unternehmen aufzustellen. Erst so wird es den eigensüchtigen und gedankenlosen Kapitalmärkten möglich, sich an die Stelle einer überlegten Sozialpolitik zu schieben. Das Ergebnis ist nicht Politik, sondern Reaktion... Der Staat hat im Großen und Ganzen seine Rolle aufgegeben.« Nach außen hin scheint freilich alles in bester Ordnung. Unternehmen versinken nicht im Chaos, sondern beugen sich der Herrschaft des Rechts. Nur dass sie das Recht über Jahrzehnte zu ihrem Vorteil geformt haben und ihnen ein Heer von so genannten *super lawyers* zur Verfügung steht, die ihre Interessen durchsetzen.

Die Personifizierung der Unternehmen hat weit reichende Folgen: Der amerikanische Konzern ist ein rechtliches Konstrukt, das Firmen besser stellt als Personen. Auch Mitchell sieht ein Problem in der beschränkten Haftung: Firmen sind nicht wirklich für das verantwortlich, was sie Personen (oder anderen Firmen) antun.»Beschränkte Haftung heißt, sich niemals entschuldigen oder sich auch nur Sorgen machen zu müssen«, sagt Mitchell.»Das Prinzip bedeutet, dass sich ein Unternehmen im Grunde dahinter verschanzen kann und nur noch auf die Leute achten muss, denen gegenüber es nach dem Gesellschaftsrecht verantwortlich ist, nämlich seinen Aktionären. Solange das Unternehmen durch seine Vorstände, Manager und Beschäftigten diese Funktion erfüllt, macht es genau das, was wir uns von ihm erwarten. Und weil dies die beschränkte Haftung des Unternehmens ist, weil wir diese Leute nicht zur Rechenschaft ziehen können, wenn sie uns bei der Ausübung ihrer Funktionen Nachteile zufügen, sind sie in der Lage, die Kosten der Kursmaximierung uns, also allen anderen, aufzubürden.«

Das Ideal der Freiheit ist in der amerikanischen Wirtschaft auf erschreckende Weise verwirklicht: Die amerikanischen

Unternehmen sind nicht gleich, aber deshalb umso freier. Sie sind wirklich frei. Frei, die Kurse zu manipulieren. Frei, Politiker zu manipulieren. Frei, die Investoren auszunehmen. Frei, Leute zu entlassen. Frei, Bankrott zu gehen. Zu frei, um die Verantwortung dafür zu übernehmen.

Die Tricks der Bosse

Der Kaufmann Francis Cabot Lowell wollte eine Textilfabrik in Waltham, Massachusetts, bauen, genannt Boston Manufactoring Company. Er hatte sich in England einen Plan für einen großen Webstuhl besorgt, ihn nach Amerika geschmuggelt, und er hatte große Pläne. Aber er konnte sich weder den Bau der Fabrik noch die teuren Maschinen leisten. Daher kam er auf die Idee, Teile seines Unternehmens an zehn Teilhaber zu verkaufen. Mit seiner Idee hatte Lowell 1814 ein neues Geschäftsmodell, die *public company*, erfunden und damit das Fundament für die Börse gelegt. Binnen sieben Jahren erhielten die zehn Anteilseigner mehr als 100 Prozent ihres Einsatzes zurück.

Der Sinn der Börse: Wer eine gute Idee hatte, aber nicht genug Geld, sie umzusetzen, der verkaufte Anteile an seinem Unternehmen und konnte somit seinen Geschäftstraum in kurzer Zeit verwirklichen. Jeder schien davon zu profitieren: der Unternehmer, die Investoren, die Arbeitnehmer – die Wirtschaft des Landes an sich. Die Börse hat unternehmerisches Denken und Eigeninitiative gefördert. Unternehmer ohne großes Vermögen konnten aufsteigen; die unterschiedlichen finanziellen Voraussetzungen waren nicht auf ewig festgeschrieben. Das ist der amerikanische Traum: Mit harter eigener Arbeit kann man seine Vorstellungen umsetzen und gesellschaftlich aufsteigen. Viele zunächst arme Angestellte haben so irgendwann den Aufstieg zum Unternehmer geschafft. Im

Laufe der Zeit verfeinerten Banken, Investoren und Unternehmen das Prinzip. Dass Spekulanten ein Risiko eingingen und dafür hin und wieder große Verluste hinnehmen mussten, wurde als normal angesehen. Wenig Aufmerksamkeit widmete die amerikanische Gesellschaft den Schattenseiten der Börse. Sie schien zufrieden mit ihrem System, bis viele US-Bürger im Sommer 2002 feststellen mussten, dass ihre Altersversicherungen und Renten in Form ihrer Aktien sich in nichts aufgelöst hatten.

Dem Kommunismus schien der American Way des Kapitalismus erkennbar überlegen; spätestens offensichtlich wurde das durch den Zusammenbruch der Sowjetunion und ihrer Staaten. Doch im Jahr 2002 offenbarte der amerikanische Kapitalismus Fehler, von denen man zuvor kaum gehört hatte. So groß waren die zutage getretenen Schattenseiten, dass die *New York Times* bekümmert überlegte, ob der Kapitalismus nun so weit sei, dass er den Kapitalismus zu Fall bringen werde. Wird das beste aller Wirtschaftssysteme, fragten sich Amerikaner ängstlich, an seinen eigenen Fehlern zugrunde gehen?

Die aufgetretenen Fehler wogen jedenfalls schwerer, als sich die Investoren das vorgestellt hatten. Eine Vorzeigefirma nach der anderen musste ihre Bilanzen korrigieren, die Börsenkurse stürzten ab, die Firmen meldeten Konkurs an, und ihre jahrelang gefeierten Manager wurden in Handschellen abgeführt. Sie schienen für ihre betrügerischen Entscheidungen büßen zu müssen.

Erstaunlich jedoch ist, dass sie nur in relativ geringem Maße zur Rechenschaft gezogen wurden. Im Gegenteil: Sie scheinen die Einzigen zu sein, die wirklich profitiert haben. Die *Financial Times* (zitiert nach John Cassidy im *New Yorker* vom 23. September 2002) analysierte die 25 größten Bankrotte seit 2001 und kam zu einem erstaunlichen Ergebnis: Vor dem Zusammenbruch ihrer Firmen hatten die Manager ebendieser Unternehmen zwischen Anfang 1999 und Ende 2001 rund

3,3 Milliarden Dollar auf ihre Konten geschafft. Die Summen kamen zustande durch ihre Gehälter, durch Erfolgsleistungen und indem sie ihre Firmenanteile und ihre Optionen auf Börsenanteile zu Geld gemacht hatten. Gary Winnick (Global Crossing) hatte 512,4 Millionen Dollar auf die Seite geschafft, Kenneth Lay (Enron) 246,7 Millionen Dollar und Scott Sullivan (WorldCom) »nur« 49,4 Millionen Dollar. Auch Namen, die sonst kaum erwähnt wurden, listete die *Financial Times* auf: Carl McLeod und Richard Lumpkin, die ehemaligen Chefs der Telekommunikationsfirma McLeodUSA, hatten Börsenanteile über 99 und 116 Millionen Dollar zu Bargeld gemacht, bevor die meisten Aktienbesitzer ihrer Firma später leer ausgingen.

Eine börsennotierte Firma funktioniert auf Vertrauensbasis: Die Investoren verlassen sich darauf, dass die Manager die Firma zum Nutzen der Investoren führen. Im Gegenzug übergeben sie den Managern weit gehende Freiheiten bei der Leitung der Firma. Im Jahr 1890 lobte der britische Ökonom Alfred Marshall noch die Aufrichtigkeit der Manager, schreibt der *New Yorker* am 23. September 2002. Die Chefs führender Unternehmen ließen sich nicht von den vielen Möglichkeiten verlocken, die sich ihnen für Betrug boten. Marshall nahm das als starken Beweis für die Aufrichtigkeit der Manager. In den Siebzigern fanden die beiden ebenfalls dort zitierten Ökonomen Michael Jensen und William Meckling von der University of Rochester jedoch heraus, dass Manager nicht notwendigerweise im Interesse der Investoren handelten. Sie argumentierten, es gebe keine perfekte Lösung, solange außen stehende Investoren das Wachstum finanzierten. Manager seien immer versucht, Werte zu zerstören. In ihren Seminaren wurden die beiden Akademiker für ihre Forschungsergebnisse stark angegriffen: Dass Wettbewerb Unternehmenswerte zerstöre, passte nicht ins Bild, das sich Amerikaner vom besten aller Wirtschaftssysteme machten.

Ihre Schlussfolgerungen, die sie mit mathematischen Berechnungen stützten, hatten Folgen: Von nun an galten nicht mehr Manager, sondern Inhaber als die wichtigsten Personen in einer Firma. Daraus folgte, dass man Manager am besten mit Börsenoptionen bezahlen sollte. Somit sei sichergestellt, dass sie im eigenen Interesse, aber auch in dem der anderen Anteilseigner handeln würden.

Im Jahr 1980 verfügten weniger als ein Drittel der Manager börsennotierter Unternehmen über Firmenanteile. Die Unternehmen beteiligten ihre Chefs am Gewinn und berechneten die Summen nach dem Erfolg der Manager. Wer viel Gewinn erwirtschaftete, erhielt viel. Wer wenig Gewinn machte, bekam wenig. 1994 erhielten sieben von zehn Geschäftsführern Aktienoptionen. Die Optionen waren für sie sehr wichtig, denn sie machten rund die Hälfte ihres Einkommens aus. Ab 1995 wurden so genannte *megaoptions* die Norm: Das sind Optionen, die mindestens 10 Millionen Dollar wert sind. Bereits 1997 erhielten 92 von den führenden 200 Managern solche Megaoptionen. Im Schnitt bekam ein Manager Optionen im Wert von 31 Millionen Dollar. Die Regierung verstärkte diesen Trend, da sie Gehälter besteuert, nicht aber Aktienoptionen. Zudem müssen die Optionen der Manager nicht in den Bilanzen ausgewiesen werden. Unternehmen hatten also doppelten Anreiz, ihre Manager mit Optionen zu bezahlen. Topmanager wie Disney-Chef Michael Eisner verdienten plötzlich 570 Millionen Dollar in einem einzigen Jahr.

Die Manager selbst halfen kräftig mit, ihren Verdienst zu steigern, indem sie fragwürdige Methoden bei der Ausschüttung der Optionen anwandten. Der Ökonom David Yermack von der New York University betont, eine zweifelhafte Methode bestehe darin, dass Manager den Zeitpunkt der Ausschüttung sorgfältig danach wählen, ob das Unternehmen gute oder schlechte Ergebnisse zu melden hat (*New Yorker* vom 23. September 2002). Hat ein Unternehmen ein gutes Ergebnis, werden die Optionen kurz vor der Bekanntgabe des Ergebnisses gewährt: Die guten Nachrichten erhöhen die Nachfrage, und die Optionen der Manager steigen automatisch. Bei einem schlechten Ergebnis warteten die Manager mit der Zuteilung bis nach der Bekanntgabe: Die Nachfrage nimmt ab, der Kurs sinkt. Manager erhalten ihre Optionen zu einem günstigen Preis und entgehen dem bevorstehendem Kurssturz.

Freilich kann solche Methoden nur anwenden, sagt Yermack, wer Insider-Informationen über den Zustand der Firma besitzt. Theoretisch dürfte so etwas nicht passieren, bzw. es müsste strafrechtlich verfolgt werden. Aber nichts dergleichen geschah. Solange die Börse insgesamt stieg, widmeten sich nur wenige Ökonomen den illegalen Vorgehensweisen der Firmenchefs. Und die Bilanzprüfer spielten mit und segneten diese Methoden ab.

Ein weiterer (diesmal legaler) Trick der Manager, ihre Optionen zu erhöhen, bestand darin, dass sie die Aktien ihrer Firmen zurückkauften und sie nicht mehr ausgaben. Somit war nichts geschehen, außer dass die Zahl der Aktien sank. Da der Wert der Firma gleich war, konnten die Manager freudestrahlend auf einer Pressekonferenz berichten, der Wert für jede einzelne im Handel befindliche Aktie habe sich erhöht – ohne dass der Wert der Firma gestiegen war. Ein legaler Trick, der am Ende den Kurs und somit den Wert der Manageroptionen steigen ließ. Für ihre Rückkäufe nahmen Manager Kredite auf, unter deren Zinsen und Rückzahlung die Investoren nun leiden müssen, während die Manager längst ihre Optionen ausgeübt und abkassiert haben. In den Bilanzen gaben sie ihre Optionen mit geringeren Werten an, als sie bei der Auszahlung tatsächlich wert waren. Der Effekt: Der Wert der Firma wurde künstlich erhöht, der Kurs stieg.

Einen weiteren Trick der Bosse erläuterte John Cassidy im *New Yorker* (27. September 2002): Bei fallenden Aktienkursen haben Manager ihre Optionen intern neu bewerten und berechnen lassen. Dadurch verloren ihre Optionen weniger an

Wert als die Aktien von anderen Investoren. Stieg der Kurs dann wieder an, waren ihre Optionen plötzlich gestiegen, ohne dass sie etwas dafür hätten tun müssen. Auf diese Art und Weise ergaunerten sie Hunderte von Millionen, die sie sich auszahlen ließen, als die Börsenkurse tatsächlich ins Straucheln gerieten.

Mit einer Reihe von Tricks hatten Manager somit ein perfektes System geschaffen: Stieg der Aktienkurs, stiegen ihre Optionen, und sie machten Gewinn. Sank der Aktienkurs, verrechneten sie ihre Optionen neu – und sie machten auf wundersame Weise wiederum Gewinn. Bereits im Jahr 1994 hat der Washingtoner Wirtschaftsprofessor Howard Schilit das Center for Financial Research and Analysis gegründet und seitdem regelmäßig Warnungen über konkrete Bilanztricks veröffentlicht (*New Yorker* vom 27. September 2002). Doch die Börsenaufsicht reagierte nicht – oder erst, wenn Firmen bereits Pleite gegangen waren und Investoren ihr Geld verloren hatten. Die Anleger hatten den Managern vertraut.

Die Kontrolleure kontrollieren nicht

Das Wichtigste für eine funktionierende Marktwirtschaft, die sich an der Börse orientiert, ist das Vertrauen der Anleger. Sie müssen glauben, dass sie eine ernsthafte Chance haben, Gewinne zu erzielen – sonst kaufen sie nicht. Wenn sie den Eindruck bekommen, dass der Erfolg der Spekulation gering ist, weil Unternehmenschefs ein falsches Bild ihrer Firmen in der Öffentlichkeit zeichnen, dann werden sie nicht an der Börse investieren, sondern lieber Lotto spielen. Amerika hat einige Einrichtungen und Instrumente, die das Vertrauen der Anleger sichern und betrügerisches Verhalten verhindern sollen: Nach dem großen Börsenkrach wurde 1934 eine Aufsicht gegründet, die die Investoren schützen sollte. Institutionen wie die Börsenaufsicht oder die Bilanzprüfer sollen wie besonders misstrauische Investoren agieren, damit die Börse das Vertrauen der Anleger erhält. Jahrelang wurden Aufsicht und Prüfer als Garanten gesehen, die das Vertrauen sichern und vielen mittelständischen Amerikanern ihre Renten durch Börsenanlage garantierten. Das war das Versprechen: Wer lange gearbeitet hat, dem hilft die Börse, sein Geld ohne eigenes Dazutun zu vermehren. Die Kurse mögen mal fallen, aber sie werden auch wieder steigen, und am Ende erweisen sich Börsenanteile als gute Anlage.

Eine Zeit lang schienen die Kurse nur noch zu steigen. Die Internet-Firmen versprachen immense Gewinne und machten viele Menschen zu Millionären. Doch irgendwann stellte sich alles als eine Luftblase heraus, die zerplatzte. In den Monaten danach fielen plötzlich auch die Kurse jener Firmen der so genannten Old Economy, auf deren Geschäften der Kapitalismus in Amerika baut. Plötzlich gingen renommierte Unternehmen Bankrott; eine Firma nach der anderen gab zu, Bilanzen gefälscht zu haben. Das Bild vom besten aller Wirtschaftssysteme erhielt viele tiefe Risse.

Irgendwann geriet denn auch die Berufsgruppe ins Feuer der Kritik, die eigentlich die Fehler rechtzeitig hätte aufdecken sollen: Börsenaufsicht und Bilanzprüfer. In beiden Berufen sind vor allem Juristen tätig. Nicht ohne Grund nennt sich die SEC stolz »Anwalt der Investoren«. Sie verlangt, dass alle börsennotierten Firmen sich von ihr registrieren lassen und jährlich unabhängig geprüfte Bilanzen vorlegen.

Einer der Fehler des Systems war, dass es auf Prüfer vertraute, die gut daran verdienten, hin und wieder beide Augen zuzudrücken, und die betrügerischen Aktivitäten der Manager deckten, um die Börse zu überlisten. Die Prüfer, meistens Juristen, wurde also gut dafür bezahlt, *nicht* zu prüfen. Diese Juristen, die sich als Steuerprüfer betätigten, wurden zu korrupten Helfershelfern. Sie halfen den Managern, ihre Investoren – also die Besitzer ihrer Firmen – übers Ohr zu hauen. Diese Geschichte begann lange vor dem Zusammenbruch von Enron und anderen großen Unternehmen, und die Rolle des Kongresses ist dabei keineswegs so ruhmreich, wie die Rufe nach Transparenz und Rechenschaft der Verantwortlichen nahe legen. Die Politiker selbst waren es, die Reformen zur richtigen Zeit verhindert haben. Daher besteht trotz der angestrengten neuen Reformversuche wenig Hoffnung, dass die Börsenaufsicht in Zukunft betrügerische Verhaltensweisen der Bilanzprüfer und Unternehmenschefs wirklich wird verhindern können.

Die Geschichte hinter den Kursstürzen an der Wall Street und den Zusammenbrüchen großer Firmen handelt davon, wie zahlreiche Juristen die Herrschaft des Rechts pervertiert haben. Die Kontrolle der Wirtschaft hat versagt. In der Theorie hat die amerikanische Wirtschaft einige Mechanismen und Institutionen erfunden, die sich gegenseitig kontrollieren sollen. Eigentlich sollen sich die verschiedenen Institutionen misstrauen, um am Ende das Vertrauen der Anleger zu gewinnen. Politiker sollten der Aufsicht misstrauen, die Aufsicht sollte den Bilanzprüfern misstrauen, die Bilanzprüfer sollten den Managern misstrauen, und die Manager sollten ihren Mitarbeitern misstrauen. Doch alle Beteiligten haben sich stillschweigend darauf geeinigt, ihr Misstrauen zu unterdrücken – weil ausnahmslos jeder von ihnen davon profitiert. Stillschweigend akzeptieren sie, dass die schwächsten Glieder der Kette – die Investoren und Mitarbeiter – die Rechnung übernehmen. Weil das Ideal von der Gleichheit ad absurdum geführt worden ist und Unternehmen mächtiger sind als Mitarbeiter, Aktieninhaber und Politiker, versagt die Kontrolle.

Bilanzprüfer haben weggesehen, als Manager Bilanzen frisierten und in die eigene Tasche wirtschafteten – bis ihre Firmen zusammenbrachen und die Teilhaber leer ausgingen. Die Geschichte handelt davon, wie Manager mithilfe der Juristen die Anleger betrogen. Sie handelt davon, wie Kapitalisten sich knallhart kapitalistisch verhielten und an nichts als an sich selbst dachten. Sie haben getan, was Kapitalisten eben tun – maximale Gewinne rausholen. Der Bankrott von Enron stehe dafür, dass Unternehmer und Manager zwei Jahrzehnte lang ihre eigenen Werte verraten haben, sagt der ehemalige Leiter der Börsenaufsicht, Arthur Levitt jr. – das Geld der Lobbyisten habe über das Allgemeingut gesiegt: Falls es je einen Fall gegeben habe, wo Geld und Lobbying dem Allgemeingut geschadet haben, dann hier. In den zwei Jahrzehnten habe ein Kampf zwischen Privatinteressen und Allgemeininteressen stattgefunden, und am Ende hätten die Privatinteressen gesiegt. Denn die Manager der Unternehmen sind wie gesagt trotz des Zusammenbruchs ihrer Firmen und der Kursstürze als reiche Leute aus dem Bankrott hervorgegangen. Bezahlt mit dem Geld vieler Investoren.

Levitt hat seine Kontrollaufgabe und die Funktion der Bilanzprüfer ernst genommen – und ist deshalb gescheitert. Er war Chef der SEC unter Präsident Bill Clinton, und die großen Bilanzprüfungsfirmen – PricewaterhouseCoopers, K.P.M.G., Ernst & Young und Arthur Andersen – hätten in seiner Amtszeit »einen Krieg gegen uns begonnen, einen regelrechten Krieg«. Levitt wollte sie stärker kontrollieren. Aber die Bilanzprüfer waren bestrebt, schärfere Kontrollen zu verhindern, koste es, was es wolle. Es sei unmöglich, mit dem vielen Geld zu konkurrieren, das die Bilanzprüfer an Politiker verteilt haben, sagt Levitt. Sie hätten die SEC links liegen gelassen und sich direkt an den Kongress gewandt. In ihrem Lobbying seien sie laut Levitt einzigartig erfolgreich gewesen. In der Öffentlichkeit wurde Enron nach dem Bankrott wegen seiner Spenden häufig kritisiert. Zwei der fünf größten Bilanzprüfungsgesellschaften – Arthur Andersen und Deloitte – sowie der Verband der Prüfer hätten für die Wahl 2000 mehr gespendet als Enron. Sie haben, so der *New Yorker*, den Kongress mit viel, viel Geld gekauft.

166

Dass sich Bilanzfehler von großen Firmen auffällig gehäuft haben, scheint die Personen, die die Fehler hätten aufdecken sollen, nicht sonderlich zu stören: »Es wird immer schlechte Äpfel geben«, sagte etwa Jay Velasquez, der ehemalige Assistent eines Senators, der jetzt für die Bilanzprüfer in Washington Lobbyarbeit betreibt. In dieser Eigenschaft hat er sich heftig gegen neue Regeln gewandt. »Wir leben in einer freien Marktwirtschaft«, sagte Barry Melancon lapidar. »Unternehmen machen Fehler. Menschen sind nicht unfehlbar.« Melancon leitet das American Institute of Certified Public Accountants, den Verband der Bilanzprüfer, der 350 000 Mitglieder hat.

Levitt hatte lange vor dem Zusammenbruch von Enron vor fragwürdigen Praktiken gewarnt: Ein Streitpunkt waren die Anteilsoptionen, die Firmen ihren Managern gaben. Die SEC bemängelte, dass die Bilanzen diese Methoden verheimlichten. Da die Optionen im Gegensatz zu regulären Gehältern, die ausgewiesen sind, in den Bilanzen nicht aufgeführt werden, konnten die Investoren also nicht wissen, wie viel vom Unternehmen bereits verteilt war und wie schwer es belastet war. Doch ehe die SEC eine Regelung nahe legen konnte, war der Streit im Kongress gelandet, wo sich viele Senatoren gegen eine Offenlegung aussprachen – auch solche, die normalerweise für die Regulierung stimmen. Zu Levitts Überraschung erhielten die Regulierungskritiker Unterstützung von den Bilanzprüfern. Statt sich neutral zu verhalten, schlugen sie sich auf die Seite ihrer Kunden. Sie gaben ihre Unabhängigkeit auf und machten damit ihre eigentliche Aufgabe – eben die Kontrolle – unmöglich. Gemeinsam übten sie Druck aus auf die Einrichtung, die die Regeln festsetzt: das Financial Accounting Standards Board (FASB).

Sie wollten ihre Kunden behalten. In den Neunzigern hatte sich das Prüfen von Bilanzen zu einem guten Geschäft entwickelt: Die führenden fünf Unternehmen hatten ihren Umsatz verdoppelt – auf 26,1 Milliarden Dollar. Mehr und mehr verdienten sie den Großteil des Geldes nicht mit der Erstellung von Bilanzen, sondern mit Unternehmensberatung. Damit nahmen sie dreimal mehr ein als mit der Bilanzierung. Im Jahr 1981 machte der Sektor Beratung nur 15 Prozent der Gesamttätigkeit aus; 1999 betrug er hingegen schon die Hälfte. Mit der Beratung stiegen freilich auch die Interessenkonflikte. Einige der Firmen kopierten das System der Unternehmen, die sie prüfen sollten, und bezahlten Mitarbeiter danach, wie viele Aufträge sie an Land gezogen hatten. Es ging nach der Geldsumme, also ging es um Beraterverträge. Die eigentliche Aufgabe der Firmen, das Bilanzieren, wurde immer unwichtiger. Die Kontrolleure ließen sich kaufen. Im Gerichtsverfahren gegen Enron sollte später eine E-Mail eine Rolle spielen, in der sich ein Prüfer über die fragwürdigen Bilanzen äußert und dann auf Verträge mit Enron anspielt, die »jährlich rund 100 Millionen Dollar einbringen können«.

Eine Studie des Center for Responsive Politics ergab, dass Bilanzfirmen Politikern zwischen 1999 und 2001 rund 39 Millionen Dollar gespendet haben. Die Firmen dachten an alle, Demokraten und Republikaner, und spendeten etwa der Hälfte im Abgeordnetenhaus und an 94 von 100 Senatoren. Geschickt hatten die Bilanzfirmen für ihre Lobbyarbeit ehemalige Mitarbeiter der Senatoren engagiert: Jeffrey Peck beispielsweise war Assistent eines demokratischen Senators, bevor er im Kongress für Arthur Andersen Lobbying machte.

Levitt versuchte, die Bilanzprüfer zunächst zu überzeugen, dass sie sich selbst besser kontrollieren sollten. Er forderte sie auf, stärker auf Interessenkonflikte ihrer Mitarbeiter zu achten. In etlichen Firmen hatte es einen regen Mitarbeiteraustausch zwischen Bilanzprüfern und Unternehmen gegeben, sodass Erstere mitunter die Firmen ihrer ehemaligen Chefs prüfen mussten. Im Management von Enron stammten viele leitende Mitarbeiter von Arthur Andersen. Doch der Versuch von Levitt schlug fehl: Die Bilanzprüfer verdienten gut an ihren Interessenkonflikten. Sie wollten sich ihr Geschäft nicht durch neue Regeln verderben lassen. Die Prüfer kämpften gegen Kontrolle und ließen sich dabei von einem Anwalt namens Harvey Pitt vertreten, den der *New Yorker* als einen der aggressivsten Börsenanwälte des Landes beschrieb. Pitt lehnte jegliche Kontrolle ab. Die Prüfer kontrollierten sich selbst, dazu brauche es nicht die Börsenaufsicht, ließ er Levitt wissen. Wie es der »Zufall« will, wurde Levitt nach dem Amtsantritt von George W. Bush ausgerechnet durch Harvey Pitt an der Spitze der Börsenaufsicht abgelöst. Der Präsident belohnte die Bilanzprüfer für ihre Spenden.

Wer den Hintergrund des Wechsels an der Spitze kennt, kann Forderungen der Politiker nach Reformen und stärkeren Kontrollen nicht ernst nehmen. Nebenbei gesagt, ist Bilanzfälschung ein bewährtes Prinzip, mit dem der Präsident und das Parlament in ihrer Politik wie selbstverständlich umgehen: Sie tricksen und verheimlichen regelmäßig wichtige Summen in ihrem Haushalt oder schichten sie um in den nächsten Haushalt – um ein allzu großes Minus im aktuellen zu vermeiden.

Als die Bilanzfälschungen von WorldCom bekannt wurden, waren Bush und Pitt entrüstet: Dabei hatte Bush eigens den Chef der Börsenaufsicht ausgetauscht, damit ein unternehmensfreundlicheres Klima entstehe. Als Unternehmer hat Bushs Vize Cheney die Prüfer dafür gelobt, dass sie in ihrer Tätigkeit über ihre eigentliche Aufgabe hinausgingen. Pitt hatte versprochen, unter ihm werde die Aufsicht »freundlicher« zu den Unternehmen sein. Tatsächlich aber hat Bush genau jene Taktiken angewandt und davon profitiert, die 2002 den Unternehmen vorgeworfen wurden: den fiktiven Verkauf von Vermögenswerten.

Um zu erklären, was damit gemeint ist, wählt Paul Krugman, Wirtschaftsprofessor am Massachusetts Institute of Technology (MIT) in Cambridge, ein fiktives Beispiel (*Süddeutsche*

Zeitung vom 5. Juli 2002): Gehen wir davon aus, Sie haben einen Eiskremladen und tun Folgendes: Sie verkaufen Ihren alten Lieferwagen zu einem absolut haarsträubenden Preis an die Firma XY, und diesen Kapitalzuwachs geben Sie als Gewinn aus. Der eigentliche Clou bei der Sache ist, dass die Transaktion eine Täuschung darstellt. Denn die Firma XY sind Sie selbst unter einem anderen Namen. Und bis die Anleger das herausfinden, können Sie in aller Ruhe eine Menge Aktien zu einem auf diese Weise künstlich in die Höhe getriebenen Preis verkaufen.

Genau das hat Bush getan, als er noch Geschäftsmann war. Im Jahr 1989 saß er im Vorstand und im Aufsichtsrat der Firma Harken Energy. Bush hatte die Position sowie ein Aktienpaket bekommen, weil Harken 2 Millionen Dollar bezahlt hatte für Bushs kleine Firma, die zudem stark mit Schulden belastet war. Eigentlich war der Kauf ein mieses Geschäft, aber der Gründer von Harken sagte, er habe den Namen »George Bush« – des damaligen Präsidenten – gekauft. Doch trotz des bekannten Namens geriet Harken in Schwierigkeiten. Zunächst gelang es dem Unternehmen 1989, die Verluste hinter dem Verkauf einer Tochtergesellschaft, Aloha Petroleum, zu verstecken. Wer hatte damals die Tochterfirma gekauft? Es waren – analog zum Beispiel des Eiskremladens – einige Investoren von Harken, die das Geld von Harken beliehen hatten. Die Börsenaufsicht zwang Harken später, über die Bilanz noch einmal Rechenschaft abzulegen. Allerdings hatte zu diesem Zeitpunkt ein gewisser George W. Bush seine Anteile an Harken bereits verkauft und für zwei Drittel seiner Anteile 848 000 Dollar erzielt. Ein Gesetz verlangt zwar die unverzügliche Bekanntgabe solcher Verkäufe. Bush glaubte jedoch offenbar, »unverzüglich« heiße 34 Wochen später. Als er den Verkauf dann meldete, sah die SEC von einer Klage ab. Ob das damit zu tun hatte, dass sein Vater der oberste Dienstherr der Behörde war? Krugman bemerkte jedenfalls zynisch: »Vor dem Hintergrund dieser Geschichte – und einer anderen, ähnlich interessanten Geschichte aus Dick Cheneys Amtszeit als Vorstand bei Halliburton – könnte man sagen, dass diese Regierung wie keine andere qualifiziert sei, unternehmerische Bösewichte zu jagen. Schließlich verfügen Herr Bush und Herr Cheney auf diesem Gebiet über Erfahrungen aus erster Hand.«

Die hehre Idee von der Kontrolle, an der doch so viele verdienen, wirkt mitunter wie eine Komödie, die die Betroffenen nur für die Investoren aufführen. Wenn Korruption und Versagen der Kontrolle zu offensichtlich werden, wird eine neue Kontrollinstanz erfunden: Lange Zeit hatte sich Harvey Pitt gewehrt, die Mitschuld des eigenen Berufsstands – der Wirtschaftsanwälte – an den Bilanzfälschungen zu sehen. Mitte August des Jahres 2002 aber kündigte er an, künftig auch Börsenanwälten genauer auf die Finger zu schauen. Hatte Pitt, der selbst jahrelang Börsenanwalt war, wirklich seine früheren Kollegen ins Visier genommen? Im August schien Pitt so gegen Börsenanwälte vorgehen zu wollen, wie man es sich von einem Chef der Börsenaufsicht wünscht.

Drei Monate später wurde ein neuer Akt der Komödie aufgeführt – und alle Illusionen waren dahin. Denn im Oktober wollte die SEC eine neue Aufsicht schaffen, um Bilanzfälschungen zu verhindern. Als Chef der Aufsicht ernannte Pitt einen Mann, der in Washington beste Referenzen hatte: William Webster, als Anwalt für Unternehmen tätig, war früher mal Leiter von FBI und CIA gewesen und schien bestens für den Job geeignet. Er hatte sich in den letzten Jahren seiner Anwaltskanzlei gewidmet. Er war alt, nämlich 78 Jahre. Das sollte ihn unabhängig machen. Doch Ende Oktober kam heraus, dass Webster genau bei der Art von Bilanzfälschungen beide Augen zugedrückt hatte, die er nun verhindern sollte. Schlimmer noch. Pitt hatte bei der Ernennung einen Mann übergangen, der eigentlich besser geeignet schien als Webster. Wer zu diesem Zeitpunkt noch Hoffnungen hatte, das Problem der Korruption in Nadelstreifen sei mit ein paar einfachen Entscheidungen und einer weiteren Kontrollinstanz in den Griff zu bekommen, der musste sich eines Besseren belehren lassen. Juristen waren längst nicht mehr Teil der Lösung, sondern Teil des Problems. Dass Pitt und weitere Manager der SEC ihren Rücktritt einreichten, war nichts als eine Formalie, die einmal mehr den Eindruck erwecken sollte, diesmal nehme die Politik es aber ernst mit der Kontrolle.

Dabei ist das Gesetz, mit dem Bush die Auswüchse der Börse in den Griff bekommen wollte und ein neues Kontrollgremium schuf, offensichtlich nicht das Papier wert, auf dem es gedruckt war. Das Gesetz vom 30. Juli 2002 garantiert, Mitarbeiter zu schützen, die der Aufsicht Unregelmäßigkeiten aus ihrer Firma melden, und es verspricht, Prüfer und Unternehmer stärker zu kontrollieren. Doch das Gesetz gehe an den wirklichen Problemen vorbei, kritisieren Max H. Bazerman et al. im Fachblatt *Harvard Business Review* (November 2002). Das wirkliche Problem seien nämlich nicht Korruption und kriminelles Verhalten, sondern es seien die Graubereiche und Ermessensspielräume der Prüfer. Ein Prüfer könne viele problematische Bilanztricks erkennen. Die Frage ist, ob er sie beanstandet. Der Interessenkonflikt bleibe erhalten, solange die Bilanzprüfungsfirmen auch Beratungsdienste anbieten. Mit anderen Worten: Die Regierung müsste den Prüfern einen Teil ihres Geschäfts verbieten. Das entspricht jedoch nicht dem kapitalistischen System. Dafür wurden die Politiker zu kräftig mit Spenden hofiert, als dass sie nun in der Lage wären, eine solche harte Entscheidung zu Lasten der Prüfungsgesellschaften zu treffen. Das System lässt solche rigorose Maßnahmen des Staates nicht zu.

Juristen spielen also weiter eine zentrale Rolle in den Unternehmen und pervertieren ihre Berufsethik, was zum Beispiel am Grundsatz der Unschuldsvermutung deutlich wird. Bis zum Beweis des Gegenteils hat jeder Beschuldigte als unschuldig zu gelten. Auf der Unschuldsvermutung beruht die Vorstellung von gerechter Justiz. Sie ist ein wichtiges Prinzip, wenn einer Person eine Straftat vorgeworfen wird. Doch Wirtschaftsanwälte haben die Unschuldsvermutung im Laufe der Zeit wie selbstverständlich zum Standard ihrer Praxis gemacht und damit ins Anormale verkehrt. Sie wenden das Prinzip auch auf jene Klienten an, die noch keine Straftat begangen haben, von denen die Anwälte aber wissen, dass sie im Begriff sind, eine zu begehen. Statt sie davor zu warnen, drücken sie beide Augen zu – und tun so, als könnten sie nicht beurteilen, dass ihr Klient gerade kriminell handelt. Ja, sie beraten ihn sogar, wie er am besten seine Spuren verwischt. Erleichtert wird ihnen diese Haltung, weil viele der Straftaten in der Wirtschaft in einem Graubereich ablaufen – und die Verantwortung hin und her geschoben wird.

Anwälte seien berüchtigt dafür, dass sie nie »wissen«, ob ihr Klient schuldig ist. Diese Unfähigkeit gehöre zum Ethos des Berufsstands, sagt Susan P. Koniak, Juraprofessorin der Boston University School of Law, in dem Forbes-Artikel »Who Gave Lawyers a Pass?« (12. August 2002). Sie orientiere sich am Bild vom Anwalt als Verteidiger. Solange ein Anwalt tatsächlich vor Gericht einen Angeklagten verteidige, sei dieses Ethos völlig in Ordnung. »Wir wollen nicht, dass das Urteil eines Anwalts über den Angeklagten das der Jury oder des Richters ersetzt«, sagt Koniak. Zwar führe dies mitunter auch dazu, dass sie versuchten, die Jury zu täuschen – doch in einem Gerichtsverfahren sei das hinzunehmen. »Aber keines dieser Argumente trifft auf einen Anwalt zu, der nicht einen Fall bearbeitet, nachdem ein angeblicher Schaden entstanden ist, sondern der einem Klienten vor oder während einer Tat hilft. Tatsächlich arbeiten sehr wenige Anwälte vor Gericht, verglichen mit der Zahl, deren Alltagsarbeit darin besteht, Geschäfte abzuwickeln.« Der so genannte *transaction* oder *office lawyer* (im Gegensatz zum *trial lawyer*) sollte verstehen, was sein Klient tut und ob das legal sei oder nicht.»Sonst gibt es keinen Grund für die Mitarbeit des Anwalts.«

Die Wirtschaftsanwälte haben also die Ethik der Verteidiger übernommen. Die Anwälte von Enron redeten sich wahrscheinlich ein, nichts Falsches zu tun, glaubt Koniak. Klar sei aber auch, dass sie nichts sehen wollten und nichts gegen illegale Geschäfte taten. Dann hätten sie den eigenen Geschäften geschadet. Die Schuld trügen jedoch nicht die Juristen allein. Der Kongress habe sie durch seine »Reformen« zu diesem Verhalten geradezu eingeladen. Im Falle von Enron gingen einige Anwälte allerdings sehr viel weiter, als dass sie es nur unterlassen hätten, die Manager vor Straftaten zu warnen. Es habe eine Unzahl von Anzeichen dafür gegeben, dass die wirtschaftliche Lage von Enron schlimmer war, als es die Bilanzen der Öffentlichkeit vorgaukelten – gefälscht mithilfe der Prüfer und Anwälte. Koniaks Botschaft an die Politiker: Wenn sie etwas dagegen tun wollen, dann müssen sie den Anwälten klar machen, dass es keine Zauberhüte gibt, die sie vor dem Recht unsichtbar machen, sondern dass auch für sie das Recht gilt.

Im Gerichtsverfahren gegen den Betrug der Lincoln Savings and Loan Bank hat Richter Stanley Sporkin 1990 gesagt:»Wo waren die Bilanzprüfer und Anwälte? Warum hat nicht einer der Prüfer oder Anwälte, die so zahlreich involviert waren, wenigstens eingegriffen?« Zwölf Jahre später könne man im Fall des Betrugs und Zusammenbruchs von Enron die gleiche Frage stellen, sagt Koniak im Februar 2002 vor dem Rechtsausschuss des Senats. Auch damals hätte niemand überrascht sein dürfen, dass Anwälte und Bilanzprüfer in den achtziger Jahren ihre Augen vor den betrügerischen Machenschaften verschlossen hätten. Denn vor dem Skandal um die Sparkassen habe es bereits den Skandal um die New Yorker Computerleasingfirma OPM gegeben, die eigentlich eine Betrugsfabrik gewesen sei, die Firmen wie Manufactures Hanover und American Express betrogen habe. Nachdem OPM Konkurs angemeldet hatte, stellte sich heraus, dass die Anwälte von OPM bestens über den Betrug ihres Klienten informiert waren. Damit nicht genug: Auch sie halfen OPM, den Betrug zu vertuschen.

Es ist nicht so, dass die Rolle der Anwälte geheim geblieben war. Politiker und Journalisten hätten gewarnt sein müssen durch detaillierte Berichte über das Versagen der Anwälte. Auch OPM war kein Einzelfall: Davor hatten Anwälte und Bilanzprüfer in den siebziger Jahren bei einem Betrug geholfen, der die National Student Marketing Corporation zerstörte. Die Kanzleien, die diese Betrügereien deckten und sie erst möglich machten, seien beileibe keine unbedeutenden Unternehmen gewesen, so Koniak.»Es waren die Stützen der Branche: respektable und geschätzte Kanzleien.« Sidley and Austin, Kaye, Scholer and Jones Day sowie die Kanzleien von Lord Bissell, Brock und White & Case.»Keine dieser Kanzleien hat etwas Ungewöhnliches getan, das andere angesehene Kanzleien nicht auch tun.« Der Zusammenbruch von Enron sei einem »gewaltigen Betrug« zu verdanken, sagte Koniak den Senatoren.»Lassen Sie mich das so deutlich wie möglich sagen: Um Investoren, Kontrolleuren und Medien über einen längeren Zeitraum Sand in die Augen zu streuen, benötigt man mehr als formbare Prüfer: Man braucht die Hilfe von Anwälten. Vielleicht war Lee Harvey Oswald [der Mörder J. F. Kennedys] der alleinige Täter, aber Enron und seine Prüfer waren nicht allein. Wenn alle Fakten bekannt sind zu diesem Fall, dann wird eines klar sein: Jeder in diesem Stück hatte einen Anwalt... Und noch eines wird deutlich werden: Kein Anwalt hat versucht, diese Katastrophe zu verhindern.«

»Anwälte verhalten sich oft, als trugen sie Zauberhüte, die sie in eine andere Welt befördern, eine rechtsfreie Zone, in der sie alles tun können, was der Person, die die Honorare zahlt, nutzt.« In diesem Zauberland müssten sie nicht fürchten, dass das Recht sie einholt. Möglicherweise wird es irgendwann den

Klienten einholen, aber nie den Anwalt. Natürlich gebe es in der Wirklichkeit keine solchen Zauberhüte. Aber die Tatsache, dass das Verhalten von Anwälten in solchen Skandalen kaum beachtet wurde, lässt Koniak vermuten, dass der Mythos von den unschuldigen Anwälten weit verbreitet sei.

Der König der Sammelkläger

Hält man Befürwortern der Börse und der Wirtschaft die Fehler und Auswüchse des Systems vor, kann es passieren, dass sie auf Bill Lerach verweisen und sagen: Fehler geschehen in jedem System. Solange sich aber Anwälte wie Lerach um die Sorgen der kleinen Aktionäre kümmern, müssen wir uns um das System keine Sorgen machen. Die Gesellschaft scheint sich darauf auszuruhen, dass Leute wie Lerach die Auswüchse des amerikanischen Kapitalismus bändigen. Das System erneuert sich selbst, behaupten die Befürworter. Dafür sorge schon die Tatsache, dass Anwälte wie Lerach reich werden mit ihren Klagen. Der Kapitalismus funktioniere auch bestens bei seiner eigenen Kontrolle. Dass Leute wie Lerach Millionen verdienen, ist gar nicht schlimm. Im Gegenteil: Es ist völlig in Ordnung, solange sie zugleich ihre eigentliche Aufgabe wahrnehmen und die Börse kontrollieren. Das zu tun, muss man ihnen gar nicht auftragen. Weil sie gewinnen wollen und immer neue Klagen anstrengen, um immer mehr Geld zu verdienen, erfüllen sie ihre Aufgabe automatisch. Das System vertraut darauf, dass Anwälte in ihrer Gier nach Einfluss und Geld (sie sprechen freilich von ihrer Sorge ums öffentliche Wohl) die Gier der Manager nach Einfluss und Geld (sie sprechen von ihrer Sorge um Arbeitsplätze und Wachstum) ausgleichen.

Lerach stand in den vergangenen beiden Jahren im Mittelpunkt fast aller großen Wirtschaftspleiten in den USA. Die Liste der Firmen, gegen die er klagte, liest sich wie ein Who's who all jener Unternehmen, die monatelang wegen Bilanzfälschungen, Insiderhandel, Kursstürzen und Rekordkonkursen Schlagzeilen auf den Titelseiten der Tageszeitungen machten: Enron, Martha Stewart, WorldCom, Tyco International, Qwest. Anfang 2002 hatte seine Kanzlei rund 300 aktuelle Klagen laufen. Er verklagte Apple, Intel, Cisco, Amazon und Microsoft und avancierte so zum meistgefürchteten Anwalt des Silicon Valley. Einst holte er nach dem Zusammenbruch der Sparkassen rund 240 Millionen Dollar in einem Vergleich heraus – 30 Prozent davon gehörten ihm. Er verklagte Finanzhai Michael Milken; seine Kanzlei war an den Klagen gegen amerikanische Tabakfirmen und von Holocaust-Überlebenden gegen europäische Banken beteiligt. Die hundert Anwälte seiner Kanzlei vergleichen ihre Arbeit daher zuweilen gern mit der gemeinnützigen Arbeit eines Anwalts wie Ralph Nader, der der Öffentlichkeit einen Dienst zu erweisen glaubt.

Bevor der Aktienkurs von Apple um fast 40 Prozent gefallen war, hatte der Computerhersteller in einer Pressemitteilung dennoch ein gutes Geschäftsergebnis erwartet. Lerach wertete die positive Meldung als Betrug. Apple hätte eine Warnung herausgeben müssen. Dass er dies nicht getan hatte, kostete den Computerhersteller immerhin 100 Millionen Dollar. Selbst wenn er nicht gewinnt, wirkt Lerach in der Öffentlichkeit als Sieger: Im November 2000 wollte er gegen WorldCom klagen; doch ein Richter weigerte sich, seine Klage zu behandeln. Kurz danach krachte das Unternehmen zusammen und verursachte einen der größten Konkurse der amerikanischen Wirtschaftsgeschichte. Hätte man die Klage nicht doch besser zulassen sollen? Hätte sie nicht Verluste der Anleger verhindern können? Natürlich wollte sich Lerach den Fall nicht entgehen lassen und arbeitete an einer neuen Klage gegen WorldCom. Diesmal konnte ihn kaum ein Richter ablehnen.

Bill Lerach und seine Kanzlei Milberg Weiss Bershad Hynes & Lerach, die in New York und in San Diego residiert, führten von 1996 bis 2001 mehr als die Hälfte aller Klagen im Namen von geschädigten Aktieninhabern. Rund 600 dieser Sammelklagen gegen börsennotierte Unternehmen hat er in den vergangenen 25 Jahren eingebracht und gilt damit als »König der Sammelkläger«. Der Anwalt wurde dadurch populär, und sein Name wird heute als Verb für diese Art von Sammelklage verwandt. »To lerach a company«, sagen Juristen. Oder: »Microsoft got lerached«, auch wenn es ausnahmsweise mal nicht er ist, der klagt. Rund 20 Milliarden Dollar soll er bislang erstritten haben. Das klingt gewaltig. Lerach gilt als »Feind Nummer eins« amerikanischer Unternehmen und als »meistgehasster Anwalt«. Aber darf man ihn deshalb automatisch auch als Feind der Übel des Kapitalismus, also von Betrug und Korruption, bezeichnen?

Lerach selbst sieht sich als eine Art Robin Hood der amerikanischen Wirtschaft, der Aktieninhabern wenigstens einen Teil ihrer Ausgaben zurückbringt. Einen kleinen Teil, denn von jedem Dollar, den sie verloren haben, kann Lerach im Schnitt nur rund 19 Cent zurückschaffen. Er selbst bekommt freilich Millionensummen – bis zu einem Drittel der Vergleichssummen.

Sicher kommen durch Lerach Dinge an den Tag, von denen man sonst nie erfahren hätte. So ist es ihm zu verdanken, dass vor Gericht einiges über die Pleite von Enron bekannt wurde, was die Manager und Bilanzprüfer lieber verschwiegen hätten. »Amerikas wichtigsten Kämpfer gegen Wirtschaftskorruption?« nennt ihn selbst ein linkes Magazin wie *The Nation* vom 5. August 2002, setzt aber immerhin ein Fragezeichen hinter die Bezeichnung. Lerachs Interesse sei in erster Linie, Geld zu verdienen, nicht, Missstände aufzudecken, meint der *New Yorker* (9. September 2002). Daran ist nach amerikanischem Empfinden ja bekanntlich gar nichts falsch, solange alle Kontrollmechanismen wirklich funktionieren.

Lerach wirkt, als wäre er mit dem System völlig im Reinen,

und sagt: »Ist unser System perfekt? Nein. Verfügt es über ein Element von Aufsicht, die das Verhalten der Firmen verbessert? Ja. Verdienen wir Geld, während wir die Aufsicht ausüben? Ja, das tun wir. Aber das hier ist ein freies Land, eine kapitalistische Gesellschaft. Die Aussicht auf Gewinn motiviert alle, und wir glauben an unser Land.«

Lerachs Prinzip ist einfach: Wenn der Kurs einer Firma fällt, geht er davon aus, dass Betrug vorliegt. Der Kurs falle nur deswegen, weil die Manager den Zustand der Firma öffentlich falsch dargestellt haben. Wenn die Firma dann Probleme hat, ihre Produkte zu verkaufen, dann gehe der Kurs runter. Mit anderen Worten: Der Kurs ist wegen Betrugs gesunken. Aktieninhaber verlieren Geld. Sagt man ihnen, es gebe da einen Weg, einen Teil zurückzuholen, muss man sie nicht lange überreden, sich einer Klage anzuschließen. Die Firma ist unter Druck, den sinkenden Kurs zu begründen. Sie wird versuchen, Erklärungen zu liefern. Vielleicht wird sie den einen oder anderen Manager auswechseln. Oder ein Manager wird kündigen, so wie das Jeff Skilling im August 2001 bei Enron getan hat. »Solche Kerle kündigen nie aus familiären Gründen«, sagt Lerach. »Wir wussten, dass irgendetwas nicht stimmt.« Lerach wird solche Vorkommnisse in seiner Klage als Schuldeingeständnis werten.

Beweisen muss er den Betrug in den seltensten Fällen. Denn selbst wenn die Firma heftig dementiert, Fehler gemacht zu haben, wird sie es sich zweimal überlegen, bevor sie sich von Lerach verklagen lässt. Keiner weiß, wie eine Jury aus Laien entscheidet. Das Risiko einer Niederlage ist immer gegeben, selbst wenn keine Fehler vorliegen. Die Kosten eines aufwendigen Verfahrens sind immens. Die meisten der Fälle von Lerach gelangen deshalb nie vor eine Jury. Die Firmen handeln mit ihm einen Vergleich aus, weil dessen Kosten kalkulierbar sind und unter denen eines Gerichtsverfahrens liegen.

Die Unternehmensberatung und Bilanzprüfungsgesellschaft

Arthur Andersen hat für einen Vergleich immerhin 40 Millionen Dollar gezahlt. Als der Kurs von Enron einige Monate nach Skillings Abgang fiel, verfasste Lerach eine 500 Seiten starke Klage. Von mehreren Dutzend Klagen war seine unter den ersten. Er klagte gegen ehemalige Manager von Enron, gegen die Bilanzprüfer und gegen neun Investmentbanken, die mit Enron Geschäfte gemacht hatten. Die Banken sind deshalb wichtig, weil sie Geld haben. Da sich Schnelligkeit lohnt, kündigt Lerach seine Klagen oft bereits wenige Stunden nach einem Kurssturz an. Damit ist er meist der Erste und darf die Schar der Kläger anführen. So bekommt er den größten Anteil des späteren Vergleichs ausgezahlt. Allerdings kann Lerach innerhalb nur weniger Stunden keinen Betrug beweisen. Er reicht seine Klagen blind ein. Sein Tun wirkt daher nicht unbedingt wie das Wirken eines seriösen Anwalts, sondern wie das eines Glücksspielers, eines Spekulanten.

Das Prinzip funktioniert für Lerach, der damit reich geworden ist: Er fliegt mit einem Privatjet von Termin zu Termin und hat persönlich seit 1989 rund 100 Millionen Dollar verdient. Seine Kanzlei nimmt jährlich immerhin knapp 100 Millionen Dollar ein. Er präsentiert sich als Anwalt der Schwachen – und doch ist er ein Steinchen im Mosaik des korrupten Systems, an dessen Schwächen er verdient. Als Kontrollmechanismus eines funktionierenden Marktes ist Lerach unbrauchbar. Ein Prinzip, das auf ihn setzt, versagt, weil seine Klagen zu sehr vom Zufall abhängig sind. Lerach klagt nur gegen Firmen, von denen er sich viel Geld verspricht. Sieht er keinen Gewinn für sich, sind ihm auch die kleinen Anleger egal. Sein Tun führt nicht wirklich dazu, Fehler zu beheben. Die Firmen müssen nur zahlen – dafür, dass ihre Kurse fallen. Das ist eine seltsame Logik. Denn dass Kurse fallen und steigen, gehört doch eigentlich zu einer funktionierenden Börse.

Lerachs Gegner sind mächtiger als er und verfügen über mehr Geld. Lerach ist für sie wie ein lästiger Parasit, der es versteht, rechtliche Bestimmungen zu seinen Gunsten und zugunsten der Aktieninhaber auszunutzen. Dass eine funktionierende Kontrolle Lerach nicht wirklich am Herzen liegt, zeigt auch Folgendes: Er lehnt ab, die Zahl der Anwälte in der Börsenaufsicht zu erhöhen. Würde die SEC ein höheres Budget erhalten und damit mehr Anwälte beschäftigen, wäre sie effektiver, glaubt Joseph Grundfest, Professor der Stanford Law School (*New Yorker* vom 9. September 2002). Doch das wäre wieder einmal gegen den American Way of Business. Die Unternehmen haben durchgesetzt, dass nicht der Staat, sondern sie selbst sich kontrollieren. Dafür akzeptieren sie sogar einen lästigen Parasiten wie Lerach. Und der wäre gewiss der Letzte, der der Börsenaufsicht mehr Einfluss verschaffen möchte. Je effektiver diese agierte, desto weniger Klagen könnte er einreichen. Ihm liegt nichts an einem funktionierenden System, sondern an einem solchen, in dem möglichst wenig so läuft, wie es sein sollte.

Die Republikaner wollen den Staat aus fast allem heraushalten. Von ihnen muss er nichts befürchten. Sie garantieren eine schwache Börsenaufsicht. Aber wie beeinflusst man die Demokraten? Zum Glück setzen sie auf Leute wie Lerach, und dieser tut das Seinige, damit sie ihm die Kontrolle anvertrauen und sich Behörden nicht stärker engagieren. Lerach gilt als einer der größten Spender demokratischer Senatoren und darf die Abkürzung F. O. B. tragen: Friend of Bill (Clinton), dem gute Kontakte zu führenden Politikern nachgesagt werden. Einmal wollten Republikaner in Kalifornien ein Gesetz gegen Lerach durchsetzen, doch sie scheiterten an den Demokraten, denen Lerach Millionensummen gespendet hatte.

Dass viele Korruptionsfälle gar nicht erst verfolgt werden, wird ihm nur recht sein. Er kann sich die besten Fälle aussuchen. Man dürfe nie vergessen, dass Bill Lerach ein Geschäftsmann sei, sagt auch Grundfest. Lerach habe keinen Anlass, echte Reformen anzustreben, er verdiene an einem System, das korrupt ist. Er sei nicht an Veränderungen, sondern am Status quo interessiert. Lerach sei ein schwacher Ersatz für eine funktionierende Börsenaufsicht, meint auch der *New Yorker*. Er habe davon profitiert, dass die Unternehmer und die Politik die Börsenaufsicht geschwächt hätten. Unter Ronald Reagan setzte eine Deregulierung ein. Wie schon an anderer Stelle gesagt wurde, versuchte der damalige SEC-Chef Arthur Levitt unter Bill Clinton, den Einfluss zu stärken. Er scheiterte jedoch an einem republikanisch dominierten Kongress. George W. Bush machte mit Harvey Pitt schließlich einen Anwalt zum Chef der SEC, der als Lobbyist der Bilanzprüfer gilt. Das war in etwa so, als würde man einen Fuchs bitten, den Hühnerstall zu bewachen.

Lerachs Kritiker werfen ihm vor, genauso zu verfahren wie die Leute, die er zu bekämpfen vorgibt. Er sei so arrogant und so gierig wie die Manager, die er doch angeblich bekämpft. Unternehmer nehmen ihm seine hehren Motive ohnehin nicht ab. Sie beschimpfen Lerach als »Wirtschaftsterroristen« und »Parasiten«. Immerhin haben der Erfolg von Lerach und die große Zahl von Bilanzkorrekturen dazu geführt, dass zahlreiche Anwälte Sammelklagen gegen Unternehmen als lukratives Geschäft entdeckt haben. »Viele, viele, viele Kanzleien« spezialisierten sich plötzlich auf dieses Gebiet, sagt Mark C. Gardy, Anwalt in einer New Yorker Kanzlei, die für Anleger tätig ist, in der *New York Times* vom 15. September 2002. Die Zunahme zeigt sich an der Zahl der Klagen: Allein gegen Enron und seine Manager wurden bis Mitte September des Jahres 2002 45 Klagen eingereicht, 56 gegen Adelphia und 60 gegen Tyco. Die Anwälte machen ein gutes Geschäft. Sie erhalten wie gesagt ein Drittel der meist zweistelligen Millionenbeträge. Seit 1995 ist keine einzige Klage von Anlegern gegen ein Börsenunternehmen von einer Jury entschieden worden; fast alle endeten in einem Vergleich. Im Schnitt zahlt eine Firma in einem solchen Fall 16 Millionen Dollar. Die Unternehmen wollen die

Klagen in der Regel so schnell wie möglich abschließen und können meist darauf vertrauen, dass Versicherungen den Schaden übernehmen.

Oft kopieren die Anwälte nur die Klageschriften der führenden Kläger, etwa von Lerach, und hoffen dann auf einen Vergleich. Mitunter haben sie nicht einmal Kläger: Sie verkünden lediglich gegenüber einer Zeitung oder einem TV-Sender, sie verklagten Firma Soundso, und hoffen dann, dass sich geschädigte Investoren bei ihnen melden. So wedelt der Schwanz mit dem Hund. Doch das ist nichts Neues: Selbst Lerach bekannte einmal vor fast zehn Jahren freimütig:»Ich habe keine Klienten.« Er lässt Datenbanken durchforsten auf der Suche nach Klägern. Oder er verkündet, dass er klagen wird – und wartet, dass die Leute zu ihm kommen. Wenn es sein muss, verletzt Lerach selbst Regeln der SEC, um an Kläger zu kommen. So ermittelten im Januar 2002 Justizbehörden in Los Angeles gegen ihn, weil ihm Investmentbanken angeblich unerlaubterweise Namen von Investoren verraten hatten. 1999 zahlte Lerach 50 Millionen Dollar, weil ihm in Chicago eine Klage wegen illegaler Methoden drohte.

Die Kontrolle der Wirtschaft ist ein dreckiges Geschäft, in dem Lerach den Ausputzer und Müllmann spielt. Wer sind die Gewinner? Wer die Verlierer? Die Gewinner in diesem Spiel namens Gerechtigkeit seien die Anwälte, die die Klagen führten, sowie die Manager und Aufsichtsräte, die die Klagen mithilfe von Firmengeldern und Versicherungspolicen bezahlten, ohne persönlich haften zu müssen, so schloss die Zeitung *San Diego Union-Tribune* vom 9./10. April 2000 eine umfangreiche Untersuchung von Lerachs Tätigkeit ab. Die einzigen Verlierer seien stets die Investoren, die alle Gewinner bezahlen müssen – die Anwälte, die Manager und ihre Versicherungen. Und am Ende müssen sie auch noch ihren geschlossenen Vergleich bezahlen, an dem vor allem Lerach verdient. Mit anderen Worten: Die Klagen der Anwälte dienen nur dem eigenen Profit, funktionieren jedoch nicht als echte Kontrolle. Amerikas Wirtschaft lebt von einer Scheinkontrolle.

Befürworter des amerikanischen Wirtschaftssystems lassen sich auch von solcher Kritik nicht aus der Fassung bringen. Das System sei gut und funktioniere, behaupten sie immer wieder. Lerach sei ja nur ein Rädchen der Kontrolle. Allerdings ist er einer, der erst zum Zuge kommt, wenn andere Kontrollmechanismen bereits versagt haben: die Regierung, der Kongress, die Börsenaufsicht, die Bilanzprüfer. Lerach ist sozusagen das letzte Glied in der Kette der Kontrolleure. Kontrolle mithilfe von Sammelklagen. Dass seine Arbeit letztlich nicht wirklich überzeugt, bedeutet nichts Gutes für das System, das sich in vielen ihrer Kontrollmechanismen auf Anwälte und Gerichte verlässt. Anwälte steuern die Börsenaufsicht, und sie steuern die Bilanzprüfungsgesellschaften. Beide Institutionen sollen zu einer funktionierenden Selbstkontrolle führen. Beide sind gescheitert, wenn Lerach zuschlägt. So ist sein Erfolg eigentlich nur ein Zeichen dafür, dass das System versagt hat.

Der amerikanische Präsident Thomas Jefferson war einst der Meinung, der Zweck einer repräsentativen Regierung liege darin, die »Exzesse der monetären Interessen« einzudämmen. Sehr viel später war Franklin D. Roosevelt einer der letzten Präsidenten, die den Worten Jeffersons zu folgen versuchten und Unternehmen für ihre Geschäfte verantwortlich hielten. 1936 sagte er, die vergangenen vier Jahre hätten die Reichen begünstigt, nun wolle man die folgenden vier Jahre zeigen, wer sie kontrolliere. Es sind vor allem Anwälte, die die Kontrolle ausüben sollen.

Das Wirtschaftssystem basiert auf dem Prinzip der Selbstkontrolle. Doch wer kontrolliert die Auswüchse am Ende wirklich? Die Regierung? Sie versagt. Das muss nicht verwundern, schließlich kommen die Mitglieder der Regierung, etwa Bush und Cheney, selbst aus der Wirtschaft und stecken mit einflussreichsten Firmen zusammen, die ihren Wahlkampf mitfinanzieren. Der Kongress? Das Parlament versagt. Ihm fehlt Problembewusstsein. Zum einen sind die Abgeordneten auf Spenden angewiesen, um ihre Wahlwerbung bezahlen zu können. Zum anderen wendet das Parlament selbst die Methoden an, die es eigentlich anprangern müsste. Am Ende bleibt es Gerichten überlassen, Kontrolle und somit »Gerechtigkeit« zu üben. Vorbild für zahlreiche Klagen, die um die Jahrtausendwende vorbereitet oder eingereicht wurden, sind die Prozesse gegen die Tabakkonzerne.

Der Anwalt Ronald L. Motley besitzt eine Yacht mit mehr Zimmern als in mancher Leute Einfamilienhäusern, eine 5,8 Millionen Dollar teure Villa auf der Insel Kiawah Island in South Carolina und in der Stadt Charleston ein neu gebautes fünfstöckiges Bürogebäude mit Blick auf den Cooper River. Darin residiert seine Kanzlei Ness, Motley, Loadholt, Richardson & Poole mit ihren rund fünfzig Anwälten. Nach seinem Sieg über die Tabakkonzerne hat das Wirtschaftsmagazin *Forbes* Motley 2001 auf den Titel genommen und errechnet, er stehe in der Rangliste der reichsten Anwälte in den Vereinigten Staaten nun an sechster Stelle. Für seine dritte Hochzeit 1999 hatte der 56-Jährige die weltbekannte Soulband Earth, Wind and Fire zur Unterhaltung engagiert, die normalerweise auf ihren Tourneen riesige Hallen füllt. Er ist einer der Stars der Anwaltsszene, wird in den USA als einer gesehen, der gegen die Großkonzerne streitet – und so dem Bürger zu seinem Recht verhilft. Dass er selbst dabei reich wurde, wird als Beweis seines Erfolgs gesehen: In den nächsten 25 Jahren darf er rund 2 Milliarden Dollar Honorar aus einem einzigen Klagefall erwarten. Zusammen mit einer Hand voll weiterer Anwälte hat er 1998 den Sieg gegen die Tabakindustrie errungen, der amerikanische Rechtsgeschichte schrieb. Die Klage endete wie gesagt in einem Vergleich über die Rekordsumme von 246 Milliarden Dollar. Die Anwälte erwarten rund ein Drittel der Vergleichssumme als Honorar.

Als seine Gerichtstermine mehr und mehr über das ganze Land verstreut waren, hat seine Kanzlei ein Flugzeug gekauft, das fast ausschließlich Motley benutzte. Dank des Tabakvergleichs konnte er sich nun sogar ein zweites Flugzeug leisten. Er fliegt mit einigen seiner Anwälte von Termin zu Termin, ständig in Begleitung junger Sekretärinnen oder Anwaltsgehilfinnen, und wenn er in eine der kleinen Städte irgendwo in der amerikanischen Provinz für ein paar Wochen einfällt, wirkt er auf Außenstehende wie ein Rockmusiker inmitten seiner Groupies. Verstärkt wird das Star-Image noch dadurch, dass meist einige Reporter um ihn herumschwirren, ihm Fragen stellen und sich über seine Antworten, mögen sie auch banal lauten, Notizen machen oder die Aufnahmegeräte laufen lassen.

Im Jahr 1975 fing er mit Klagen an. Damals war das eine Sache, über die manche Kollegen die Nase rümpften. *Tort law* war was für *ambulance chasers*, für Anwälte, die in kleinen schäbigen Büros mit Fensterblick auf die Hauptstraße arbeiteten. Die große Welle stand erst noch bevor; und Motley war einer, der auf ihr ritt. Er spezialisierte sich auf Klagen gegen Asbesthersteller. Seine Klienten waren die Art von Leuten, die an der Tankstelle seines Vaters anzutreffen waren. Einfache Leute. Arbeiter. Sein schlimmstes Erlebnis sei es gewesen, sagt Motley, seinen ersten Fall zu verlieren. Sein zweitschlimmstes sei gewesen, seinen zweiten Fall zu verlieren. Sein drittschlimmstes war, den dritten Fall zu verlieren. Seitdem habe er nicht mehr viele Fälle verloren.

Superlawyer und *brilliant trial lawyer* nennt ihn die Lokalzeitung *Charlotte Observer*. Das Nachrichtenprogramm des TV-Senders ABC hat ihn zum »Mick Jagger der Zivilanwälte« erhoben, was offensichtlich ein Kompliment sein soll; das Wirtschaftsblatt *Forbes* bezeichnet ihn als *killer lawyer*, auch das als Kompliment gedacht. Warum, darüber kann man rätseln. Weil weitgehend aufgrund seiner Klagen dreißig Asbesthersteller Bankrott anmelden mussten? Weil er die für unangreifbar geltende Tabakindustrie angegriffen und in die Knie gezwungen hat? Allein für die Asbestklagen hat er angeblich 11 Millionen Dollar an Honoraren kassiert.

Sein Anwaltskollege Dickie Scruggs hat ihn gar einmal mit Hemingway verglichen. Die Hälfte der jungen Schriftsteller habe ihn imitiert, die andere Hälfte habe versucht, ihn gerade nicht zu imitieren. So in etwa sähen junge Anwälte Motley. Sie lieben oder hassen ihn. Motley ist einer, der sich auf eine gute Show versteht. »Sie werden sehen, ich verstehe nicht viel von der Juristerei«, hat er einmal einer Jury gesagt. »Aber ich kenne die Tatsachen.« Das wirkt auf eine Jury, die sich in einer ähnlichen Situation befindet. »Wir haben die Kerle einer Schurkenindustrie in die Knie gezwungen«, sagte er über die Chefs der Tabakunternehmen. »Am Ende haben sie auf den Knien um Gnade gebettelt.«

Sind die hohen Summen gerechtfertigt? Motley hat keine Bedenken, das Geld zu nehmen. »Als wir die Klagen einreichten, dachte niemand, dass wir eine Chance hätten. Falls sich unsere Klienten damals auf ein Stundenhonorar eingelassen hätten, wäre das für uns kein Problem gewesen. Aber das haben sie nicht getan. Sie warteten, bis wir die Tabakunternehmen in die Knie gezwungen hatten.«

Neu an den Klagen gegen die Tabakkonzerne war, dass sich einflussreiche Anwälte wie Motley mit Bundesstaaten zusammentaten. Die Anwälte arbeiteten nicht auf Honorar-, sondern auf Erfolgsbasis. Das heißt, sie nahmen das Risiko ganz allein auf sich. Die Bundesstaaten ließen sich darauf ein, weil sie die Klagen keine Steuern kosteten. Im Erfolgsfall mussten sie den Anwälten freilich große Summen abtreten. So kam es dann auch. Nach diesem Erfolg versuchen die Anwälte, die Strategie auch gegen andere Industrien anzuwenden.

Wie fragwürdig der Versuch ist, die Kontrolle der Wirtschaft Gerichten zu überlassen, zeigt der erste große Fall nach dem Erfolg gegen die Tabakindustrie: Rauchen mag die Gesundheit gefährden, aber viele Nichtamerikaner fragen sich, warum der Staat eingreifen soll oder warum Raucher klagen, wenn sie krebskrank werden. Kennt man nicht die Risiken spätestens seit den Warnungen des Gesundheitsministeriums 1964? Geht nicht jeder Raucher bewusst ein Risiko ein? Er hätte ja aufhören können. Schon allein aus diesem Grund erscheint den meisten Europäern die Berechtigung der Klagen sehr fragwürdig. Tatsächlich waren die Anwälte jahrzehntelang mit ihren Klagen erfolglos. Erst als sie an interne Dokumente der Tabakindustrie gelangten, wonach die Firmen bewusst den Nikotingehalt manipuliert haben, um das Suchtpotenzial zu erhöhen, hatten sie vor Gericht Chancen zu gewinnen. Denn mit den Papieren hatten sie den Beweis, dass die Firmen kein natürliches Produkt herstellten, sondern es künstlich anreicherten. Somit förderten sie die Gesundheitsrisiken ganz bewusst. Da setzten die Klagen ein: Bundesstaaten, Städte und Gemeinden klagten gemeinsam, weil ihnen durch die Krankenpflege der Raucher immense Kosten entstünden.

Ein Modell versagt:
Die Waffenlobby blockt die Klagen ab

Eine ähnliche Logik brachten die Anwälte und die Städte bei ihren nächsten Klagen gegen 31 Waffenhersteller vor. Wer Rauchen noch als selbst verschuldetes Problem der Raucher sieht, der wird vielleicht einsehen, dass Gewalt in Schulen, in den Ghettos und in den Familien wirklich ein immenses Problem der amerikanischen Gesellschaft darstellt. Somit wurde die Klage zum Testfall, ob die Gesellschaft in der Lage ist, ein Problem auf dem Klageweg zu lösen, vor dem die Politik stets kapituliert hat. Immerhin sind die meisten Opfer von Schusswaffen nicht in ein Verbrechen verwickelt. Weniger als 8 Prozent der Toten gehen auf das Konto eines Verbrechens, vor dem man sich mit einer Waffe hätte schützen können. Die meisten Todesfälle haben ihre Ursache in Selbstmorden oder in einem Streit zwischen Personen, die sich kennen. Grund für die vielen Todesfälle sei die Verfügbarkeit von Handfeuerwaffen, deren Menge seit den sechziger Jahren Amerika überschwemmt habe, meint Josh Sugarmann, der Leiter des Violence Policy Centers, das sich für ein Waffenverbot einsetzt.

Die Städte argumentierten, die Hersteller trügen mit ihrem freizügigen Marketing wissentlich dazu bei, dass die Waffen in die Hände zahlreicher Krimineller fielen. Zudem ist Schusswaffengebrauch in Familien und unter Bekannten eine häufige Ursache für Tragödien und Unfälle. Boston war 1999 die erste von 34 Städten und Bezirken, die die Waffenhersteller verklagten. Erst schien es so, als könnte ein Übel, das wesentlich zur Gewalt beiträgt, in die Knie gezwungen werden. In Washington ließ Präsident Bill Clinton wissen, dass sich auch die Bundesregierung den Klagen anschließen wolle, um Steuergelder von der Waffenindustrie zurückzufordern. Amerika schien auf dem Klageweg mit den unschönen Seiten des Lebens fertig zu werden.

Doch irgendwann kamen die Klagen ins Stocken. Bis September 2002 erließen nacheinander dreißig Bundesstaaten Gesetze, wonach Städte und Gemeinden die Waffenindustrie nicht verklagen dürfen. Einfach so. Davor hatte bereits Boston seine Klage zurückgenommen, weil die Kosten der Klagen mit 30 000 Dollar monatlich zu hoch seien. Bei den Waffenherstellern war nicht so viel Geld zu erwarten wie bei der Tabakindustrie. Der Anwalt der Stadt legte den Fall daher nieder, als er sah, wie wenig Geld von den Waffenherstellern zu holen ist. Die Stadt konnte sich nicht leisten, auf Honorarbasis zu klagen. So einfach ist das. Bevor die Klagen richtig begonnen hatten, scheiterte das hehre Ziel, eine der Ursachen der Gewalt zu bekämpfen, am Geld. Bill Clinton hatte seine Ankündigung zu klagen nicht wahr gemacht; sein Nachfolger George W. Bush brachte keine Klage gegen die Waffenhersteller ein – im Gegenteil: Seinem Justizminister werden enge Kontakte zur Waffenlobby nachgesagt. Beide sind Mitglied der National Rifle Association (NRA). Andrew Arulanandam, ein Sprecher der NRA, erklärte, die Waffenindustrie müsse von der Politik geschützt werden, weil man eine legale Branche nicht für die Taten einiger Krimineller verantwortlich machen dürfe. Das sei einfach »unverantwortlich«. Man verklage doch nicht die gesamte Autoindustrie, nur weil ein betrunkener Fahrer einen Menschen verletze. Die NRA war mit ihrer Lobbyarbeit sehr erfolgreich: In beiden Häusern des Kongresses brachten rund 250 ihr freundlich gesinnte Politiker Gesetze ein, wonach die Waffenhersteller nicht verklagt werden dürfen. Einzig Kalifornien hat gegen ein Gesetz gestimmt, das den Herstellern Immunität verschaffen sollte.

Die gescheiterte Klage gegen die Waffenindustrie zeigt: Politik und Gesetzgebung erfolgen nach dem Zufallsprinzip, geleitet nur von der Frage, wer mehr Geld investieren und Politiker (mit Spenden) besser manipulieren kann. Anwälte klagen nur, wenn sie satte Gewinne sehen. Damit die Politik keine Grenzen für Entschädigungssummen einführt, spenden sie Politikern Millionen. Die Gegenseite, in diesem Fall die Waffenlobby, spendet ebenfalls fleißig an Politiker und darf zudem im rechten Spektrum auf ideologische Glaubensgenossen vertrauen. Die Anwälte sind gute Verlierer. Sie müssen nur hin und wieder im großen Stil gewinnen, um Millionen zu verdienen. Denn wenn sie gewinnen, werden sie fürstlich belohnt für ihre Spendenbereitschaft.

Man kann das ganze Verfahren auch als eine Art Besteuerung sehen, bei der die Politiker allerdings nicht mehr die Kontrolle zu haben scheinen. Ohnehin gibt es einen wesentlichen Unterschied zu normalen Steuern: Die Firmen bezahlen Politiker, damit sie keine Steuern erheben, und die Öffentlichkeit bezahlt die Anwälte, damit sie »Steuern« durchsetzen. Am

Ende muss der Steuerzahler und Verbraucher erhöhte Produktkosten zahlen. Das heißt, er berappt die Anwaltskosten. Ein Problem dieser Art von Politik ist ihre kurzfristige Anlage. Sind die Klagen einmal abgewiesen oder zurückgenommen, sehen Anwälte kaum einen Sinn darin, sie mit der gleichen Strategie noch einmal einzubringen. Wozu auch? Während Politiker, die neu ins Amt kommen, die Steuerpolitik der vorausgehenden Regierung zu korrigieren versuchen, findet Politik mittels Gerichtsklagen losgelöst vom Wählerwillen statt – allein ökonomischen Kriterien unterworfen.

Der Preis für diese Art Gerechtigkeit ist enorm: Schon die Anwaltshonorare betragen jährlich rund 30 Milliarden Dollar. Zählt man zu den Anwaltshonoraren noch die Kosten der gegnerischen Verteidigung sowie Verwaltungsausgaben, so kostet das System die USA jährlich 180 Milliarden Dollar, hat die Beratungsfirma Tillinghast-Towers Perrin errechnet. Während einer Rezession steigen die Kosten sogar noch. »Im Allgemeinen ist das nicht die beste Art und Weise, die Ressourcen einer Gesellschaft einzusetzen«, sagt Russ Sutter, ein Mitarbeiter der Beratungsfirma Tillinghast-Towers Perrin. Denn trotz dieser enormen Kosten ist nicht einmal sicher, dass die Unternehmen wirklich kontrolliert werden. Wie gesagt: Was bei der Tabakindustrie gelang, schlug gegen die Waffenhersteller fehl.

Auch der Erfolg des Gewinns gegen die Tabakhersteller wurde etwas getrübt. Zuerst versuchte ein freundlich gesinnter Kongressabgeordneter, den Tabakkonzernen stillschweigend Steuern in Höhe von 50 Milliarden Dollar zu erlassen. Der Skandal flog auf. Doch die Konzerne wussten sich zu helfen: Sie waren so frei und haben den Preis der Zigarettenpackung um 50 Cent erhöht. Damit können sie die Entschädigung die nächsten 25 Jahre finanzieren, ohne Einbußen hinnehmen zu müssen. Darüber hinaus sind die 15 Milliarden Dollar Entschädigung im Jahr steuerlich absetzbar. Die teuren langwierigen Klagen hatten in jahrelangem Kampf also lediglich erreicht, was Politiker mit einer Erhöhung der Tabaksteuer hätten erzielen können. Aber dazu waren die Politiker nicht frei genug.

Oberflächlich betrachtet, erkämpft der Anwalt für den »kleinen Mann« Gerechtigkeit. Er tut dies selbst für jene, die sich keinen Anwalt leisten können. Dabei hilft ihm das Instrumentarium der Sammelklage. Doch wie gezeigt wurde, haben Anwälte und Firmen Sammelklagen zu einem einträglichen Geschäft gemacht, bei dem es nur einen Verlierer gibt: den kleinen Mann, der noch ein weiteres Mal zum Opfer gemacht wird, diesmal von Juristen.

Sammelklagen helfen armen Leuten, zu ihrem Recht zu kommen. Anwälte sammeln einige Kläger, die allein wohl kaum klagen könnten oder deren Klage uninteressant bliebe für einen Anwalt, weil er nicht genug Honorar erwarten dürfte, um seine Unkosten zu decken. Wir denken etwa an die Zwangsarbeiter in Polen und in den ehemaligen sowjetischen Republiken, die nie für ihre harte Arbeit während der Nazizeit entschädigt worden sind. Kaum einer von ihnen hätte je eine Klage gegen eines jener Unternehmen durchstehen können, die von ihrer Arbeit profitiert haben. In einem solchen Fall erscheint ein Anwalt, der auf Erfolgsbasis arbeitet, wie ein Retter in der Not. »Eine mächtige Kraft, um Gutes zu tun«, so beschreibt der Anwalt Arthur Bryant die Sammelklagen. (Ganz scheint aber auch er der mächtigen Kraft nicht zu trauen, unterhält seine Kanzlei doch ein »Projekt gegen den Missbrauch von Sammelklagen«.)

Das ist die Theorie. Kann man etwas gegen solche Klagen haben? Selbst wenn Anwälte gut damit verdienen – was sollte Schlimmes daran sein? Sie sind ein Risiko eingegangen, also haben sie auch reichlich Gewinn verdient. Schließlich – Honorar hin oder her – haben sie den Geschädigten zu Geld verholfen, das sie ohne die Hilfe der Anwälte nie erhalten hätten. Dafür kassieren Letztere am Ende ein höheres Honorar als sonst.

Sie verlangen 25 bis 50 Prozent von der Entschädigungssumme.

Sammelklagen gelten im amerikanischen Rechtswesen »als Königskür«, schreibt Andrian Kreye, der New Yorker Korrespondent der *Süddeutschen Zeitung*, am 13./14. Juli 2002 in seinem Bericht »Auf der Jagd nach Opfern«. »Und weil Rechtsanwälte in der amerikanischen Literatur- und Filmgeschichte gerne zu hochintelligenten Helden im Kampf für die Gerechtigkeit stilisiert werden, sind die Prozessführer der so genannten Class Action Suits fast schon mythische Figuren, die als Robin Hoods der Globalisierung gefeiert werden. Immerhin legen sie sich nicht nur mit einem Richter an, sondern gleich mit genau den Institutionen, denen der Normalbürger meist ohnmächtig ausgeliefert ist – Banken, Konzernen und Regierungen. Oft handeln sie bei den breit angelegten Schadensersatzprozessen nicht nur große Geldsummen für ihre Mandanten heraus, sondern auch Grundsatzurteile, die den Status quo an sich verändern.«

Die auf wahren Begebenheiten beruhenden Hollywoodfilme »Erin Brokovich« und »A Civil Action«, in denen die »Helden« Entschädigungen für Opfer gesundheitsschädlicher Firmenpolitik herausgeholt haben, sowie die Klage auf Entschädigung für die Zwangsarbeiter der Naziherrschaft sind Musterbeispiele erfolgreicher Sammelklagen. Beispiele, die ihr weitgehend positives Image bei uns und in der amerikanischen Gesellschaft geprägt haben.

Wenn man dagegen Susan P. Koniak glauben darf, dann sind Sammelklagen vielmehr ein Instrument, mit dem Anwälte und Unternehmer die Geschädigten ein zweites Mal ausnehmen. Im März 1998 trat Koniak als Expertin für Sammelklagen vor dem Kongress in Washington auf und berichtete über Zusammenhänge, die sich überhaupt nicht mit dem Image eines »Robin Hood« decken. In ihrem Bericht »Mass Torts and Class Action Lawsuits« heißt es: »Missbrauch von Sammelklagen grassiert. Die Welt der Sammelklagen ist eine Welt, in der die Anwälte der Opfer reich werden, indem sie sie verkaufen. Es ist eine Welt, in der sich die beklagten Firmen ihrer ernst zu nehmenden Haftung und Verantwortung zu Schleuderpreisen entziehen; sie zahlen nur Pennys für jeden Dollar, den sie durch schwere Verletzungen, die sie verschulden, und durch Betrug verdienen. Es ist eine Welt, in der Richter mehr daran interessiert sind, Fälle loszuwerden und Anwälte glücklich zu machen, als die abwesenden Opfer zu schützen. Eigentlich sollte das die Aufgabe des Richters bei einer Sammelklage sein. Es ist eine Welt, in der Opfer nichts erhalten als einen wertlosen Coupon – trotz ihrer Verletzungen, die tödlich waren oder schwere Krankheiten zur Folge haben. Es ist eine Welt voller Korruption, schmutziger Geschäfte, miserabler Arbeit und Gier... Es gibt so gut wie keine Regeln bei Sammelklagen. Der gleiche Richter, der eine Einigung herbeiführt, muss später beurteilen, ob diese Einigung gerecht ist.« Mit anderen Worten: Er darf darüber entscheiden, ob seine eigene Arbeit gut ist. Wie wird ein Richter, der sich selbst kontrollieren darf, sich wohl einschätzen? Den Anwalt sieht er vermutlich irgendwann wieder, die Beklagten und die Opfer kaum.

Der Kerngedanke der *rule of law* werde heute durch maßlose Sammelklagen verraten und ins Gegenteil verkehrt, betont im August 2002 Lester Brickman, ein Juraprofessor an der Yeshiva University in New York, der sich eingehend mit der Praxis und Ethik von Sammelklagen beschäftigt hat. Bei einem Großteil der Klagen gehe es den Anwälten nur ums Geld. Sie beteuerten zwar, ihre Intention sei, Fehler zu berichtigen und eine möglichst große Zahl von Opfern zu entschädigen.»In Wahrheit dienen die Schuldzuweisungen von fehlerhaftem Verhalten lediglich als Vehikel, große Summen herauszuholen.« Oft ist der Anwalt dabei der Einzige, der wirklich eine nennenswerte Summe verdient.

In Alabama hatte ein Richter 1994 eine Einigung in einer

Klage gegen die Bank of Boston unterschrieben. Die Bank war beschuldigt worden, Kredite auf Cashkonten der Kunden für sich behalten zu haben. Die 715 000 Mitglieder der Sammelklage hatten Hypotheken aufgenommen. Anwälte beider Seiten berichteten dem Richter, ihre Einigung sei mehr als 40 Millionen Dollar wert. Aber etliche, die Einblick in das Verfahren hatten, zweifelten an der Höhe der Summe. Laut *New York Times* vom 21. November 1995 erhielt der Einzelne nicht mehr als 8,76 Dollar. Niemand stellte infrage, dass die betreffenden Gelder tatsächlich den Mitgliedern der Sammelklage gehörten. Es ging lediglich um den Zeitpunkt der Zahlung. Davon unbeeindruckt, stimmte der Richter der Einigung zu. Sie beinhaltete ein Anwaltshonorar in Höhe von 8,5 Millionen Dollar.

Die Einigung war unter wirklich seltsamen Umständen zustande gekommen: Die Bank hatte dem Anwalt der Klage nämlich bereits zwei Jahre früher das gleiche Angebot unterbreitet, wie ein Richter aus Illinois berichtete. Der einzige Unterschied: Die Kanzlei der Klägerseite sollte nur eine halbe Million Dollar Honorar bekommen. Dafür war das erste Angebot wesentlich günstiger für die Teilnehmer der Sammelklage gewesen. Im ersten Angebot hätte nämlich die Bank das Anwaltshonorar beglichen; im zweiten Angebot wurden sie von dem Entschädigungsgeld der Teilnehmer der Klage bestritten – also vom Geld der eigentlich Geschädigten.

Das führte zu einer dummen Situation für manche Teilnehmer. Diejenigen, die keine Hypothek mehr laufen hatten, hatten keine Gelder mehr in der Bank. Deshalb mussten diejenigen, deren Hypotheken noch liefen, für die gesamten Anwaltskosten aufkommen. Wer einmal zustimmt, Mitglied einer Sammelklage zu sein, und die Einigung akzeptiert, der muss damit leben. Manche Teilnehmer werden das später bitter bereut haben, denn für einige kam es zu einer absurden Situation: Sie mussten mehr bezahlen, als sie zurückbekamen. Einem

Paar aus Maine wurden 2,19 Dollar erstattet, es musste aber 91,33 Dollar an Gebühren für den Anwalt berappen. So ging es etlichen Geschädigten, die durch die Sammelklage so gut wie nichts erhielten, aber dadurch weiteren Schaden erlitten. Viele der Geschädigten erfuhren erst durch einen Kontoauszug ihrer Bank, dass sie Mitglied dieser Sammelklage waren und dem Anwalt eine Gebühr zu bezahlen hätten, die die Bank freundlicherweise bereits überwiesen hatte. Die Geschädigten waren empört und wollten sich das nicht bieten lassen. Sie strengten eine neue Sammelklage an, wieder wegen Betrugs gegen die Bank. Diesmal klagten sie aber auch gegen den Anwalt der ersten Klage. Leider wurde diese Klage nie von einem Gericht akzeptiert, sondern wurde irgendwann abgelehnt. Angeblich war eine wichtige Frist für einen Einspruch gegen die erste Klage bereits verstrichen.

Es gab viele Kritiker dieses Ausgangs. Es gab Anwälte, die sich von dem Verfahren distanzierten und bekräftigten, ihre Sammelklagen würden nie und nimmer nach solchen fragwürdigen Methoden ablaufen. Eine Verbraucherschutzgruppe nannte es die »berüchtigtste« Sammelklage, was wohl heißen sollte, es gebe keine Worte, um das Unrecht zu beschreiben. Die involvierten Anwälte verteidigten jedoch ihre Einigung. Sie verwiesen darauf, dass ein Richter der Einigung immerhin zugestimmt habe, obgleich er ihre Bedingungen kannte und die Einwände dagegen gehört hatte. Außerdem habe die Bank ihre Buchhaltungspraktiken geändert, so wie es die Einigung vorgesehen habe. »Es ist nichts Betrügerisches oder Unanständiges passiert«, sagte Daniel Edelman aus Chicago, einer der Anwälte der Sammelklage. Er ist unter Verbraucherschützern berüchtigt für fragwürdige Sammelklagen. In der Branche gilt Edelman als einer der Aktivsten, was die Zahl seiner Klagen gegen Autovermietungen betrifft. Er ist bekannt dafür, ganz schnell zu klagen – und schnell zu einer Einigung zu kommen.

Einmal, bei einer Klage gegen Wells Fargo Leasing, hatte er geklagt und sich unmittelbar danach geeinigt. Jeder Teilnehmer der Klage erhielt einen Gutschein im Wert von 75 Dollar, der nicht übertragbar war. Der Gutschein konnte für jeden Leasingvertrag eingetauscht werden – nur nicht gegen den laufenden. Verbraucherschutzanwälte kritisierten, diese Einigung habe keinen praktischen Nutzen für die Teilnehmer der Klage. Denn Autofahrer hatten nichts davon – außer sie gingen einen neuen Leasingvertrag ausgerechnet mit der Firma ein, die sie gerade verklagt hatten.

Edelman ließ sich von der Kritik nicht beeindrucken: Er hatte bei der Einigung seine Arbeitszeit auf 20 Stunden beziffert – und erhielt dafür 75 000 Dollar Honorar. Gegen Ford Motor Credit präsentierte er dem Gericht eine Einigung, bei der es um 425 000 Dollar Strafgelder ging, 675 000 Dollar *cash rebates* und bis zu 1,2 Millionen Dollar künftiger Kredite für Autoleasing. Edelmans Honorar belief sich »nur« auf 250 000 Dollar, angesichts der Summen der Einigung nicht allzu viel. Doch als sich Verbraucherschutzanwälte die Bedingungen der Einigung genauer ansahen, waren sie schockiert über Edelmans Kaltschnäuzigkeit.

Besonders abschreckend ist der Fall des Unternehmers James Blair Down. Mit Telemarketing und Postwurfsendungen erwarb sich Down, ein gut genährter Herr mit Schnurrbart und Doppelkinn, ein Vermögen. Der kanadische Geschäftsmann hatte Tausende dazu überredet, sich an Wettbewerben und Lotterien zu beteiligen. Gutgläubige Opfer schickten ihm rund 120 Millionen Dollar. Im Jahr 1998 dann bekannte sich Down schuldig, gegen Gesetze zum »Mailgambling« – Glücksspiel per Post – verstoßen zu haben. Er sagte schließlich zu, Entschädigung in Höhe von mehr als 12 Millionen Dollar zu leisten. Zudem verbüßte er eine sechsmonatige Strafe in einem Gefängnis in Oregon. Ein kanadischer Richter sagte später, er habe das Gefängnis als »sehr reicher Mann« verlassen. Sein

Reichtum, sein Schuldeingeständnis, die große Zahl von relativ gering Geschädigten müssen die Aufmerksamkeit einer Anwaltskanzlei auf sich gezogen haben, die als Spezialist für Sammelklagen gilt: Ness, Motley, Loadholt, Richardson & Poole aus South Carolina, von denen schon die Rede war. Im Tabakprozess wurde Motley als Robin Hood gefeiert; in Madison County zeigte er ein ganz anderes Gesicht.

In ihrer Sammelklage beschuldigte die Kanzlei Down im März 2000, der Kanadier und seine Mitarbeiter hätten mehr als 200 Millionen Dollar unrechtmäßig erworben; unter den Geschädigten seien die meisten schon älter oder geistig und körperlich geschwächt. Laut Klage hat er mindestens 400 000 Leute geprellt. Im August 2000 beschlagnahmte ein Gericht in Madison County das Vermögen oder zumindest einen Teil davon, nämlich rund 50 Millionen Dollar. Einige Monate später, im Juni 2001, verkündeten die Anwälte, die die Sammelklage eingereicht hatten, und James Blair Down eine von beiden Seiten ausgearbeitete Einigung. Demnach sollten die Opfer insgesamt 5,5 Millionen Dollar erhalten. Als Beweis, dass sie geschädigt wurden, sollten sie geplatzte Schecks oder Kreditkartenbelege vorweisen. Da das in vielen Fällen nicht der Fall sein würde, sollten weitere 500 000 Dollar für all jene bereitgestellt werden, die keine Belege mehr vorweisen können. Falls die 6 Millionen Dollar nicht an die Opfer weitergegeben werden konnten (weil sich nicht genügend Leute meldeten), sollte das Geld an Down zurückfließen. Auf den ersten Blick scheint diese Einigung nicht besonders perfide zu sein. Ach ja, die Anwälte sollten 2 Millionen Dollar für ihre Arbeit bekommen.

Um zu verstehen, warum die Einigung wie ein abgekartetes Spiel wirkte, muss man sich in Erinnerung rufen, dass Down laut Klage mehr als 200 Millionen Dollar erschwindelt hatte. Zurückgeben sollte er *höchstens* 8 Millionen. Und das ganz unabhängig davon, wie viele Opfer sich melden würden. Da die

Einigung von einem Gericht besiegelt werden würde, gehörte der Rest dann ihm – ganz legal.

Bis Mitte August hatten sich allerdings nur 450 von angeblich 400 000 Geschädigten gemeldet. Alles schien für Down zu laufen. Angenommen, es würden sich weitere 500 melden, dann wären rund tausend Geschädigte Teil dieser Sammelklage. Nehmen wir weiter an, jeder bekäme 50 Dollar (eine durchaus realistische Summe), dann müsste Down ihnen 50 000 Dollar zahlen. Die Anwaltskanzlei würde vierzigmal mehr erhalten, und alle Geschädigten, die ihre Ansprüche nicht rechtzeitig anmeldeten, verlören ihre Rechte. Sie könnten allenfalls aus der Sammelklage aussteigen und ein zweites aufwendiges Verfahren einzuleiten versuchen – was in der Regel aber kaum Chancen hat, von einem Gericht behandelt zu werden. Nach Abschluss des Vergleichs wird Down sechs Monate im Gefängnis zugebracht haben, aber den größten Teil seiner Millionenbeute behalten dürfen. Bis November 2002 hatten sich 800 der geschätzten 400 000 Geschädigten gemeldet. Nach einer Reihe von Zeitungsberichten betonte das Gericht immerhin, falls sich nicht alle Opfer meldeten, müsse die vorgesehene Entschädigungssumme wohltätigen Einrichtungen zufallen. Down dürfe das Geld keinesfalls behalten. Der Multimillionär kann das verkraften.

Das Ergebnis des Falles ist beunruhigend. Aber hat das Beispiel etwas zu bedeuten? Ist es nur ein extremer Einzelfall, der nichts über Sinn von Sammelklagen aussagt? Leider nein. Es verhält sich eher umgekehrt: Eine moralisch gerechtfertigte Sammelklage wie die der Zwangsarbeiter während des Holocaust ist die Ausnahme. Das Beispiel des Gauners Blair Down mag extrem erscheinen. Es ist aber der Wirklichkeit näher als das Beispiel der Zwangsarbeiter.

Madison County liegt im Südwesten des Bundesstaates Illinois. Die beiden größten Städte des Bezirks heißen Granite City und Alton und haben jeweils knapp über 30 000 Einwohner.

Größter Arbeitgeber ist eine Munitionsfabrik mit 4000 Mitarbeitern. Obwohl diese Daten nicht besonders aufregend und schon gar nicht rekordverdächtig klingen, hat Madison County etwas, was die Region von den 3067 anderen Bezirken im ganzen Land abhebt. In den Gerichten von Madison County reichen Kanzleien mehr Sammelklagen ein als irgendwo sonst im Land, gemessen an der Bevölkerung.»Paradies der Kläger«, hat eine Zeitung daraufhin Madison genannt.

Im Jahr 1999 waren in Madison sechzehn Sammelklagen eingereicht worden. Auf die 258 000 Einwohner umgerechnet, entspricht das 61,8 Fällen pro eine Million Einwohner. Im gesamten Land waren im gleichen Zeitraum in Bundesgerichten nur 7,6 Klagen pro Million Einwohner eingegangen. Die Zahl der Klagen in Madison ist jedoch stark gestiegen in den vergangenen Jahren.

Irgendetwas lasse die Gerichte in Madison County wohl besonders attraktiv erscheinen, folgert eine Studie von John Beisner und Jessica Davidson Miller für das Center For Legal Policy des konservativen Manhattan Institute für Politikforschung. Sind die Richter Komplizen, wenn es gilt, Geschädigte ein zweites Mal auszunehmen? Berichte in einigen Zeitungen haben genau das gemutmaßt. Die 72 Richter des Countys, die für jeweils sechs Jahre gewählt werden, fühlen sich angesichts dieses Images nicht besonders wohl. Doch sie haben ihre Verteidiger – ironischerweise in der Person der Kläger: Mark C. Goldenberg etwa, dessen Kanzlei Hopkins Goldenberg einige der Sammelklagen eingereicht hat, bescheinigt den Richtern, dass sie nichts Unrechtmäßiges tun.»Sie arbeiten hart und versuchen, unabhängig zu sein«, sagte er auf die Kritik. Er jedenfalls habe keine Vorurteile entdecken können. Im Gegenteil. Die Tatsache, dass die Fälle nie verhandelt, sondern bereits zuvor verglichen werden, wertet er als Kompliment und Anerkennung für die Richter. Überspitzt ausgedrückt: Weil die Richter wegen ihrer Unabhängigkeit so gefürchtet sind, deshalb wollten die beklagten Firmen kein Verfahren riskieren und einigten sich zum Vorteil der Geschädigten.

Allein zwischen Februar 1998 und März 2001 wurden in einem bestimmten Gerichtsbezirk in Madison County siebzig Sammelklagen eingereicht. 57 Fälle bzw. 81 Prozent aller Sammelklagen richteten sich nicht etwa gegen örtliche Unternehmen oder Konzerne im Bundesstaat Illinois. Betroffen waren große nationale Firmen mit Praktiken, die Illinois nicht anders betrafen als Los Angeles, Florida oder New York.

Es gibt mehrere Bezirke im Land, in denen die Zahl der Sammelklagen besonders hoch ist – gemessen an der Bevölkerungszahl. In Jefferson County in Texas hat sich die Zahl der Klagen von 1998 bis 2000 verdoppelt. In Palm Beach County in Florida hat sie sich auf 91 Fälle um mehr als ein Drittel erhöht; 46 der 91 hatten nationale Bedeutung. In Palm Beach County leben viermal so viele Menschen wie in Madison County, die Zahl der Sammelklagen ist in beiden Bezirken jedoch gleich. Dennoch zählen die Gerichte in Palm Beach zu den besonders beliebten Institutionen bei Experten für Sammelklagen.

Madison County aber ist ein Sonderfall. Es rage sogar aus einer kleinen Zahl von Bezirken heraus, die Spezialisten für Sammelklagen offenbar besonders fest ins Herz geschlossen haben, besagt die Studie des Manhattan Institute. Dafür gebe es zwei Gründe: zum einen das rapide Wachstum der Zahl der Klagen. Die Studie nennt es »exponential«; in vier Jahren sei die Zahl um 3650 Prozent gestiegen, von zwei nationalen Fällen 1998 auf 75 im Jahr 2001. Die Mehrzahl der Sammelklagen habe nationale Bedeutung. Es gebe kaum welche von Menschen, die vor Ort leben. Das ist der zweite Grund, der die Klagen in Madison von anderen Bezirken abhebt.

Madison County ist also ein Gerichtsbezirk, in dem findige Kanzleien ganz gezielt ihre Klagen einreichen, weil die Richter dort kaum eine Klage ablehnen und Einigungen ganz im Sinne der Anwälte absegnen.

Ähnlich ist es mit den Kanzleien, die die Sammelklagen einreichen. Die meisten haben ihre Büros in ganz anderen Bundesstaaten Tausende von Meilen entfernt. Eine große Zahl der Klagen werde von einer kleinen Zahl von Kanzleien eingereicht, so die Studie. In Madison County sind die gleichen fünf Kanzleien fast für die Hälfte der Klagen verantwortlich. Ähnlich ist es in Jefferson County. Etliche der Klagen von verschiedenen Anwälten glichen einander so auffällig, als handelte es sich um Kopien, die die Anwälte untereinander austauschen. Die Tatsache, dass plötzlich ohne erkennbaren Grund eine Reihe ähnlicher Klagen eingereicht werden, bestätige auch dieser Studie zufolge den lang gehegten Verdacht, dass es nicht die Geschädigten seien, die Sammelklagen initiierten, sondern Anwälte auf der Suche nach satten Honoraren.

Das Manhattan Institute kritisiert nicht die Art und Weise, wie die Sammelklagen behandelt werden. Worum es dem Institut wirklich geht, ist, dass in drei Countys bedeutende Fälle behandelt werden, deren Urteil oder Vergleich Bedeutung und Auswirkungen haben für die Wirtschaft in 49 anderen Bundesstaaten und 3065 anderen Countys. Solche Klagen mit nationaler Bedeutung sollten künftig von Bundesgerichten entschieden werden, so lautet die Schlussfolgerung der Studie. Lasst uns bundesweite Gesetze machen, dann wird alles gut. Das System wird schon funktionieren und Ungerechtigkeiten ausgleichen.

Wieder einmal hat man unausgesprochen den Gedanken: »The system works. Why change a working system?« Doch sind dann wirklich alle Probleme beseitigt? Werden die Verfahren wirklich anders ablaufen, sobald ein Bundesgericht einem Vergleich zustimmen muss? Die Geheimnistuerei mag teilweise ein Ende haben, aber an der Konstellation wird sich wenig ändern: Ein Anwalt klagt gegen Firmen und handelt mit deren Anwälten eine für sich sehr vorteilhafte, aber für die Geschädigten nutzlose Einigung aus.

Justice & President for Sale

Unternehmen begnügen sich nicht damit, Politiker zu unterstützen, die für »Reformen« des Klagerechts eintreten. Ein wachsender Trend ist es, dass Unternehmen direkt auf Richter Einfluss zu nehmen suchen. Denn in 39 Bundesstaaten werden Richter für lokale Gerichte bis hin zum Supreme Court der Bundesstaaten gewählt. Für ihre Wahlkämpfe benötigen sie Spenden – genau wie Politiker. »Man hat den Eindruck, dass man ein Gericht kaufen kann«, sagt der Anwalt Mark Kozlowski, der die Kampagnen für die New York University Law School verfolgt. Die Spendensummen seien kräftig am Steigen und gefährden damit die Unabhängigkeit der Richter. Anwaltsverbände haben Richter seit Jahren finanziert (was ebenfalls fragwürdig erscheint). Neuerdings entdeckten Unternehmensverbände und Wirtschaftsgruppen, dass das Geld auf diese Art gut angelegt ist. Statt auf Änderungen der Politik zu setzen, versuchen die Unternehmen, die Richter direkt zu beeinflussen. Sie geben Millionen Dollar für Anzeigen aus, in denen sie Richterkandidaten angreifen, bei denen sie vermuten, dass ihre Entscheidungen ihre Interessen gefährden könnten. Als Ohio im Herbst 2000 einen Richter für den Supreme Court wählte, schaltete eine anonyme Gruppe von Unternehmern einen Werbespot im Fernsehen und zeigte, wie die zur Wiederwahl aufgestellte Kandidatin Alice Robie Resnick mit Spenden des Anwaltsverbands überschüttet wird. »Is justice for sale in Ohio?«, fragte der Werbespot. Richterin Resnick hatte Unternehmer in Ohio im Jahr davor verärgert, als sie gegen ein Gesetz für die Erneuerung des Systems der kostspieligen Zivilklagen (*tort reform*) gestimmt hatte.

Auf nationalem Level ist die US Chamber of Commerce das neue Schwergewicht in Bezug auf Spenden an Richter. Allein im Jahr 2000 hat der Verband 10 Millionen Dollar gezahlt; dazu kommen noch Spenden der Verbände in den Bundesstaaten. Exxon Mobil verurteilte in einer Anzeige in der *New York Times* die Spenden der *trial lawyers*. Die Firma unterstützt ebenfalls die *tort reform*. Im Jahr 1994 hatte sie 5 Milliarden Dollar für das Öltankerunglück der Exxon-Valdez bezahlen müssen. Ein Sprecher der Firma betont, dass man keine Richter mit Spenden zu beeinflussen versuche. Mitarbeiter und Anwälte der Firma haben jedoch in sieben Jahren mehr als 50 000 Dollar an Richter allein in Texas gezahlt. Texas ist zufällig der Firmensitz von Exxon Mobil.

Eine weitere Variante, wie Unternehmen verdeckt Einfluss zu nehmen versuchen, sind Seminare für Richter, die von Firmen initiiert und bezahlt werden: Richter, die dort teilgenommen haben, scheinen verstärkt umweltfeindlich und unternehmensfreundlich zu urteilen. Ziel dieser Seminare ist es offensichtlich, marktfreundliche Urteile für ökologische Probleme zu finden (die meist umweltfeindlich sind).

Sonderbar an der Debatte über die Begrenzung von Klagemöglichkeiten ist der offenbar doppelzüngige Ton der Aussagen führender Manager, die sich für eine Reform einsetzen. In der Öffentlichkeit prangern sie die hohen Kosten der Klagen an. In ihren Bilanzen beruhigen sie die Investoren jedoch, es drohten keine zusätzlichen Kosten. Dieselben Unternehmen, die heftigst gegen die »Klage-Explosion« wettern und vor dem Kongress lamentieren, ebendiese »Explosion« drohe sie Bankrott zu machen, dieselben Unternehmen versichern zugleich in ihren Bilanzberichten, der Bilanz des Unternehmens entstünde kein Schaden aus etwaigen Klagen. Das ist ein offensichtlicher Widerspruch. Schaden die kostspieligen Urteile den Unternehmen wirklich nicht, dann kann es doch eigentlich nur so sein, dass die Manager in ihren öffentlichen Statements lügen, und ihr Jammern über die Klagen ist eine Täuschung. Schaden sie den Unternehmen doch, dann belügen sie die Börsenaufsicht und die Investoren in ihren Bilanzen. Nader glaubt, dass die Konzerne und ihre Verbände die Kosten für Produkthaftung stark übertreiben, um Gerichtskosten völlig zu vermeiden.

Frank Popoff, der Chef von Dow Chemical, jammerte im Jahr 1992:»Am meisten bin ich wohl über die Bereiche Produkthaftung und *tort reform* frustriert. Unser einzigartiges Rechtssystem in den USA drückt uns eine jährliche Steuer – so nenne ich es mal – in Höhe von 150 bis 200 Milliarden Dollar auf. Das zerstört unsere globale Konkurrenzfähigkeit.« In den Papieren, die die Firma der Börsenaufsicht schickte, suchte man jedoch vergeblich nach Informationen über riesige Gerichtskosten. Nicht einmal die Brustimplantate, gegen die Verbraucher klagten, wurden als Risiko fürs Geschäft gesehen: Die Möglichkeit, dass sich Produktklagen auf die Bilanz auswirken könnten, sei »unwahrscheinlich«, hieß es da.

Richard Mahoney, der Chef der Chemiefirma Monsanto, sagte 1995, die Zahlen von Produktklagen lägen in der »Stratosphäre«. In den Bilanzen, die Monsanto in den Jahren davor der SEC geschickt hatte, berichtete die Firma jedoch:»Aufgrund der Größe und Art unserer Geschäfte wird gegen uns immer wieder geklagt. Die Ergebnisse der Klagen können zwar nicht vorhergesehen werden, aber Monsanto geht davon aus, dass sie sich nicht negativ auf unser Ergebnis auswirken werden.«

Die Firmenchefs von Cessna oder Pfizer schimpften öffentlich ebenso auf die hohen Gerichts- und Produktkosten, während die Gewinne aus dem internationalen Geschäft bei Pfizer beispielsweise sogar gestiegen sind. Von verminderter globaler Konkurrenzfähigkeit kann also keine Rede sein.

Doch die Konzerne lassen bekanntlich auch nichts unversucht, um politische Entscheidungen in ihrem Sinne herbeizuführen. Anfang 1999 schien der Wahlkampf der republikanischen Bewerber um die Präsidentschaft unentschieden. Es gab acht Kandidaten, wobei vor allem dem ehemaligen Kabinettsmitglied Elisabeth Dole, Senator John McCain aus Arizona und dem ehemaligen Gouverneur von Tennessee, Lamar Alexander, gute Chancen eingeräumt wurden. Im Juni 1999 änderten sich die Erfolgsaussichten über Nacht, und plötzlich galt George W. Bush als einer der aussichtsreichsten Kandidaten. Was war geschehen? Bush hat am 30. Juni wissen lassen, dass er Spenden in Höhe von 37 Millionen Dollar erhalten habe. Die Summe war beispiellos und so hoch, dass der Betrag des zweitbesten Spendeneintreibers, McCain, mit 4,3 Millionen Dollar sehr bescheiden, ja fast mickrig wirkte. Dabei war der Sohn des ehemaligen Präsidenten doch erst seit fünf Jahren in der Politik. Umso merkwürdiger war, wieso er so weit vorne liegen konnte in der Gunst der Spender.

Lange vor dem Wahlkampf hatten sich Unternehmer in Diskussionen in ihren Verbänden – sei es das American Chemical Council, die American Automobile Manufacturers Association, das Food Marketing Institute, das American Petroleum Institute und schließlich die American Chamber of Commerce – für Bush entschieden und abgemacht, dass sie ihn mit Spenden unterstützen wollten, so gut sie könnten. Denn Bush schien ihnen der geeignete Kandidat, eines ihrer wichtigsten Anliegen umzusetzen: die *tort reform*. Innerhalb der ersten neunzig Tage nach Bushs Kandidatur spendeten ihm 1542 Unternehmer und Geschäftsführer.

Denn Bush hatte frühzeitig erkannt, was den Unternehmern am Herzen lag: Bereits in seinem ersten Wahlkampf für das Gouverneursamt von Texas 1994 setzte er auf das Thema, das nie dicke Schlagzeilen oder Fernseheinspielungen, aber bereitwillige Geldgeber für Werbespots brachte. »Das vielleicht wichtigste Vorhaben, das ich als Gouverneur dieses Staates umsetzen werde, ist, dass Texas seine Gesetze für Zivilklagen ändert, und ich werde darauf beharren, dass wir verrückte Klagen und Müllklagen unterbinden, die nur unsere Wirtschaft und unsere Gerichte überlasten.« Kaum war er ins Amt gewählt, erklärte er die *tort reform* zum »Notfall«. Damit konnte er Gesetze zur *tort reform* durchsetzen, ohne auf eine normalerweise vorgeschriebene Dreißig-Tages-Frist Rücksicht nehmen zu müssen. Als er vier Jahre später erneut für sein Amt kandidierte, erhielt er von texanischen Unternehmen und Organisationen, die sich für die *tort reform* einsetzten, Spenden in Millionenhöhe. Allein die beiden Gruppen »Texans for Lawsuit Reform« und »Texas Civil Justice League« spendeten ihm 4,5 Millionen Dollar.

Die Befürwortung der *tort reform* war nur eine von mehreren Positionen, die Bush den Unternehmen zuliebe einnahm, aber es war wichtiger, als es jemals in Berichten der Medien schien. Wenn er während des Wahlkampfs von Stadt zu Stadt zog und Reden vor zahlenden und handverlesenen Gästen hielt, betonte er stets, er werde sich auch in Washington für die *tort reform* einsetzen. »Im Grunde hat Bush einen stillen Vertrag mit der amerikanischen Wirtschaft geschlossen«, sagt Juraprofessor Carl T. Bogus. Nachdem McCain Bush in New Hampshire überrascht hatte, spendeten ihm die Unternehmer ebenfalls – schließlich setzte auch er sich für die *tort reform* ein. Aber McCain wollte ebenso die Spendenpraxis reformieren. Das wiederum machte viele Unternehmer nervös. Wie sollten sie ihren Einfluss aufrechterhalten, wenn nicht über Spenden? Hauptkandidat der Wirtschaft blieb daher Bush. Nach dem Auftakt in New Hampshire machte er das Thema *tort reform* noch mehr zu einem wichtigen Bereich seiner Kandidatur und präsentierte sich damit als Reformer. Am Ende konnte er 68,7 Millionen an Spendengeldern einstecken, während McCain nur 15,7 Millionen Dollar erhielt. Bush hatte viermal so viel Geld für Werbespots zur Verfügung. Die Wirtschaft hat ihren Kandidaten durchgesetzt.

Der Zugang zu einem politischen Amt in Washington kann teuer sein, und der Preis steigt ständig. Senatssitze sind nicht für jedermann. Man muss sie sich leisten können. Jon Corzine etwa war 25 Jahre lang Investmentbanker an der Wall Street, zuletzt Chef von Goldman & Sachs, einem der führenden Geldhäuser. Seine Karriere bei Goldman & Sachs brachte Corzine zig Millionen ein beim Börsengang 1999. Dann verließ der damals 52-Jährige die Bank und kandidierte in New Jersey für die Demokraten für den Senat. Den Senatssitz ließ sich der Neuling 65 Millionen Dollar kosten. Eine Rekordsumme. Die teuerste eigenfinanzierte Kandidatur in der Geschichte Amerikas. Aber vergleichsweise wenig, wenn man über ein Vermögen von rund 400 Millionen Dollar verfügt. Sein Gegner, der Republikaner Bob Franks, hatte keine Chance. Corzine gab sechzehnmal mehr Geld aus als Franks. Das meiste, was die Leute in New Jersey über Franks wussten, erfuhren sie aus den Anzeigen und Werbespots von Corzine.

Man könnte jubeln, dass es Männer wie Corzine gebe: Statt sich auf seinen Millionen auszuruhen, mühe er sich nun in Washington für das Volk ab. Er mache es bestimmt nicht wegen des Geldes, das Jahresgehalt in Höhe von 141 300 Dollar. Er sei daher vielleicht unabhängiger als viele andere Senatoren. Auch als der Verleger Steve Forbes sich für die Präsidentschaft bewarb und 35 Millionen Dollar aus eigener Tasche dafür investierte, wurde das persönliche Engagement bejubelt.

Dennoch ist die Leichtigkeit, mit der steinreiche Unternehmer sich ein politisches Amt kaufen, irritierend. Ist Geld wirklich alles, was zählt? Fast erleichtert nahm man wahr, dass der Republikaner Michael Huffington 1994 immerhin 28 Millionen Dollar in einen Senatssitz für Kalifornien investierte – und ihn dennoch nicht bekam. Genauso erging es 1998 dem Unternehmer Al Checchi, der sich für das Gouverneursamt von Kalifornien bewarb – mit der kleinen Summe von 39 Millionen Dollar. Auch er verlor. Geld ist keine Garantie für den Gewinn. Sicher ist nur eines: Die Preise für politische Ämter gehen eher rauf als runter. Wer nicht zufällig Milliardär ist, wird zur Abhängigkeit von spendenfreudigen Unternehmen fast gezwungen. Ähnlich unbedarft wie Corzine hat der Medienunternehmer Michael Bloomberg 2001 das Amt des Bürgermeisters von New York gewonnen. Der Milliardär konnte Summen ausgeben, von denen seine Konkurrenten – Leute, die sich in der Stadtverwaltung jahrzehntelang Erfahrungen angeeignet hatten – nur träumen konnten. So glücklich man sein könnte, dass Politiker wie Corzine oder Bloomberg nicht von Lobbygeldern der Unternehmen abhängig sind, so sehr verstärken sie die Abhängigkeit ihrer Konkurrenten und Kollegen. Je teurer ein Sitz im Parlament oder in einer Stadtregierung wird, desto weniger können sich die Politiker um Politik kümmern, weil sie fast die ganze Zeit damit verbringen müssen, das Geld für die Werbespots aufzubringen. Sieht man sich die Einkommensverhältnisse der Senatoren in Washington an, so stellt man fest, dass nicht weniger als vierzig von ihnen Millionäre sind. Werden solche Politiker wirklich die Interessen aller oder der armen Leute vertreten?

Die Hetzjagd auf Clinton und Rekordkandidaturen wie die von Corzine haben zu einem System geführt, in dem offenbar nur steinreiche, gewiefte, unschuldige Babys noch Chancen haben, gewählt zu werden. Fähigkeiten und Erfahrungen scheinen nebensächlich.

Hin und wieder veröffentlichen die Senatoren in Washington ihre Einkommensverhältnisse. Im Juni 2002 konnte man erfahren, dass der reichste von allen, der Demokrat John Kerry aus Massachusetts, 139,7 Millionen Dollar besitzt; Herb Kohl, ein Demokrat aus Wisconsin, steht mit 112,8 Millionen Dollar zu Buche. Überhaupt ist es auffällig, dass die liberalen Demokraten an der Spitze der Liste stehen: Zum Club der reichen Demokraten zählen etwa Ted Kennedy (10,2 Millionen Dollar), John Edwards (13,6 Millionen Dollar), Jay Rockefeller (82,1 Millionen Dollar) und Jon Corzine (93,5 Millionen Dollar). Reichste Republikaner sind Lincoln Chafee aus Rhode Island (53,6 Millionen Dollar) und Bill Frist aus Tennessee (17 Millionen Dollar). Freilich hat der Reichtum der Politiker Auswirkungen auf ihre Politik: Den reichen Senatoren liege an einer Reform des Parteispendengesetzes, weil ihnen selbst Grenzen wenig ausmachten, glauben führende Journalisten. Die Vermögenden könnten ja ihr eigenes Geld ausgeben, für das es keine Ausgabegrenzen im Wahlkampf gebe.

Amerika sei auf dem besten Weg, eine wirtschaftliche Aristokratie zu werden, meint Kevin Phillips. Der Autor mehrerer Bücher zum Thema »Armut und Reichtum in Amerika« behauptet, der Reichtum und der Einfluss politisch-ökonomischer Dynastien bedrohe die Demokratie in den USA. Die reichsten Clans des Landes verteilen mehr und immer mehr Ämter und Positionen unter sich und mehren ihren Reichtum auf diese Art. Durch die von Bush angestrebte Abschaffung der Erbschaftssteuer werde der Trend noch zunehmen, meinte Phillips. Amerika habe zwar kein House of Lords. Aber es habe dynastische Familien wie die Bushs, Tafts, Simons, Rockefellers, Gores und Kennedys. Ohnehin habe man die Dynastie bereits, was das Präsidentenamt betrifft: Immerhin sei es ein Novum, dass ein Sohn den Platz seines Vaters nur acht Jahre nach dessen Ausscheiden einnimmt. Beide seien zudem mit dem Geld des mittlerweile gestürzten Unternehmens Enron aufgestiegen. Laura Bush sei bislang die einzige Frau eines Präsidentschaftskandidaten aus den Jahren 1996 oder 2000, die sich nicht um ein politisches Amt im Senat beworben habe. Die Frauen von Clinton, Dole und Gore haben sich bereits mit dem Gedanken vertraut gemacht oder gar ein solches Amt angestrebt. Kevin Phillips warnt: Reichtum werde möglicherweise ein neues, weniger demokratisches Herrschaftssystem schaffen. Phillips nennt das eine »Plutokratie, die einen anderen Namen trägt«. Der Ökonom Paul Krugman fürchtet, Amerika werde ein Land, in dem die großen Kuchenstücke nur jenen reserviert sind, die die richtigen Kontakte haben. »Normale« Menschen hätten kaum Chancen, ihre Lage zu verbessern. Politisches Engagement scheint sinnlos, solange man nicht reich ist, weil die finanzielle Elite am Ende nur ihren eigenen Interessen dient. Ohne es ausdrücklich zu sagen, beschreibt Krugman das Ende des amerikanischen Traums, herbeigeführt durch Juristen, die den Reichen und Mächtigen den Status quo sichern und ihre Macht und ihren Reichtum ausbauen.

Charity: Tue Gutes und lass es alle wissen

Als der Milliardär und Chef eines Medienunternehmens Michael Bloomberg 2001 für das Amt des Bürgermeisters von New York kandidierte, erwarb er sich viele Sympathien durch sein Versprechen, er werde nur ein symbolisches Jahresgehalt von einem Dollar beziehen. Zudem ließ er fast keine Gelegenheit aus, in Selbstdarstellungen sein Engagement für seine ehemalige Universität, der er seine Karriere verdanke, und andere öffentliche Einrichtungen zu erwähnen. Sein Engagement ist beträchtlich: Zum 75. Geburtstag seiner Mutter hat er der Johns Hopkins University einen Lehrstuhl für Kunstgeschichte eingerichtet, Harvard hat er – nach seinem Vater benannt – einen Lehrstuhl und ein Stipendium gestiftet, um wohltätiges und ehrenamtliches Engagement zu erforschen. Er kümmert sich in der Academy of Finance um die Karrieren junger Studenten; er sitzt im Beirat des Institute for Advanced Study in Princeton, New Jersey, sowie im Stiftungsvorstand der Hopkins University, wo er selbst studiert hat. »Ich kann mir kaum etwas anderes vorstellen, das mich so fordern und mir eine derartige Befriedigung verschaffen würde« wie sein ehrenamtliches Engagement, schrieb Bloomberg in seiner Autobiographie.

Sein Vermögen, das er sich in nur fünfzehn Jahren mit den nach ihm benannten Finanz- und Mediendiensten erworben hat, wird auf mehr als 5 Milliarden Dollar geschätzt. Fünfzehn

Jahre nach der Gründung seines Unternehmens schickte er seiner Universität und der dazugehörigen Klinik 1996 als Dank einen Scheck über mehrere Millionen Dollar – die genaue Summe verriet er in seiner Lebensgeschichte nicht, betonte aber, dass es Teil einer Spende mehrerer Personen über insgesamt 55 Millionen Dollar gewesen sei. »In den zwölf Monaten zuvor hatte ich zwei weitere Male siebenstellige Beträge für Organisationen aus den Bereichen Bildung und Kultur gestiftet«, schreibt Bloomberg. »Neben meinen Töchtern und meinen Unternehmen stehen für mich Altruismus und soziale Verantwortung im Vordergrund.« Er habe viel Glück gehabt, das Leben habe es gut mit ihm gemeint. »Und nun versuche ich, statt mich über diese Welt zu beklagen und vor dem Leid der weniger Glücklichen die Augen zu verschließen, meine Zeit und meinen Reichtum zu nutzen: Ich möchte meinen Kindern eine bessere Welt hinterlassen.« Das ganze Schlusskapitel in seinem Buch widmete er dem Thema Altruismus, wohl wissend, wie viele Sympathien ihm sein Bekenntnis dazu einbringen würde, und er erinnerte daran, dass er schon als kleiner Junge den Pfadfindern beigetreten sei – zum Wohl der Allgemeinheit natürlich.

Als Kind habe er nicht nur soziale Verantwortung gelernt, sondern sein Vater habe ihn auch gelehrt, wie wichtig Caritas sei. Beim Abendessen habe der Vater ausführlich in den Listen der Wohltäter eines Vereines, den er unterstützte, nach Namen von Bekannten gesucht und die Höhe ihrer Spenden kommentiert. So beiläufig diese Beobachtung in Michael Bloombergs Autobiographie klingen mag, sie hat in der amerikanischen Gesellschaft einen hohen Stellenwert. Wohltätigkeit – *charity* – erfüllt eine wichtige Funktion. An solchen Bemerkungen, wie sie Bloomberg in seinem Buch macht, misst die amerikanische Gesellschaft den Grad der sozialen Verantwortung, der großen Reichtum, so hemmungslos er auch erworben wurde, rechtfertigt.

Wenn Amerika auf seine großen Unternehmer blickt, dann nötigt eines auch vielen Kritikern Respekt ab: die Bereitschaft von Milliardären, einen beträchtlichen Teil ihres Vermögens der Allgemeinheit zu schenken. Unternehmenschefs, die zu den reichsten Männern Amerikas gehören, haben in den vergangenen Jahren Milliardenvermögen gestiftet. Microsoft-Chef Bill Gates etwa oder CNN-Gründer Ted Turner sind Namen, die immer wieder als großzügige Spender erwähnt werden. Ihre Freigebigkeit steht für eine Seite, die viele Amerikaner für eine der besten ihres Landes halten. Die Bereitschaft, einander zu helfen, Altruismus und Ehrenamtlichkeit sind Lieblingsthemen von Politikern. In Reden dazu aufzufordern, mit gutem Beispiel voranzugehen, Konferenzen zur Förderung der Ehrenamtlichkeit zu veranstalten – das sind Dinge, die sie gern tun.

Im Jahr 1997 spendete der Medienunternehmer Ted Turner, der mit seinem Cable News Network (CNN) Milliarden verdient hat, den Vereinten Nationen eine Milliarde Dollar. Einfach so. Tausend Millionen Dollar. Angeblich hat er sich dazu kurzfristig entschlossen. Er war auf dem Weg von Atlanta nach New York, um von der Gesellschaft für die Vereinten Nationen für sein Engagement geehrt zu werden. Wie jeder überlegte er sich, was er als Dankesrede sagen sollte. Er las auf seinem Bankauszug, dass seine Aktien in einem einzigen Jahr um eine Milliarde Dollar gestiegen waren – der Gewinn aus dem Verkauf seiner Firma. Er las die Summe, und sie brachte ihn darauf, alle mit seiner Ankündigung zu überraschen. Die für viele unvorstellbare Spende brachte ihn auf die erste Seite der Tageszeitungen – und auf das Titelbild von *Newsweek*. Zehn Jahre lang sollten die Vereinten Nationen Jahr für Jahr 100 Millionen Dollar bekommen. Es gebe keine größere Befriedigung als die, für einen guten Zweck zu spenden, sagte Ted Turner. Heimlich tut einer wie er so etwas freilich nicht. Er selbst informierte Larry King, den Talkshow-Moderator seines eigenen Senders CNN, um ganz sicher sein zu können, dass die Nachricht auch wahrgenommen wird.

Spenden gilt als eine noble Sache. Scheinbar selbstlos geben Reiche der Allgemeinheit einen Teil ihres Vermögens zurück – als Dank für ihren Erfolg. Kritik an ihnen – wegen ihrer Spendentätigkeit – ist rar. Es gehört sich nicht, die ehrenhafte Geste der Kritik zu unterziehen. Spenden machen Gates und Turner, was sie sich sonst auch leisten, gegenüber Kritik weniger verletzbar: Was immer sie tun, haben sie nicht auch gespendet – und damit an die Armen und Erfolglosen gedacht? Darf man Leute, die spenden und stiften, überhaupt kritisieren – oder erweist man sich dadurch nicht als hoffnungslos neidisch und undankbar?

David Wagner, der selbst fast sein ganzes Erwachsenenleben in sozialen Einrichtungen gearbeitet hat, ist in diesem Zusammenhang einer der wenigen, die wissen, wovon sie sprechen – und übt Kritik. Amerikaner haben eine selbstgerechte Liebe zur *charity*, behauptet er in einem kritischen Buch über die Wohltätigkeit der Amerikaner, das er 2000 veröffentlicht hat. Wenn man Amerikanern zuhöre, bekomme man das Gefühl, sie seien leidenschaftlich sozial und hilfsbereit. »Seit frühester Zeit haben wir Amerikaner uns zusammengetan, um uns zu helfen und um unsere Gemeinschaft zu stärken«, sagte Ronald Reagan im Jahr 1986. »Unser tief verwurzelter Wille zu helfen, zu nachbarschaftlicher Hilfe, ist ein amerikanisches Markenzeichen – ein Teil des American Way of Life.« Im Laufe der Jahre hätten seine Landsleute ein Netz von Freiwilligen-Organisationen geschaffen, um »Hilfe zu leisten, wo Hilfe nötig ist«. Elf Jahre später war Bill Clinton auf einem landesweiten Gipfeltreffen für Freiwillige umgeben von konservativen und liberalen Politikern wie Colin Powell und Jimmy Carter – und erklärte Altruismus zu einem amerikanischen Lebensstil. Ohne eine Spur von Ironie zu zeigen, erklärte derselbe Politiker, der kurz davor ein Gesetz unterzeichnet und damit das

Ende etlicher bestehender Sozialeinrichtungen besiegelt hatte: »Bürgerhilfe gehört keiner Partei, keiner Ideologie. Es ist eine amerikanische Idee, der jeder Amerikaner folgen sollte.«

In gewisser Weise haben Reagan und Clinton Recht, meint Wagner: Amerikaner – egal, welcher Partei – hätten stets ihren Geist und ihre Bereitschaft zu helfen glorifiziert. Man könne kaum eine Zeitung oder eine Zeitschrift aufschlagen, ohne in redaktionellen Beiträgen oder in Anzeigen daran erinnert zu werden, dass Amerika das Land mit Herz, Geben ein amerikanischer Wesenszug ist und Philanthrophie eine der führenden Industrien geworden sei, beobachtete der Historiker Robert Brenner. Amerikaner scheinen immer zu sagen, dass sie die großzügigsten Menschen der Welt sind, meint er. Die großzügigsten, die es gibt und die es je gab auf dieser Welt.

Untertitel und Aufmachung von Wagners Buch lassen indes keine Zweifel, was er von dieser Wohltätigkeit hält: Als Untertitel benutzte er eine Liedzeile der Sängerin Tina Turner: »What's Love Got to Do with it?« Und das Titelbild zeigt nichts als Erdnüsse – *peanuts*. Bekanntermaßen sind *peanuts* im englischen Sprachgebrauch freilich eine abfällige Metapher für »so gut wie nichts«. Die Metapher kann also zweierlei bedeuten. Erstens: Wohltätigkeit hat mit Liebe und Nächstenliebe wenig zu tun. Das wäre die Antwort auf Tina Turners Frage. Zweitens: Der Erfolg der vielen oft durchaus ernst gemeinten Bemühungen ist enttäuschend gering – gemessen am großen Einsatz und Aufwand, der getrieben wird. Dies ist wohl das eigentlich Schlimme an der Wohltätigkeit, meint Wagner: dass die Spender oft den Nutzen daraus ziehen, die Empfänger der Spende aber nicht. Vereinfacht gesagt: Es ist, als schenkte ein Reicher einem Armen eine hässliche Statue, die dem Reichen nur im Weg steht. Endlich ist er den Plunder los. Dass der Arme damit auch nichts anfangen kann, interessiert den Reichen nicht. Die Statue war doch eigentlich wunderschön – und hat mal einen Haufen Geld gekostet.

Die Nation wolle das Übermaß an Schuldgefühlen, weil sie die Gesellschaft nicht besser und gerechter organisieren könne, durch aufgesetzte Rhetorik kompensieren, glaubt Wagner. Sie will das Wissen um die Schattenseiten verdrängen, indem sie sich selbst sagt, wie hilfsbereit und sozial und wohlmeinend sie doch ist. Mal angenommen, Wagner hat Recht, dann wäre zumindest auch klar, warum das Thema Wohltätigkeit in den Medien so überaus breit behandelt wird. Wenn die Reichen ihre Bälle und Feste feiern, dann bringt die *New York Times* zu den fast seitenlangen Berichten mit vielen Fotos natürlich stets den Hinweis, dass die Reichen nur für einen guten Zweck gefeiert haben. Die Botschaft: Je rauschender und öfter sie feiern, desto besser ist das für die armen Leute. Doch einige wirklich ernsthaft besorgte Menschen und eine wohlmeinende Rhetorik können nicht darüber hinwegtäuschen, dass die Gesellschaft nicht sozial organisiert ist und sich die Politik immer mehr aus sozialen Fragen zurückzieht. Sie können intelligente und verantwortungsvolle Sozialpolitik nicht ersetzen. Vor die Wahl gestellt zwischen Wohltätigkeit und sozialer Gerechtigkeit, haben sich die Amerikaner für Erstere entschieden, um sich selbst vorzumachen, es gebe keine soziale Ungerechtigkeit – wenigstens keine systematische.

Freilich gebe es Unterschiede im Detail, was die Sichtweise von Konservativen und Liberalen betrifft, meint Wagner. Während George W. Bush propagiere, Sozialdienste könnten völlig durch freiwilliges Engagement ersetzt werden, unterstützten Liberale wenigstens noch ein weitmaschiges soziales Netz. Aber keine bedeutende Bewegung oder Partei übe Kritik an der Wichtigkeit des »Lovefeast for Charity«. Keine relevante politische Kraft unterstütze eine Ausweitung des Sozialnetzes auf europäische Proportionen. Auch die Linke habe sich von einem solchen Gedanken verabschiedet. Feministinnen propagierten Wohltätigkeit als Frauensache. Frauen hätten in der Geschichte des Altruismus einen wesentlichen Beitrag geleistet und eine Kraft außerhalb der Männerwelt von Politik und Wirtschaft dargestellt. Einige Linke wiederum feierten »alternative Philanthropie« als »eine neue breite soziale Bewegung, tief verwurzelt in fundamentalen Werten im Herzen unserer Nation«. Die Bewegung zeuge von »freiem Austausch der Ideen, Mitgefühl und Gerechtigkeit«.

Altruismus diene den Reichen dazu, ihren Reichtum zu rechtfertigen, schrieb der Journalist Ferdinand Lundberg bereits 1960 in seinem Buch *The Rich and the Super-Rich*. Die Bezeichnung »Philanthrop« werde heutzutage fast synonym mit »reiche Person« verwendet. Entgegen der Realität und allen anders lautenden Statistiken werde der Anschein erzeugt, als vermehrten die Reichen ihren Reichtum nicht des Geldes und des Einflusses wegen, sondern nur, um ihn für Gutes einzusetzen. Kaum eine Organisation sei so heilig wie soziale Privateinrichtungen, meint Wagner. »Eines der wenigen Dinge, welche die Wirtschaft und Arbeiter, Liberale und Konservative, Katholiken, Protestanten, Juden und Muslime, Weiße und Farbige einen, ist die Bereitstellung von Wohltätigkeit und sozialen Diensten.«

Die vielen Einrichtungen seien nicht nur ein amerikanisches Phänomen, sondern in dem »therapeutischen Staat«, wie Wagner ihn nennt, scheint es wichtiger zu sein, das Leiden der Menschen rhetorisch wahrzunehmen, als wirklich etwas dagegen zu tun. Ebenjener »therapeutische Staat« ersetze strukturelle Bemühungen, Einkommen gerechter zu verteilen oder Armut auszurotten. Amerikaner scheinen das Sinken der Reallöhne genauso wenig wahrzunehmen wie den immer geringer werdenden Einfluss der Gewerkschaften, das Wachsen der Zahl von Gefängnisinsassen oder die schwindenden Sozialdienste für Bedürftige. Warum auch? Wer es nötig hat, der kann ja *charity* erhalten, gibt Wagner die zynische Haltung seiner Landsleute wieder. »Wir geben doch so viel!«

Die Rhetorik der Tugend habe Amerika von Beginn seiner

Geschichte an geprägt, und sie sei stets mit gewaltsamer Unterdrückung gekoppelt gewesen, meint Wagner: der Genozid an den Indianern, die Versklavung der Schwarzen, die Eroberung anderer Länder. Philanthropie sei nicht falsch an sich, aber in Amerika habe sie stets dazu gedient, andere zu unterdrücken. »Die Anfänge unserer Wohlfahrtsorganisationen sind grundlegend verbunden mit der Vorstellung, Andersdenkende, die man für gefährlich hält, zu unterdrücken«, schreibt er. Es seien vor allem Philanthropen gewesen, die die Ureinwohner zu »zivilisieren« gedachten. Sie empfanden sich als großzügig, weil sie die Indianer nicht vernichten wollten. Stattdessen gaben sie sich damit zufrieden, sie zu Protestanten zu bekehren, ihre Seelen zu retten, ihre Sprache zu ignorieren und sie Stück für Stück von ihrem Land zu vertreiben.

»Hinter dem Philanthropen lauerte immer der Soldat und Siedler«, sagt Wagner. In gewisser Weise seien die Missionare sogar gefährlicher gewesen als die Soldaten. »Wer die meiste Zeit und das meiste Geld den Bedürftigen gibt, tut möglicherweise das meiste, um das Elend zu erzeugen, das er angeblich bekämpft«, hat Henry David Thoreau festgestellt. »Philanthropie wird völlig überschätzt.« Im Nachhinein beurteilten Historiker viele angeblich noble Gesten als Versuche der Unterdrückung. Die »Liebe«, die Siedler und Missionare den Indianern und Armen entgegenbrachten, sehe man heute ganz anders. Selbst die Spenden eines Rockefeller werden nun kritisch betrachtet. Erstaunlicherweise lebt jedoch die Rhetorik von der Nächstenliebe fort und umweht private Sozialdienste sowie Wohltätigkeitseinrichtungen. Statt schlechte Sozialpolitik mit guter Sozialpolitik zu vergleichen, wird *charity* mit Nichtstun verglichen. Sie ist gut, sagen Michael Bloomberg und viele ähnlich Denkende. Nichtstun wäre schlecht. Etwas anders zu tun scheint keine Alternative zu sein.

Mitunter könnte man den Eindruck gewinnen, dass es den wohlhabendsten Unternehmern nichts mehr bedeutet, noch eine Million dank eines guten Börsenklimas zu gewinnen. Sie eifern um neue Titel, suchen neue Herausforderungen. Eine davon lautet: Wer ist der Spendabelste? Wer spendet, darf die Konkurrenten laut kritisieren. Ohne es expressis verbis zu formulieren, funktioniert die Kritik als heimliches Eigenlob: Als Gates Milliarden spendete und die anderen Unternehmer aufforderte, sie sollten es ihm nachmachen, war das freilich im Kern eine Kritik, die besagte: Warum macht ihr es nicht genauso?

Was die Spender nicht sagen: Einen großen Teil ihrer Spenden hätten sie als Steuern dem Staat geben müssen. Die Allgemeinheit hätte das Geld also ohnehin bekommen. Es steht ihr zu – so wie jeder kleine Bauarbeiter Steuern zahlen muss. Der Unterschied ist: Über den Umgang mit Steuern darf die Allgemeinheit entscheiden. Sie darf die Volksvertreter wählen, die einen Plan für den Umgang mit Steuern vorlegen. Stifter dagegen beauftragen eine Stiftung oder einen Anwalt, um festzulegen, wie mit dem Geld in ihrem Sinne umgegangen wird.

Als Prinzip taugt dieses Konzept wenig. Mit Demokratie hat es nichts zu tun. Es kommt dem Glauben an einen Königsstaat sehr nahe. Der König herrscht. Er wolle nur Gutes für seine Untertanen, und deshalb sei alles gut. Ein Mitspracherecht verwässere nur Entscheidungen und koste Geld und Energie. Am besten, einer entscheidet. Er will ja nur das Gute ... Stiftungen sind eine lobenswerte Einrichtung. Aber wenn ein Staat seine wichtigen Leistungen dem Prinzip der Freiwilligkeit überlässt und sich somit unangreifbar macht und nicht mehr verklagt werden kann, gibt er dann nicht auch einige der Funktionen ab, derentwegen er existiert?

Das ist eine der wichtigen Fragen in Zusammenhang mit der Spendentätigkeit: Kann man von den Spendern und Stiftern annehmen, dass sie nur Gutes tun wollen? Muss man ihnen dankbar sein, weil sie *auch* Gutes tun wollen? Muss man dem System dankbar sein, weil es Gutes bewirkt – selbst wenn es den Unternehmern nur um ihr Geld geht und sie Steuern sparen und zugleich als Wohltäter gefeiert werden wollen? Kann man sagen: Es ist in Ordnung, weil Unternehmer mehr Gutes auf effektivere Art und Weise bewirken – als eine Bürokratie, die einen Großteil der Steuern für die Verwaltung und Verteilung verschwendet? Keine dieser Fragen lässt sich pauschal beantworten, sondern nur im Einzelfall. Manche Stiftungen bewirken mehr Positives, als eine Verwaltung mit der gleichen Summe bewirken könnte. Andere sind reine Steuersparprogramme, die niemandem nutzen als dem Konto und dem Image des Stifters.

Was sich aber pauschal sagen lässt, ist dies: Medien und Öffentlichkeit nehmen Spender fast ausschließlich als echte Wohltäter wahr – nur selten stellen sie die wesentlichen Fragen, wem das System hilft. Das mag vielleicht auch an einem Interessenkonflikt liegen: Viele Unternehmen, die eigentlich über *charity* aufklären sollten, profitieren vom einseitig dargestellten positiven Image der Wohltätigkeit. Ob sie nun Michael Bloomberg, Bill Gates oder Ted Turner heißen – keiner ihrer Mitarbeiter will sie wegen ihrer Großzügigkeit kritisieren. Selbst konkurrierende Medien halten sich mit Kritik an der Wohltätigkeit zurück. Sie meinen es ja nur gut. Die sonst sich gern so kritisch gebenden Medien übersehen dabei offenbar geflissentlich, dass diejenigen, die es gut meinen, bekanntlich oft die Feinde des Guten sind.

Michael Bloomberg jedenfalls versucht, die Wohltätigkeit ganz eindeutig zu instrumentalisieren. In seiner Autobiographie schreibt er:»Viele Menschen mit vergleichsweise bescheidenen Mitteln spenden zwar großzügig, aber einen unverhältnismäßig hohen Prozentsatz ihrer Spendengelder beziehen wohltätige Organisationen von reichen Mitbürgern. Wer sich darüber beklagt, dass einige zu viel und andere zu wenig haben, sollte das ebenso berücksichtigen wie die Regierungsabgeordneten, die eine Umverteilung des Reichtums anstreben. Das Vermögen eines Carnegie, Mellon, Rockefeller oder Duke floss über die Betreffenden oder ihre Erben zu einem Großteil wieder in die Gesellschaft zurück, und dabei entstanden Einrichtungen, die mehr Nutzen brachten, als wenn Politiker die gleiche Summe durch Einkommen- und Erbschaftssteuern eingenommen und für ›staatliche Bauvorhaben‹ ausgegeben hätten. Wahrscheinlich hat sich derjenige, der sein Vermögen erarbeitet hat, und vielleicht haben sich auch dessen Kinder ein angenehmes Leben gemacht. Aber im Gegensatz zu ihren neiderfüllten Kritikern gaben die meisten mehr, als sie nahmen. Der Welt (und Amerika) geht es dank ihrer Hilfe besser.«

1989 habe es in Amerika 1,3 Millionen Millionäre gegeben, bei Erscheinen des Buches 1998 hätten wahrscheinlich dreimal so viele existiert, schrieb Bloomberg. Er ziehe seine Kinder jedenfalls lieber in den USA als sonst wo auf, weil die USA wirklich das Land der unbegrenzten Möglichkeiten seien. Die Werte, die Amerikaner durch Neugründungen oder Börsengänge geschaffen haben, seien »erstaunlich«, und die Bereitschaft, Erfolg mit anderen zu teilen, sei »einzigartig«. In keinem anderen Land gebe es mehr Gerechtigkeit, Chancengleichheit, Großzügigkeit – und damit für den Durchschnittsbürger die Möglichkeit zu einem besseren Leben (vor allem für die, die schon immer diskriminiert wurden) »…Wenn Menschen wählen können, wo sie leben wollen, kommen sie *immer* zu uns.« Das Wort »immer« hat Bloomberg kursiv setzen lassen.

Freilich gibt es viele Menschen in armen Ländern, die nach Amerika ziehen. Bloomberg übersieht aber, dass es viele, viele Länder gibt, deren Menschen ebenso wie er ihren Wohnort frei wählen können – und um keinen Preis der Welt in die USA ziehen möchten, was auch immer ihre Gründe sind. Viele von ihnen würden Bloomberg zustimmen, dass Amerika für reiche und erfolgreiche Menschen wie ihn ein freies Land mit unbegrenzten Möglichkeiten ist. Dass es in keinem anderen Land mehr Gerechtigkeit, Chancengleichheit und Großzügigkeit für alle gebe, wagen jedoch zahlreiche Menschen auf dieser Welt, die frei wählen dürfen, zu bezweifeln. Wobei es für viele Amerikaner vom Schlag Bloombergs auch undenkbar scheint, dass es ein Land gibt, in dem schlicht genauso viel Gerechtigkeit, Chancengleichheit und Großzügigkeit herrschen.

Meinungsfreiheit: Die Freiheit einiger weniger, ihre Meinung zu sagen

Es war ein nobles Unterfangen. Im Sommer 1998 machte sich ein Jurist daran, die Medien und den Journalismus in den Vereinigten Staaten zu retten. Dazu gab er eine neue Zeitschrift heraus, die seinen Namen trug: *Brill's Content*. Über *content* – Inhalte also – wollte Steven Brill schreiben. Der Anwalt hatte mehrfach eine gute Nase dafür bewiesen, dass sich Medien und Recht gut ergänzen. Er hatte nach seinem Abschluss an der Yale Law School die Zeitschrift *American Lawyer* gegründet und in wenigen Jahren ein kleines Medienimperium mit Fachzeitschriften über Juristerei und Anwälte geschaffen. Seine Publikationen gingen kritischer als andere mit der Industrie der Kanzleien und Anwälte um. Steven Brill war für den Rechtsjournalismus, was Bob Woodward und Carl Bernstein – die den Watergate-Skandal ans Licht der Öffentlichkeit brachten – für den politischen Journalismus waren: ein Symbol der unabhängigen Nachforschung. Was als Klatschblatt anfing, entwickelte sich zu einer Qualitätskontrolle der gesamten Branche.

Steven Brill war es auch, der 1991 die Gerichtssäle für das Fernsehen entdeckte und den Sender »Court TV« gründete. Wieder einmal waren Brill und die USA anderen Ländern voraus. Der Sender biete hemmungslose Nabelschau und benutze das Leid der Angeklagten und Opfer, wurde ihm vorgeworfen. Brill verteidigte sich, »Court TV« schaffe Transparenz. Das Volk könne der Judikativen bei der Arbeit zusehen. Er stellte sich als Wächter der Demokratie hin. Der Prozess um O. J. Simpson war der Höhepunkt des Gerichtsfernsehens: des Zuschauerinteresses für einen Gerichtsprozess und der Erkenntnis, dass es den Machern des »Court TV« weniger um Aufklärung als um Quote, Hysterie und Verklärung ging. Brill verlor die Kontrolle über seinen Sender an den Mediengiganten Time Warner, und sein Interesse an dem Sender erlosch. Vielleicht ließ die ungute Erfahrung mit Time Warner bei ihm die Erkenntnis wachsen, dass etwas nicht stimme mit dem amerikanischen Mediensystem. Die Auszahlung von 30 Millionen Dollar investierte Brill jedenfalls in seine Medienzeitschrift, in der er die Fehler aufdecken und benennen wollte. Denn die einzige Berufsgruppe, die noch weniger Selbstkritik übe als Anwälte, das seien Journalisten, sagte Brill.

Im Sommer 1998 schaute das ganze Land auf Clintons Affäre. Der Zeitpunkt schien richtig für Brill. In seiner ersten Ausgabe schrieb er persönlich die Titelgeschichte. Kenneth Starr, der Sonderermittler in Clintons Sex-Affäre mit Monica Lewinsky, habe ihm gegenüber erstmals gestanden, geheime Untersuchungsergebnisse widerrechtlich an Journalisten weitergereicht zu haben. Aus reinem Kalkül, formuliert das neue Magazin, habe Starr Auszüge aus Verhören mit Vertrauten des Präsidenten den führenden US-Medien übergeben. Diese wiederum hätten sich mit dem Versprechen der Geheimhaltung der Quelle revanchiert. Als »unethisch« und »absolut verantwortungslos« bezeichnet Brill das Verhalten beider Seiten. Diese Enthüllung, erklärte der Herausgeber und Chefredakteur stolz, sei beispielhaft für die künftigen Themen seiner neuen Zeitschrift. Von nun an werde die einzige »unabhängige Stimme des Informationszeitalters« monatlich die brisantesten Reportagen in den US-Medien einer rigorosen Prüfung unterziehen und hemmungslos Interessenkonflikte von Journalisten beleuchten.

Doch bereits zwei Jahre später verkündete Brill seinen Abgang, denn er war selbst Opfer eines Interessenkonfliktes geworden. Brill wollte mit den TV-Networks CBS und NBC sowie mit dem Zeitschriftenverlag Primedia zusammenarbeiten, und er wurde natürlich kritisiert, denn wie könne er diese Medien noch beobachten, wenn er mit ihnen gemeinsame Sache mache? Offenbar hatte Brill Partner gesucht, weil er seine Zeitschrift nicht allein finanzieren konnte. Erst stellte er das Erscheinen von monatlich auf vierteljährlich um, nach drei Jahren wurde *Brill's Content* ganz eingestellt. Brill war immerhin so nobel und gab nicht dem härter gewordenen Anzeigenmarkt die Schuld am Niedergang seines Projekts: »Hätten wir ein hinreichend aufregendes, unabhängiges und erfolgreiches Magazin produziert, hätten wir überlebt«, sagte er.

Das Engagement von Steven Brill ist symptomatisch für die amerikanische Mediengesellschaft. Freie unabhängige Medien gelten als einer der Eckpfeiler der Demokratie. Sie kontrollieren die Mächtigen und ihre Kontrolleure in der Politik, und somit verteidigen sie die amerikanischen Werte: Unabhängigkeit, Freiheit, Gleichheit, Demokratie. Auch im Mediensystem zeigt sich die prinzipielle Kräfteverteilung der amerikanischen Gesellschaft: Der Staat soll sich aus allem »raushalten« und nur den Rahmen durch Rundfunk- und Pressegesetze gewährleisten. Alles andere soll den freien Kräften überlassen bleiben. Dieses Prinzip hat funktioniert, solange viele Unternehmen konkurrierten und einige gemeinnützige Medien eine starke Stellung hatten. Doch Medienhäuser sind in erster Linie Firmen, die Geschäfte machen. Und in dem Maße, in dem Unternehmen das Sagen in der amerikanischen Gesellschaft übernommen haben, in dem Maße haben auch große Konzerne das Sagen in den amerikanischen Medien übernommen. Anfang des vergangenen Jahrhunderts konnten die Amerikaner zufrieden sein mit der Tendenz der Medienentwicklung: Die einst stark parteiische Presse entwickelte sich zu einem Forum, das beide Seiten einer Geschichte betrachtete. Mitunter war der Glaube an Objektivität sogar übertrieben. Aber im Ergebnis informierten Zeitungen, Radio und Fernsehen weitgehend umfassend, wenngleich die Rundfunksender von Beginn an existierten, um Werbung zu machen und Radiogeräte zu verkaufen.

Doch längst ist die Mischung aus Information und Unterhaltung fast völlig zugunsten der Unterhaltung gekippt. Abend für Abend werde das Publikum geängstigt, erregt und manipuliert, aber nicht informiert, kritisieren Experten wie Paul Klite, der ehemalige Leiter der Organisation Rocky Mountain Media Watch. Wie eine unausgewogene Diät langsam sehr krank machen könne, so bedrohe lokales Fernsehen die Gesundheit der amerikanischen Gemeinschaft. Was hier über lokales Fernsehen beobachtet wurde, trifft erst recht auf die großen Unternehmen zu: Die Konzentration ihrer Macht hat die vergangenen Jahrzehnte stetig zugenommen mit der Konsequenz, dass die Vielfalt der Themen und Programme stetig abgenommen haben. Immer weniger Medienkonzerne beherrschen immer mehr Medien, die dem Publikum alle das Gleiche bieten. Ihre Auswahl wird immer kleiner, was in letzter Konsequenz dazu führt, dass auch das Weltbild der Amerikaner immer kleiner und ärmer wird. Die Auswirkungen dieser Entwicklung zeigte sich nach dem 11. September 2001, als Amerikaner ganz verwundert fragten, wie es denn komme, dass manche Menschen sie nicht liebten. »Why do they hate us?«, fragten sie – ohne viel Energie auf die Beantwortung zu verwenden. Das Schlagwort vom »Krieg gegen den Terror« und die Ansicht »Wer nicht für uns ist, ist gegen uns« ersetzten die Antwort.

Die Macht riesiger Unternehmen über das, was Amerikaner lesen, hören und sehen, ist außerordentlich. Etwa zehn transnationale Konzerne – darunter Disney, AOL Time Warner, News Corporation, Viacom, Sony, Liberty, Bertelsmann, AT&T und General Electric – dominieren die amerikanischen Medien. Ihnen gehören die großen Unterhaltungsstudios von Hollywood, die wenigen großen Buchverlage, die vier nationalen Fernseh-Networks, Hunderte von Radiosendern, die Musiklabels und die maßgeblichen Zeitschriften. Weitere zwölf bis fünfzehn Firmen – darunter Advance, Dow Jones, Gannett, Hearst, Washington Post, New York Times und Tribune Company – besitzen die maßgeblichen Tageszeitungen und die restlichen Medien. Alles in allem kontrollieren diese zwei Dutzend Firmen das amerikanische Bewusstsein. Immerhin konsumieren die US-Bürger Medien in großen Mengen: 2002 hat der durchschnittliche Amerikaner fast zwölf Stunden täglich irgendeine Form von Medien in Anspruch genommen.

Da die großen Firmen bestimmen, welche Debatten die Politiker führen und was davon berichtet wird, verwundert es nicht, dass sie Medienpolitik einseitig zugunsten ihrer eigenen privaten Interessen lenken. Durch subjektive Berichterstattung haben sie den Gedanken, dass öffentlicher Rundfunk undemokratisch und daher gefährlich sei, über die Jahre tief ins Bewusstsein der Amerikaner gepflanzt. Aus Angst, ein starker Staat bedrohe die Meinungsfreiheit, haben die meisten Amerikaner gar nicht bemerkt, dass die großen Unternehmen mit ihrer Machtkonzentration die Meinungsfreiheit Stück für Stück eingeschränkt und teilweise bereits abgeschafft haben. Der Gedanke, dass beispielsweise die Berichterstattung der BBC dem Programm der amerikanischen Networks und der Kabelsender in puncto Information weit überlegen ist, erscheint einem Amerikaner abwegig.

Das Mediensystem diene den Interessen weniger Reicher und sei eine »Giftpille für die Demokratie«, betonen der Medienprofessor Robert W. McChesney und der Journalist John Nichols. Damit verrät das System die Werte, die eine Demokratie und Gesellschaft ausmachen, welche von gegenseitiger Kontrolle aller relevanten Gruppen lebt. Freilich liest man solch fundamentale Medienkritik nur in kleinen Publikationen. Auflagenstarke Medien der Großkonzerne verbreiten das Märchen von der »freiesten Demokratie« der Welt.

Zu den Mythen gehört auch, dass die Entwicklung neuer Technologien, etwa des Internets, die Menschen, die Firmen und Investoren befreie und ihnen viele neue Möglichkeiten biete. Das sei allerdings eine oberflächliche Sicht der Dinge, warnen McChesney und Nichols. In Wahrheit werde der Wandel von dem Streben nach konzentrierter Macht der Medienkonzerne bestimmt. Die befreiende Wirkung des Internets sei – abgesehen von Randerscheinungen – eine vorübergehende Revolution. Am Ende hätten die Konzerne das Publikum fester im Griff als je zuvor, und sie profitierten mehr als jedes Individuum von der digitalen Revolution. Medienkonzentration habe das Recht auf freie Meinungsäußerung zum Hohn verkommen lassen: Eine Person mag zwar »das Recht« haben, ein eigenes Filmstudio oder eine eigene Zeitung zu gründen, aber wenn man nicht zufällig Milliardär sei, dann existiere das Recht nur auf dem Papier.

In seiner Autobiografie zeigte Jack Welch, laut *Fortune* »Manager des Jahrhunderts«, ehedem Chef des Mischkonzerns General Electric (GE), ein einziges Mal offen jene Härte, die ihm den Titel des »härtesten Managers« der USA eingebracht hat: Als er über den ehemaligen Nachrichtenchef des zu GE gehörenden Fernsehsenders NBC, Larry Grossman, schrieb. Er ist der einzige ehemalige GE-Manager, den Welch kritisiert. Dabei betont Welch immerzu, er sei ein »News Junkie«, und als eine der großen Taten von NBC und GE erwähnt er die Gründung des Wirtschaftskanals CNBC. Soll heißen: In einem Konzern, der von Kühlschränken über Flugzeugturbinen bis zu einem TV-Sender alles vereint, respektiere er Letzteren besonders. Von Journalismus versteht Welch je-

doch wenig; er wirft Grossman vor, zu viel Geld für journalisti-
sche Integrität ausgegeben zu haben. Zudem habe Grossman
ausgerechnet an jenem Abend ein Dinner gegeben, an dem die
Red Sox gegen die Mets spielten – wo Welch doch ein Fan der
Sox ist. Wenige Monate später war Grossman gefeuert.

Selbst öffentlicher Rundfunk gehört nicht mehr der Öffentlichkeit. Der Medienkritiker James Ledbetter jedenfalls
spricht vom »Tod des Public Broadcasting«: Das öffentliche
Rundfunksystem der USA habe sich verkauft, sagt er. Immer
mehr öffentliche Fernsehstationen schlossen Verträge mit
Unternehmen, um nicht allein von Spenden leben zu müssen.
Logos wurden vermarktet. Schlimmer noch sei, dass viele Pro-
duzenten angesehener Sendungen Partnerschaften mit den
etablierten Medienkonzernen eingegangen sind. Die angese-
hensten Nachrichtenprogramme, etwa »The Newshour with
Jim Lehrer«, verkauften sich an kommerzielle Medienunter-
nehmen. Die Newshour wird offiziell von der »MacNeil/Leh-
rer«-Produktionsfirma in Washington hergestellt. Wenig bekannt ist, dass die Firma bereits 1994 zwei Drittel an den
Medienkonzern Liberty verkauft hat, einen der größten kom-
merziellen Kabelanbieter. Die populäre tägliche Talkshow mit
Charlie Rose, die als eine der wenigen Oasen ernsthafte Themen aus Politik und Kultur diskutiert, wird von Bloomberg
produziert. Offiziell läuft im Public TV keine Werbung. Aber
die Nachrichtenprogramme werden von großen Konzernen
gesponsert. Public Broadcasting hat keinen Einfluss. Es fristet
ein Nischendasein, und es ist nicht einmal *public*.

Die Vereinigten Staaten haben mit der *New York Times* eine
der weltbesten Zeitungen hervorgebracht. Sie gehört einem
privaten Medienkonzern und blickt skeptisch auf den staatlichen Rundfunk. Die Eigentümer halten gegen den Trend an
ihren Idealen fest und haben sich bislang geweigert, die Kontrolle an ihrer Zeitung an Investoren der Wall Street abzugeben. Aber die *New York Times* ist eine der wenigen einflussrei-

chen Ausnahmen mit hoher Qualität. Es gibt gute Geschichten, handwerklich ordentliche Recherchen, es gibt große Anstrengungen, die den Pulitzerpreis erhalten. Aber entscheidend ist, dass die Konzentration immer mehr zunimmt. Das Internet hat die Situation entspannt. Längst leidet die Gesellschaft nicht mehr an einem Mangel, sondern an einem Übermaß an Information. Bestimmte Themen, die wichtig sind, werden aber kaum mehr oder nur am Rande behandelt. So kann man Kritikern sagen: Was wollt ihr denn? Das Thema war doch in der Zeitung. Wir unterdrücken nichts.

Aber der Stellenwert in den Medien spiegelt nicht den Stellenwert wider, den bestimmte Themen haben sollten. Manche Themen sind unwichtig, werden aber von fünfzehn Fernsehstationen, zehn Radiosendern und zwanzig Zeitungen in gleicher Form tagelang aufgebauscht.

Als Höhepunkt des amerikanischen Journalismus gilt bis heute Watergate: der Sturz des Präsidenten 1974. So falsch der Eindruck war, dass zwei einsame Reporter ganz allein den Präsidenten gestürzt haben, so falsch war hinterher der Eindruck, dass investigativer Journalismus seither von jedem kleinen Provinzblatt in anspruchsvoller Form praktiziert wird. Gefragt sind vor allem schnelle Geschichten. Der aufklärerische Anspruch ist gering. Ein Fernsehteam überführt beispielsweise Autofahrer, die eine Parkuhr betrügen – das Filmchen ist lustig und wird minutenlang in den Abendnachrichten gezeigt. Oft ähneln solche Beiträge denen bei »Verstehen Sie Spaß?« Nach Watergate hat der Kongress jedem Amerikaner das Recht auf behördliche Auskunft gegeben. Der so genannte Freedom of Information Act hat Journalisten oft geholfen, wichtige Informationen öffentlich zu machen. Doch gemessen an der Fülle von belanglosen Informationen, die Tag für Tag die Mehrheit der Amerikaner bedient, bleiben die Folgen des Informationsfreiheitsgesetzes gering. Nur wenige Journalisten benutzen es; oft werden ihre Anträge abgelehnt. Zudem sind die zuständigen Auskunftsstellen überfrachtet mit Anträgen von Firmen, die ihre Konkurrenz ausspähen wollen – auch hier wird der ursprüngliche Zweck des Rechts pervertiert: Statt dem einzelnen Bürger dient es mittlerweile Unternehmen. Meinungsfreiheit wird in den USA sehr geschätzt. Doch mit Kritik verhält es sich sonderbar: Wer einen einzelnen Fall kritisiert, wird in den USA für seine Kritik gelobt. Denn er beweist zweierlei. Er kritisiert einen Zustand, der Kritik verdient und verbessert werden muss. Er gibt dem Land also die Möglichkeit zu zeigen, dass man sich stets weiterentwickeln kann. Solange niemand behauptet, das gesamte Rechtssystem sei an einem problematischen Punkt angelangt, so lange ist Kritik willkommen…

KAPITEL 5

Fünf Richter wählen einen Präsidenten

*Wie das Recht die Politik und Politik
das Recht beherrscht*

»Politik existiert in unserer Entscheidungsfindung
überhaupt nicht. Unter Politik verstehe ich: Republikaner gegen Demokraten, ist das populär oder nicht, wird
das der Wahl bestimmter Leute helfen?«

Stephen J. Breyer

»Obwohl wir vielleicht nie mit Gewissheit erfahren werden, wer die Präsidentschaftswahlen in diesem Jahr gewonnen hat, so wissen wir genau, wer sie verloren hat:
Die Nation hat ihr Vertrauen in den Richter als unparteiischen Wächter über die Herrschaft des Rechts verloren.« *John Paul Stevens*

»Zum Großteil liegt es an der politischen Aktivität,
wenn man zum Richter ernannt wird.« *Roy Mersky*

Politikerjuristen und
der Bauch eines Grashüpfers

Im Juni 1992 stand wieder einmal das Thema »Abtreibung« auf
der Tagesordnung des Supreme Court. Die neun Richter
mussten in dem Streit Planned Parenthood vs. Casey entscheiden, ob sie an dem immer noch kontroversen Beschluss ihrer
Vorgänger festhalten wollten, wonach die Verfassung ein Recht

auf Abtreibung gewähre. 1973 hatte das Gericht in einer umstrittenen Entscheidung im Streit Roe vs. Wade dieses Recht
festgestellt. Würde es nun – fast zwanzig Jahre später – vom
selben Gericht zu Fall gebracht werden? Viele Politiker sahen
genau das voraus. Jahrelang hatte Ronald Reagan als Gover-
neur und Präsident darauf hingearbeitet – und Richter ernannt, von denen er sicher zu wissen glaubte, dass sie keine liberale Rechtspolitik verfolgten.

Während seiner Kandidatur für das Präsidentenamt 1980
und 1984 hatte Reagan lautstark gefordert, die Entscheidung
von 1973 müsse geändert werden. Als Präsident hat Reagan
mehrfach versprochen, er werde solche Richter ans Oberste
Gericht holen, die das Urteil von Roe vs. Wade korrigieren
würden. So spielten Fragen nach der Haltung gegenüber Abtreibung eine zentrale Rolle im Auswahlverfahren, das Reagans Kandidaten für das Richteramt unterlaufen mussten.
Allerdings war er mit einem erzkonservativen Mann ins Straucheln geraten: Reagan hatte den Richter und Juraprofessor Robert H. Bork für das Amt ausgesucht, weil Bork sich in der
Öffentlichkeit wiederholt vehement gegen Abtreibung ausgesprochen hatte. Bork war relativ jung für das Amt, jedenfalls
noch keine sechzig. Auf Lebenszeit ernannt, würde Bork Reagans Rechtspolitik noch Jahre nach dem Abgang seines Förde-
rers durchsetzen. Doch dann geschah, womit Reagan nicht gerechnet hatte. Im Senat verloren die Republikaner die
Mehrheit, und die Demokraten weigerten sich schlicht, Bork zu
bestätigen. Reagans Kandidat fiel durch. Nach dieser Niederlage war der Präsident vorsichtiger. Er nominierte Richter, die
sich nicht öffentlich gegen Abtreibung ausgesprochen hatten.
Aber er ließ die Kandidaten mehrfach befragen und ihre Einstellung prüfen, damit sie in seinem Sinne abstimmen würden.

Die Ernennung von Richtern, speziell des höchsten Gerichts, ist daher eine sehr politische Angelegenheit. Irgendwann, davon kann jeder Präsident ausgehen, werden sie seine

Politik (oder die seines Nachfolgers) beeinflussen. Wie gesagt, wenn sie nicht schwer krank werden und zum Rücktritt gezwungen sind, können Richter am Supreme Court noch lange nach dem Ausscheiden eines Präsidenten auf die Politik einwirken: Den amtierenden Vorsitzenden des Gerichts, William Rehnquist, hat beispielsweise Richard Nixon vor dreißig Jahren an den Supreme Court geholt. Der Großteil der amtierenden Richter wurde von Reagan ernannt. George Bush senior und Bill Clinton haben während ihrer insgesamt drei Amtszeiten nur jeweils zwei Richter ernennen dürfen.

Reagan war wichtig, dass Richter sich aufs Interpretieren von Recht beschränken, nicht neues Recht schaffen. Im Prinzip zumindest. Das Recht auf Abtreibung sollten sie freilich abschaffen. *Common law* heißt, dass Richter nicht nur Urteile fällen und Recht sprechen, sondern dass sie Recht erfinden, neues Recht bilden. Dennoch scheinen die Präsidenten Richter zu bevorzugen, die bestehende Gesetze lediglich interpretieren, nicht gänzlich neue Gesetze schaffen. Offensichtlich wollen sie kein Gericht, das ihnen in die Quere kommt.

Doch es kam anders, als Reagan es seinen Wählern versprochen hatte: Mit fünf zu vier Stimmen hielten die Richter an dem Verfassungsrecht auf Abtreibung fest. Das muss bitter gewesen sein für den Präsidenten, denn unter den fünf Stimmen waren auch die von Sandra Day O'Connor und Anthony Kennedy, jenen beiden Richtern, die er nach der gescheiterten Nominierung Borks selbst an den Supreme Court geholt hatte. Offensichtlich haben sich die beiden weniger an Reagans Worte gehalten, als er damals glaubte. Der Ausgang des Rechtsstreits ist bemerkenswert, steht er doch beispielhaft für das Ideal von Richtern, die von der Politik unabhängig sind. Die Richter handelten so, wie man es von ihnen erwartet: unabhängig selbst gegenüber jenen, die sie ernannt hatten.

So lautet das Ideal: Neun Richter, die keine Juristen sein müssen (aber seit Jahrzehnten stets waren) und vom Präsidenten auf Lebenszeit ernannt, nicht vom Volk gewählt sind, sollen abgehoben von der korrupten Tagespolitik als Korrektur zur politischen Macht fungieren, als eine Art Rat der Weisen. Ihre Stärke sollte das kluge Argument sein, nicht die schlichte politische Macht der Mehrheit. Um so zu wirken, haben sie deutlich mehr Einfluss und Macht als Verfassungsrichter in anderen Ländern, etwa in Deutschland. »Die Amerikaner erkennen den Richtern das Recht zu, ihre Entscheidungen weit mehr auf die Verfassung als auf die Gesetze zu stützen«, beobachtete schon Alexis de Tocqueville. Ein amerikanischer Richter brauche ein Gesetz nicht anzuwenden, das er für verfassungswidrig hält. Das tun freilich auch Richter in anderen Ländern nicht, mit einem großen Unterschied: Wenn sie es nicht tun, gibt es einen Aufschrei, weil es ihnen nicht zugestanden wird. In Amerika dagegen erkennen alle Gewalten und Parteien dieses Prinzip an. Das gibt den Richtern große Macht, erst recht den Richtern des Supreme Court.

Am 24. Juli 1974 urteilten die Richter, Richard Nixon müsse dem Sonderermittler Leon Jaworski die so genannten Watergate-Bandaufnahmen übergeben. Die Entscheidung markierte das Ideal des Gerichts, denn sie fiel einstimmig. Auch drei Richter, die Nixon selbst berufen hatte, fällten die Entscheidung, die Nixon siebzehn Tage später zum Rücktritt zwang. Ein vierter Richter, den Nixon berufen hatte, enthielt sich der Stimme. Damals hat wohl kaum einer für möglich gehalten, dass dieser Richter, William Rehnquist, mehr als 25 Jahre später als Vorsitzender des Gerichts wesentlichen Anteil haben sollte an der vielleicht abhängigsten Entscheidung, die der Supreme Court je traf: George W. Bushs Ernennung zum Präsidenten. Lange Zeit freilich schien Watergate den Beweis erbracht zu haben, dass der Supreme Court tatsächlich unabhängig sei.

Obwohl wir von Politikern ernannt sind, »existiert Politik in unserer Entscheidungsfindung überhaupt nicht«, versicherte

Stephen J. Breyer, einer der Richter des Supreme Court, 1998 in seiner Abhandlung »The Work of the Supreme Court«. Unter Politik verstehe er Fragen wie: »Republikaner gegen Demokraten, ist das populär oder nicht, wird das der Wahl bestimmter Leute helfen?... Persönliche Ideologie oder Philosophie ist etwas anderes... Richter, die von verschiedenen Präsidenten unterschiedlicher Parteien ernannt worden sind, können unterschiedliche Ansichten über die Interpretation der Gesetze haben... Ich denke, die Verfassung berücksichtigt solche Unterschiede. Ergebnisse, die solche Unterschiede widerspiegeln, sind völlig in Ordnung.« Was Breyer damals formuliert hat, ist nichts anderes als das Ideal, das Amerikaner so stolz macht auf die Herrschaft des Rechts, auf das angeblich beste aller juristischen Staatssysteme, auf die beste aller Demokratien.

Die Wahl von George W. Bush zum Präsidenten durch den Supreme Court zeigte, wie die Politik und ihre Kontrollinstanz, das oberste Gericht, die hehren Werte von Freiheit, Gleichheit und Demokratie verraten. Weder die dritte Gewalt (die Richter) noch die vierte Gewalt (die Medien) konnten Fehler der Politik beheben. In einer ihrer wichtigsten Stunden versagten beide Instanzen. Auf welche Weise haben sie ihre Werte verraten? Die Bürger sollten frei sein, den Mann ihrer Wahl zum Präsidenten zu bestimmen. Doch der Mann, den die meisten Amerikaner gewählt haben, wurde aufgrund einer Gerichtsentscheidung nicht Präsident, sondern sein unterlegener Gegner. Die Richter waren nicht daran interessiert, ein angemessenes Ergebnis zu erhalten. Die Idee der Gleichheit wurde vom Gouverneur Floridas, dem »kleinen Bruder« von George W. Bush, korrumpiert: Tausenden ehemaligen Gefangenen wurde das Wahlrecht verweigert – Umfragen zufolge hätten sie überwiegend für Al Gore gestimmt. Medien, Politiker und Gerichte haben diesen Verrat stillschweigend geduldet – obwohl die Praxis gegen Gerichtsurteile verstieß. Schließlich haben die

Richter des Obersten Gerichtshofes den Grundsatz, frei und unabhängig zu entscheiden, aufgegeben: Ihr Urteil, das Bush zum Präsidenten machte, folgte persönlichen Präferenzen. Wie selten zuvor machte dieses Urteil klar, wie abhängig von Parteipolitik die höchsten Richter entscheiden. Im Zweifel haben sie gegen ihre Überzeugungen, die sie in anderen Fällen dargelegt hatten, gestimmt. Ihr Urteil war nackte Machtpolitik. Ihnen lag am Herzen, ihre knappe konservative Mehrheit am Gericht zu erhalten. Sie wussten nur zu gut, dass der nächste Präsident bis zu drei neue Richter ernennen könnte. Da viele ihrer Entscheidungen knapp ausfallen, würden die Ernennungen die Mehrheiten des Obersten Gerichts stark beeinflussen. Wenn das Urteil Bush vs. Gore etwas Gutes hatte, dann wohl die Erkenntnis, dass Richter zutiefst parteiisch entscheiden – im Zweifel für sich selbst. Ihr Urteil zeigte ihre Interessenkonflikte mit der Politik auf und wie sehr sie darin verstrickt sind. Das Urteil zeigte auch: Das amerikanische System, das vorgibt, so sehr auf Kontrolle zu vertrauen, hat ausgerechnet dann, als unabhängige Kontrolle vonnöten gewesen wäre, versagt.

Amerikaner halten wenig von Politikern und fast genauso wenig von Juristen. Da ein Richter zugleich ein Politiker und ein Jurist sei, sollte sein Ansehen nach logischem Ermessen eigentlich »niedriger sein als der Bauch eines Grashüpfers«, sagt Vincent Bugliosi, ein ehemaliger Staatsanwalt von Los Angeles. Das Gegenteil sei jedoch der Fall: Eine 25 Dollar billige Baumwollrobe genüge, einen Politikerjuristen in eine Respektsposition zu erheben. Richter sind tabu geblieben für die billigen Späße der Unterhaltungsshows (sieht man vom Prozess gegen O. J. Simpson ab) und werden in populären TV-Serien stets als unabhängige Vertreter des Rechts dargestellt. Dieses Image sei jedoch völlig falsch, meint Bugliosi.

Alle Richter des Supreme Court seien an ihre Ämter gekommen, weil sie schon immer die Nähe zur Politik gesucht, nicht weil sie das Ideal von Distanz gelebt hätten. 97 Prozent der von Reagan ernannten Richter waren Republikaner. Richter werden nicht wegen ihrer Unabhängigkeit, sondern wegen ihrer Abhängigkeit in ein wichtiges Amt gebracht. Zum Großteil liege es an der politischen Aktivität, wenn man zum Richter ernannt werde, behauptet Roy Mersky, Juraprofessor der University of Texas. Dieser Grundsatz bestätigt sich die Ämterleiter hinauf bis zum Supreme Court. Die letzten drei Vorsitzenden des Supreme Court sind jedenfalls – wie viele ihrer Vorgänger – alle Geschöpfe der Politik gewesen.

Der Exvorsitzende des Supreme Court, Earl Warren, war Gouverneur und Justizminister Kaliforniens. 1944 fungierte er als Vorsitzender und Hauptredner auf dem Parteikongress der Republikaner. Vier Jahre später, 1948, war er bereits Kandidat der Republikaner für die Vizepräsidentschaft. Sein Nachfolger als Vorsitzender des Gerichts, Warren Burger, war 1948 Wahlhelfer des republikanischen Gouverneurs Harold Stassen und engagierte sich vier Jahre später im Wahlkampf für Dwight D. Eisenhower. Ohne dass er Erfahrung hatte als Richter, hat Eisenhower ihn 1956 an den US Court of Appeals – eines der höchsten Gerichte der USA – berufen. William Rehnquist, der Vorsitzende des Supreme Court, hat 1964 aktiv Wahlkampf für die Präsidentenkandidatur von Senator Barry Goldwater gemacht. Zwei Jahre davor habe Rehnquist schwarze und hispanische Bürger beim Wählen angegriffen, weil sie des Englischen nicht mächtig waren.

Auch die anderen Richter am Supreme Court haben politische Erfahrungen gesammelt: Sie waren entweder politisch aktiv oder haben für Regierungen gearbeitet. Clarence Thomas war juristischer Berater des republikanischen Senators John Danworth aus Missouri. Wie es der Zufall will, hat Danforth später die Nominierung von Clarence Thomas unterstützt und ihm bei seiner kontroversen Berufsanhörung geholfen. Seine Ernennung 1991 war eine der umstrittensten in der Geschichte des Gerichts: Thomas war erst 42 Jahre alt und hatte als Anwalt oder Jurist nie besonders auf sich aufmerksam gemacht. Die American Bar Association hatte ihn keineswegs als »höchst qualifiziert« eingestuft. Er war nur ein Jahr Richter am US Court of Appeals gewesen, als Bush einen wie ihn suchte: einen sehr konservativen Schwarzen. So konnte man Bush seine konservative Haltung nicht wirklich vorwerfen – weil er ja schwarz war, also war die Ernennung politisch korrekt. Während seiner Anhörung sagte er, er habe nicht ein einziges Mal die Segnungen des Urteils Roe vs. Wade diskutiert, die bereits genannte umstrittene Entscheidung des Supreme Court zur Abtreibung. Clarence Thomas habe seinen mageren Ruf eingelöst, meint Bugliosi. Er habe keine eigene Stimme, sondern sei ein Vasall des sehr konservativen Richters Antonin Scalia.

Richterin Sandra Day O'Connor saß drei Amtsperioden im Senat des Bundesstaates Arizona – einmal sogar als Chefin der Mehrheitsfraktion – und hat Wahlkampf für Richard Nixon geführt. Sie sei schon frühzeitig politisch aktiv geworden und habe ab 1960 Lokalpolitik in Phoenix betrieben, wird ihre Biographin Judith Bentley bei Bugliosi zitiert. Später sei sie für ihre Parteiarbeit mit dem Senatssitz belohnt worden. Richter David Souter war Generalstaatsanwalt in New Hampshire. Richter Stephen Breyer fungierte als anwaltschaftlicher Chefberater der Carter-Regierung für den Justizausschuss des Senats. Richter John Paul Stevens war juristischer Berater eines Kongressausschusses in Trumans Amtszeit. Richter Anthony Kennedy hat Ronald Reagan bei der Steuergesetzgebung geholfen, als dieser noch Gouverneur in Kalifornien war. Richter Antonin Scalia war als Jurist für die Regierungen von Richard Nixon und Gerald Ford tätig. Von Scalia weiß man übrigens auch, dass er unter seinen vier Assistenten einen so genannten *counterclerk* beschäftigt. Das ist ein Jurist, der bei seiner Vorbereitung den liberalen Kollegen spielen soll, damit Scalia bei den Verhandlungen die Argumente der liberalen Seite blitzschnell parieren kann.

Wer diese Details aus den Biographien der Richter kennt, wundert sich über Richter Breyers Aussage, Politik spiele in der Entscheidungsfindung überhaupt keine Rolle. Ist das wirklich möglich? Viele mögen schon 1998 Zweifel an dieser Aussage gehabt haben. Aber nur die zynischsten Beobachter hätten erwartet, dass die Richter in ihrer wichtigsten Entscheidung strikt parteiisch urteilen würden.

Elf Gerichtsverfahren gab es nach der Präsidentschaftswahl im November 2000, bevor der Name des Präsidenten feststand. Das Urteil der Richter im elften Verfahren, dem von Bush vs. Gore vor dem Supreme Court, fiel sehr knapp aus. Wer bis dahin nicht wahrhaben wollte, dass die Richter statt einer juristischen eine politische Entscheidung getroffen hatten, dem wurden der Einfluss der Richter und die Macht des Gesetzes damit vor Augen geführt. Dass die Wähler in absoluten Zahlen mehrheitlich Al Gore gewählt hatten, der Wählerwille des Volkes also für ihn sprach, ließ die Richter offensichtlich unbeeindruckt. Wie grotesk parteiisch die Wahl und die entscheidenden juristischen Urteile waren, offenbart der Blick auf einige fragwürdige Ereignisse. Etwa dass Jeb Bush ein Urteil des höchsten Gerichts seines Bundesstaats ignorierte und Tausenden von Demokraten verboten hatte, zu wählen. Der Fall blieb so unbeachtet, wie er grotesk ist, dabei hätten diese Stimmen bereits ausgereicht, um Gore zum Präsidenten zu machen.

Verschwundene Wähler

Disappeared voters, »verschwundene Wähler«, nennt der Journalist Gregory Palast die Stimmen derjenigen Amerikaner, die bei der Wahl in Florida nicht gezählt wurden – etwas, was man eigentlich nur aus Lateinamerika kennt. Einige Zehntausend hatten illegalerweise nicht wählen dürfen, berichtete Palast in der Wochenzeitschrift *The Nation* vom 18. Januar 2001.

Schon lange vor der Wahl war beiden Kandidaten klar, dass ihr Abschneiden in Florida den Ausgang der Wahl im gesamten Land entscheiden könnte. Al Gore und George W. Bush machten in Florida öfter Halt auf ihren Wahlkampftouren als in anderen Staaten. Al Gore ernannte Joseph Lieberman zu seinem Vize. Lieberman wäre der erste jüdische Vizepräsident der USA gewesen – Gore wollte damit Stimmen der großen jüdischen Bevölkerung Floridas für sich gewinnen. George W. Bush hatte seinen jüngeren Bruder Jeb, den Gouverneur Floridas. Jeb kannte den Staat, und er versuchte, für seinen Bruder Stimmen zu holen. Im Wahlkampf versprach er, er werde schon dafür sorgen, dass Florida – und seine 23 Wahlmännerstimmen – seinem Bruder zufallen. Er tat sein Möglichstes, auch wenn er dafür die Gesetze seines Bundesstaates brechen musste.

Wohl ausschlaggebend für den Sieg seines Bruders war der Umstand, dass Jeb Bush die Wahl direkt beeinflussen konnte. Lange vor dem 7. November 2000 traf er ein paar entscheidende Vorkehrungen, die Al Gore einige tausend Stimmen kosten sollten. Offiziell hat George W. Bush in Florida rund 500 Stimmen gewonnen. Umso bedeutender wären jene Stimmen gewesen, die sein Bruder für ungültig erklären konnte.

Die Zahl der Einwohner Floridas, die irgendwann einmal wegen eines Vergehens in einem anderen Bundesstaat eine Gefängnisstrafe verbüßen mussten, schätzt Jeffrey Manza, ein Experte für die statistischen Erhebungen über Gefangene der Northwestern University, auf »deutlich über 50 000 und wahrscheinlich über 100 000«. Manza schätzt, dass etwa 80 Prozent davon beim Eintreffen in Florida ihr Wahlrecht besaßen. Es gibt kein Gesetz, wonach sie ihr Wahlrecht durch den Umzug nach Florida verlieren.

Nach außen hin hat die Regierung des Bundesstaates dies bestätigt. Offiziell versicherte das Büro des Gouverneurs, dass Jeb Bush die Rechte der Gefangenen achte und die Urteile der

Gerichte seines Staates befolge. Insgeheim aber hat seine Regierung mithilfe einer den Republikanern nahe stehenden Firma wahlberechtigte ehemalige Gefangene ausfindig gemacht und sie von der Liste der Wahlberechtigten gestrichen. Das Verfahren, urteilte der demographische Experte David Bositis, habe erkennbar dazu gedient, Schwarze zu diskriminieren. Ausgehend von bundesweiten Statistiken, sind 46 Prozent der ehemaligen Gefangenen Afroamerikaner, sagt Bositis, ein Mitarbeiter am Joint Center for Political and Economic Studies in Washington. In Hillsborough County hat ein offizieller Wahlbeobachter errechnet, dass 54 Prozent der illegalerweise ihres Wahlrechts beraubten Leute schwarzer Hautfarbe seien. 11 Prozent der Wähler in dem Bezirk sind Schwarze.

Bositis glaubt, dass das Verfahren parteipolitisch motiviert gewesen sei. Warum sonst habe die Staatsregierung 4 Millionen Dollar dafür ausgegeben? Immerhin erhielt Al Gore neun von zehn Stimmen der Afroamerikaner in Florida. Dazu kommt, dass sowohl weiße als auch hispanische Verurteilte, die meist arm sind, fast ausschließlich einen Demokraten wählen. Eine Studie der University of Minnesota über die Wahl 1996 von Bill Clinton ergab, dass schätzungsweise 93 Prozent aller Verurteilten (jeder Rasse) für Clinton gestimmt haben. Weshalb ihnen auch immer das Wahlrecht von Florida aberkannt worden ist, eines steht für *The Nation* fest: Ihre Zahl sei um einiges höher gewesen als die Zahl der angeblichen Mehrheit, mit der George W. Bush den Sieg in Florida zugesprochen bekam.

Secretary of State Katherine Harris kontrollierte nicht nur die Auszählung der Stimmen, die Bush den Sieg sicherte. Eine von ihr kontrollierte Behörde strich Wähler, die den Demokraten zugetan waren, von der Wählerliste – oder verweigerte ihnen die Einschreibung ins Wählerverzeichnis. Der illegale Entzug des Wahlrechts war jedoch sonderbarerweise nie Thema einer Klage. Erst Monate nach der Wahl berichteten amerikanische Medien im Februar 2001 über den Entzug. Mittlerweile war Bush längst ins Weiße Haus eingezogen. Die Regierung hatte den Entzug des Wahlrechts 1998 mit einem Gesetz vorbereitet. 1998 präparierte sich Jeb Bush für Gouverneurswahlen, und sechs Monate vor der Wahl betraute er seine Vize Sandra Mortham mit der »Säuberung« der Liste. Die rücksichtslose Art und Weise, wie sie das tat, besorgte einige örtliche Wahlbeobachter. Die Florida State Association of Supervisors of Election warnte Morthams Büro im August 1998 in einem vertraulichen Memo, sie habe in ihrer Aktion die falschen Namen gestrichen. Die Wahlbeobachter wollten einen öffentlichen Streit vermeiden und beließen es bei der vertraulichen Warnung. Im November gewann Bush seine Wiederwahl.

Nach der Wahl setzte die Regierung ihre Säuberungsaktion fort: Im Mai 2000 wies sie die Bezirke an, 8000 Bürgern Floridas die Wahlberechtigung zu entziehen. Den 8000 Bürgern waren in Texas geringe Vergehen zur Last gelegt worden, keine schweren Verbrechen. Genau das warf man ihnen jedoch in Florida vor. Die Behörden korrigierten den Fehler nur halbherzig und strichen 437 Wähler, die in Texas wegen Kapitalverbrechen verurteilt worden waren. Auch das war illegal. Hätte sich Bushs Wahlbehörde an die eigenen Gesetze gehalten, dann hätte sie keinem der ehemals Verurteilten das Wahlrecht nehmen dürfen.

Die »Säuberungsaktion« ist auch deshalb bemerkenswert, weil Gerichte in Florida wiederholt entschieden haben, dass die Praxis von Bush und Harris illegal sei. Im Juni 1998 urteilte ein Gericht, Florida könne von einem Mann, der 25 Jahre früher in Connecticut verurteilt worden war, nicht verlangen, dass er den Staat bitte, ihm seine Bürgerrechte wieder zu gewähren. Der Mann habe seine Rechte nämlich niemals verloren.

Bei einem Treffen von Wahlbeobachtern im Sommer 1998 wurde mehrfach über die Gerichtsentscheidung gesprochen.

Einige der Anwesenden waren erstaunt, dass Mitarbeiter der Regierung dennoch darauf bestanden, die Listen zu säubern. In Hillsborough County etwa war der zuständige Wählerlistentechniker Chuck Smith derart verunsichert, dass er die Staatsregierung bat, ihm Anweisungen zur Streichung schriftlich zu geben – was die Behörde prompt tat. Der Leiter des Verbandes der Wahlbeobachter hat die Behörde ebenfalls wegen ihrer Streichungen befragt. Die Wahlbeobachter erhielten die gleiche Antwort wie Hillsborough: Streichen Sie die Namen von den Listen. Wer sich beschwert, soll Bush um eine Begnadigung bitten.

Doch wieso soll man um Gnade bitten für eine Sache, die einem zusteht? Bush stellte sich auf einen seltsamen Standpunkt: Wer ihn nicht um Begnadigung bitten wollte, der sollte bitte schön beweisen, dass ihm seine Rechte zurückgegeben wurden. Das klingt einfach. Aber Bundesstaaten, die die Rechte automatisch zurückgeben, machen dies ohne schriftliche Bestätigung. Es ist einfach so. Wer es dennoch schriftlich wollte, der stieß auf wenig Begeisterung und musste lange auf eine Antwort warten. Wer das Papier endlich beschafft hatte, auf den wartete in Florida ein ebenso umständliches Procedere. Das komplizierte Verfahren dauerte vier Monate bis zu zwei Jahren, in dessen Verlauf sogar eine Art Gerichtsanhörung möglich war und am Ende Jeb Bush entschied – als handle es sich um ein Begnadigungsverfahren.

Verspätet klagte die National Association for the Advancement of Colored People (NAACP) im Januar 2001 gegen das fragwürdige Vorgehen von Katherine Harris und Clay Roberts, dem Mann, der die Behördenaufsicht über die Einhaltung der Wahlgesetze hatte, sowie gegen die Firma, die ihnen bei der Suche nach ehemaligen Verurteilten geholfen hatte. Die Klage beschuldigte sie, mit ihrem Vorgehen gegen das Wahlgesetz von 1965 und gegen die Verfassung verstoßen zu haben. Die NAACP verlangte ein Ende der fragwürdigen Praktik, ehemals

Verurteilte ihres Wahlrechts zu berauben. An der Präsidentschaft von George W. Bush änderte die Klage freilich nichts.

Fast zwei Jahre nach der Wahl, am 3. September 2002, einigten sich die NAACP und andere Bürgerrechtsgruppen mit den Vertretern der Staatsregierung und örtlichen Wahlbeobachtern auf einen Vergleich. Obwohl man sich nicht einig sei über den Grad der Probleme, so teile man die Ansicht, dass es weiterer Reformen bedürfe, hieß es in einem Statement. Die Beklagten gestanden keine Schuld ein, versprachen aber, fälschlicherweise gestrichene Bürger wieder in die Wählerliste aufzunehmen und die Abläufe zu verbessern.

Eine Woche später hielten die Demokraten die Vorwahlen für das Gouverneursamt ab. Die Wahl wurde in der Öffentlichkeit als Test gesehen. Für 32 Millionen Dollar hatte man eine neue Wahltechnik angeschafft. Aber Florida habe den Test nicht bestanden und sei auf miserable Weise durchgefallen, schrieb die *New York Times* am 12. September 2002. Nach der Wahl konnte erneut niemand sagen, wer eigentlich gewonnen hatte: die ehemalige Justizministerin Janet Reno oder der wohlhabende Anwalt Bill McBride? Hunderte von Wählern sollen fortgeschickt worden sein, weil die Wahlhelfer ihre Technik nicht im Griff hatten oder nicht bemerkten, dass eine Maschine an eine Steckdose angeschlossen war, die keinen Strom hatte.

Dass die Entscheidung der Präsidentschaftswahl in Florida fiel, ist jedoch nur halb richtig, denn wirklich entschieden wurde die Wahl in Washington. Dort sitzt der Supreme Court. Das wäre vielleicht nicht einmal tragisch, wäre die Entscheidung der Richter nicht so offensichtlich parteiisch ausgefallen. Vielen Amerikanern ist dies entgangen. Sie hatten Mühe zu verstehen, was die Richter genau entschieden haben (in ihrem Urteil hatten sie eigentlich ja nur den Stopp der Auszählung gefordert). Und die Bürger wollten endlich wissen, wer denn nun die Wahl gewonnen habe. Sie vertrauten den Politikern weniger als den Richtern. Sie waren froh, als die Ungewissheit endlich ein Ende hatte. Eine Mehrheit der Amerikaner sagte in einer Umfrage, sie sei bereit, eine Entscheidung des Supreme Court zu akzeptieren. Und so war es dann auch. Als Bush später, einige Monate nach der Amtseinführung, Florida besuchte, hielt man vergebens nach Demonstranten Ausschau, die ihm Wahlbetrug vorwürfen. Amerika hatte die Entscheidung des Supreme Court akzeptiert.

Um zu verstehen, auf welch fragwürdige Weise Juristen George W. Bush zum Präsidenten gekürt haben und wie parteiisch das höchste Gericht den Streit zwischen Gore und Bush entschieden hat, muss man ein paar Dinge über die Wahl und die Politiker in Florida wissen. Zum Beispiel über Katherine Harris. Der offizielle Amtstitel von Katherine Harris ist Secretary of State von Florida. »Außenministerin« ist freilich ein komischer Name für das Amt einer Politikerin eines Bundesstaates, wird doch die Außenpolitik in den USA von Washington aus entschieden.

Harris kümmert sich daher vor allem um Wirtschaftsbeziehungen. Sie ist nach Südamerika geflogen, nach Sydney und in die Karibik. Dass sich daraus ein konkreter Nutzen ergab, ist nicht bekannt. Aber ihre Reisekosten lagen bei mehr als 100 000 Dollar und überstiegen damit die Reisekosten jedes anderen Politikers in Florida. Ideologie verband sie nicht mit ihrer Politik. Eigentlich hatte die ehemalige Kunststudentin ihre politische Karriere als Anhängerin der Demokraten begonnen. Sie saß im Gremium eines Kunstmuseums und war stolz auf dessen Rubens-Sammlung. Als das Museum in Finanzschwierigkeiten steckte, bat sie einen Demokraten im Senat von Florida, sich für Zuschüsse einzusetzen. Doch der Mann sagte, für ihn sei Rubens so viel wert wie ein Sandwich. Harris war empört, kandidierte aufseiten der Republikaner gegen den Mann – und gewann.

Als James Baker, der ehemalige Außenminister von Bush senior, und Warren Christopher, der Exaußenminister von Bill Clinton, in Florida eingetroffen waren, um Bush und Gore anwaltlich zu vertreten, ergab sich eine bemerkenswerte Situation. Zwei ehemalige und eine amtierende »Außenministerin« stritten um den Ausgang der Präsidentschaft. Eines Abends traf Harris in einem Lokal auf Christopher. Sie kam zu seinem Tisch, plauderte eine Weile, und zum Abschluss sagte sie: »Komisch, nicht? Sie waren Secretary of State, und ich bin Secretary of State.« Allerdings wollten die Bürger in Florida das Amt abschaffen. Zudem hatte sie es ja nur für kurze Zeit von ihrer Vorgängerin übernommen. Das Ende ihrer Amtszeit war also absehbar. Daher befand sich Harris auf der Suche nach einer neuen Aufgabe. Vielleicht hatte sie sich deshalb in der Wahlmannschaft von Bush engagiert und trug den Titel eines *pro-chair*. Ihr muss klar gewesen sein, dass Bush ihr helfen könnte, den Sprung von Floridas Bundeshauptstadt Tallahassee nach Washington zu schaffen. Aus persönlichen Gründen war sie Demokratin und später Republikanerin geworden. Aus persönlichen Gründen wollte sie auch, dass George W. Bush Präsident wird. Es hätte ihr genutzt.

Das ist interessant zu wissen, weil Harris nämlich als Secretary of State auch für jene Behörde zuständig war, die die Wahlen überwachen sollte. An ihr lag es festzustellen, ob Bush oder Gore im Staat Florida die Mehrzahl der Stimmen und damit alle 23 Stimmen der Wahlmänner gewonnen hat. Mit anderen Worten: Harris sollte am Ende bestimmen, wer Präsident wird. Sie verstand nicht viel von den Wahlgesetzen, überließ das meiste ihren zuständigen Mitarbeitern. Die strichen die Namen von Wählerlisten. Die kannten sich aus. Wahlgesetze waren nichts, was Harris wirklich interessierte. Bis zum 7. November 2000. Am Tag nach der Wahl war sie plötzlich sehr stark an den Wahlvorschriften interessiert. Im Mittelpunkt des Interesses stand die Frage, ob die Stimmen ein zweites Mal gezählt werden sollten. Gore bestand mit gutem

Recht darauf. Das Wahlgesetz in Florida schreibt nämlich eine zweite automatische Zählung vor, wenn ein Kandidat nur einen Vorsprung von weniger als einem halben Prozent aufweisen kann. Am 8. November gab Harris das vorläufige Ergebnis mit 2 909 135 Stimmen für Bush zu 2 907 351 Stimmen für Gore bekannt. Bush führte also mit 1784 Stimmen. Die Differenz lag weit unter einem Prozent; deshalb war eine wiederholte automatische Zählung vorgeschrieben. Allerdings haben Gores Leute nie deutlich gesagt, dass Bushs Anwalt Baker die Unwahrheit sagte, als er immer wieder behauptete, die Stimmen seien längst ein zweites Mal gezählt worden. Sie waren es nicht.

Das alles muss man wissen, um zu verstehen, dass der Supreme Court von Florida gute Gründe hatte, die Stimmen erneut auszählen zu lassen. Vieles ist in Florida nicht mit rechten Dingen zugegangen. Umso unverständlicher war die Entscheidung des höchsten Gerichts in Washington, das höchste Gericht von Florida zu überstimmen und die Auszählung abzubrechen. Dadurch hat das oberste Gericht in Washington Bush de facto zum Präsidenten ernannt. Dass Gore am Tag nach der Gerichtsentscheidung seinen Anspruch zurückziehen und bekannt geben würde, er habe die Wahl verloren, muss den Richtern freilich klar gewesen sein.

In der Tat war die erste Auszählung in Florida sehr fragwürdig verlaufen: In einem Wahlbezirk waren so genannte Schmetterlings-Wahlzettel verteilt worden, die die Wähler verwirrten. Viele machten das Kreuz an der falschen Stelle. In einem demokratisch dominierten Bezirk bekam der Rechtsaußen Pat Buchanan so viele Stimmen, dass er selbst am Abend verkündete, diese Stimmen gehörten wohl eigentlich Al Gore. Viele Wähler sagten, sie haben den Wahlzettel nicht verstanden und wohl die falsche Stelle angekreuzt. Zudem häuften sich Berichte, wonach Wahlmaschinen aufgrund technischer Probleme einen großen Teil der Wahlzettel nicht ausgewertet hatten. Dass bei der Auszählung der Stimmen nicht alles mit rechten Dingen zugegangen sei, ist eine grobe Untertreibung: Behördenleiterin Katherine Harris, die, wie gesagt, eigentlich nichts vom Wahlrecht verstand, ließ sich von Mac Stipanovich beraten, einem Juristen und Lobbyisten, der schon für Jeb Bush Wahlkampf geführt hatte. Von Beginn an haben Harris und die Anwälte der Republikaner versucht, die Wahlausschüsse zu manipulieren. Da ist beispielsweise die Sache mit dem Brief: Als am Tag nach der Wahl plötzlich der genaue Text des Wahlgesetzes in jeder Zeitung zitiert wurde, war unklar, was genau unter einer »automatischen Auszählung« zu verstehen sei.

Gores Anwälte argumentierten, dies bedeute, dass alle Stimmen noch einmal gezählt werden müssten. Bushs Leute argumentierten, darunter sei lediglich zu verstehen, dass die Zwischenergebnisse überprüft, aber nicht alle Stimmen noch einmal gezählt würden. Bereits 1999 hatte eine Mitarbeiterin der Wahlbehörde ausdrücklich geschrieben, es genüge nicht, die Zwischenergebnisse nachzuprüfen. Jeder Wahlzettel müsse noch einmal gezählt werden. »Unserer Meinung nach bedeutet Nachzählung, dass man noch einmal zählen muss.« Ein Jahr später, im Sommer 2000, war das Thema erneut aufgekommen. Auf einer Tagung in Key West sagten Clay Roberts, der De-facto-Leiter der Wahlbehörde, und einige seiner Kollegen den Wahlbeobachtern der Bezirke deutlich: »Es genügt nicht, die Ergebnisse zu prüfen. Eine Nachzählung bedeutet, dass man jeden Stimmzettel noch einmal durch die Maschine geben muss. Die Behörde glaubt, dass dies der einzige korrekte Weg für eine automatische Nachzählung ist.«

Florida ist mit dieser Praxis im Übrigen nicht allein. So sieht es beispielsweise auch das Wahlgesetz in Texas vor. Als Gouverneur hatte George W. Bush das Gesetz seinerzeit eingebracht. Als seine Wahl durch eine Nachzählung allenfalls gefährdet, aber kaum verbessert werden konnte, waren fast alle Republikaner plötzlich ganz sicher, dass eine Nachzählung nicht nochmaliges Zählen aller Stimmen bedeuten könne. Von Harris' Wahlbehörde und Clay Roberts war in dieser Phase keine Stellungnahme zu hören. Dabei hatte die Behörde einige Zeit davor doch die klare Anweisung gegeben, alle Stimmen müssten vollständig gezählt werden. Doch nun wollte Clay Roberts' Chefin, Harris, genau das verhindern.

Ganz untätig war die Behörde jedoch nicht. Clay Roberts vermied es nur, seine Ratschläge öffentlich zu geben. Stattdessen versuchte er, die Wahlausschüsse zu manipulieren. Als in Palm Beach zwei Wahlbeobachter und ein Richter das weitere Vorgehen entscheiden sollten und sich klar werden wollten, was zu tun sei, hatten Harris und Baker eine Anwältin geschickt, die den drei Ratlosen sagte, die Wahlbehörde dürfe ihnen zwar nichts vorschreiben, aber sie könnte einen Rat geben, wenn man sie fragte. Die Behörde würde den Rat sicher gern erteilen. So kam es dann auch. Der Rat war formuliert, noch ehe die Anfrage des Richters eingetroffen war. Weil der Richter seine Anfrage etwas verspätet stellte, wollte der juristische Berater von Jeb Bush kein Risiko eingehen und organisierte eine zweite Anfrage, gestellt vom führenden Republikaner in Florida. Somit war sicher, dass die Öffentlichkeit erfahren würde, wie man die Vorschriften auslegen sollte. Es ergab sich zufällig, dass man sie im Sinne von Bush interpretieren sollte, wie die Behörde seines jüngeren Bruders riet.

Die Anfrage war also gesteuert durch die Republikaner in Florida. Bushs Behörde gab eine Empfehlung ab, die »zufällig« zugunsten seines Bruders ausfiel. Dabei hat die Behörde den Wahlausschüssen eigentlich nichts zu sagen, ja, vor der Wahl hatte sie ihnen das genaue Gegenteil geraten. Schließlich nahm sich Jeb Bushs juristischer Berater unbezahlten Urlaub, um dem Bruder seines Chefs zu helfen. Dieselben Leute, die den Ausgang der Wahl neutral beobachten sollten, schlugen sich also eindeutig auf die Seite der Familie ihres Vorgesetzten. Ein Unding? Eigentlich ja. Und eine Zeit lang sah es so aus, als würde der Supreme Court von Florida die Auszählung aller Stimmen durchsetzen. Republikaner warfen dem Gericht deshalb vor, parteiisch zu entscheiden. Das stimme jedoch nicht, sagt der Politikprofessor Howard Gillman. Das Gericht habe auch mal gegen Gore entschieden.

Im Gegensatz dazu, sagt Gillman, habe der Supreme Court in Washington im Streit Bush gegen Gore stets strikt parteiisch entschieden. Doch woran erkennt man parteiische Urteile? Darf man allein darauf achten, von wem ein Richter ernannt worden ist? Wenn ein Richter, der von einem Republikaner ernannt wurde, eine Entscheidung im Sinne der Republikaner trifft – ist diese Entscheidung dann notwendigerweise bereits parteiisch? Das wäre zu einfach. So wie nicht jeder Sohn notwendigerweise die Ansichten seines Vaters teilt, so muss auch nicht jeder von einem Republikaner eingesetzte Richter immer als offizieller Vertreter der Republikaner im Gericht sitzen. Obwohl die beiden Richter John Paul Stevens und David Souter von den republikanischen Präsidenten Ford und Bush ernannt worden sind, haben sich beide oft auf die Seite der liberaleren Richter Ruth Bader Ginsburg und Stephen J. Breyer (beide wurden von Clinton ernannt) gesellt. Kann man also den Grad der Parteilichkeit messen? Wenn ja, woran?

Mehrere Dinge waren im Falle der Entscheidung des Supreme Court für Bush auffällig: Zunächst verwunderte viele Juristen, dass sich das Gericht überhaupt zuständig fühlte. Denn davor hatte der Supreme Court stets Wert darauf gelegt, dass die Wahl Sache der Bundesstaaten sei. Die Bundesstaaten wählen ihre Wahlmänner, und diese bestimmen dann den Präsidenten. So ist es gesetzlich geregelt. Daher sind Fragen der Wahl traditionell Sache der höchsten Gerichte der Bundesstaaten – in diesem Fall des Florida Supreme Court. Später kam heraus, dass sich nur die fünf konservativen Richter zuständig fühlten. Die anderen vier waren gegen eine Einmischung. Sodann entschieden die fünf Richter in drei voneinander unabhängigen juristischen Fragen jeweils zum Nachteil von Gore. Das betrachteten Fachleute als einen sehr merkwürdigen Zufall. Schließlich musste eine äußerst fragwürdige Begründung das Urteil rechtfertigen: Die fünf Richter sagten, die Auszählung müsse gestoppt werden, weil sonst ein Termin nicht eingehalten werden könne. Der Termin war jedoch willkürlich festgesetzt worden – vom Supreme Court in einem ersten Urteil ein paar Tage davor. Der Termin, der als Begründung herhalten musste, war also ihr eigener; ein Termin, den das Gericht einfach hätte neu festlegen können.

Die Biographien der Richter, die die Wahl entschieden haben, zeigen, was bereits weiter oben dargestellt wurde: Jeder der fünf ist nicht wegen seiner Unabhängigkeit, sondern wegen seiner vermeintlichen Abhängigkeit von der Politik in das höchste Richteramt berufen worden: Nicht einer, der für Bush stimmte, war von einem Demokraten ernannt worden. Wäre das der Fall gewesen, hätte man das als positives Zeichen großer Unabhängigkeit werten können. Neben der Tatsache, dass alle fünf, die für den Republikaner stimmten, von Republikanern ernannt worden waren, irritierten einige weitere seltsamen »Zufälle«: Ein Neffe von Richter Rehnquist arbeitete ausgerechnet für eine Anwaltskanzlei von George W. Bush. Die Frau von Richter Clarence Thomas war für die Heritage Foundation tätig, eine den Republikanern nahe stehende Stiftung, die sich für George W. Bush einsetzte. Richterin Sandra Day O'Connor hatte bei einer Wahlparty den vermeintlichen Sieg von Gore mit einer enttäuschten Äußerung quittiert: »Oh, wie schrecklich«, sagte sie, als wichtige Bundesstaaten Gore zugeschlagen wurden. Von ihr ist bekannt, dass sie in den Ruhestand gehen will, dies aber nur unter einem republikanischen Präsidenten tun möchte. Dann kann der Präsident nämlich erneut einen Richter ernennen, der den Republikanern geneigt ist. So funktioniert Politik im Supreme Court.

Während sich die Richter des Supreme Court nicht immer

wirklich kontrollieren ließen, haben sie, als es um ihre vielleicht wichtigste Entscheidung ging, strikt nach Parteizugehörigkeit gestimmt: die fünf Konservativen für Bush, die vier Liberalen und weniger Konservativen für Gore. In den neunziger Jahren, so der Jurist und ehemalige Supreme-Court-Mitarbeiter Edward Lazarus, haben sich die Fronten mehr und mehr verhärtet. Viele Entscheidungen fielen mit fünf zu vier Stimmen. 2002 sind 21 von 75 Urteilen mit fünf zu vier entschieden worden; im Jahr davor waren es 26 von 79. Fünf zu vier – das klingt nach Demokratie. Die Mehrheit siegt.

Doch in Wirklichkeit heißt das lediglich: Es gibt immer einen Richter, der entscheidet. Meist hängt der Ausgang einer Entscheidung von ein oder zwei Richtern ab, die wechselnd für die liberale und für die konservative Richtergruppe entscheiden. Denn die anderen Richter sind ziemlich festgefahren in ihren Urteilen. Meist stehen vier konservative Richter gegen vier weniger konservative. Entscheidend ist, wie sich zwei Richter entscheiden. Mehr und mehr hängen die Urteile davon ab, wie sich Richterin Sandra Day O'Connor oder Richter Anthony Kennedy entscheiden. 2002 verliefen vierzehn der 21 knappen Entscheidungen nach dem vertrauten Muster: vier sehr konservative gegen vier weniger konservative Richter. In der Mitte stand Sandra Day O'Connor: In zehn von vierzehn Fällen hat sie den sehr Konservativen zur Mehrheit verholfen. Sie stand 2002 in 63 der 75 Fälle aufseiten der Mehrheit – öfter als jeder andere. Wo sie ist, ist die Mehrheit. Etwas überspitzt formuliert: Sandra O'Connor entscheidet.

Richter Kennedy gilt als *swing vote*. Als jemand also, der mitunter die Seiten wechselt. Das scheint er aber nur zu tun bei Entscheidungen, die nicht hart umkämpft sind. Jedenfalls hat er 2002 in keinem einzigen Urteil, das fünf zu vier ausgegangen ist, für die liberale Seite gestimmt. Wenn es hart auf hart geht, stimmt er konservativ. Kennedy war es angeblich, der das Urteil geschrieben hat, das schließlich Bush zum Präsidenten machte. Daher ist es angemessen, den Karriereweg Kennedys einmal zu beleuchten.

Aaron Freiwald hat Anthony Kennedy in der *Legal Times* vom 23. November 1987 als *lawyer-lobbyist* bezeichnet. Der Jurist aus Kalifornien agierte jahrelang in der kalifornischen Hauptstadt Sacramento an der Schnittstelle zwischen Recht, Politik und Geld, um Politik zu beeinflussen. Nicht Unabhängigkeit, sondern das genaue Gegenteil kennzeichnet das, was er jahrelang betrieben hat. Auch Kennedys Vater war Lobbyist in Kaliforniens Hauptstadt gewesen. Durch ihn war er überhaupt erst zu dieser Arbeit gekommen. Als sein Vater 1963 überraschend starb, erbte er dessen Klientel. Kennedy arbeitete für Capitol Records, die National Association of Alcoholic Beverage Importers und einige weitere Firmen und lernte wichtige Politiker kennen, die ihm später bei seinem Aufstieg als Richter helfen sollten.

Er spendete ihnen Tausende Dollars, damit sie sich seine Wünsche anhörten. Von Kennedy weiß man, dass er Politiker in Sacramento und San Francisco in vornehme Restaurants einlud und einigen die Mitgliedschaft in einem Golfklub finanzierte. Bezahlt hat Kennedy die Mitgliedschaften vom Geld seiner Kunden. Seine Rechnungen für alkoholische Getränke, die er spendierte, sollen oft Hunderte von Dollars betragen haben. Kennedy sei einer von denen gewesen, die man einfach kenne, sagte später ein Berufskollege über ihn. Unternehmen seien zu ihm gekommen, wenn sie einen bestimmten Wunsch an die Gesetzgeber hatten. Kennedy würde ihre Interessen schon mit der notwendigen Intensität an der richtigen Stelle anbringen.

Vor seiner Zeit als Richter war er – ohne Bezahlung – durch den Bundesstaat gereist, um Werbung für Gouverneur Reagans Steuergesetze zu machen. Reagans Pläne waren nicht erfolgreich, aber Kennedy habe sich durch seine Hilfe »einen Platz im Herzen des Gouverneurs erobert«, wie es ein Reporter formulierte. Bald darauf wandte sich Reagan an Nixons Regierung und setzte sich für den erst 38-jährigen Kennedy ein. Man solle den Mann doch als Richter an den U.S. Court of Appeals holen. Kennedy war damals noch sehr jung für den Job. Nixons Nachfolger Gerald Ford hat Kennedy schließlich 1975 ernannt. Kennedy gilt in Washington dennoch als »Reagans Wahl«.

Der Coup d'État

Am Tag nach der Entscheidung des Supreme Court fand der eine oberste Richter, der in allen Anhörungen stumm geblieben war, plötzlich seine Sprache wieder: Vor einer Schulklasse sprach Richter Clarence Thomas zur »Rolle der Politik bei Entscheidungen des Obersten Gerichtshofes«. »Die Regeln der Politik«, sagte Thomas, »lassen sich nicht auf diese Einrichtung übertragen.« In neun Jahren habe er am Gericht immer noch nicht erlebt, dass parteilich über Politik diskutiert werde. Auf die Frage eines Schülers, welche Rolle denn die Parteizugehörigkeit bei Entscheidungen eines Richters spiele, sagte Thomas selbstbewusst: »Null.« Zum Auftritt seines Kollegen Thomas befragt, sagte der Vorsitzende Richter Rehnquist am selben Tag nur: Er sei »vollkommen« seiner Meinung. Er hoffe, dass eine ähnliche Einmischung der Gerichte nie mehr wieder notwendig werde. Einer Umfrage im Januar 2001 zufolge war das Vertrauen in das Gericht fast unverändert gegenüber dem August des Vorjahres. Bei genauer Betrachtung ergab sich jedoch ein anderes Bild: 80 statt 60 Prozent der Republikaner waren mit dem Gericht zufrieden, jedoch nur 42 statt 70 Prozent der Demokraten fanden, dass der Gerichtshof gute Arbeit leiste. Das einstmals allgemeine hohe Ansehen des Gerichtshofes war einer parteilich motivierten Anerkennung gewichen.

Die vielleicht schärfste Kritik am Supreme Court übte der

Autor und ehemalige Staatsanwalt Vincent Bugliosi: Auf dem Titel seines Buches *The Betrayal of America* sind die fünf Richter, die für den Stopp der Auszählung stimmten, wie Verbrecher porträtiert – die Aufnahmen sind im Stil von Polizeifotos gehalten. Es ist kein Versehen, dass die Richter aussehen, als hätte die Polizei sie kurz nach einer Verhaftung fotografiert. Die obersten Richter haben eine kriminelle Tat verübt, meint Bugliosi. Indem das Gericht Bush die Präsidentschaft schenkte, habe es eine Sünde begangen, die man nicht vergeben könne: Es habe nicht unabhängig geurteilt, sondern bewusst als Stellvertreter der Republikanischen Partei fungiert. Die Richter haben Millionen Stimmen für Gore ignoriert und in nichts verwandelt und alle Stimmen in Florida praktisch für ungültig erklärt, aber dann in ihrem Urteil geschrieben, ihre Entscheidung solle das »fundamentale Recht« zu wählen bewahren. Dass das höchste Gericht eine Wahl stehlen könne und sich dabei ausdrücklich darauf berufe, die Verfassung zu schützen, mache Angst und sei eines der gefährlichsten Dinge, die je in den USA geschehen seien.

In der Tat: Angenommen, ein afrikanisches Land hätte seinen Präsidenten auf vergleichbare Art bestimmt, indem Stimmen der Wähler missachtet und ein Gericht willkürlich und parteiisch »ihren« Mann zum Gewinner der Wahl ernannt hätte – man darf davon überzeugt sein, dass nicht nur Menschenrechtsorganisationen die Demokratie in diesem Land als gefährdet angesehen hätten, sondern dass auch der Länderbericht des amerikanischen Außenministeriums die Wahl verurteilt und die Berechtigung der Regierung infrage gestellt hätte. Jedenfalls käme kein Amerikaner auf die Idee, dieses Land als Rechtsstaat zu betrachten, in dem die Herrschaft des Rechts auf vorbildliche Art und Weise gewährleistet sei.

Viele Fachleute waren entsetzt über das Urteil des Supreme Court. Die renommierten Juristen Samuel Issacharoff, Pamela S. Karlan und Richard H. Pildes, deren Fachgebiet Wahlgesetze sind, schrieben eiligst ein Lehrbuch mit dem Titel *When Elections Go Bad*. Mehr als 600 Juraprofessoren aus dem ganzen Land, darunter zahlreiche sehr angesehene Juristen, schalteten am 13. Januar 2001 eine ganzseitige Anzeige in der *New York Times*, um gegen das Urteil zu protestieren und sich davon zu distanzieren. »Der Supreme Court hat seine Macht genutzt, um wie politische Partisanen zu urteilen, nicht wie Richter eines Gerichts«, kritisierten sie. Sie warfen dem Gericht vor, »Fakten zu unterdrücken, um die Bush-Regierung legitim erscheinen zu lassen«. Sie hätten »als Propagandisten, nicht als Richter« gehandelt. Ihre Anzeige endete: »Als Lehrer, deren Leben der Herrschaft des Rechts gewidmet ist, protestieren wir.« Margaret Jane Radin, Juraprofessorin der Stanford University und eine der Juristinnen, die die Anzeige geschaltet haben, sagte: »Ich bin entsetzt. Ich dachte, die Herrschaft des Rechts bricht zusammen. Was passiert ist, ist ein Coup d'État. Es ist ohne Beispiel. Das war der nackte Griff nach der Macht.« Edward Lazarus, ein ehemaliger Jurist am Supreme Court, nannte das Urteil »eine der schlechtesten Entscheidungen der Geschichte«. Bruce Ackerman, Juraprofessor der Yale Law School, sah im Urteil des Supreme Court einen »Verfassungscoup, der das Vertrauen der Nation verraten habe«. Alan M. Dershowitz, Professor an der Harvard Law School, forderte Assistenten am Supreme Court auf, falls sie irgendeine Beobachtung, irgendeinen Interessenkonflikt der Richter berichten könnten, dann seien sie verpflichtet, das zu tun. Historiker würden das ohnehin irgendwann herausfinden. Ein Professor der Yale Law School sagte, der Tag, an dem das Gericht seine Entscheidung traf, sei für ihn und viele seiner Kollegen vergleichbar mit dem Tag, an dem Kennedy ermordet wurde.

Die vier Richter am Obersten Gerichtshof, die der Mehrheit unterlagen, kritisierten ihre Kollegen, weil sie das Vertrauen in das Gericht erschüttert hätten. Sie wollten nicht verstehen, warum sich der Gerichtshof überhaupt einmischen musste in eine

256

Sache, die ihn eigentlich nichts anging. Richter Sauter ließ wissen, dass sich nur die fünf konservativen Richter einmischen wollten. Die anderen vier seien dagegen gewesen. Hatte Richter Breyer 1998 noch versichert, der Supreme Court sei nicht durch Politik beeinflussbar, so hat ihn die Entscheidung um die Präsidentschaft eines Besseren belehrt, und er kritisierte das Urteil der Kollegen: Das Gericht habe sich selbst eine Wunde zugefügt, die nicht nur dem Gericht, sondern der ganzen Nation schaden könne. Die Wahl des Präsidenten sei zwar immens wichtig, schrieb er in seiner vom Mehrheitsvotum abweichenden Begründung. Aber die Wahl sei wichtig für die Politik, nicht für rechtliche Nebenaspekte. »Das Gericht hätte der Versuchung widerstehen sollen, unwichtige rechtliche Fragen zu behandeln, die den Ausgang der Wahl gefährdeten.« Die Verfassung sehe zwar vor, dass sich Gerichte der Bundesstaaten sowie der Kongress einschalten, aber nicht der Höchste Gerichtshof. Das Gericht habe das in es gesetzte Vertrauen riskiert, das nötig sei, die Herrschaft des Rechts zu schützen. Richter John Paul Stevens war besonders verärgert, dass seine konservativen Kollegen so taten, als hätte der Supreme Court von Florida sich zu Unrecht eingemischt und etwas Ungewöhnliches getan. Stevens schrieb, der Oberste Gerichtshof von Florida habe richtig gehandelt und etwas ganz Übliches getan.

Die führenden Tageszeitungen und Nachrichtenmedien des Landes taten, was der Supreme Court untersagte: *New York Times*, *Washington Post*, *Wall Street Journal*, CNN, Associated Press (AP) und Tribune Company, *The Palm Beach Post* und die *St. Petersburg Times* zählten gemeinsam mit einigen Statistikern die Stimmen in Florida. Das Unterfangen war ehrenhaft und dauerte ein ganzes Jahr. Im November 2001 meldete die *New York Times* auf Seite 1 ein erstaunliches Ergebnis: Der Supreme Court hat die Wahl nicht verfälscht und nicht die entscheidende Stimme für Bush abgegeben. George W. Bush wäre auch ohne Zutun des Gerichtshofes Präsident geworden. Die Botschaft zwei Monate nach den Anschlägen auf das World Trade Center war deutlich: Amerika mag sich im Krieg gegen die Terroristen befinden; aber es wird nicht von einem Betrüger regiert. Amerikaner dürfen ihrem Präsidenten vertrauen.

Es war einiges an Expertenwissen über die Wahl in Florida nötig, um die Zeitungsberichte richtig interpretieren zu können und zwischen den Zeilen zu lesen, dass Bush ohne Verstöße gegen Gesetze und ohne das Urteil des Supreme Court eben nicht Präsident geworden wäre. Die nochmalige Auszählung, auf die sich die *New York Times* stützte, hätte nämlich nur 60 000 der 175 010 ungezählten Stimmen berücksichtigt. Unklarheit herrschte über so genannte *undervotes*, die die Computer gar nicht gezählt hatten, und *overvotes*, an denen die Computer fälschlicherweise Kennungen für mehrere Kandidaten gezählt hatten. Die *New York Times* und alle anderen Zeitungen gingen davon aus, dass die Wahlausschüsse lediglich die *undervotes* noch mal gezählt hatten, so Rick Hertzberg im *New Yorker* vom 24. Dezember 2001. Nicht gewertet haben die Zeitungen etwa die 15 000 Stimmzettel in Palm Beach County und in Duval County, die Gore zugedacht waren, ihm jedoch nicht zugerechnet wurden, weil die Maschinen aufgrund des irreführenden Designs der Stimmzettel eine weitere Kennung für den Rechtspopulisten Buchanan entdeckten (die Wahlzettel in Duval County wiesen die Wähler beispielsweise explizit an, auf allen Seiten zu wählen). Alle *overvotes* wurden für ungültig erklärt. Die Auswertung des Medienkonsortiums ergab, dass die Auszählung der *overvotes* Gore mit einer knappen Mehrheit zum Präsidenten gemacht hätten. Das berichtete jedoch nur eine Zeitung, der *Orlando Sentinel*, wie Jeffrey Toobin im *New Yorker* (2001) berichtet – und später *Newsweek* und einige auflagenschwache Medien. Die führenden Zeitungen und Nachrichtenmedien aber mögen die Auszählung mit der Absicht begonnen haben, die Entscheidung des Supreme Court kritisch zu prüfen. Angesichts der angespannten politischen Situation trauten sie sich nach einem Jahr nicht mehr, ihre Daten kritisch auszuwerten, und sie taten genau das Gegenteil: Sie sanktionierten das Urteil des Supreme Court. Ein Jahr danach hat George W. Bush die Wahl noch einmal gewonnen.

Im November 2002 haben die Wähler den Republikanern auch im Senat, der letzten bislang noch von den Demokraten kontrollierten Verfassungsinstitution, zu einer Mehrheit verholfen. Damit befanden sich Weißes Haus und Kapitol parteipolitisch in Bushs Hand – eine für den Präsidenten angenehme Konstellation, die in den letzten hundert Jahren nur einem seiner Amtsvorgänger vergönnt war. Mehr Einfluss kann ein Präsident auf legalem Wege kaum gewinnen. Für das Oberste Gericht, die dreizehn Appellationsgerichte und die District Courts hatte Bush eine Liste mit 131 Namen vorgelegt. Alle Kandidaten bedürfen der Zustimmung des Senats, und der hat blockiert. Deshalb war die Kräfteverschiebung im Kapitol so bedeutend. Die Republikaner können die von Bush vorgeschlagenen Richter bewilligen. Bush wird in seiner Amtszeit bis zu drei Richter an den Supreme Court berufen können. Rehnquist, Scalia und Thomas hat er öffentlich als Vorbilder für neue Gesichter genannt. Neue Richter könnten bis ins Jahr 2030 Recht sprechen.

So wird die Tendenz hin zu konservativen Entscheidungen anhalten: Das Gericht urteilte 2002, dass Staaten in bestimmten Fällen nicht verklagt werden können. Es fand ein Todesurteil in Ordnung, bei dem der Angeklagte von einem durchs Gericht bestimmten Anwalt vertreten wurde, der zuvor in anderer Sache einmal das Mordopfer vertreten hatte. Es war der Meinung, dass ein Privatgefängnis nicht verurteilt werden dürfe, weil es Insassen grausam behandelt hatte. Das Gericht habe sich für große Unternehmen und gegen Gewerkschaften entschieden. Der Gipfel sei schließlich eine Entscheidung gewesen, die es erlaube, Steuergelder für religiöse Erziehung zu verwenden – für Schulen der christlichen Rechten im konkreten Fall. Damit, so die *New York Times* vom 3. Juli 2002, habe das Gericht einige Steine aus der Mauer entfernt, die Kirche und Staat trennen. Eine Entscheidung ganz im Sinne der christlichen Rechten.

Wie christliche Fundamentalisten Politik machen

Die Christian Coalition verdankt ihre Gründung einem Misserfolg. Nachdem der Fernsehprediger Pat Robertson 1988 in den Vorwahlen um das Präsidentenamt gescheitert war, suchte er eine Verwendung für seine umfangreiche Kartei mit all den Anschriften konservativer Unterstützer. Der erzkonservative Katholik Paul Weyrich, der unter anderem mit der »Heritage Foundation« eine der inzwischen einflussreichsten konservativen Denkfabriken in Washington gegründet hatte, sah eine Möglichkeit, Wähler en bloc zu rekrutieren. Er überredete Robertson, die Christian Coalition zu gründen. Binnen weniger Jahre wurde daraus die »mächtigste Basisbewegung in der politischen Landschaft des heutigen Amerika«, wie Michael Lind in der New York Review of Books vom 2. Februar 1995 schrieb. Nach eigenen Angaben hat sie fast zwei Millionen Mitglieder. Die Christian Coalition verfüge heute über mehr Einfluss in der Republikanischen Partei, als die Gewerkschaften ihn in ihren besten Tagen in der Demokratischen Partei je hatten, schrieb Lind. Die religiöse Rechte dominiert die Republikaner in fast zwanzig der fünfzig Bundesstaaten, darunter Texas und Florida; in einem weiteren Dutzend übt sie starken Einfluss aus. Zahlreiche Delegierte, die den Präsidentschaftskandidaten der Republikaner bestimmen, sind von der Christian Coalition entsandt. Die Ziele der Organisation hat der ehemalige Direktor Ralph Reed, der in den achtziger Jahren als militanter Abtreibungsgegner vor Kliniken demonstriert und Ärzten den Zugang versperrt hat, 1990 so formuliert: »Was Christen in diesem Land tun müssen, ist klar: Sie müssen das Land zurückerobern. Straßenblock um Straßenblock, Viertel um Viertel, Bundesstaat um Bundesstaat.«

Nichts ist den Amerikanern so heilig wie das Recht auf freie Religionsausübung, das seit der Kolonialzeit tief verwurzelt ist. Selbst die Rede- und Meinungsfreiheit steht erst an zweiter Stelle. Darin liegt ein auffälliger Unterschied zu Europa. Auf den ersten Blick mag es daher seltsam scheinen, dass die Bewegung die Trennung zwischen Kirche und Staat aufheben möchte. In Gesetzentwürfen heißt es etwa, man müsse die Rechte der Eltern schützen. In Wirklichkeit will die Coalition verhindern, dass die USA als einer der letzten Staaten die Konvention der Vereinten Nationen zum Schutz der Rechte der Kinder unterzeichnen. Wenn sich die Coalition gegen Pornographie ausspricht, dann meint sie eigentlich Zensur des Internets. Privatisierung der Kunst bedeutet für sie den Entzug jeglicher staatlicher Förderung für Kunst oder den öffentlichen Rundfunk – beides ist der Coalition zu liberal. Und die verstärkte Unterstützung für private Wohlfahrtsverbände soll Privatleuten ermöglichen, einen Teil ihrer Einkommensteuer religiösen Organisationen zukommen zu lassen – etwa der Christian Coalition.

Der Einsatz der religiösen Fundamentalisten für das Schulgebet hat Tradition. Relativ neu ist die Kontroverse um das Thema Abtreibung. Lange Zeit bewegte eine flammende Rede gegen den Kommunismus mehr Leute als das Thema Abtreibung. Das hat sich in den vergangenen dreißig Jahren grundlegend geändert. Man kann ruhig sagen, die Debatte darum ist auch ein Verdienst der Christian Coalition. Wodurch sich das geändert hat, schildert Alec Foege in seinem Buch *The Empire*

God built – Inside Pat Robertsons Media Machine anhand der Erfahrungen von Skip Porteous. Dieser war 1975 Mitglied einer konservativen Kirchengemeinde in Kalifornien geworden und hatte bald danach im Staat New York Anhänger zu finden versucht. Inzwischen hat er sich von den Fundamentalisten gelöst und versucht nun, über sie aufzuklären; er gibt beispielsweise den Infodienst *The Freedom Writer* heraus.

In seinen ersten Jahren in den Kreisen der rechten Christen seien diese in ihren politischen Ansichten weit weniger fundamentalistisch gewesen als heute, erklärt er. Erste Anzeichen für eine Veränderung habe er 1977 wahrgenommen. Damals hatten Konservative wie Paul Weyrich und Richard Viguerie hin und her überlegt, wie sie Christen am besten zur aktiven Beteiligung überreden könnten. Dabei kamen sie auf die Idee, Abtreibung als Mord hinzustellen. Wenn sich dieser Gedanke erst tief genug in den Köpfen festgesetzt habe, würden die Christen sich sicher politisch engagieren, kalkulierten sie. Weyrich und Viguerie ließen zusammen mit einer Organisation namens »Moral Majority« Mitgliederkarteien der Kirchengemeinden und Wählerverzeichnisse prüfen, verglichen Namenslisten und konzentrierten sich auf vermeintlich unpolitische Gläubige. Darin sahen sie ihr Potenzial. Sie waren erfolgreich. So erfolgreich, dass Robertson und der Leiter von Moral Majority, Reverend Jerry Falwell, sich bis 1984 zwei Podiumsplätze bei der Parteiversammlung der Republikaner, der Kür des Präsidentschaftskandidaten also, erkämpft hatten.

Dieses Erfolgsrezept hat die Christian Coalition beibehalten. Jedes Mitglied wird aufgefordert, in einer bestimmten Gemeinde Kontakte zu knüpfen und Lobbyarbeit zu treiben. Mit anderen Worten: Christen in politisch aktive Christen zu verwandeln. Mithilfe modernster Technik werden Mitglieder zu Treffen und Aktionen gerufen. Die New Yorker Gruppe der Christian Coalition hat beispielsweise einen so genannten Telefonbaum gekauft, ein Gerät, mit dem sich eine Nachricht gleichzeitig an 999 separate Telefonanschlüsse übermitteln lässt. Über Pat Robertsons Fernsehkanal Christian Broadcasting Network erhalten die Mitglieder ihre Instruktionen für die Lobbyarbeit auf Ortsebene. Zur Organisation gehören außerdem eine Rechtsberatung und eine Universität. Dort lässt die Coalition einzelne Gesetzentwürfe erarbeiten. Flächendeckend über ganz Amerika erstreckt sich das Netz so genannter Christian Bookstores, die nicht nur Bücher, sondern auch Messgewänder, Haushaltswaren und vor allem Musik anbieten.

Christliche Rockmusik ist eine der am schnellsten wachsenden Sparte der Musikbranche in den USA, und sie dient vor allem dazu, junge Leute für die Sache der Fundamentalisten zu gewinnen. Auf den ersten Blick unterscheiden sich die Stars nicht sehr von den Stars auf MTV, die Ähnlichkeit ist gewollt. Über christliche Radiostationen erreicht diese Art der Musik ein Massenpublikum. Die Interpreten präsentieren ihre Botschaften im Stil jugendlicher Rebellen, texten aber wie rechte Politiker. In gewisser Weise sind sie Rebellen – gegen den Mainstream der Popmusik. »Meine Hinrichtung ist deine Revolution«, klagt etwa eine Grunge-Band in einem Anti-Abtreibungs-Lied aus der Sicht des Fötus. Die Rockband DC Talk imitiert Nirvana; auch sie wettert gegen Abtreibung. »Ich suche ein Mädchen, das noch Jungfrau ist, denn Gott hat mir ans Herz gelegt, danach zu suchen«, textet die Band. »DC« steht übrigens für »Decent Christian« – anständig und christlich. Ihre CD »Jesus Freak« gehörte in der ersten Verkaufswoche 1995 zu den fünf bestverkauften Neuveröffentlichungen; 90 000 Stück wurden allein in dieser Woche abgesetzt, womit DC Talk auf Platz 16 der US-Hitlisten landete. Die Plattenfirmen werben für ihre anständigen Stars mit dem folgenden Hinweis auf ihren CDs: »Sie dürfen zu Recht erwarten, dass die Sänger und Songschreiber ein wirklich christliches Leben führen.«

Umso mehr schmerzt die Verantwortlichen, wenn doch hin

und wieder ein Stück Wirklichkeit zu erkennen ist. Der um-
jubelte Sänger Michael English hatte Hunderttausende CDs
verkauft, als eine Affäre mit einer anderen Sängerin bekannt
wurde. Er hatte gegen die vertraglich vereinbarte »Moralklau-
sel« verstoßen, die die Plattenfirmen unterzeichnen lassen. Als
bekannt wurde, dass die Sängerin einer anderen christlichen
Band ein Kind von ihm erwartete, obwohl sie (wie English)
verheiratet ist, ließen ihn seine Manager fallen. Dass die Affäre
von Michael English und Marabeth Jordan auf einer gemeinsamen Benefiztour zugunsten allein erziehender Mütter begonnen hatte, macht die fragwürdige Haltung der christlichen
Musikindustrie deutlich. Verstöße werden geduldet, solange
sie nicht öffentlich bekannt werden.

Für die Christian Coalition gilt: Alle Politik ist lokal. »Es
ist nicht wichtig, wer im Weißen Haus sitzt. Wichtig ist, wer
vor Ort im Schulausschuss sitzt«, hat Reed seinen Anhängern
immer wieder gesagt. Auf der Tagesordnung der Christian
Coalition steht beispielsweise die Forderung, öffentlichen
Schulen die staatliche Finanzierung zu streichen sowie Aufklärung und Darwins Lehre von der Evolution von den Schulplä-
nen zu nehmen. Stattdessen soll die biblische Schöpfungsge-
schichte im Biologieunterricht als die einzig gültige Wahrheit
gelehrt werden. Dieses Anliegen wird nicht nur von Laienpre-
digern unterstützt. Zu den vehementesten Verfechtern zählt
Kurt Wiese, ein Professor mit Doktortitel von Harvard. Dadurch, dass die Anhänger Robertsons das Sagen in den örtlichen Schulausschüssen übernehmen, wollen sie den politischen Kurs in der Bildungspolitik bestimmen. Um die Zahl der
Anhänger zu erweitern, hat sich Reed Mitte der neunziger
Jahre auch an konservative Juden gewandt. Im Grunde sei man
doch in vielen Punkten gleicher Meinung, was Kinder, Israel
oder religiöse Toleranz betreffe. Es klang, als habe er Kreide
gefressen.

Denn von Robertson ist man ganz andere Töne gewohnt.

Seine Sicht der Welt hat der Prediger mit beachtlichem Erfolg in seinen Büchern *The New Millennium* (1990) und *The New World Order* (1991) dargelegt; Letzteres brachte es immerhin bis auf die Bestsellerliste der *New York Times*. Es handelt eigentlich von der Jew World Order, der jüdischen Weltordnung, denn es warnt die Juden, dass Amerika Israel seinem Schicksal, der Zerstörung, überlassen werde. »Eines Tages wird im Sicherheitsrat der Vereinten Nationen gegen Israel abgestimmt werden – und die USA werden ihr Veto nicht einsetzen... Dieses kleine Volk wird dann ganz allein sein. Dann werden die Juden – wie es schon in der Bibel heißt – nach jenen schreien, die sie so lange verachtet haben.« Damit meinte er freilich sich und die Seinen stellvertretend für alle nichtjüdischen Amerikaner.

Diese Warnungen gründet der Tele-Evangelist auf eine haarsträubend vereinfachte Analyse der jüngeren Geschichte: Angestachelt von den Illuminaten, einem aus Freimaurern hervorgegangenen Geheimbund, hätten sich jüdische Banker von Europa aus seit Jahrhunderten gegen die Christen in Amerika verschworen. Der Kalte Krieg sei eine reine Erfindung der Rothschilds und anderer Banker gewesen, um die Rüstungsindustrie anzukurbeln, behauptet Robertson. Um die Rüstung zu finanzieren, habe der Staat Kredite aufnehmen müssen; riesige Summen an Steuergeldern seien dadurch in die Taschen der Banker geflossen, die im Übrigen unter dem direkten Einfluss des Teufels gehandelt hätten. Auch die Entspannungspolitik zwischen Washington und Moskau sei von den Banken gesteuert gewesen. Denn in Wirklichkeit sei die Abrüstung nur ein gemeiner Trick gewesen, um neue Waffen durch neue Kredite zu finanzieren; wieder hätten sich die (jüdischen) Banker dumm und dämlich verdient. Robertson kann freilich nicht erklären, warum ausgerechnet sein Vorbild Ronald Reagan, als dessen Nachfolger sich Robertson ja im Wahlkampf 1988 empfohlen hat, den Kalten Krieg angekurbelt hat. War auch er eine

Marionette der jüdischen Hochfinanz? Robertsons Weltsicht ist so wirr und antisemitisch, dass selbst konservative Politiker seine Verschwörungstheorien nur ungern kommentieren.

Viel Sympathie haben rechte Politiker dagegen für die Zustimmung der Christian Coalition zum Recht auf Waffenbesitz. Die schweigende Mehrheit der Amerikaner sei gegen offenen Waffenbesitz, sagen Kritiker der Coalition. Doch wann immer das Thema auf die politische Tagesordnung komme oder eine nationale Debatte darüber ausbreche, bekomme jeder neutrale Beobachter unweigerlich das Gefühl, das ganze Land halte den Grundsatz der Waffenfreiheit für das oberste Verfassungsgebot. Das liegt daran, dass die Waffenlobby fast militärisch straff organisiert ist. Auf ein Signal versammeln sich Demonstranten an beinahe jedem Ort der Vereinigten Staaten. Nicht ganz zufällig sind das oft die gleichen Leute, die in der religiösen Rechten organisiert sind und die Werte der ersten Siedler verteidigen wollen. Charles Cunningham beispielsweise war zehn Jahre lang als Lobbyist in der National Rifle Association (NRA) tätig, bevor er zur Christian Coalition wechselte. Innerhalb der religiösen Rechten war er fortan für Wahlpropaganda zuständig.

Wenig glaubwürdig erscheint Robertsons Version von dem Business der Banker, das den Krieg fördere, wenn man bedenkt, dass er sein Christian Broadcasting Network (CBN) jahrelang dazu benutzt hat, die fragwürdigen Militäraktionen der Regierung in Mittelamerika zu rechtfertigen. Robertson machte Propaganda für die Feldzüge Reagans in der Region. Regelmäßig tauchten auf seinem Sender Regierungsvertreter auf, gaben eine überaus einseitige und unwahre Version der Ereignisse in Mittelamerika und rechtfertigten auf diese Weise Reagans Unterstützung von Diktatoren. CBN sammelte sogar Spenden für Terroristen in Nicaragua zu einer Zeit, als der Kongress Unterstützung für die Truppen der Contras verboten hatte und damit Reagans Politik im Weg war. Reagans Ziel war freilich, die als kommunistisch verschmähte Regierung zu stürzen. Robertson unterstützte auch Militärherrscher in Salvador und Guatemala, die blutige Kriege gegen das eigene Volk führten und Tausende ihrer Bewohner töteten. Es kann kein Versehen gewesen sein: Jahrelang hat Robertson rechtsgerichtete Militärdiktaturen unterstützt und die Nachrichten auf seinem Sender zu ihren Gunsten manipuliert. Während Salvadors Wahlen ließ er freundlich und positiv über die brutalsten Gruppen berichten. Da knüpfte er an die alten Traditionen der Siedler an: Amerika ist Gottes Land. Gewalt ist okay, wenn sie dazu dient, die Herrschaft von Gottes Land zu festigen, und Gottes Krieger gegen den Kommunismus kämpfen müssen. Aus alttestamentarischer Tradition treten sie auch für den Staat Israel ein; ohnehin haben sie versucht, Juden als Wähler zu finden, und räumen Außenpolitik einen größeren Stellenwert ein: Sie mischen sich beispielsweise ein in die Chinapolitik (das Land hindere Christen am Glauben) und in die UNO-Politik und verweigern den Vereinten Nationen Finanzmittel, solange bestimmte Programme Verhütung in Afrika befürworten.

Die Christian Coalition betreibt *Single-issue*-Politik: Das heißt, die Rechten versuchen, das Wahlvolk mit sehr wenigen Themen zu emotionalisieren. Als einen der schlimmsten Angriffe auf die Familie empfinden sie, dass der Supreme Court einst Abtreibung rechtfertigte. So wurde Abtreibung zum zentralen Thema der Bewegung. Auf den ersten Blick ist die religiöse Rechte sehr gesetzestreu. Doch eigentlich wollen die Erzkonservativen bestimmte Rechte abschaffen. Sie treten ein für Rechte, wie sie ihre Vorfahren gelebt haben. Sie wünschen sich ein Amerika, wie es zur Zeit der *Framers* war, also jener Amerikaner, die die Verfassung geschrieben haben. Denn alles, was davon abweiche, sei eine Verfälschung des ursprünglichen Willens der Väter des Landes. Ein gottloses Amerika. Ein falsches Amerika.

Die Christian Right dagegen wünscht sich die Ordnung des

Alten Testaments. Um das wiederherzustellen, sollen Religion, Recht und Politik in engem Zusammenspiel helfen. In ihrer Politik spielt die Justiz daher eine große Rolle. Die Ultrakonservativen propagieren das Recht zu leben, und sie kämpfen gegen Abtreibung. Um Abtreibungen zu verhindern, gingen Anhänger der Christian Right so weit und haben Abtreibungsärzte getötet. Zugleich treten sie ein für das Recht zu töten und das Recht auf Waffen und den Vollzug der Todesstrafe. Dass beides zu höchst fragwürdigen Ergebnissen führt, scheint sie nicht zu irritieren: Gewalt (das Recht auf Waffen) fördert Gewalt. Die Todesstrafe tötet auch Unschuldige.

Die Auseinandersetzung um das Recht auf Abtreibung wird heute von vielen Beobachtern als *abortion war* (Krieg um Abtreibung) bezeichnet. Mit dem Geld der Christian Right haben Abtreibungsgegner im ganzen Land Proteste organisiert. Dazu hielten sie Seminare ab und erklärten darin tagelang, wie man ein hauptberuflicher Abtreibungsgegner wird. Bezahlt wurden die Gegner von der Christian Right. Wenn Gerichte Demonstrationen verboten, missachteten die Gegner die Gerichtsbeschlüsse. Tatsächlich verließen sich die Demonstranten nicht aufs Demonstrieren allein. Jahrelang besetzten sie immer wieder die Zugänge zu Kliniken, in denen Abtreibungen vorgenommen wurden. Ihre Kinder haben sie dazu gebracht, sich vor den Auffahrten auf den Boden zu legen, um Schwangeren in Fahrzeugen den Zutritt zu den Kliniken zu verwehren. Das klingt friedlicher und harmloser, als manche Proteste tatsächlich waren. Im fanatischen Kampf gegen Abtreibung haben die frommen Aktivisten Ärzten mit Bibelsprüchen gedroht, dann Bomben und in den Kliniken Brände gelegt. Nach den ersten gewaltsamen Aktionen begannen Ärzte, schusssichere Westen zu tragen.

Im März 1993 tötete Michael Griffin in Florida den Abtreibungsarzt David Gunn mit drei Schüssen in den Rücken. Zuvor hatte er ihn tagelang verfolgt. Der Arzt sei ein Mörder und habe als Strafe »Genesis 9, 6« verdient. Die »Stimme Gottes« habe ihm die Tat befohlen, versuchte Griffin später den Mord zu rechtfertigen. Der Täter bekam »lebenslänglich«. Andere Demonstranten stellten sich vor die Kliniken mit Schildern, die besagten: »I want to be like Mike.« Das Morden der Ärzte ging weiter: Am 19. August 1993 erschoss die Hausfrau Rachelle Shannon aus Oregon den Abtreibungsarzt George Tiller vor seiner Klinik in Wichita, Kansas. »Wer das Blut von (Ungeborenen) vergießt, dessen Blut soll vergossen werden«, stand auf einem Schild, mit dem der Abtreibungsgegner Paul Hill vor der Klinik des ermordeten David Gunn in Florida demonstrierte. Sein Nachfolger John Bayard Britton trug eine Waffe und eine schusssichere Weste. Das half ihm nichts. Auf steckbriefähnlichen Flugblättern warnten die Rechten vor dem Arzt. Er sei »extrem gefährlich, vor allem für Frauen und Kinder«. Am 29. Juli 1994 zielte Hill auf das Gesicht des Arztes und erschoss ihn und seinen Fahrer.

Abtreibung ist aber nicht das einzige Thema, bei dem die christliche Rechte aktiv wird. Um »christliche Werte durchzusetzen«, machte sie sich beispielsweise auch für Evelyn Smith stark. Diese hatte in Kalifornien eine Mietkaution von einem Paar akzeptiert, das ihre Wohnung mieten wollte. Aber dann erfuhr die Vermieterin, dass das Paar nicht verheiratet sei, und weigerte sich, den beiden die Wohnung zu vermieten. Sie gab ihnen die Kaution zurück. 1996 entschied der Supreme Court von Kalifornien schließlich, Evelyn Smith könne über Unverheiratete denken, was immer sie wolle. Aber sie dürfe ihre persönlichen Ansichten nicht auf diskriminierende Weise zum Maßstab ihrer Tätigkeit als Vermieterin und des Mietmarktes machen. Das Urteil schien den Fall zu beenden, hätte sich nicht ein Alliance Defense Fund (ADF) bei Smith gemeldet und ihr angeboten, eine Klage für die höchste Instanz – den Supreme Court in Washington – zu finanzieren, damit sie das Urteil anfechten könne.

Der Alliance Defense Fund vermittelt seit 1994 Kanzleien an Kläger, bildet Anwälte aus und finanziert Klagen, die im Interesse seiner Finanzgeber liegen. Die Finanziers des Fund sind alles einflussreiche Mitglieder christlicher Vereinigungen, und sie wollen mehr als 26 Millionen Dollar jährlich in juristische Arbeit investieren, um die Angriffe der Gesetzgeber und Juristen auf christliche Werte abzuwehren, wie es in den Worten des ADF heißt. In seinen ersten drei Jahren hat der ADF mehr als hundert Prozesse finanziert. Jeder gewonnene Fall könne andere Fälle beeinflussen, sagt ADF-Chef Alan Sears.

Die Klärung des Falles von Evelyn Smith lag im Interesse des ADF, denn im ganzen Land hatten sich Christen geweigert, Geschäfte mit Homosexuellen und anderen »Sündern« zu tätigen – und sie waren für ihre Weigerung verklagt worden. Der ADF empfand solche Urteile als *antireligious bigotry*. Sears betonte daher in einem Spendenaufruf die Wichtigkeit der Klage: »Ein positives Ergebnis wird einen neuen juristischen Standard setzen und diese Art der Verfolgung beenden... Das ist eine rechtliche Auseinandersetzung und zugleich ein geistlicher Kampf.« Am Ende weigerte sich der Supreme Court jedoch, den Fall zu behandeln. Der ADF machte sich das Schicksal von Evelyn Smith dennoch zunutze für seine Propaganda und sah in ihr ein weiteres symbolisches Opfer der liberalen Verschwörung. Die Publizität solcher Fälle hilft dem ADF, Spenden zu sammeln und ein Netz von Anwälten im ganzen Land zu unterhalten. Nach dem Vorbild von Anwälten, die seit den sechziger Jahren für Feministinnen und für Afroamerikaner eintraten, bauten die christlichen Fundamentalisten in den neunziger Jahren Kanzleien auf, die sich speziell für ihre Politik einsetzten und die Kämpfe der Christian Coalition in die Gerichtssäle brachten.

Die Kanzleien greifen beispielsweise das Recht auf Abtreibung an und treten für das Recht ein, zu Hause unterrichten zu dürfen. Zum Netz gehören das Rutherford Institute, die

Christian Legal Society, die Home School Legal Defense Association, das Liberty Counsel sowie das größte aller Institute, das American Center for Law and Justice, das Pat Robertson selbst ins Leben gerufen hat und neben der ebenfalls von ihm gegründeten Regent University Law School untergebracht ist. Ja, auch darüber verfügt die Bewegung: über eine eigene Law School, wo die Juristen nach ihren Bedürfnissen für den Kampf gegen die weltlichen Einflüsse geschult werden. Wie Sara Diamond in ihrer Studie über die christlichen Rechte schreibt, hat jede dieser Kanzleien dem Vernehmen nach genügend Fälle, um »auf ewige Zeiten« beschäftigt zu sein.

Gegen Homosexualität, Ehebruch und Bill Clinton

»In den Vereinigten Staaten gibt es kaum eine politische Frage, die nicht früher oder später in einer juristischen Frage aufgelöst wird«: Es war etwa um 1830, dass Alexis de Tocqueville diese Bemerkung machte, die sich hundert Jahre später als prophetisch erweisen sollte. Bald nach dem Zweiten Weltkrieg haben Thurgood Marshall und eine kleine Gruppe von Anwälten mit ihrer Organisation NAACP Legal Defense and Education Fund daraus eine Strategie entwickelt, die Politik zu verändern. Ihre Strategie und ihren Einfluss schildert Jeffrey Toobin, juristischer Korrespondent des *New Yorker* und Autor von Büchern über den Prozess gegen O. J. Simpson, die Jagd auf Bill Clinton und den juristischen Kampf zwischen Bush und Gore: Die Anwälte des NAACP waren die Ersten, die hartnäckig und gezielt Gerichte nutzten, um etwas im Land zu verändern. »NAACP« steht für »National Association for the Advancement of Colored People«. Der Name der Organisation war Programm: Gegründet 1910, setzte sich die Organisation gezielt gegen Rassismus ein. In Georgia hatte ein Zusammenschluss 1906 beispielsweise verlauten lassen, dass allein seit 1885 in Georgia 260 Schwarze gelyncht worden waren. Die Konferenz protestierte dagegen, forderte das Recht zu wählen, im Militär zu dienen und in Jurys zu sitzen. Selbst nach dem Krieg hatten noch viele Afroamerikaner Schwierigkeiten, sich zu Wahlen registrieren zu lassen. Sie wurden diskriminiert, und das politische System blieb ihnen verschlossen, um durch Wahlen ihre Stimme zu Gehör bringen und die Politik verändern zu können. Die Gerichte waren ihre einzige Hoffnung, um die legalisierte Rassentrennung zu beenden. Die NAACP feierte viele Erfolge und entwickelte sich zu einer der einflussreichsten Stimmen im Lande, wann immer es um Bürgerrechte ging.

So stellt die Geschichte der Organisation und ihrer Gründer ein Beispiel dar für das Beste, was über die *rule of law* gesagt werden kann. Die Herrschaft des Rechts sorgt für Gerechtigkeit, wo die Politik Gerechtigkeit verweigert. Dass die Justiz dem Land hilft, sich selbst zu erneuern, ist einer der hohen Werte, die seit den Kämpfen der NAACP und der Bürgerbewegung Amerika geprägt haben. Höhepunkt war, als Präsident Lyndon B. Johnson am 2. Juli 1964 ein Gesetz – genannt Civil Rights Act – unterzeichnete und damit legalisierten Rassismus abschaffte. Der Rassismus war damit freilich nicht wirklich aus der Welt; aber zumindest hatten die Schwarzen etwas, auf das sie sich berufen konnten, wenn sie sich diskriminiert fühlten. Auch und besonders für Schwarze wurde die *rule of law* daher zu einer Maxime, die die rein negative historische Erinnerung an den im Gesetz verankerten Sklavenhandel und legalisierte Unterdrückung etwas erleichterte. Man glaubte, die schlimme Zeit überstanden zu haben. Ausdruck des Erfolgs der NAACP war die Berufung von Thurgood Marshall zum Bundesrichter und an den Supreme Court. Weniger wegen seiner Arbeit als Richter in New York als wegen seiner Arbeit für die NAACP hat ihn Johnson als ersten Schwarzen in die herausragende

Position gebracht. Mit der Arbeit des Supreme Court war er bereits vertraut: Immerhin hatte er Dutzende Fälle vor dem höchsten Gericht verhandelt und gewonnen.

Marshalls außergewöhnlicher Erfolg führte dazu, dass zahlreiche politische Organisationen den Erfolg der NAACP zu kopieren versuchten, auch Gruppen, die keine Schwierigkeiten gehabt hätten, Politik über Wahlen zu beeinflussen. Klagen bot Vorteile: Man musste nicht erst mühsam die Wähler überzeugen. Es reichten einige wenige Leute, die die Klage formulierten. Verglichen mit der Parlamentsdemokratie, gingen Klagen rasch voran. Bürgerrechtler, Feministinnen, Umweltschützer und andere linke Aktivisten nutzten die Gerichte als Abkürzung. Was sie im Gericht erreichten, wurde vielfach bewundert und als *public interest law* gepriesen. Die Herrschaft des Rechts wurde als mächtiges Instrumentarium für den Wandel zu einer besseren Welt gesehen.

Bald dehnte sich die Politik durch die Gerichte von den Staatsbürgerrechten und vom Zivilrecht auf Kriminalfälle aus. Marshall und seine unmittelbaren Nachfolger im Geiste wollten Gesetze ändern. Die nächste Generation von Aktivisten nutzte die Gerichte, um bestimmte Personen anzuklagen. Vor allem die Demokraten waren nach dem Triumph von Watergate gegen Richard Nixon überzeugt davon, dass das Recht ihr Freund sei. Hatte es nicht geholfen, einen verlogenen Präsidenten zu stürzen? Das System schien zu funktionieren.

Es waren die Demokraten, die nach dem Sturz von Richard Nixon den Einfluss eines unabhängigen Ermittlers durch ein Gesetz, das *independent counsel law*, gestärkt haben. Damit haben sie einem Ermittler nahezu unbegrenzte Verfolgungsmöglichkeiten gegeben. Tatsächlich feierten die Demokraten in den siebziger und achtziger Jahren einige ihrer erfolgreichsten Kämpfe im Gericht statt im Parlament. Watergate und die Iran-Contra-Affäre sind Beispiele dafür. Als in Clintons erster Amtszeit eine Erneuerung des Gesetzes für den *independent counsel* anstand, drängten vor allem Demokraten Clinton dazu, das Gesetz zu unterzeichnen. Er hat es getan – und wohl später bitter bereut, als ihn ausgerechnet ein durch dieses Gesetz legitimierter Jurist, Kenneth Starr, aufs Bitterste verfolgte. Irgendwann, es konnte nicht ausbleiben, entdeckten die Konservativen die Strategien der Liberalen. Organisationen wie die Federalist Society, die Landmark Legal Foundation und das Rutherford Institute kopierten die Strategie der NAACP und anderer ideologischer Gegner: Sie beriefen sich auf dieselben Gesetze und Werte: Meinungsfreiheit (*freedom of speech*), Gleichheit (*equal protection*), schließlich auch auf die Bekämpfung von sexueller Belästigung. Die Klage von Paula Jones gegen Bill Clinton wurde in den Vorträgen der republikanischen Ankläger zu einer Verteidigung der Bürgerrechte hochstilisiert. Am Ende des Jahrhunderts waren es Extremisten aus dem rechten politischen Spektrum, die Wahlen mithilfe des Rechts ungeschehen machen wollten.

Recht ist etwas, das mit jeder Ethik und Moral erstritten werden kann. Es kann Fortschritt erkämpfen – oder ihn verhindern. Wenn es einen republikanischen Präsidenten zu Fall bringen kann, warum nicht auch einen demokratischen?

Eines Morgens blätterte John Whitehead in der *Washington Post* und las, dass Paula Jones einen Anwalt brauchte. Nicht dass John Whitehead besonders aufgebracht wegen des Vorwurfs von Paula Jones war: Sie warf einem Mann in seinem Alter sexuelle Belästigung vor. Doch der Mann war immerhin Präsident der Vereinigten Staaten. Whitehead sah seine Chance, den Präsidenten zu verklagen. Dass daraus der Versuch werden würde, ihn aus dem Amt zu klagen, mag ihm damals vielleicht selbst noch nicht ganz klar gewesen sein. Aber eine potenzielle Klage gegen Clinton war ihm Antrieb genug, um sich Paula Jones als Rechtsbeistand anzudienen. John Whitehead unterhielt immerhin eine Kanzlei mit fünfzig Mitarbeitern. Und er praktizierte nicht allein des Geldes wegen, wenngleich ihm seine Kanzlei immerhin 200 000 Dollar Jahresgehalt zahlte.

Whitehead hatte Joints geraucht, Kokain und LSD genommen und für alternative Zeitungen geschrieben, ehe er sich 1974 entschied, fortan Jesus Christus zu folgen. Wie es oft der Fall ist bei Leuten, die zum Glauben bekehrt wurden, war der Konvertierte fanatischer als viele »geborene« Gläubige. Er wandelte sich vom Kokser zum Ultrakonservativen. Von 1974 an widmete Whitehead sein Leben der Bewegung der christlichen Fundamentalisten. Er hatte einst Jura studiert (und in Arkansas einen jungen Juraprofessor namens Clinton getroffen) und fand es daher nur richtig, sein Wissen und Können in den Dienst der Bewegung zu stellen. 1982 gründete er eine konservativ ausgerichtete Anwaltskanzlei in Charlottesville, Virginia: das Rutherford Institute. Mit dem Namen wollte Whitehead einen nicht sehr bekannten schottischen Geistlichen aus dem 17. Jahrhundert ehren, der sich dafür eingesetzt hatte, Gottes Recht über das Recht der Menschen zu stellen. Das ist es auch, was die christlichen Fundamentalisten heute wollen. Mitte der Neunziger verfügte das Institut über fünfzig Mitarbeiter und mehr als 4 Millionen Dollar Jahresetat, dazu ein Netz kooperierender Anwälte, das sich übers ganze Land erstreckte.

Das Rutherford Institute hat einst für die Liberty University des erzkonservativen Predigers Jerry Falwell gearbeitet, aber es gab auch Meinungsverschiedenheiten mit Pat Robertson, dem Gründer der Christian Coalition. Denn oftmals schien Whitehead in Robertsons Augen mehr an guter Presse für sich selbst als an politischer Überzeugungsarbeit zu liegen – trotz seines Glaubens. Das Institut vertrieb Whiteheads Reden, seine Radioansprachen und die Verfassung – mit Whiteheads Foto auf dem Umschlag. Whitehead hatte nie einen großen Fall; aber er reichte fleißig Klagen ein, die der Bewegung wichtig schienen, sei es gegen die Evolutionslehre in Schulen, für Schulgebet und für häuslichen Unterricht.

Wie die meisten Anwälte, die Paula Jones im Laufe der Jahre vertreten haben, hatte Whitehead alles andere im Kopf als das Wohl seiner Klientin, schrieb der Jurist Jeffrey Toobin. Whitehead ging es nicht um Paula Jones, sondern um sich selbst, um seine Presse – und um die Bewegung. In dieser Reihenfolge. Whitehead bot Jones an, das Institut werde die Kosten der Klage übernehmen, also Reisekosten für die Anwälte, Kopien, die Erstellung und Bearbeitung von Dokumenten, nicht aber die Gerichtskosten. Dafür gewann Whitehead Anwälte, die bereit waren, den Fall auf der Basis eines Erfolgshonorars zu übernehmen: Donovan Campbell von der Kanzlei Rader, Campbell, Fisher and Pyke aus Dallas, Texas. Campbell hatte sich einst für ein Sodomie-Gesetz in Texas eingesetzt; er lehnte Homosexualität, Ehebruch und Bill Clinton ab.

Die eigentliche Anschuldigung von Paula Jones – sexuelle Belästigung – interessierte ihn wenig. Campbell sah den Fall als Möglichkeit, das gesamte Sexualleben des Präsidenten in die Öffentlichkeit zu zerren. Dementsprechend befragte er ihn nach allen seinen Sexpartnern in seiner Zeit als Staatsanwalt, Gouverneur und Präsident – ganz egal, ob die Frauen beim Sex einverstanden waren oder nicht. Clintons Sexualleben in der Presse ausschlachten zu lassen war eine Gelegenheit, auf die seine Feinde – und die Medien – mehr als ein Jahrzehnt gewartet hatten. Campbell heuerte Detektive an und ließ nach Clintons ehemaligen Sexualpartnern suchen. Mitunter stellten sich die Detektive – ein Ehepaar – den Frauen als gute Christen vor und erzählten den Frauen, ihre Anwälte seien alle »streng gläubige Christen«. Übersetzt: Sie stünden auf der richtigen Seite.

Ausgelöst wurde das Amtsenthebungsverfahren durch die Entscheidung des Supreme Court, die Klage von Paula Jones zuzulassen. Die Jagd auf Bill Clinton war eine Idee von Politikern der Christian Right, die handelten, wie es weiland die 68er empfohlen haben: Alles Persönliche ist politisch.

Feministinnen und religiöse Fundamentalisten haben eigentlich wenig gemeinsam. Doch 1998 trafen sich ihre prinzipiellen Ansichten in einem wichtigen Punkt. Beide sind der Ansicht, dass Persönliches öffentlich sei, dass man im Kleinen erkennen kann, ob jemand rechtschaffen ist oder kriminell. »Character counts«, sagen beide Gruppen. Persönliches Verhalten sagt alles aus über die politische Einstellung. Wer seine Frau betrügt, betrügt auch die Wähler und sein Land. Wer in einer gerichtlichen Anhörung lügt, der belügt die Rechtsordnung des Staates, dem er verpflichtet ist. Wenn ein Präsident vor Gericht lügt, dann kann er kein Präsident mehr sein. Auch wenn es »nur« darum geht, ob er seine Frau betrogen hat.

Präsident Bill Clinton wurde von Sonderermittler Kenneth Starr verfolgt, einem Staatsanwalt mit vielen Vollmachten. Das gesamte Verfahren bis hin zum Impeachment folgte der Dramaturgie eines Gerichtsprozesses. Juristen, sogar im Supreme Court, spielten auf beiden Seiten der Anklage eine wichtige Rolle. Auf der einen Seite Kenneth Starr, ein rechter Jurist, der Bill Clinton aus dem Amt jagen wollte. Auf der anderen Seite das Rutherford Institute der religiösen Fundamentalisten. Für den Juristen Clinton sah es wirklich nicht gut aus.

Eigentlich hätten die Medien einige dieser Zusammenhänge erklären sollen. Das wäre ihre Aufgabe gewesen. Aber das haben nur einige wenige Journalisten getan. Der Großteil der Medien nahm die scheinheiligen Argumente der Fundamentalisten dankbar auf. Endlich bot ihnen jemand einen Vorwand, das Privatleben der Politiker auszuspähen. Sie konnten sich auf Prediger, Gottesleute, auf den Feminismus und die Bürgerrechte, auf die Aufklärung und einen »höheren Auftrag« berufen, um ihre Schmutzjagd zu rechtfertigen. Etwas Besseres, um Auflage und Quote zu machen, konnte ihnen nicht passieren. Und selbst jene, die einigen der Akteure kritisch gegenüberstanden, folgten der Masse: Man muss doch berichten. Man hat keine Wahl. Immerhin geht es doch nicht um eine

Affäre mit einer Praktikantin, sondern um den Präsidenten und damit um das Schicksal des Landes. Der Skandal um Clinton zeigte, was Helen Thomas, die dienstälteste Korrespondentin im Weißen Haus, später so formuliert hat: Wenn man Präsident der Vereinigten Staaten werden will, entscheidet man sich am besten schon als Kleinkind dazu und lebt dann moralisch unangreifbar.

John Ashcrofts Härte im Kampf gegen den Terror

Als Präsident George Bush 1991 für eine zweite Amtszeit kandidierte, hatte er einen Berater, der Kontakt zur Christian Right hielt. Der Berater diente als *enforcer and factotum*, wie der *New Yorker* vom 15. April 2002 später schrieb. Der Mann habe im Großen und Ganzen gute Arbeit geleistet. Aber er war nicht sehr erfolgreich in seinen Bemühungen. Er mobilisierte nicht genügend Konservative, und es war bereits zu spät. Der Berater hat sich den Fehler, die Christian Right nicht stärker bedient und berücksichtigt zu haben, wohl gut gemerkt. Denn als er, sein Name ist George W. Bush, acht Jahre später kandidierte, kümmerte er sich sehr viel mehr um die religiöse Rechte als sein Vater. George W. Bush habe aus dem Fehler seines Vaters gelernt, meinen seine Biographen.

Die Ernennung von John Ashcroft zum Justizminister war eine Belohnung für die Christian Right. Ashcroft war zum Zeitpunkt der Ernennung eigentlich am Boden. Auf spektakuläre Art und Weise hatte er seinen Sitz im Senat verloren: Sein Gegner in Missouri, Mel Carnahan, war bei einem Flugzeugabsturz ums Leben gekommen. Die Witwe versprach den Wählern, wenn sie für ihren toten Mann stimmten, würde sie seinen Sitz im Senat einnehmen. So kam es dann auch. Ashcroft verlor gegen einen Toten. Im Senat hatte er sich als das konservativste Mitglied erwiesen. Er war dafür eingetreten, Abtreibung als Verbrechen zu handhaben, auch wenn eine Frau durch Inzest oder Vergewaltigung schwanger geworden war. Außerdem trat er für die Einführung des Schulgebets und vehement gegen Rechte für Homosexuelle ein. Dass Bush ihn sechs Wochen nach der Wahlniederlage ins Kabinett holte, muss für Ashcroft eine Erlösung gewesen sein. Gerechnet hatte niemand damit.

Nachdem George W. Bush die Wahl nur knapp und mit viel Glück gewonnen hatte und viele Amerikaner tiefe Zweifel an der Rechtmäßigkeit seiner Präsidentschaft äußerten, schien nahe zu liegen, dass Bush bei der Bildung seiner Regierung auf die Demokraten besonders Rücksicht nehmen würde. Beobachter erwarteten, dass er ein oder zwei Ministerämter an Demokraten vergeben würde. Bush hat sie enttäuscht und genau das Gegenteil getan. Er belohnte die Christian Right und ernannte den erzkonservativen Politiker John Ashcroft zum Justizminister. Keine andere Ernennung war so kontrovers wie die von Ashcroft. Dass nur 58 Senatoren für ihn stimmten, war nicht ungewöhnlich. Ungewöhnlich war, dass immerhin 42 Senatoren gegen ihn stimmten. Nie hatte ein Justizminister mehr Gegenstimmen bekommen. Ashcroft wurde zur umstrittensten Figur in der Regierung. Er sei der konservativste Justizminister, den Amerika seit Jahrzehnten hatte, schrieb der *New Yorker* am 15. April 2002, konservativer als Ronald Reagans Justizminister Edwin Meese.

Nichts könnte besser illustrieren, dass Recht stets von einer bestimmten Moral geprägt ist, als die Wahl eines Rechtsaußen zum obersten Hüter des Rechts in der Exekutive. Schließlich ist das Justizministerium nicht irgendeine Behörde. Es kontrolliert und lenkt zahlreiche Behörden, deren Politik das Leben in Amerika wesentlich bestimmen, darunter das FBI, die Einwanderungsbehörde INS, die Generalstaatsanwälte, die Gefängnisbehörden und die Drogenkontrollbehörde DNA. Der Justizminister hat die Aufgabe, die Rechte der Bürger zu schützen, die ihnen erst die Verwirklichung des American Dream gestatten: Freiheit, Gleichheit, Sicherheit, Privatsphäre. Ausgerechnet der Mann an der Spitze dieser Behörden nutze seinen Einfluss, um viele Dinge nach seinen politischen und sozialen Vorstellungen zu ändern, etwa was Abtreibung und Waffenkontrolle anbelange. Ashcroft habe die Arbeit des Justizministeriums stärker politisiert als seine Vorgänger, betont der demokratische Senator Patrick Leahy aus Vermont, der den Justizausschuss des Senats leitet.

Die Person John Ashcroft vereinigt und symbolisiert viele Prinzipien der Politik, die der Regierung Bush wichtig sind. Amerikaner sagen bekanntlich gern, Amerika sei *God's own country*. Das haben schließlich schon die Siedler behauptet. Aber Ashcroft scheint das wirklich zu glauben und sagt:»Ich will das tun, was in Gottes Augen recht ist.«

Nach Clintons Wiederwahl 1996 wollte Ashcroft für seine Nachfolge kandidieren. Er erhielt Spenden von Pat Robertson, dem Gründer der Christian Coalition, und galt bis Januar 1999 als Kandidat der Bewegung. Er kündigte an, er stehe für»unverfrorenen Konservatismus«. Bei einem seiner Auftritte sagte er, der Charakter Amerikas sei einzigartig unter allen Ländern, und zwar»göttlich und ewig, nicht bürgerlich und zeitlich begrenzt«. Als erster Senator forderte er Bill Clinton wegen der Lewinsky-Affäre zum Rücktritt auf. Am Ende war er jedoch nicht bekannt genug und überließ George W. Bush, Steve Forbes und anderen Gegnern die Kandidatur der Republikaner. Ohnehin kämpften bereits drei bekanntere Männer um die Stimmen der Rechten.

Als der demokratische Gouverneur von Missouri, Mel Carnahan, 1998 auf Bitten des Papstes einen zum Tode verurteilten Mann begnadigte, griff Ashcroft den Demokraten dafür heftig an und beschuldigte ihn, zu gutmütig gegenüber Kriminellen zu sein. Um Hassgefühle zu schüren, reiste Ashcroft durch Missouri und warb für die Rechte der Opfer. Nach seinem Verständnis haben sie ein Recht darauf, dass ein Mörder hingerichtet wird. Kurz nach seinem Amtsantritt als Justizminister ließ die Regierung das erste Mal seit vier Jahrzehnten die Todesstrafe aufgrund von Bundesurteilen vollstrecken. Seine Behörde betonte in einer Studie, sie könne keine rassistisch motivierten Urteile entdeckten, nachdem Studien von Menschenrechtsgruppen genau zu diesem Schluss gekommen waren.

Als Ashcroft und Carnahan gegeneinander für den Senat kandidierten, machte Ashcroft Kriminalität zum zentralen Wahlkampfthema und wetterte gegen Ronnie White. Carnahan hatte White als ersten schwarzen Richter in den Supreme Court von Missouri berufen. Ashcroft beschuldigte White, sich mehr für Kriminelle und Angeklagte als für Ankläger einzusetzen. Als Clinton White für den Job eines Bundesrichters nominierte, stellten sich die Republikaner geschlossen hinter Ashcroft und verhinderten die Nominierung – die erste seit Borks Niederlage 1987. Solche Aktivitäten ließen Ashcroft zum Lieblingssenator der christlichen Rechten werden. Einmal lobte er die Redaktion einer rassistischen Zeitschrift, ein anderes Mal lobte er die »Vision« eines Evangelisten, der das Volk aufrief, »Christen zu wählen, damit sie uns regieren«.

Nach seiner Ernennung zum Justizminister jubelte ein Vertreter der Waffenlobby NRA, mit Ashcroft verfüge man jetzt über einen direkten Draht ins Weiße Haus. In einem Brief hatte er den Mitgliedern des Verbands versichert, dass der zweite Verfassungsgrundsatz »klar das Recht des Einzelnen schützt, Waffen zu besitzen und zu tragen«. Damit widersprach er der lange gehegten Interpretation des Justizministeriums, dass die Verfassung lediglich der Gesellschaft das Recht auf Waffen garantiere – aber nicht jedem Einzelnen. Die NRA jubelte über die neue Auslegung ihres prominenten Mitglieds. Stolz brachte die Verbandszeitschrift der NRA ein Porträt des

Justizministers auf der Titelseite. Sein Einsatz für seine Waffenbrüder machte auf viele einen fragwürdigen Eindruck: Einerseits griff Ashcroft alle Kritiker an, die sagten, er schränke grundlegende Bürgerrechte ein, um Terroristen zu jagen. Wer ihn kritisiere, der helfe den Terroristen, lautete seine einfache Erklärung. Andererseits wandte er sich dagegen, die Personalien von Waffenkäufern festzuhalten. Die NRA behauptet nämlich, das schränke die Freiheit ihrer Mitglieder ein. Während also Anwälte bei ihren vertraulichen Gesprächen mit Gefangenen abgehört werden dürfen, müssen die Waffenbesitzer beschützt werden. Seltsame Logik. Die Freiheit der Waffenbrüder, die sich doch angeblich selbst so gut schützen können, ist mehr wert als die Freiheit anderer Amerikaner.

Vor dem 11. September 2001 hatte John Ashcroft wenig Erfahrung mit der Justiz, denn in Missouri ist der Justizminister kaum mit der Umsetzung des Rechts beschäftigt. Vor dem 11. September 2001 war Ashcroft auch in der Bundesregierung wenig sichtbar. Kurz nach Amtsantritt berichteten Beobachter verwundert, dass er seine Mitarbeiter jeden Morgen zum Gebet versammle. Sein Amt schien er nebenbei wahrzunehmen; er flog donnerstags auf seine Ranch und war oft montags noch nicht zurück in Washington. Einmal flogen zwei seiner Mitarbeiter nach Missouri, nur damit er ein wichtiges Dokument unterschrieb. Anhänger der Christian Right waren enttäuscht von ihm. Sie hatten erwartet, dass er ihre Werte mit einem Kreuzzug durchsetzen werde. Nach dem 11. September war das kein Thema mehr: Der Justizminister war so beschäftigt, dass er keine Zeit zum gemeinsamen Beten mehr hatte.

Nach den Terrorakten hat Ashcroft mehr als tausend Personen einfach festnehmen lassen und ohne Angabe eines Grundes festgehalten, er achtete das Vertrauensverhältnis zwischen Anwalt und Angeklagtem nicht mehr, und er wollte Kriegsgefangene in Kriegstribunalen aburteilen lassen. Demokraten fürchteten, er werde die Bürgerrechte mehr und mehr einschränken, und forderten von ihm Rechenschaft über diese Maßnahmen. Am 6. Dezember 2001 kam es zur Anhörung des Justizministers: Ashcroft war uneinsichtig. Er ging nicht auf die Vorwürfe ein, sondern griff seine Gegner an. Wer ihn kritisiere, helfe den Terroristen, sagte er. Pressestimmen hielten dagegen: Mehr denn je zuvor sollte jetzt jemand in diesem Amt sein, dem man vertrauen könne, der die rechte Balance finde. Bush habe wiederholt gesagt, der Kampf gegen den Terrorismus fordere Opfer. Ashcroft sollte so ein Opfer sein. Mit anderen Worten: Bush sollte ihn ersetzen. Ein hilfloser Rat, denn Ashcroft genießt das Vertrauen des Präsidenten.

Stattdessen kam etwas anderes auf den Altar, nämlich der Grundsatz des Rechtssystems, dass alle Menschen gleich sind vor dem Gesetz. Gesetze müssen den Bürgern bekannt sein. Man kann nicht im Nachhinein aufgrund eines Gesetzes verurteilt werden, das es zum Zeitpunkt der angeblichen Tat noch gar nicht gab. Genauso wenig darf ein Staat seine Bürger aufgrund eines reinen Verdachts seiner Rechte berauben. Das sind Grundregeln eines Rechtsstaates. Doch in den USA gelten diese Regeln nicht mehr. Den Grundsatz der Gleichheit hat die Regierung verletzt, indem es ein zweites paralleles Rechtssystem eingeführt hat für Personen, die sie als Sympathisanten des Terrorismus verdächtigt. Dabei ist es egal, ob es sich um ausländische oder um amerikanische Bürger handelt.

Für die amerikanische Regierung gibt es nun zwei Kategorien von Recht. Da ist zum einen das herkömmliche Rechtssystem, das für die normalen Staatsbürger gilt. Dann aber gibt es ein zweites System für Terroristen, das Verdächtigen keine Rechte gewährt. Zu den erlaubten Maßnahmen in diesem System gehört, dass verdächtige Personen verhört, verhaftet, abgehört, bestraft, ohne Wissen zum Staatsfeind erklärt und auf unbestimmte Zeit in Militärhaft genommen werden können. Das alles geschieht, ohne dass ein Beschuldigter sich auf seine herkömmlichen Rechte berufen kann. Es hat keinen Sinn, in solchen Fällen Gerichte anzurufen. Sie können nichts bewirken, sofern sie überhaupt von den Maßnahmen erfahren.

Den Bürgern versichert die Regierung, sie habe keineswegs vor, das Rechtssystem für Bürger durch eines für Terroristen zu ersetzen. Beide Systeme sollen nebeneinander existieren. Normale Bürger sollen durch diese Aussage beruhigt werden. Doch die Zusage ist wenig besänftigend. Das Problematische an dem System ist, dass ein Bürger bereits aufgrund des reinen Verdachts, ein wichtiger Zeuge gegen einen Terroristen zu sein, seine Rechte verlieren kann. Dazu zählen das Recht auf ein ordentliches Gehör, auf einen Anwalt, auf ein ordentliches Gericht, die Vermutung auf Unschuld oder Berufung. All das besitzt er nicht, falls der Staat entscheidet, er könne ein wichtiger Zeuge sein. Auch dann kann er bereits auf unbekannte Zeit festgenommen werden.

»Zwei Rechtssysteme nebeneinander, von denen das eine mit dem Ziel etabliert wird, die Grundregeln des anderen als hinderlich zu denunzieren und außer Kraft zu setzen – eine solche Verdopplung signalisiert keine Vermehrung von Recht, sondern dessen Verfall«, kommentierte die *Süddeutsche Zeitung* am 5. Dezember 2002. »Wo das Recht geteilt wird, entfalten sich die separaten Teile als Unrecht.« Die amerikanische Regierung hält ihren Kritikern vor, die Verfassungsrechte dürften nicht dazu missbraucht werden, die Verfassung zu bekämpfen. Sie seien kein »Selbstmordpakt«. Doch Rechte sind nur so viel wert, wie sie den Schwächsten zugestanden werden. Die USA sind stolz auf ein Meinungsrecht, das auch ihren Gegnern das Recht gibt, ihre Meinung zu sagen. Die Etablierung eines parallelen Systems macht solche Rechte obsolet. Denn plötzlich hat man diese Rechte nicht mehr; man ist darauf angewiesen, nicht zufällig als wichtiger Zeuge zu gelten. Man ist dem Zufall eines Verdachts ausgeliefert. Dagegen kann sich niemand schützen. Jeder ist in Gefahr, vom einen in das andere

Rechtssystem abzuleiten – ohne dass ihm irgendjemand dagegen helfen kann. Auch nicht der beste Anwalt, sofern das System wirklich in letzter Konsequenz angewendet wird. Mit der Entscheidung für ein zweites Rechtssystem verletzen und verraten die USA genau die Freiheit und Gleichheit, die sie angeblich schützen wollen.

KAPITEL 6

Im Namen der Menschenrechte
– oder der Waffen und des Öls?

Wie das Recht die Außenpolitik (nicht) beherrscht

»Die Vereinigten Staaten müssen Freiheit und Gerechtigkeit verteidigen, weil diese Prinzipien für alle Menschen überall richtig und wahr sind. … Amerika muss standhaft für die nicht verhandelbaren Grundlagen der menschlichen Würde eintreten: die Herrschaft des Rechts; Grenzen der absoluten Macht des Staates; Meinungsfreiheit; Religionsfreiheit; Gleichheit vor dem Gesetz; Respekt für Frauen; religiöse und ethnische Toleranz; Respekt vor Privatbesitz… Die Geschichte hat es nicht gut gemeint mit Nationen, die die Rechte und die Wünsche ihrer Leute ignoriert oder missachtet haben… Unsere eigene Geschichte ist ein langer Kampf, unsere Ideale zu verwirklichen. Aber selbst in den schlimmsten Momenten haben die Prinzipien der Unabhängigkeitserklärung uns den Weg gewiesen. Deshalb ist die amerikanische Gesellschaft nicht nur stärker, sondern auch freier und gerechter…
Wir werden von der Überzeugung geleitet, dass keine Nation eine sicherere und bessere Welt allein schaffen kann. … Freiheit ist eine grundsätzliche Voraussetzung menschlicher Würde; ein Geburtsrecht jeder Person – in jeder Gesellschaft…
Die wichtigste Aufgabe der Bundesregierung ist, unsere Nation gegen ihre Feinde zu verteidigen.«

National Security Strategy
der Bush-Regierung, September 2002

Als Präsident gescheitert,
als »Privatmann« Friedensnobelpreisträger

Im Oktober 2002 verkündete das Nobelpreiskomitee, dass Jimmy Carter den Friedensnobelpreis verliehen bekommt. Mehrere Male zuvor war er bereits vorgeschlagen und doch immer wieder übergangen worden. Der Demokrat, der von 1977 bis 1981 als Präsident der USA agierte und während seiner Amtszeit 1979 zwischen Israel und Ägypten ein für unmöglich gehaltenes Friedensabkommen in Camp David zustande gebracht hatte, war ewiger Kandidat für den Preis geblieben. Seitdem überlegte die Jury, wann sie den Fehler wieder gutmachen und Carters Ehrung nachholen könnte. Immer waren andere an der Reihe. 2002 aber war Carters Stunde gekommen, und der ehemalige Präsident schien vielen eine gute Wahl für die Auszeichnung zu sein. Gratulanten priesen ihn als moralische Instanz und lobten seine Bemühungen um den Weltfrieden. Das war in der Tat auch Teil der Jury-Begründung: Deshalb hatte er den Preis verliehen bekommen.

Noch am selben Abend, an dem die Verleihung bekannt gegeben wurde, gab Carter CNN ein Interview und kritisierte seinen Nachfolger George W. Bush und den Senat für den geplanten Krieg gegen den Irak. Er hätte Bush kein grünes Licht gegeben, wenn er noch Senator wäre, sagte Carter. Die Zuschauer mussten den Eindruck gewinnen, dass da einer mit hohen moralischen Vorstellungen Politik machte und diese Ideale umsetzte. Einer, der Vertrauen verdient.

Verdient hat Carter den Nobelpreis aber nicht als Präsident, sondern erst als »Privatmann« mit seiner eigenen Stiftung und als Sonderdiplomat von Clintons Regierung in Bosnien, Haiti und Nordkorea. Die Ironie von Carters politischer Karriere liegt darin, dass er seine Erfolge erst feierte, als ihm die Macht fehlte, seine Worte auch in Politik umzusetzen. Als er sie noch innehatte, verriet er seine hehren Ideale.

Carter wollte alles. Er hatte die Menschenrechte zum obersten Prinzip seiner Politik erklärt, gleichzeitig lieferte er den wichtigen Verbündeten gegen den Kommunismus aber weiterhin Waffen, und er sah zu, wie sie diese auch gegen das eigene Volk einsetzten – also mithilfe amerikanischer Waffen Menschenrechte missachteten. Die Waffen sollten die Ölvorkommen im Nahen Osten schützen. Das misslang: In Carters Amtszeit kam es zum Bruch mit dem Iran – mit den bekannten fatalen Folgen. Damals nahm der Aufstieg von Saddam Hussein als Verbündeten der USA seinen Anfang. So lässt sich eine Linie ziehen von Carters Nahostpolitik zu derjenigen Bushs. Bei beiden spielte ein Mix aus Menschenrechten, Waffen und Öl eine zentrale Rolle in ihrer Außenpolitik. Welche Rolle der Herrschaft des Rechts in diesem Mix zukam? Um diese Frage zu beantworten, scheint es sinnvoll, den Stellenwert der einzelnen Elemente Menschenrechte, Waffen und Öl in den Amtszeiten von Carter und von Vater und Sohn Bush zu untersuchen. Wie ernst nimmt Amerika die *rule of law* jenseits der eigenen Staatsgrenzen?

Jimmy Carter galt als der vielleicht am besten geeignete amerikanische Politiker, hohe moralische Werte in praktische Politik umzusetzen. Er schien Moral über alles zu setzen – und er hatte die Macht, es zu tun. »Es gab kaum einen Präsidenten, der über so gute Startchancen verfügte, so voller guter Vorsätze war und am Ende doch so kläglich scheiterte«, schrieb Peter Merseburger, der Carter als Washingtoner Korrespondent für das deutschen Fernsehen beobachtete. Carter scheiterte, obwohl ihm Insider Willensstärke, Fleiß »und den höchsten Intelligenzquotienten seit Franklin Delano Roosevelt bescheinigten«. Nach seiner Amtseinführung im Jahr 1977 sagte er im März in seiner ersten Rede vor den Vereinten Nationen, er wolle »mit potenziellen Gegnern und mit den engen Freunden zusammenarbeiten, um die Sache der Menschenrechte zu fördern«. Kein Mitglied der Vereinten Nationen dürfe still halten, wenn Menschen irgendwo auf der Welt unterdrückt oder gefoltert würden. Studenten sagte er, amerikanische Außenpolitik werde »unsere grundsätzliche Verpflichtung, die Menschenrechte zu fördern«, widerspiegeln.

Carter wird eine Menschenrechtspolitik nachgesagt, die dem Ideal nahe kommt. Wenn er auch nicht alle seine Ziele durchsetzen konnte, so habe er es doch versucht. Dass er am System scheiterte, könne man ihm nicht vorwerfen. Oder kann man doch? Was sagt das Beispiel Carters über amerikanische Politik? Musste er mit seiner Menschenrechtspolitik scheitern? War es ihm tatsächlich ernst damit? Oder hat er seine Versprechungen nie wirklich umsetzen wollen, sondern nur der Wirkung wegen gewählt? Ist eine Politik, die sich an Menschenrechten orientiert, überhaupt durchsetzbar? Oder sind solche Grundsätze nur aus der Position einer Non-Governmental Organization (NGO) heraus – der Carter mit seiner Stiftung nahe kommt – zu vertreten?

Es ist lehrreich, sich die Politik von Carter anzusehen, denn keiner hat in der jüngeren Geschichte Amerikas so sehr das Prinzip vertreten, die Herrschaft des Rechts stünde über allen anderen Prinzipien, vor allem über willkürlich ausgeübter Macht, sei es durch Diktatoren oder durch die CIA. Nimmt man Carter zum Maßstab, muss man sagen: Eine an den Menschenrechten orientierte Politik *ist* zum Scheitern verurteilt. Zu stark sind die Interessen von Wirtschaftsunternehmen, Lobbyisten, Rüstungsindustrie und Aktieninhabern. Zu stark ist die Macht der Börse und des kapitalistischen Systems mit all seinen Verteidigern und von ihm Abhängigen.

Im Ausland versinnbildlichte Jimmy Carter mehr noch als in den USA den selbstlosen Einsatz für die Menschenrechte. »Mister Menschenrechte« nannte ihn die *Bild*, als er den Friedensnobelpreis erhielt. Als sei es bereits Zeit für einen

Nachruf, schrieb das Blatt am 12. Oktober 2002: »Er war Mister Menschenrechte und predigte unermüdlich Gerechtigkeit als Basis aller menschlichen Gemeinschaft.« Kein anderer Mensch, der Papst ausgenommen, sei so oft und so weit für den Frieden auf der Welt gereist. Im eigenen Land dagegen musste er mitunter harsche Kritik und Beschimpfungen einstecken: Im Mai 2002 hat ein Kolumnist ihn »das größte Monster der Geschichte« genannt. Das *Wall Street Journal* nannte Carter den *human rights president* und verstand das nicht als Lob. Als Präsident habe er Marschall Tito und Nicolae Ceauşescu für deren angeblichen Einsatz für die Menschenrechte gewürdigt.

Der linke Historiker Howard Zinn spricht vom Carter-Reagan-Bush-Dreiklang und meint damit, dass es in der Politik der drei Präsidenten weniger Unterschiede gab, als gemeinhin angenommen wird. Jenseits aller Rhetorik und einiger Versuche, Menschenrechte zur zentralen Aufgabe zu machen, sei auch Carter nicht von der großen Linie der Vorgänger und Nachfolger abgewichen. Er machte keine Revolution. Die Konzerne und das Militär behielten das Sagen – wenn sie auch unter Carter weniger zufrieden waren als unter seinen Nachfolgern. Das Image vom wiedergeborenen Christen und vom Humanisten prägte Carter. Er selbst war aber auch Erdnussfarmer, also Unternehmer, und Millionär. Ohne Geld kommt man nicht an das höchste Amt in den USA.

Der moralische Ton von Jimmy Carters Reden unterschied sich deutlich von dem Ton seiner Vorgänger. Wie gesagt galt es in den Jahren nach dem Zweiten Weltkrieg stets als oberstes Prinzip, Allianzen gegen den Kommunismus zu schmieden. Militärische Stärke war wichtig. Ob die Partner dieser Allianzen die Menschenrechte beachteten oder nicht, das war nicht wichtig. Wenn sie es taten, gut. Wenn sie es nicht taten, auch gut. Hauptsache, die Staatschefs kämpften gegen Kommunisten. Nach Vietnam jedoch hat die Öffentlichkeit zunehmend an dieser Politik Kritik geübt; zumal während der Watergate-

Anhörungen bekannt wurde, dass Washington demokratische Regierungen zu stürzen versucht hat und teilweise dabei erfolgreich war, um sie mit diktatorischen Regierungen zu ersetzen – nur, weil diese versprachen, Kommunisten zu bekämpfen. Carter versprach, dies zu ändern, und konzipierte dafür eine vom Ideal der Menschenrechte geleitete Außenpolitik. In den ersten drei Jahren seiner Amtszeit trat er tatsächlich fortlaufend für die *human rights* ein und prangerte Verstöße dagegen an. Länder, denen solche nachgewiesen wurden, bekamen keine militärische Hilfe mehr; Carter ließ diesen Ländern amerikanische Wirtschaftshilfe streichen. Er schien sogar eine Verschlechterung der Beziehungen zur Sowjetunion zu riskieren, indem er die schlechte Behandlung von Dissidenten kritisierte. Bald bemängelten Amerikaner, seine Menschenrechtspolitik gehe zu weit – oder sie kritisierten, sie gehe nicht weit genug.

Erst in den letzten Monaten seiner Amtszeit gab er die Rhetorik um die *human rights* auf zugunsten der Energiekrise, der Geiselaffäre im Iran und des Einmarschs der Sowjets in Afghanistan und nahm einen härteren Standpunkt im Wahlkampf gegen Reagan ein. Dessen Außenminister Alexander Haig änderte die Prioritäten gleich nach seinem Amtsantritt und verkündete unverblümt, eine herausragende Rolle für Menschenrechte gefährde die Außenpolitik.

Tatsächlich war auch Carters Menschenrechtspolitik weniger konsequent, als es den Anschein hatte. Das überparteiliche Institute for Policy Studies in Washington hat in einer Studie (Klare 1981) untersucht, ob Carters Politik seinen Worten gerecht wird, und kam zu einem niederschmetternden und ernüchternden Ergebnis. Nie sei die Doppelmoral so groß gewesen wie unter diesem Präsidenten. Entgegen den öffentlichen Bekenntnissen unterstützte auch seine Regierung ausländische Staatschefs, die ihre Bürger unterdrückten. Sein Bekenntnis für die Einhaltung der Menschenrechte beschränkte sich darauf, anderen Staaten die Verstöße vorzuhalten. Amerikanische Diplomaten protestierten in den Hauptstädten oder beklagten die Zustände gegenüber der Presse. Konsequenterweise versagte Carters Regierung den betreffenden Staaten militärische Hilfe, etwa an Argentinien, Äthiopien und Uruguay. Diese Haltung legt die Vermutung nahe, dass lediglich die Diktaturen für die Verstöße verantwortlich sind.

Zugleich aber lieferten die USA diesen Ländern Waffen und Polizeiausrüstungen, die nicht gegen Feinde von außen, sondern gegen rebellische Bürger eingesetzt werden konnten. Mit anderen Worten: Während die USA öffentlichkeitswirksam die Militärhilfe kürzten, lieferten sie ausgerechnet denselben diktatorischen Regierungen die Instrumente für die interne Unterdrückung und ermöglichten damit erst manche Verstöße gegen die Menschenrechte, die sie später freilich anprangern sollten, als hätten sie nichts damit zu tun. Die USA seien tief verwickelt in die Unterdrückung anderer Regime, folgerte die Studie des Institute for Policy Studies und bezeichnete die USA als »deeply complicit in the proliferation of repression abroad«, indem sie diktatorische Regimes militärisch und wirtschaftlich unterstütze.

Um die Hilfe zur Unterdrückung einschätzen zu können, betrachteten die Autoren der Studie zehn Länder, die von Amnesty International und von anderen Menschenrechtsgruppen oft wegen ihrer Verstöße gegen Minderheiten, Gewerkschaften, Kirchen, Studenten und Dissidenten kritisiert wurden: Argentinien, Brasilien, Guatemala, Indonesien, Iran, Marokko, die Philippinen, Südkorea, Taiwan und Thailand. Alle zehn wurden von den USA mit Waffen versorgt und mit militärischer Hilfe unterstützt. Von 1976 bis 1980 hatten diese zehn Länder Rüstungsgüter im Wert von 2,3 Milliarden Dollar erhalten – das macht etwa ein Drittel solcher Hilfe aus (ausgenommen die Militärhilfe für Israel). Zudem haben diese Länder Waffen im Wert von 13,7 Milliarden Dollar gekauft. Entgegen Carters Versprechen, Regierungen wegen Verstößen gegen Menschenrechte keine Waffen mehr zu verkaufen, sollten diese Länder 1981 Kredite über 395 Millionen Dollar bekommen sowie Waffen für 2,2 Milliarden Dollar kaufen. Offiziell sollte das ganze Arsenal der Verteidigung gegen Feinde von außen dienen. Die Autoren der Studie kamen jedoch zu dem Ergebnis, dass der Großteil des Materials – gepanzerte Wagen und Tränengas, Schlagstöcke, Daumenschrauben, Pistolen, Revolver, Fußfesseln oder Computer für Erkennungsarbeit – für den innerstaatlichen Gebrauch geeignet war, um Streiks zu brechen oder Dissidenten zu kontrollieren und zu unterdrücken. Diese Waffen halfen den Grenzbeamten in Thailand am 6. Oktober 1976, Hunderte von Studenten zu massakrieren. Sie halfen der Armee im Iran 1978, Tausende unbewaffneter Studenten während ihrer Proteste gegen den Schah zu töten. Sie halfen indonesischen Soldaten, Zivilisten im besetzten Osttimor abzuschlachten.

Die Studie kommt zu dem Ergebnis:»Das alles zeichnet ein ganz anderes Bild als Mr. Carters quasi richterliche Haltung zu Menschenrechten. Statt aus der Entfernung über Verstöße anderswo zu Gericht zu sitzen, stehen die Vereinigten Staaten am anderen Ende einer Pipeline von Unterdrückungstechnologie, die sich zu vielen der schlimmsten unterdrückerischen Regimes erstreckt. Diese Pipeline liefert ununterbrochen seit dem Ende des Zweiten Weltkriegs und erreicht mehr und mehr Länder. Im Gegensatz zu allem, was in Carters Regierungszeit zu dieser Pipeline gesagt wurde, blieb sie vollends funktionstüchtig.«

Laut amerikanischem Gesetz kann jeder bestraft werden, der einem anderen bei einem Verbrechen hilft. Washington jedenfalls, so die Studie, sei Helfershelfer der Länder, die Menschenrechtsverletzungen begehen. Das größte Problem seiner Politik sei gewesen, dass Menschenrechte nur ein Kriterium von vielen und letztendlich anderen unterlegen gewesen seien. Carter habe kleinen Ländern wie Guatemala, Nicaragua und Uruguay Militärhilfe gekürzt, hielt Hilfe für andere Länder wie Thailand, Indonesien, die Philippinen, Südkorea und El Salvador jedoch aufrecht oder erhöhte sie sogar, obwohl diese Länder mehr Menschenrechte verletzten.»Herr Carter half, die Pipeline intakt zu halten, während die amerikanischen Bemühungen für Menschenrechte auf moderatem Level blieben«, schließt die Studie. Carter verweigerte einigen lateinamerikanischen Diktaturen Militärhilfe und wurde dafür gepriesen. Gern klagte Carter die Menschenrechtsverletzungen in der Sowjetunion und in Osteuropa an, während er Diktaturen in der Dritten Welt weniger ins Visier nahm, solange sie aufseiten der USA standen. Er habe die *human rights* in einer speziellen Form des Kalten Krieges benutzt, werfen ihm Kritiker vor.

Im Grunde habe Carter die Menschenrechtspolitik dem Kongress abgeguckt. Umso unverständlicher sei, dass er es als Einmischung in seine Politik ablehnte, wenn der Kongress wirtschaftliche und militärische Hilfe von Menschenrechten abhängig machte. Carter habe stets Maßnahmen des Kongresses abgelehnt, die bestehende Gesetze verschärfen sollten und die Lieferung von Polizeimaterial an diktatorische Staaten verbieten wollten. Dann hätte Carter gegen Ende seiner Amtszeit freilich die Lieferungen an Länder wie Marokko, Indonesien, Südkorea, Thailand und El Salvador nicht erhöhen können. Schlimmer noch: Als die Regimes im Iran und in Guatemala 1978 sowie in Tunesien und El Salvador 1980 von internen Unruhen bedroht waren, schickte Carter eilig Waffen und Material zur Niederschlagung von Aufständen. Gegen Ende seiner Amtszeit vermisste man Menschenrechtspolitik völlig, als er Helikopter und Waffen an Regierungstruppen nach El Salvador lieferte, mit deren Hilfe Tausende von unbewaffneten Zivilisten ermordet wurden. Carters Nachfolger Ronald Reagan empfing den südkoreanischen Präsidenten als ersten Staatsgast und versicherte ihm, man werde Südkorea nicht mehr wegen Menschenrechtsverletzungen anprangern. »Was in Südkorea passiert, ist eine interne Angelegenheit«, sagte ein Mitarbeiter des Außenministeriums. Es schien, als würden die Beziehungen beider Staaten plötzlich ganz neu definiert. Dabei hatte sich in Wirklichkeit weniger an der Außenpolitik geändert, als viele Beobachter annahmen.

Kommen wir noch einmal zu dem Gedanken zurück, dass Carter erst erfolgreich war, als er die Aura eines ehemaligen Präsidenten mit der Unabhängigkeit eines »Privatmanns« verband: Kann Menschenrechtspolitik etwa nur in der Opposition gelingen? Es fällt schwer zu sagen, ob man Carter überhaupt als Opposition bezeichnen kann, auch wenn er hin und wieder den Regierungen widersprochen hat. Kann ehrliche Menschenrechtspolitik gar nicht an erster Stelle stehen in den USA, sondern stets nur den Anspruch formulieren, an erster Stelle stehen zu wollen?

Human Rights Watch und andere Menschenrechtsorganisationen gehören in den USA zum Establishment. Sie werden hierarchisch geführt, ähnlich wie Firmen – und sie leiden daran, nicht eindeutig auf einer Seite zu stehen. Freilich treten sie ein für die Menschenrechte. Aber das tun die USA und die Regierung in Washington doch auch – zumindest offiziell. Human Rights Watch und die anderen Gruppen entscheiden von Fall zu Fall, ob sie ihren Einfluss in der Regierung, im Volk oder in der Welt suchen. Human Rights Watch weiß, dass der eigene Einfluss begrenzt ist. Die Organisation kann mit einer Protestnote oder Pressemitteilung keine Massendemonstration auslösen. Sie ist auf andere angewiesen: auf die Medien, um überhaupt auf Probleme aufmerksam machen zu können; auf Politiker in Washington, um Druck auf andere Länder auszuüben; auf Spenden, um den Apparat mit Büros auf allen Kontinenten zu finanzieren.

Die Verletzung der Menschenrechte in den USA kann nur

eines von vielen Themen der Organisation sein. Darauf aufmerksam zu machen, ist wichtig, um im Ausland glaubhaft zu bleiben und nicht zu Recht als verlängerter Arm der Regierung zu gelten. Mit anhaltender Kritik an den Zuständen im eigenen Land macht sich die Organisation jedoch nicht beliebt. Sie wird als Nestbeschmutzer gesehen. Dieselben Politiker, die die Verletzung der Menschenrechte in China beklagen und dabei gerne HRW zitieren, tun nichts, um massive Verletzungen im eigenen Land zu kritisieren. HRW bemerkt die mitunter einseitige Wahrnehmung freilich, versucht aber, so gut wie möglich damit zu leben. Die Organisation geht Kompromisse ein und bedient unterschiedliche Gruppen. In den USA sind es die Linken. International kann es auch passieren, dass auch rechte amerikanische Politiker dieselben Ansichten vertreten wie HRW.

Im Kern steht die Frage, wie man Menschenrechte besser schützen und Verletzungen effektiver beheben kann. Es ist ein Konflikt zwischen Fundamentalisten, die Grundsätzliches anprangern wollen, und Realpolitikern, die kleine Erfolge großen Reden vorziehen. Durch Öffentlichkeit und Anprangern? Oder durch Diplomatie? Soll man auf den eigenen, relativen Einfluss setzen? Oder soll man Kompromisse mit der eigenen mächtigen Regierung eingehen und darauf hoffen, dass diese mächtige Regierung die eigene Menschenrechtspolitik unterstützen wird? In der Realität verfolgen die Menschenrechtsgruppen eine Mischung aus beiden Strategien. Dem Dilemma entkommen sie aber nie ganz. Selbst wenn sie sich in Opposition zur Regierung begeben, wird ihre Nähe zu Washington von den Gegnern instrumentalisiert. Die Gegner, die HRW kritisiert, tun fundierte Kritik als parteiische Einflussnahme Washingtons ab.

Human Rights Watch stehen der Regierung näher als Amnesty International: Die Mitarbeiter von Amnesty legen eine pazifistische Auffassung an den Tag; HRW befürwortet eine

Interventionspolitik im Irak, auch wenn sich die Organisation nicht laut und offen dafür einsetzt. Bush griff die Sorgen der Demokraten und Liberalen auf, indem er die größte Umerziehungs- und Aufbauanstrengung seit Deutschland und Japan nach dem Zweiten Weltkrieg ankündigte. Man kann schlecht dagegen argumentieren, zumal als Deutscher. Die Amerikaner haben nach dem Zweiten Weltkrieg gute Arbeit geleistet. Warum soll es ihnen sechzig Jahre später nicht wieder an einem anderen Ort gelingen...?

Auch Konservative achten die Menschenrechte – manche besonders

Auf den ersten Blick haben israelische Juden und amerikanische Christen, zumal die Fundamentalisten auf beiden Seiten, wenig gemeinsam. Wie gesagt, hat der Gründer der Christian Coalition, Pat Robertson, das Weltfinanzwesen (das für ihn synonym ist mit den Juden) für viele Übel verantwortlich gemacht, etwa das Wettrüsten während des Zweiten Weltkriegs und im Kalten Krieg. Wettrüsten wie Abrüsten sei beides eine Idee der Banker, um erst am Aufrüsten und dann am Abrüsten zu verdienen. Juden waren von seinen Interpretationen der Weltpolitik nicht gerade angetan. Skeptisch beobachteten sie, wie Robertsons Statthalter Ralph Reed Mitte der Neunziger begann, auch bei jüdischen Organisationen für Unterstützung zu werben. Man teile doch viele Positionen mit konservativen Juden, betonte er etwas anbiedernd und sprach vom »jüdisch-christlichen Wertesystem«. Die christlichen Fundamentalisten waren moderater geworden, um mehr Wähler für die eigenen Kandidaten zu finden. Doch echte Liebe oder Kooperation schien sich trotz dieser Appelle zwischen den zwei Glaubensgruppen damals nicht zu ergeben.

Umso erstaunlicher ist, dass beide mittlerweile mehr und

mehr Seite an Seite kämpfen. Höhepunkt war eine halbseitige Anzeige, die die jüdische Anti-Defamation League (ADL) im Mai 2002 in der *New York Times* schaltete: Ausgerechnet Ralph Reed durfte in der Anzeige seine Meinung kundtun. Während die ADL Reed 1994 in einem harschen Ton vorgeworfen hatte, Intoleranz gegen Juden zu schüren, erschien nun das Logo der jüdischen Organisation »wie das Siegel eines Rabbiners auf koscheren Lebensmitteln« (*New York Times*, 15. Dezember 2002). Reed durfte seine Meinung zum Staat Israel äußern und erklären, warum gute Christen die Israelis im Kampf gegen Arafat und die Palästinenser unterstützen sollten. Wer die politische Entwicklung der Christian Coalition nicht verfolgt hatte und sich nur an Robertsons Kritik von einst erinnerte, rieb sich erstaunt die Augen.

Seit einigen Jahren bereits meldet sich die Christian Coalition nicht mehr nur zur Abtreibungsfrage in den USA zu Wort. Sie kümmert sich auch mehr und mehr um Außenpolitik. Beispielsweise setzte sie sich dagegen ein, China einen bevorzugten Status als Handelspartner zu gewähren. Denn in China würden – wie auch im Sudan oder in Teilen der ehemaligen Sowjetunion – Christen verfolgt. Außenpolitik der religiösen Rechten kann durchaus mit dem weltweiten missionarischen Einsatz in früheren Jahrhunderten verglichen werden, zumindest tun das Regierungen und Kritiker in islamischen Ländern. Noch in Clintons Amtszeit warnten muslimische Religionsvertreter in Beirut, bei ihnen wecke das Engagement der Christen Erinnerungen an die Kreuzzüge, immerhin wollten diese die Muslime zum »wahren Glauben« bekehren. In Ägypten warnte ein Zeitungskommentator, die USA spielten häufig »die religiöse Karte«, und China warnte die USA davor, sich in innere Angelegenheiten einzumischen. Die Christian Coalition fühlt sich von solchen Reaktionen freilich nicht behindert, sondern eher bestärkt in ihrer Mission.

Behinderung bei der Ausübung des Glaubens ist für die religiöse Rechte ein nahe liegendes Thema. Auch dass die Christian Coalition sich massiv gegen die Politik der Vereinten Nationen wehrt, verwundert nicht. Auf Anraten der Fundamentalisten wurden internationalen Organisationen wiederholt Zahlungen verweigert, darunter dem Währungsfonds, den Vereinten Nationen, dem UN-Bevölkerungsfonds. Sie sehen die Vereinten Nationen beherrscht von Homosexuellen, Lesben und Abtreibungsbefürwortern, die antichristliche, areligiöse Politik durchsetzen wollen. Wenn man sie nicht stoppe, propagierten sie weltweit Abtreibung und setzten ihre Politik bald mithilfe einer ständigen UN-Armee durch, ohne dass die USA (und damit die Christian Coalition) etwas dagegen tun könnten. Mitunter werden auch Institutionen kritisiert, die die angeprangerten Organisationen weniger lautstark kritisieren oder sogar unterstützen, etwa die Europäische Union oder, mit Abstrichen, die (den Fundamentalisten in manchen Dingen zu liberal erscheinende) katholische Kirche. Auch eine weltliche globale Rechtsprechung ist ihnen ein Dorn im Auge: In ihren Reihen finden sich viele überzeugte Gegner des Internationalen Strafgerichts.

Relativ neu aber ist vielen das Phänomen, das die *New York Times* »Christian-Right Zionism« nennt. Im Ausland herrscht oft die Meinung vor, »die jüdische Presse in New York« (womit vor allem die eben zitierte *New York Times* gemeint ist) zwinge alle amerikanischen Politiker, bedingungslos für Israel einzutreten. Wer dieses Vorurteil pflegt, findet immer einige Beweise und lässt sich freilich auch nicht von dem Hinweis beeindrucken, dass konservative Juden zu einem Boykott der Zeitung aufgerufen haben, weil sie über Arafat und die Palästinenser zu positiv berichte. Als George W. Bush 2002 Israel zu einer gemäßigten Politik in den besetzten Gebieten auffordern wollte, waren es angeblich jedoch nicht die amerikanischen Juden oder die *New York Times* (deren Reporter er einst als »Arschlöcher« bezeichnet hat, was nahe legt, dass er sich von der Zeitung ungern etwas sagen lassen will), die ihn zum Umdenken bewegten, sondern die christlichen Fundamentalisten. Bush pflegt engen Kontakt zu ihnen, seitdem er für seinen Vater im Wahlkampf die Verbindung zu ihnen gehalten hat. Außerdem steht ihnen sein enger Berater und Wahlkampfstratege Karl Rove nahe. Rove arbeitet seit 1980 für George W. Bush und gilt als sein engster und mit Abstand wichtigster Berater, dem der Präsident unter anderem den Erfolg bei den Halbzeitwahlen im Herbst 2002 verdankt.

Woher kommen das große Interesse und Eintreten der Christen für Israel? Anders als Katholiken, die dem Neuen Testament vertrauen, werfen die Fundamentalisten, die das Alte Testament als Maßstab für ihre Welt nehmen, den Juden nicht vor, Jesus ermordet zu haben. Viel wichtiger ist für sie, dass da jemand sitzt an den heiligen Stätten und verhindert, dass Muslime Jerusalem und andere heilige Orte völlig für den Islam in Beschlag nehmen. Israel ist für sie der Garant, den freien Zugang zu ihren heiligen Stätten zu behalten. Seit der Gründung des Staates Israel sind evangelische Fundamentalisten von seiner Existenz fasziniert. Er scheint ihnen irdischer Beweis zu sein, dass die Bibel mit ihren Prophezeiungen Recht hat und die Erlösung naht. Die Kämpfe in Israel sind demnach gottgewollt und Zeichen dafür, dass die Welt bald im Chaos versinkt. Nach dem Ende werden die Juden zu Christen bekehrt und dann (und nur dann) gerettet sein, glauben die Fundamentalisten. Auch deshalb gehören den Juden gewisse Sympathien der Christen. Lange Zeit wurden sie deshalb jedoch nur als halb lästige, halb nützliche »geistige Schachfiguren« (Robertson) gesehen, denen nach dem Ende keine Erlösung, sondern ewiger Tod winkt.

Rechte Politiker in Israel haben die Fundamentalisten in den USA überredet, offen für Israel einzutreten. Jüdische Organisationen des Mainstream in den USA haben 2002 erstmals die freundliche Haltung der Christen begrüßt. Nach zwei Jahren des immer schärfer werdenden Konflikts zwischen Israelis und Palästinensern sind amerikanische Juden dankbar für jeden, der den jüdischen Staat unterstützt. Gemeinsam demonstrierten Vertreter beider Gruppen im April 2002 in Washington für Israel. »Wir werden den Golan niemals aufgeben«, rief eine bekannte Radiomoderatorin. »Wir werden Jerusalem niemals teilen.« Wir? Bei der Moderatorin handelt es sich um keine Jüdin, sondern um Janet Parshall, die eine Sendung der Christen moderiert. Kurze Zeit später hat der republikanische Kongressabgeordnete Tom DeLay Israel versichert, die USA würden keinen Druck auf dessen Regierung ausüben.

Der Kampf um den rechten Glauben zeitigt auch seltsame Erscheinungen: Ralph Reed verwies in seinem Statement für Israel ausdrücklich auf weltliche Punkte, die für Israel sprächen: Er hielt Kritikern Israels vor, das Land sei eine Demokratie und einer der verlässlichsten Verbündeten Amerikas.

(K)ein Imperium

Dass die USA die einzige Supermacht sind, wird nicht bezweifelt. Ob die USA ein Imperium im herkömmlichen Sinne sind, ist umstritten. Die Frage lautet, wie sehr sie die Welt dominieren. Der Politikprofessor Samuel Huntington definierte Unipolarität als »one superpower, no significant major powers, and many minor powers«. Die dominante Macht in einem solchen System sei in der Lage, wichtige internationale Probleme allein zu lösen, und keine Kombination der anderen Staaten könne die Superpower davon abhalten. Dazu aber seien die USA nicht in der Lage, sagt Huntington. Die Attacken vom 11. September 2001 schienen ihm Recht zu geben, weil die USA plötzlich äußerst verletzbar wirkten.

Um zu verstehen, wie sehr die USA dennoch die Welt dominieren, haben die Politologen Stephen Brooks und William Wohlforth in einem Aufsatz in den *Foreign Affairs* vom Juli/ August 2002 die einzelnen Komponenten betrachtet, die Macht definieren. Die Militärmacht der USA ist konkurrenzlos: Ihr Verteidigungshaushalt beträgt 2003 mehr, als die nächsten fünfzehn bis zwanzig größten Militärmächte zusammen für Rüstung ausgeben. Kein anderer Staat verfügt annähernd über die Stärke, was Atomwaffen, Luftwaffe, Navy und die Möglichkeit betrifft, seine Streitkräfte rund um den Globus schnell in Position zu bringen. Kein Staat in der jüngeren Geschichte habe annähernd die militärische Vormacht der USA erreicht, meinen Brooks und Wohlforth. Amerikas wirtschaftliche Dominanz sei – ob im Vergleich zu den reichsten Staaten nach den USA oder zum Rest der Welt – ebenfalls ohne Beispiel.

Die Wirtschaft sei doppelt so groß wie die des nächsten Konkurrenten, Japan. Kaliforniens Wirtschaft allein stehe weltweit an fünfter Stelle, noch vor Frankreich und direkt hinter England. Schließlich seien die USA auch weit überlegen, was militärische Forschung betrifft. Frühere Mächte verfügten entweder über eine große Handels- und Militärmacht zu Wasser oder zu Lande, nicht aber über beides. Amerikas Vormachtstellung sei deshalb beispiellos, weil die USA heutzutage in allen wichtigen Kategorien dominieren. Sie haben keinen Konkurrenten in irgendeiner Dimension der Macht, betonen Brooks und Wohlforth.

Angesichts dieser Übermacht mag es verlockend sein, auf die Meinung anderer nicht angewiesen zu sein und ganz auf das Recht des Stärkeren zu setzen. Sich allein auf das Recht des Stärkeren zu verlassen, sei jedoch eine Illusion, warnt der Harvard-Politologe Joseph S. Nye. Viele Probleme – Umweltschutz oder Terrorismus – verlangten nach multinationalen Lösungen, weil die Probleme nun mal multinationaler Natur seien.

Die Herrschaft des Rechts regiert Amerika. Oft genug ist das Recht auf der Seite des Stärkeren, also desjenigen, der die Macht und das Geld aufbringen kann, sich sein Recht zu erkaufen. Dennoch haben auch Minderheiten, Schwache und Arme auf dem Rechtsweg ihr Recht erstritten. Bürgerrechte und Pressefreiheit sind zweifellos Errungenschaften trotz aller Rückschläge, die nahe legen, dass die Wirklichkeit noch weit entfernt ist vom Ideal, alle Menschen seien gleich vor dem Gesetz.

Wenn Amerika in irgendeinem Land interveniert, dann beteuern amerikanische Politiker, dass es gelte, die Herrschaft des Rechts in diesem Land herzustellen. Die Herrschaft des Rechts ist Voraussetzung für Demokratie. Und darum gehe es den USA: Sie wollen weltweit Demokratie fördern, sagen sie. Doch während in den USA zwei große Parteien um die Herrschaft des Rechts kämpfen, Gerichte politisieren und Geldströme der Wirtschaft mithilfe des Rechts in die Taschen ihrer Spender lenken, haben aus internationaler Sicht alle Amerikaner – vereinfacht betrachtet – das gleiche Ziel: In Details mögen sich ihre Strategien unterscheiden, gemeinsam ist allen Politikern die Sorge um die »vitalen Interessen« des Landes. Es herrscht nicht das Recht, sondern es herrschen die Interessen, so ungenau sie in der Doktrin der jeweiligen Regierung auch formuliert sind. International herrschen nicht Gerechtigkeit und Fairness, sondern es gilt das Recht des Stärkeren. Warum sich geschlagen geben, wenn man nur die Muskeln spielen lassen muss, um zu gewinnen? Man droht wirtschaftliche oder politische Sanktionen an oder verweigert die Zustimmung oder Kooperation. Was internationales Recht betrifft, gelten die USA als *classic non-signer*, betont der Stanford-Jurist Lawrence M. Friedman. Es mag amerikanische Politiker geben, die internationales Recht achten. Aber meist siegt doch die Stärke. Freilich wird diese Stärke so durchgesetzt, dass ihm eine rechtliche Verordnung zugrunde liegt.

Politische Diskussionen über Verträge und über die Einhaltung von Abkommen machen einen großen Teil der außenpolitischen Debatten aus. Oft hat man dabei das Gefühl, dass die Reden nur den Zweck haben, andere Staaten über die wahren Absichten zu täuschen. Zum Schein lassen sich die USA auf einen Dialog ein. Der Ausgang des Gesprächs steht jedoch bereits vor dem Beginn der Unterredungen fest. Die USA wollen die Regeln machen. Falls die Staatengemeinschaft gegen sie stimmt, werden sie ihre Haltung notfalls im Alleingang durchsetzen. So klingt das, was Amerikaner als Gespräch verstehen, auf der anderen Seite wie eine Drohung. Was die USA als Kooperation und Dialog empfinden, wirkt beim Gegenüber von vornherein kompromisslos.

Der Völkerrechtler Wilhelm Grewe hat den Zerfall des Ostblocks als Beginn der »amerikanischen Epoche des Völkerrechts« bezeichnet. Der Hamburger Rechtsphilosoph Reinhard Merkel stellt eine »wachsende Neigung« der USA fest, »für die Auslegung völkerrechtlicher Normen, von denen sie selbst betroffen sind, eine Alleinzuständigkeit zu reklamieren«. Exemplarisch zeigt sich das in der Irakpolitik.

Als Präsident George W. Bush im Juni 2002 vor Soldaten in der Militärakademie in West Point eine Rede hielt, sprach er von Amerika und von dessen »Imperium«. Er sagte, was amerikanische Politiker und Akademiker oft proklamieren: dass es kein amerikanisches Imperium gebe. Amerika habe kein Imperium, das es erweitern wolle, oder eine Utopie, die es verwirklichen möchte, behauptete Bush. Einige Monate später hielt er im Weißen Haus eine Rede vor Veteranen: Amerika habe »keine territorialen Ambitionen«, sagte er. »Wir wollen kein Imperium. Unsere Nation will Freiheit für uns und für andere.« Doch wenn nicht »Imperium«, welcher Begriff sei dann geeignet, das Furcht einflößende Ding zu beschreiben, zu dem sich Amerika entwickelt, fragt Michael Ignatieff, Direktor des Carr Center der Kennedy School of Government der Harvard University, in der *New York Times* (5. Januar 2003). Er spricht von der »Bürde«. Amerikanische Politiker und Politikwissenschaftler vermeiden es, von ihrem Imperium zu sprechen. Wenn sie es doch tun, dann verteidigen sie ihre Vormachtposition: Einem großen Teil der Menschen auf der Welt gehe es besser aufgrund der globalen Herrschaft der USA, sagt Robert Kagan, ein konservativer Mitarbeiter des Carnegie Endowment for International Peace. Den Kritikern zugewandt, gibt er zu bedenken: Glaube denn wirklich irgendjemand, der Welt würde es besser gehen, wenn ein arrogantes Land wie Frankreich die einzige Supermacht wäre? Weder von China, Deutschland, Japan oder Russland könne man sich vorstellen, dass eines dieser Länder seine Macht auf ähnlich großzügige Art anwenden würde wie die USA, so Kagan. Kein Land – mit Ausnahme Chinas – sei bereit, so viel Geld für Militärs auszugeben, um die Rolle des Staates zu spielen, der weltweit den Frieden bewahrt. 90 Prozent der Militärs, die 1991 im Golfkrieg kämpften, stammten aus den USA. »Waren 90 Prozent aller Interessen, die bedroht waren, amerikanische?«, fragt Kagan. Natürlich nicht, ist man versucht, sofort laut zu antworten: Deutschland, Frankreich, Russland und China haben auch geholfen, den Irak hochzurüsten, und damit das Problem eines unberechenbaren Despoten geschaffen.

Viele Intellektuelle im heutigen Amerika leben ein areligiöses Leben und sind stolz auf die Trennung von Kirche und Staat. Aber die Mehrheit der Amerikaner ist sehr religiös. Sie glauben, dass sie in Gods own country leben. Sie glauben, ihre Größe und ihre Macht sei kein Zufall und lasse sich nicht politisch-analytisch erklären. Sie glauben, ihre Größe sei ihre Bestimmung, und wann immer sie eingreifen, seien sie im Recht. Der Zusammenbruch des Kommunismus habe gezeigt, dass es keine Alternativen zum Kapitalismus gibt.

Als der chinesische Präsident 1997 das Weiße Haus be-

suchte und zusammen mit seinem amerikanischen Amtskollegen eine Pressekonferenz gab, sagte Bill Clinton, die chinesische Regierung sei »auf der falschen Seite der Geschichte«.
Was Clinton damit insgeheim ausdrückte, war der Hinweis,
dass die USA auf der richtigen Seite der Geschichte stünden.
Woran wiederum lässt sich die richtige Seite der Geschichte
erkennen? Ganz einfach: Da, wo Amerika steht, ist die richtige
Seite der Geschichte. Außenministerin Madeleine Albright
sagte einmal, Amerikaner seien verpflichtet, Geschichte zu
schreiben. Clintons Hinweis bedeutet freilich auch: Es gibt
keine Alternative zu dem System, es gibt keine Alternative zur
Führung der Welt durch die einzige verbliebene Supermacht.
Darin sind sich fast alle Politiker der beiden großen Parteien
einig.

Demokraten und Republikaner mögen unterschiedliche
Ansichten über Raketenabwehr haben, über humanitäres
Eingreifen in ethnischen Konflikten und über die Gefahren
des Treibhauseffekts. Aber all das seien im Grunde lediglich
geringe Meinungsverschiedenheiten über Details des Vorge-
hens, meint Andrew J. Bacevich, Politikprofessor von der Boston University. »Was die grundsätzlichen Fragen der Außenpolitik betrifft, so gibt es einen Konsens von der extremen
Linken bis zur extremen Rechten.« Dieser Konsens reiche so
tief, dass seine Begriffe selbstverständlich geworden seien und
seine Annahmen gar nicht mehr bewiesen werden müssten.

Die Sicherheitsberaterin von George Bush, Condoleezza
Rice, hat 1999 fast die gleichen Worte wie Clinton gebraucht,
um Amerikas Rolle in der Welt zu beschreiben. Sie schrieb, die
Herausforderung für die USA im 21. Jahrhundert sei die
Frage, ob Amerika die Verantwortung übernehme, »auf der
richtigen Seite der Geschichte zu stehen«. Falls das Land die
Verantwortung nicht übernehme, werde man Rückschläge erleiden, Gelegenheiten verpassen und sich neuen Gefahren
gegenübersehen. Dann würde man sich in zwei oder drei Jahr-

zehnten fragen, warum man die Gelegenheit nicht wahrgenommen habe, als man auf der richtigen Seite der Geschichte stand. Ohne es auszusprechen, beschreibt Rice, warum Amerika die Welt anführen müsse. Ohne das Wort »Imperium« zu verwenden, beschreibt sie den Weg der globalen Politik. Amerika muss die Welt amerikanisieren und dadurch dazu beitragen, dass die ganze Erde auf der richtigen Seite der Geschichte steht. Einer der wichtigen Begriffe von Rice ist *economic openness*: die Erschließung neuer Wirtschaftsmärkte, die zugleich zu mehr Demokratie und individueller Freiheit führe. Rice habe mit ihrer Darstellung zeigen wollen, wie sehr sich Republikaner und Demokraten in ihrer Außenpolitik unterscheiden, meint Politikprofessor Andrew J. Bacevich. In Wirklichkeit habe sie dargelegt, dass sie sich kaum voneinander unterscheiden.

In den neunziger Jahren tat sich Amerika schwer, seine militärische Übermacht einzusetzen. Die gefallenen GIs in Somalia machten es Präsident Bill Clinton schwer zu erklären, warum man sich dort engagieren müsse. Zu Hause gab es wenig Verständnis dafür. Auch deshalb ist Ruanda völlig vergessen worden. Der Krieg gegen den Terror dagegen erlaubt Bush, offensiv vorzugehen, ohne in den USA offensiv zu wirken. Er verteidigt ja nur Amerika und seine Werte. Der 11. September habe Bush ermöglicht, Amerikas Unschuld erneut zu bekräftigen, sagt Bacevich. Er kann nicht nur betonen, dass die Opfer des Anschlags unschuldig seien, sondern dass Amerika völlig unschuldig angegriffen worden sei. »Warum hassen sie uns?«, fragte Bush rhetorisch, als er über die Attentäter sprach. »Sie hassen unsere Freiheiten, unsere Religionsfreiheit, unsere Meinungsfreiheit, unsere Wahl- und Versammlungsfreiheit und unsere Freiheit, unterschiedlicher Meinung zu sein.« Indem er nur diese Litanei der Werte als Begründung gab, ersparte er es sich, auf die globalen Folgen der politischen, wirtschaftlichen und kulturellen Macht Amerikas einzugehen. Das

Gefühl, zu Unrecht angegriffen worden zu sein, rechtfertigt fast jede Aggression gegen den, der das Unrecht zugefügt hat.

Bush vermied es, eine differenzierte Antwort zu geben und darüber zu spekulieren, dass es nicht die Werte an sich sind, die Amerikas Feinde bekämpfen, sondern vor allem die Macht, die hinter der weltweiten Verbreitung der Werte steht. Denn mit der Verbreitung gewinnen die USA immer mehr Macht, und um diese Macht zu behalten und zu vergrößern, nehmen sie Regimes und korrupte Regierungen unter Schutz. Hassen Amerikas Feinde Amerikaner, weil sie Amerikaner sind? Hassen sie wirklich ihre Werte? Würde nicht eine andere Supermacht mit anderen, womöglich gegensätzlichen Werten genauso gehasst werden, wenn sie die Macht der USA hätte?

Am 23. Dezember 2002 veröffentlichte die *International Herald Tribune* eine Studie des Pew Research Center, die 38 000 Menschen in 44 Ländern befragte. Demnach habe Antiamerikanismus in fast allen Ländern zugenommen, in Frankreich, Deutschland und in strategisch besonders wichtigen Ländern wie der Türkei. Die Menschen störe dort nicht mehr allein der mögliche Krieg gegen den Irak, sondern auch der weltweite Kampf gegen den Terror und die wirtschaftliche Übermacht der USA. Weil er die Übermacht der USA noch vergrößere, darum sei der Krieg gegen den Terror letztlich effektiv – auch wenn er wenig konkrete Erfolge gegen Osama bin Laden und seine Terroristen verzeichne. »Bushs Krieg gegen den Terror und für Freiheit ist im Kern ein Krieg des amerikanischen Projekts, eine offene und integrierte Welt zu schaffen«, glaubt Bacevich. Seit Jahrzehnten verfolgen die USA eine Politik, die Bacevich eine Strategie des Offenhaltens und der Öffnung nennt. Sie soll der Wirtschaft der USA Zugang zu allen Märkten verschaffen.

Dabei hilft ihnen ihre Sicht der eigenen Rolle, dieses Vorgehen moralisch zu legitimieren: »Es gibt Nationen, die Größe erreichen«, bemerkte der Historiker Ernest May vor vierzig

Jahren. »Die Vereinigten Staaten haben ihre Größe verpasst bekommen.« Mays Auffassung gibt die Perspektive der Amerikaner wieder, wie sie sich als Akteur auf der internationalen Bühne wahrnehmen. Diese Einstellung hat mehrere Vorteile: Sie wirkt nicht aggressiv und nicht besserwisserisch. Auf den ersten Blick ist es nicht die Geschichte eines Gewinners, sondern eines verantwortungsbewussten Akteurs. Diese Sicht hat auch folgenden Vorteil: Eine eventuelle Niederlage bedeutet keineswegs, dass die Supermacht geschlagen wurde. Sie hat sich nur widerstrebend in den Ring begeben. Niemand kann ihr das Engagement ernsthaft vorwerfen, schließlich hat sie sich mit den besten Absichten engagiert. Der Mythos von der »zögerlichen Supermacht« (Bacevich) hilft also dabei, keine oder nur begrenzte Verantwortung für Fehlschläge übernehmen zu müssen.

Wann immer Amerika irgendwo in der Welt interveniert, vermitteln Politiker in Washington den Eindruck, dass das Land nur ungern eingreift. Sie versuchen, den Eindruck zu vermeiden, als schlügen sie gern zu und hätten nur auf eine Gelegenheit wie diese gewartet. Dabei wirken sie keinesfalls wie Lügner. Im Gegenteil: Nicht nur ihre Reden und Statements lassen ein gewisses Unwohlsein mit der Rolle als Weltpolizist erkennen. Tatsächlich haben Kommentatoren keine Schwierigkeit, Belege zu finden, dass das Image von der »zögerlichen Supermacht« der Wahrheit entspricht. Wenn sie dennoch eingreifen und sich engagieren, hat das durchaus mit dem Glauben der Amerikaner an die Herrschaft des Rechts zu tun. Sie fühlen sich verpflichtet, andere Länder in den Genuss der Rechtssicherheit zu bringen. Oft können sie sich darauf berufen, dass man sie gebeten hat. Oder dass sie nicht nur sich selbst, sondern auch alle anderen Demokratien schützen wollen. All diese öffentlichen Bekundungen haben nur ein Problem. Sie sind nicht richtig. Sie sind bestenfalls die halbe Wahrheit. Eine Wahrheit freilich, die nie völlig falsch ist und gut zu gebrauchen ist, weil sie die dunklen Seiten der amerikanischen Politik im Dunkeln belassen. Dass die USA im Ausland mitunter auch als Aggressionsmacht wahrgenommen wird, lässt sich in Washington verschmerzen, solange die eigenen Bürger die USA weiterhin als zögerliche Macht wahrnehmen.

So war es beispielsweise, als George W. Bush im Herbst 2002 die Vereinten Nationen mahnte, sie müssten sich entscheiden, ob sie wichtig und respektiert werden wollten. In den USA wurde das als Beleg gesehen, dass Bush die Frage eines Angriffs gegen den Irak nicht allein entscheidet. Im Rest der Welt wurden seine Worte als Drohung aufgefasst, die USA würden die Vereinten Nationen nur dann ernst nehmen, wenn der Sicherheitsrat in ihrem Sinne entscheidet.

Nehmen wir an, die Hilfsbekundungen amerikanischer Politiker seien ernst gemeint und die USA griffen wirklich nur ein, weil sie gerufen werden. Müssten sie dann nicht in allen besonders schweren Angriffen auf die Menschenrechte aktiv werden? Das zumindest wäre das Ideal. Wenn es stimmt, dass die USA vor allem besorgt sind über die Einhaltung der Menschenrechte, hätten sie da nicht auch verhindern müssen, dass in Ruanda Afrikaner Hunderttausende Afrikaner umbrachten, obwohl amerikanische Medien ausführlich über den Massenmord berichteten? Die Juristin und Journalistin Samantha Power hat bislang unveröffentlichte Dokumente, Schriftverkehr, ausgewertet und kommt zu dem Schluss, dass die amerikanische Regierung nicht nur nicht helfen wollte. Schlimmer noch: Die Regierung unter Bill Clinton behinderte andere Länder und Institutionen, die hatten helfen wollen.

Monate nach dem Afghanistankrieg wurden Gesetzestexte in das vom Krieg gebeutelte Land geschafft. Die gute Nachricht für die Amerikaner sollte lauten: Hier ist der Beweis, der Krieg hat sich gelohnt. Amerika hat dem Land das Recht wiedergegeben, die Basis aller Freiheit und Demokratie. Der tiefe Glaube an das Recht erlaubt den Amerikanern seit jeher, von sich selbst und den eigenen Ansichten restlos überzeugt zu sein. Zusammen mit dem Glauben, das rechte Volk zu sein und daher stets das Rechte zu tun, erlaubt er auch, das eigene Rechtssystem für das beste der Welt zu halten. Sind die USA daher nicht geradezu »gezwungen«, andere Länder zum Genuss dieses besten aller Rechtssysteme zu »verhelfen«?

Weltbank und Währungsfonds als Erfüllungsgehilfen

So wird auch nachvollziehbar, dass sie manche internationale Organisationen mehr als andere mögen: weil sie darin das Sagen haben. Während sie den Vereinten Nationen, wo sie in der Generalversammlung über keine Mehrheit verfügen, skeptisch gegenüberstehen, nutzen sie ihren Einfluss nicht nur im Sicherheitsrat, sondern auch in Weltbank, Währungsfonds und Welthandelsorganisation.

Mitte der achtziger Jahre haben amerikanische Kongressabgeordnete die Weltbank gezwungen, auf die Kritik von Umweltorganisationen zu reagieren. Zwar hat diese bereits 1970 als erste multinationale Organisation einen Umweltberater eingestellt, und Weltbankpräsident Robert McNamara betonte 1970 in New York vor einem Ausschuss der Vereinten Nationen, Finanzorganisationen wie die Weltbank müssten sich fragen, ob und wie sie den Entwicklungsländern helfen könnten, durch wirtschaftliche Entwicklung hervorgerufene Umweltschäden zu minimieren oder zu vermeiden, ohne wirtschaftliches Wachstum zu verlangsamen. Aber vieles an der Diktion der Weltbank war lediglich das: geschickte Rhetorik, der keine Taten folgten. In Wahrheit wurden die Umweltexperten im eigenen Haus behindert, und ihre Vorschläge wurden systematisch missachtet. In Wirklichkeit verharmloste die Weltbank die Umweltschäden in Entwicklungsländern. Staudämme und

Autobahnen wurden aus dem Boden gestampft, ganze Regionen gerodet und geflutet, ohne sich auch nur im Geringsten darum zu kümmern, dass man damit den Lebensraum von Amazonasvölkern in Brasilien zerstörte. Die Kongressabgeordneten handelten also im Interesse vieler Benachteiligter in Entwicklungsländern, als sie die Bank zwangen, mehr auf Umweltverträglichkeit zu achten.

Tatsächlich ging es den Abgeordneten aber nicht um die Umwelt. Es ging ihnen um ihre Macht in der Organisation. Sie suchten einen Prügelknaben, um innenpolitisch gut dazustehen als Politiker, die sich um das Wohl der armen Leute kümmern. Sie wollten zeigen, wer eigentlich das Sagen hat – und wie sehr die Weltbank von Amerika abhängt; so legt es der Politikprofessor Robert Wade von der Brown University in »Greening the Bank«, dem Beitrag in einem von der Weltbank selbst verlegten Geschichtsband (Kapur et al.) in bemerkenswerter Offenheit dar. Am Folgeprozess des Umweltgipfels in Rio konnte man unschwer erkennen, dass den Vereinigten Staaten nicht wirklich viel an globaler Umweltpolitik liegt.

Weltbank und Internationaler Währungsfonds (IWF) sind nichts anderes als rechtliche Gebilde, mit denen die reichen Mitgliedsländer der Institutionen in den Entwicklungsländern mithilfe von Krediten Politik machen. Als wichtigstes Mitgliedsland gelten die Vereinigten Staaten. Rein äußerliches Kennzeichen des Einflusses und der Macht der USA und der Nähe des IWF und der Weltbank zu den USA ist der Sitz der beiden Institutionen: Washington. Einfluss und Macht der amerikanischen Regierung resultieren nicht zuletzt daraus, dass die Weltbank stets von einem Amerikaner geführt wird. Beide multinationale Organisationen beklagen hin und wieder, von den USA nicht die Aufmerksamkeit zu bekommen, die sie verdienten. Aber fest steht: Sie mögen zwar auf dem Papier zur Organisation der Vereinten Nationen gehören, ihre Marschbefehle erhalten sie jedoch nicht von den United Nations in New York, sondern von der amerikanischen Regierung. Diese bespricht aktuelle Fragen allenfalls mit einem engen Verbündeten und Mitgliedern beider Organisationen. Den Führungsanspruch der USA in beiden Organisationen stellen die Vereinten Nationen jedoch nicht infrage. Mithilfe von rechtlichen Konstrukten wie Währungsfonds, Nafta, Welthandelsorganisation und Weltbank verschaffen sich die USA Zugang zu den Märkten armer Länder. Die Organisationen dienen den USA als Instrumente, deren Regeln durchzusetzen. Das gelingt ihnen jedoch nicht deswegen, weil diese Regeln an sich so segensreich sind, sondern weil die USA und ihre Verbündeten auch in den Kontrollgremien der Organisationen das Recht des Stärkeren durchsetzen. Das Recht der Stärkeren ist in diesem Fall das Recht der Reichen.

Die Reichen sind die Geberländer. Sie legen den Empfängerländern gewisse Auflagen auf – im Prinzip geht es darum, Einfuhr- und Handelsbeschränkungen zu beseitigen. Entwicklungsländer bekommen Geld – und müssen als Gegenleistung ihre Märkte den reichen Geberländern öffnen. Sie sollen Teil der internationalen Wirtschaft werden; das ist für Politiker oft schon identisch mit einer Garantie für Demokratie, was sie wiederum als gleichbedeutend mit dem Eintreten für Menschenrechte darstellen. Offiziell geht es den Politikern vor allem darum, Hilfe zu bringen. Den armen Leuten soll aus der Armut geholfen werden. Ihre Rechte sollen geschützt werden. Die Länder sollen zur Einhaltung der Menschenrechte verpflichtet werden.

Allerdings verletzt die Weltbank auf dem Weg zu diesem Ziel selbst die Rechte der Armen und ersetzt Abhängigkeit von einem korrupten Staatswesen häufig durch Abhängigkeit von Washington und internationalen Konzernen. Für die Menschen vor Ort ändert sich oft wenig zum Guten. Doch selbst das wirtschaftspolitische Kalkül hinter den rigorosen Verordnungen geht keineswegs immer auf: Die lateinamerikanischen Länder hätten ihre Schuldenprobleme in den achtziger Jahren auch ohne die von Weltbank und Währungsfonds auferlegten harten Maßnahmen lösen können, und zwar auf weniger dramatische Art und Weise, bekannte 1998 der ehemalige hochrangige Weltbank-Mitarbeiter Ernest Stern.

Um ein Prinzip zu erkennen, wie die Vereinigten Staaten den Internationalen Währungsfonds und die Weltbank für die eigenen außenpolitischen Ziele einsetzen, sollte man sich in Erinnerung rufen, wie 1991 die Resolution gegen den Irak für den Golfkrieg zustande gekommen ist: Den Ländern, die für die Resolution der USA im Sicherheitsrat stimmten und den Beschluss bei den Kriegsvorbereitungen unterstützten, versprachen die USA schnelle Finanzhilfe von Weltbank und Währungsfonds. Ländern, die dagegen stimmten, wurde mit harten Maßnahmen der beiden Organisationen gedroht. Um ein mögliches Veto Chinas zu verhindern, wurde Peking ein umfangreicher Kredit der Weltbank versprochen, wovon als Anzahlung eiligst 114 Millionen Dollar bewilligt wurden. Die Türkei erhielt beispielsweise neben militärischer Hilfe auch billige Kredite von Weltbank und Währungsfonds in Höhe von 1,5 Milliarden Dollar. Als Nachbar des Iraks war natürlich auch der Iran wichtig. Während das Regime in Teheran jahrelang als Feind gegolten hatte, war in diesem Augenblick Kooperation gefragt. Als der Iran sich einverstanden erklärte, die Blockade gegen den Irak zu unterstützen, wurde das Land umgehend mit dem ersten Kredit der Weltbank seit der Islamischen Revolution 1979 belohnt. Bevor die USA ihre Bodenattacke starteten, verkündete die Weltbank ein für den Iran in dieser Höhe davor unbekanntes Darlehen in Höhe von 250 Millionen Dollar.

Die Kredite von Weltbank und Währungsfonds funktionierten als Belohnung. Aber sie funktionierten freilich auch als Druckmittel, indem die USA den Entzug zugesagter Kredite androhten. Als Simbabwe gegen die Resolution der USA stimmen wollte, ließen amerikanische Diplomaten die Afrikaner wissen, dass ein Kredit des Währungsfonds gefährdet sei. Simbabwe verstand die Drohung und stimmte schließlich für die Resolution. Minuten nachdem Jemen gegen die Resolution gestimmt hatte, ließ ein amerikanischer Diplomat den Botschafter Jemens angeblich wissen, dies sei die teuerste Gegenstimme gewesen, die Jemen jemals abgegeben habe. Innerhalb von Tagen blockierten die USA 70 Millionen Dollar an Hilfsprogrammen und weitere Kredite von Weltbank und Währungsfonds.

Eigentlich wurde der Internationale Währungsfonds gegründet, um eine mögliche große Depression in der Zukunft zu verhindern. Ländern, die sich in einer Rezession befinden, sollten Geld geliehen bekommen, um sich selbst zu helfen. Auf lange Sicht wurde jedoch das Gegenteil erreicht: Der Währungsfonds avancierte zum Manager der armen Länder und sah sich mehr als Vertreter der Banken und der amerikanischen Börse. Statt den armen Ländern zu helfen, war der Währungsfonds eher daran interessiert, dass diese ihre Schulden bezahlen.

Der philippinische Aktivist, Wissenschaftler und Schriftsteller Walden Bello beschreibt die offenen und heimlichen Ziele sowie die Auswirkungen der Strukturanpassungsprojekte der Weltbank und des Währungsfonds mit folgenden Worten: »Beurteilt nach ihren offiziellen Zielen – Lösung der Schuldenprobleme der Entwicklungsländer und Erzeugung neuen und nachhaltigen Wachstums bei gleichzeitigem Abbau von Armut und Arbeitslosigkeit –, war die Strukturanpassung ein furchtbarer Fehlschlag. Beurteilt nach ihren heimlichen strategischen Zielen, war sie jedoch ein durchschlagender Erfolg. Von Argentinien bis Ghana wurde die Rolle des Staates in der Wirtschaft drastisch beschränkt. Staatliche Unternehmen wurden privatisiert; protektionistische Beschränkungen für Importe aus dem Norden wurden radikal aufgehoben; Restriktionen für ausländische Investitionen wurden abgebaut; und mit quasireligiösem Eifer wurden Maßnahmen zur Exportförderung eingeführt. In der Folge waren die Schuldnerländer insgesamt in der Lage, die Zinsen für die Kredite zu bezahlen, die sie bei den Banken des Nordens aufgenommen hatten. Vor allem jedoch wurden sie stärker in den kapitalistischen Weltmarkt eingebunden und dadurch in ihrer Versorgung zunehmend abhängig von den Mächten im Norden und den transnationalen Konzernen, die jene Mächte effektiv kontrollieren.«

Als der Internationale Währungsfonds und die Weltbank im September 2002 in Washington tagten, protestierten Demonstranten gegen die Heuchelei der beiden Organisationen. Die reichen Länder – allen voran die USA, Europa und Japan – drückten den armen Ländern die Verpflichtung auf, ihre Märkte zu öffnen. Sie selbst jedoch erließen Handelssperren und Sonderzölle für Stahl, kanadisches Holz, für Textilien und landwirtschaftliche Produkte aus den armen Ländern. Sie versuchten, ihre heimischen Märkte abzuschotten, indem sie ihre eigenen Produkte mit immensen Summen subventionierten. Die USA erließen 2002 ein Gesetz, wonach ihre Landwirte in den nächsten acht Jahren mit mehr als 100 Millionen Dollar unterstützt werden sollen. »Arme Länder aufzufordern, ihre Märkte zu öffnen, während man selbst Handelssperren erlässt, die bestimmten Interessengruppen dienen, ist heuchlerisch«, sagte Nicholas Stern, der Chefökonom der Weltbank. Allein Subventionen für Baumwolle hätten einen Teil der Wirtschaftskraft in den afrikanischen Ländern Burkina Faso, Mali und Benin zerstört, hat die Hilfsorganisation Oxfam International errechnet (*New York Times*, 30. September 2002). Mali habe infolge der Baumwollsubventionen in den USA etwa 43 Millionen Dollar verloren, während das Land rund 37 Millionen Dollar Entwicklungshilfe aus den USA erhielt. Die Vereinigten Staaten wenden dreimal mehr Geld für Baumwollsubventionen als für Entwicklungshilfe in Afrika auf. Weil Zölle auf landwirtschaftliche Produkte besonders hoch sind, muss ein kleiner Handelspartner wie Bangladesch für seine Exporte laut Weltbank so viel Zölle zahlen wie der große Handelspartner Frankreich.

Die reichen Länder, inklusive der USA, verschwendeten Tag für Tag rund 1 Milliarde Dollar an Subventionsgeldern für die Landwirtschaft, sagt James D. Wolfensohn, der Präsident der Weltbank. Die Folgen für Bauern in Lateinamerika und Afrika seien »zerstörerisch«. Stanley Fischer, einer der ehemaligen leitenden Manager des Internationalen Währungsfonds, nennt diese Praxis »skandalös«. Aber es bleibt bei Worten. IMF und Weltbank können arme Länder zwingen, ihre Märkte zu öffnen, indem sie ihnen mit dem Entzug von Krediten drohen. Die USA hingegen lassen sich nicht zwingen. Sie leihen sich keine Kredite vom Internationalen Währungsfonds und von der Weltbank – also müssen sie nicht den Regeln folgen, die sie armen Ländern auferlegen.

Freihandel ist – in der Theorie – ein System, das freien Handel gestatten sollte. Der Begriff ist irreführend, denn allein die Abkommen, die freien Handel gewährleisten sollen, füllen Tausende von Seiten mit Bestimmungen und rechtlichen Verordnungen. Das Abkommen, das die Welthandelsorganisation (WHO) kreiert hat, ist 22 500 Seiten stark. Nicht gerade das, was man sich unter »frei« vorstellt.

Im Herbst und Winter 2002 stand bei der Welthandelsorganisation in Genf das Thema Patentschutz und medizinische Versorgung in der Dritten Welt auf der Tagesordnung. Es ging um die Frage, ob es Ländern der Dritten Welt erlaubt werden soll, bestimmte Medikamente herzustellen – ohne teure Gebühren an die Erfinder der Arzneimittel abzugeben. Denn die Gebühren würden die Produkte zu teuer machen; die Kranken könnten nicht medikamentös behandelt werden. Entwicklungsländer sollten verbilligten Zugang zu patentgeschützten

Medikamenten bekommen. In monatelangen Verhandlungen hatten die Mitglieder der WHO einen Kompromiss ausgehandelt. Doch angenommen wurde er nicht. Stattdessen mussten die Verhandlungen am 22. Dezember 2002 auf das Jahr 2003 vertagt werden.

Normalerweise findet sich stets eine Einigung unter den mehr als 140 Mitgliedern der WHO. Selten tritt der Fall ein, dass eine Übereinkunft am Widerstand eines einzelnen Landes scheitert. In der Regel will sich kein Mitglied für einen Misserfolg allein verantwortlich machen lassen. Doch beim Thema Patentschutz ließ sich die amerikanische Delegation auf keinen Kompromiss ein. Unter dem Druck der US-Pharmalobby wandten sich die Vereinigten Staaten dagegen, die Patentrechte zu sehr zu lockern, und ließen die Verhandlungen am 22. Dezember nachts platzen. Selbstbewusst stellten sie sich gegen die Vereinbarung, die alle anderen Staaten erarbeitet hatten. Sie lehnten den Vorschlag ab, weil er ihrer Meinung nach nicht genügend Gewähr biete, dass Ausnahmen tatsächlich auf die drei Krankheiten HIV/Aids, Tuberkulose und Malaria beschränkt blieben. Sie wollen verhindern, dass eines Tages auch Medikamente zur Behandlung von Asthma oder Diabetes unter die Ausnahmeregelung fallen und diese verbilligten Medikamente womöglich sogar in reiche Länder importiert werden und dort lizenzierten Produkten Konkurrenz machen. Die Mitglieder der WHO konnten sich nicht einigen, wann genau Medikamente in welchen Ländern aus Indien, Brasilien oder Thailand lizenzfrei eingeführt werden dürfen. Außer den USA pochten bei den Verhandlungen auch Japan, die EU und die Schweiz auf möglichst eng gefasste Ausführungsbestimmungen. Aber nur die USA gingen so weit und wagten es, sich gegen den Rest der Welt zu stellen und den Kompromiss abzulehnen.

Freier Handel kennt auch diese Variante: Seit der Machtübernahme von Fidel Castro in Kuba vor mehr als vierzig Jahren haben die USA ein Wirtschaftembargo über die Insel verhängt. Mitte der neunziger Jahre verschärften die Senatoren das Embargo sogar noch. Es war ihnen nicht genug, dass amerikanische Firmen keinen Handel mehr treiben mit Kuba. Ausländische Firmen sollten sich ebenfalls an das Embargo halten – oder damit rechnen, dass sie mit den USA keinen Handel mehr treiben dürfen. Ein Frachtschiff, das im Hafen von Havanna ankert, darf danach sechs Monate lang keinen Hafen in den USA ansteuern. So zwingen die USA anderen Ländern ihr Recht auf (*Economist*, 4. Januar 2003).

Angesichts der anhaltenden Feindschaft der Amerikaner ist es bemerkenswert, dass Kubaner das Jahr 2002 das »Jahr der Amerikaner« genannt haben. Denn während das Embargo theoretisch fortbesteht, dürfen amerikanische Firmen seit 2000 Lebensmittel an Kuba verkaufen – allerdings nur gegen Bargeld. Allein 2002 haben amerikanische Firmen Lebensmittel im Wert von 165 Millionen Dollar an Kuba geliefert und wurden damit nach Schätzungen Kubas zehntwichtigster Handelspartner.

Im Jahr 2001 besuchten rund 200 000 Amerikaner die Insel – mehr kamen lediglich aus Kanada. Immerhin ein Drittel der amerikanischen Besucher sind keine Kubaner, die ihre Heimat verlassen und die amerikanische Staatsbürgerschaft angenommen haben. Diese so genannten Cuban-Americans geben ihrer alten Heimat rund 800 Millionen Dollar jährlich.

Europäische Unternehmer und Diplomaten beobachten verwirrt und verärgert, dass Kubaner dankbar amerikanische Äpfel, amerikanischen Reis und amerikanische Hühner essen, dass sie amerikanischen Kaugummi kauen und Erdnussbutter aufs Brot schmieren. Denn das Embargo besteht weiter fort. Kanadische, europäische oder lateinamerikanische Firmen, die Kuba beliefern, müssen auf den amerikanischen Markt verzichten. Die Sanktionen gegen europäische Firmen beruhen auf einem Doppelstandard, denn längst halten amerikanische

Investoren Anteile an großen multinationalen Unternehmen, die Kuba beliefern. Indirekt profitierten also die Investoren von dem Handel. Amerikanische Unternehmen, die Kuba mit Lebensmitteln beliefern, werden durch das Embargo sogar geschützt. Dass jede Woche ein anderes amerikanisches Schiff in Havanna anlegt, beobachten die traditionellen Handelspartner Kubas mit gemischten Gefühlen; denn freilich gilt nach wie vor, dass Schiffe aus diesen Ländern nach einem Stopp in Havanna die USA nicht mehr anlaufen dürfen.

Die Hüter der Menschenrechte

Die USA haben wesentlichen Anteil an der Gründung der Vereinten Nationen – und damit an der Etablierung internationalen Rechts. Nicht zufällig fand die Gründungskonferenz in ihrem Land statt, nämlich in San Francisco. Nicht zufällig stimmten die Delegierten für New York als Sitz der Zentrale, des Sekretariats und des Sicherheitsrates. Das Paradox der Vereinten Nationen ist, dass ihre Mitglieder mit dem Beitritt freiwillig einen Teil ihrer Souveränität und somit ihrer Rechte abgeben. Auch die Vereinigten Staaten haben als eine der 48 Gründungsnationen für die Erosion ihrer Souveränität gestimmt. In vielerlei Hinsicht versuchen sie, diesen Umstand jedoch zu ignorieren. Sie akzeptieren die Regeln und Vereinbarungen der Vereinten Nationen nur, wenn sie zufälligerweise mit den Gesetzen der USA übereinstimmen. Es ist dann Ansichtssache, wer bestimmt, wessen Recht gilt und wer im Recht ist – ob die Vereinten Nationen oder die Vereinigten Staaten. Wenn es sein muss, das heißt, wenn ihre Interessen betroffen sind, schlägt Macht Recht. Die Vereinigten Staaten haben mehr Macht als die Vereinten Nationen. Folglich sind sie im Recht. Letztendlich wird somit nur das zum globalen Recht, was die USA dazu machen. In letzter Konsequenz könnte man also sagen, Amerikas Gesetze bestimmen, was Recht ist auf der Welt.

Von Beginn an haben die USA den Prozess der Gründung der Vereinten Nationen so gesteuert, dass sie ihre Politik und ihre Interessen durchsetzen konnten – beispielsweise den Ort des Hauptsitzes oder die Gestaltung des Sicherheitsrates und des Vetos. Es wäre naiv anzunehmen, die USA hätten die Vereinten Nationen in dem Glauben gegründet, dass man nur eine schön formulierte Deklaration unterschreiben müsse – und der Rest würde sich von allein ergeben. Man kann es als realitätsbewusste Politik loben oder als pure Machtpolitik kritisieren: Fest steht, dass die USA die Vereinten Nationen von Beginn an nicht nur mit offen diskutierten Vorschlägen, sondern auch mit Tricks und Geheimdiplomatie zu dominieren versucht haben. Sie hörten die anderen Regierungsdelegationen während der Gründungskonferenz heimlich ab und konnten somit ihre Diplomatie auf Bedenken einzelner Delegationen abstellen. Später, als die USA den Kommunismus fürchteten, haben sie amerikanische Mitarbeiter im Sekretariat vom FBI durchleuchten lassen. Beides verstieß absolut gegen die Vereinbarungen und Grundsätze der Vereinten Nationen. Es war Machtpolitik, die die USA freilich moralisch rechtfertigten. Manchmal muss man eben mit schmutzigen Tricks arbeiten, um das Gute durchzusetzen. Dass die USA »besser« waren als die anderen Gründungsmitglieder, darf bezweifelt werden. Dass sie glaubten, es sei schon okay, schmutzige Tricks einzusetzen, weil sie doch nur Gutes wollten, davon kann man ausgehen.

Das Bild vom wichtigsten Unterstützer der Vereinten Nationen erhält zahlreiche Risse, sobald man sich die Geschichte der Vereinten Nationen und den Umgang der USA mit ihren Verträgen etwas genauer besieht. Die UN und ihre Verträge waren nur so lange gut, wie die USA und ihre Freunde die Mehrheit in den Gremien behielten. Als jedoch mehr und mehr Staaten beitraten, die mitunter auch gegen die USA stimmten, verloren Letztere das Interesse und zogen sich und ihre Politik auf das eine Gremium zurück, in dem sie entweder eine Mehrheit durch Machtpolitik schufen – oder ihr Veto einsetzten: den Sicherheitsrat, den einzigen Rat der Vereinten Nationen, den amerikanische Regierungen halbwegs ernst nehmen.

Abkommen anderer Gremien und Organisationen, gegen die die USA kein Veto einlegen können, beachten oder ratifizieren sie einfach nicht. Die USA gelten daher als klassischer »Nichtunterzeichner« von Verträgen. Neben dem Recht auf wirtschaftliche und soziale Gleichberechtigung haben die USA die Konvention der Kinderrechte nicht ratifiziert, was vielleicht verständlich wird, wenn man weiß, dass die USA in der westlichen Welt hinsichtlich Kinderarmut an der Spitze liegen. Armut von Kindern ist in den Vereinigten Staaten viermal so stark verbreitet wie in westeuropäischen Ländern. Als Unterzeichner könnten andere Länder den USA ihr Versagen deutlicher als bisher vorhalten. Eine lange Geschichte der Nichtbeachtung hat auch die Konvention zur Abschaffung der Diskriminierung von Frauen, ein weiteres UN-Dokument. Jimmy Carter hat den Vertrag 1980 unterzeichnet, seine Nachfolger Reagan und Bush unternahmen jedoch nichts zur Ratifizierung. 1994 stimmte der außenpolitische Senatsausschuss für die Ratifizierung, doch seither hat der Senat nichts unternommen. Der ehemalige US-Außenminister John Foster Dulles verbannte einst Eleanor Roosevelt aus dem Menschenrechtsausschuss der Vereinten Nationen und erklärte, die USA würden keinem UN-Menschenrechtsabkommen beitreten. Seine Nachfolger bis Henry Kissinger vertraten ähnliche Ansichten. Erst Carter änderte diese Politik. Doch auch er scheiterte daran, dass der Senat außenpolitische Abkommen ratifizieren muss.

Dass die Vereinigten Staaten in den siebziger Jahren unter Jimmy Carter in ihrem Außenministerium eine Abteilung für die weltweite Beobachtung der Menschenrechte eingerichtet haben, ist begrüßenswert. Die Abteilung gibt jedes Jahr einen Bericht zur Lage der *human rights* heraus, der im Internet unter www.state.gov abgerufen werden kann. 2002 umfasste er immerhin 2,8 Millionen Wörter und mehr als 2000 Seiten. Zählt man alle Reports zusammen, so machen sie mehr als 20000 Seiten aus. Jedes Land weltweit wird ausführlich bewertet, angeblich, um eine Grundlage für amerikanische Außenpolitik zu haben. In die Bewertungen fließen Berichte von Menschenrechtsgruppen und Recherchen von Botschaften und diplomatischen Vertretungen vor Ort ein. Ein lobenswertes Unterfangen: Der jährliche Bericht ist ein einzigartiges Projekt.

Man kann sich allerdings auch fragen, warum die USA die Vereinten Nationen in ihrem Bemühen um die Einhaltung der Menschenrechte nicht stärker unterstützen. Immerhin hat die Weltorganisation doch bereits Jahre vor den USA einen eigenen Apparat aufgebaut für die Beobachtung der Menschenrechte und gibt einen jährlichen Bericht heraus. Die USA entgegnen auf solche Bedenken nicht ganz zu Unrecht, dass die Ausschüsse für Menschenrechte der Vereinten Nationen oft aus politischen Gründen blockiert sind und die Mitglieder Verstöße bestimmter Länder nicht auf die Tagesordnung setzen oder in ihrem Bericht kritisch erwähnen. Das Argument Washingtons lautet also: Die Vereinten Nationen bewerten Verstöße zu oft nach der Maßgabe, ob das betreffende Land den Mitgliedern der Ausschüsse politisch freundlich gesinnt ist oder nicht. Mit anderen Worten leidet die Arbeit der Vereinten Nationen in diesem Bereich unter Interessenkonflikten.

Derlei Kritik macht freilich die Frage spannend, wie es denn die Vereinigten Staaten halten: Kritisieren sie Verstöße ohne Ansehen des betreffenden Landes, oder lassen sie ihre Berichte ebenfalls von Interessenkonflikten leiten? Wenn ja, hieße dies, dass es ihnen nicht um die Menschenrechte geht, sondern dass sie Menschenrechte als politisches Druckmittel einsetzen – freilich nur, wenn es in ihre Machtpolitik passt. Das hieße, die Gründung der Menschenrechtsabteilung im Außenministerium ginge nicht auf die Sorge um Menschenrechte zurück, sondern auf die Sorge, ein Druckmittel für die Durchsetzung eigener Interessen zu verlieren.

Einfach ist die Antwort nicht. Im jährlichen Bericht, der im März 2002 erschien, üben die USA die stärkste Kritik an Iran, Irak und Nordkorea. Alle drei Länder hatte George W. Bush zuvor als »Achse des Bösen« bezeichnet. Die Kritik kam daher so wenig überraschend wie der Umstand, dass der Bericht die USA für die Befreiung Afghanistans von der Unterdrückung durch die Taliban feiert und den Krieg als »Triumph für die Menschenrechte« lobt. Dass Erzfeind Kuba kritisiert wird, wundert nicht. Etwas mehr erstaunt der die Tatsache, dass einige der neuen Freunde Amerikas im Kampf gegen den Terror gescholten werden, darunter Pakistan, Jemen und Usbekistan, vor allem wegen Polizeigewalt gegen eigene Bürger. Selbst ein enger Verbündeter wie Großbritannien muss Schelte einstecken wegen Verstößen in Nordirland.

Heftige Kritik übt der Human Rights Report jedoch nicht nur an Iran, Irak und Nordkorea, sondern auch an Verbündeten im Kampf gegen den Terror, etwa an China, Russland und Saudi-Arabien. China wird beschuldigt, die Religionsfreiheit zu behindern. Russland wirft man vor, Rebellen in Tschetschenien zu foltern und zu ermorden. Zudem würden Menschen dort willkürlich verhaftet. China nutze den Krieg gegen den Terror, um Muslime zu unterdrücken. Die Kritik an China belastet die Beziehungen beider Länder. Auf den ersten Blick will man die USA dafür loben, dass sie das wichtige Land so mutig kritisieren. Dann aber erkennt man, dass die Kritik den anhaltenden Vorwurf der religiösen Rechten transportiert; und man fragt sich, ob die Bush-Regierung die Kritik nur äußert, um ihre Klientel in den USA zufrieden zu stellen. Immerhin war das Kriterium Religionsfreiheit auf Betreiben der Christian Coalition 1997 vom Kongress in den Kriterienkatalog für die jährlichen Berichte aufgenommen worden. Am sanftesten ging der Report mit dem Verbündeten Israel um. In entschuldigendem Tonfall wird davon berichtet, dass Israel massiv gegen Palästinenser in den besetzten Gebieten vorgeht; die USA entschuldigen diese Maßnahmen natürlich mit den Terrorattacken und Selbstmordattentaten der Palästinenser.

Menschenrechtsgruppen heißen die Berichte willkommen und loben die Regierung für ihr Engagement. Sie sind jedoch skeptisch, ob die Politik sich tatsächlich an den Berichten orientiert. Das Außenministerium veröffentliche »oft starke, oft akkurate« Berichte, sagt William F. Schulz, der USA-Chef von Amnesty International. Aber konkrete Folgen in der amerikanischen Außenpolitik blieben aus, obwohl es gerade darauf eigentlich ankomme.

Der Menschenrechtler Robert Drinan begrüßt zwar, dass die Berichte durch bloßes Erwähnen Gutes geleistet hätten. Er fragt sich aber auch, ob es fair sei, dass die USA die ganze Welt bewerteten: »Immer wieder stellt sich die Frage der Fairness. Nehmen wir nur die fünfzehn Seiten Kleingedrucktes über Togo. Das beschriebene Land ist kein sehr anziehender Ort. Man fragt sich jedoch, ob das Urteil auch so harsch ausfallen würde, wenn die gleichen Kriterien für Menschenrechte, mit denen Togo beurteilt wird, auf die Vereinigten Staaten angelegt werden würden. Aber der Bericht des Außenministeriums will nicht fair und gerecht sein.«

In Lateinamerika weisen Amerikas öffentliches Anmahnen der Menschenrechte und sein tatsächliches Eintreten besonders große Diskrepanzen auf. Jimmy Carter unterzeichnete zwar die Inter-American Convention on Human Rights, aber der Senat hat das Abkommen, das sich von der Allgemeinen Erklärung der Menschenrechte ableitet, nie ratifiziert. Denn dann wären die USA dem gleichen Gerichtshof in San José in

Costa Rica unterworfen wie die anderen Staaten Lateinamerikas und der Karibik und könnten für Verstöße gegen die Konvention verklagt werden. Doch Drinans Kritik geht noch weiter. In den Berichten über El Salvador und Nicaragua verschweige das Außenministerium das eigene Engagement in diesen Ländern, das zu den aktuellen Folgen geführt hat. So investierte Reagan in El Salvador 3 Milliarden Dollar im Kampf gegen angebliche kommunistische Rebellen und stärkte dabei reiche Großgrundbesitzer und das Militär. 75 000 Menschen starben in dem Bürgerkrieg; und es sind die Militärs, die für zahlreiche Verstöße gegen die Menschenrechte verantwortlich zeichnen. Der Bericht listet etliche Verstöße auf, doch die Rolle der USA erwähnt er nicht. »Es hat etwas Künstliches, Anmaßendes und Heuchlerisches, wie die amerikanische Regierung über den Arm des Außenministeriums jedes Jahr über den Stand der Menschenrechte in El Salvador urteilt.« Das Gleiche könne über Nicaragua gesagt werden. Der Bericht erwähne nämlich nicht, wie die USA in die Politik des Landes eingegriffen haben. Stattdessen wird ausgebreitet, dass es freie Wahlen gegeben hat. Dass es trotz der Wahlen weiter Menschenrechtsverletzungen gebe, unterschlage der Bericht, oder er versuche, die Verletzungen gerade in denjenigen Ländern klein zu reden, in denen die USA daran beteiligt waren, die Regierung durch »freie Wahlen« demokratisch zu installieren. Ermöglicht der Report den Vereinigten Staaten letztlich, so zu tun, als erfüllte man seine Aufgabe, die Menschenrechte zu schützen und für sie einzutreten, indem man die Agenda der Vereinten Nationen lobt? Dem Menschenrechtsexperten Drinan drängt sich genau dieser Verdacht auf.

»Wenn wir eine arrogante Nation sind, werden wir als solche gesehen«, sagte George W. Bush im Wahlkampf. »Wenn wir bescheiden auftreten, wird man uns respektieren.« Im Mai 2001 erhielten die USA einen Denkzettel für ihre Arroganz und ihre Missachtung des Völkerrechts bei gleichzeitigem Auftreten als oberste Wächter und Moralisten: Sie wurden aus der Menschenrechtskommission der UN gewählt. Für die Mitbegründer der Vereinten Nationen, die seit 1947 Mitglied der Kommission waren, eine peinliche Angelegenheit. In dem Ausschuss haben sich die USA stets als Ankläger und nicht als Angeklagte gesehen. Der Rausschmiss ist für die Amerikaner deshalb eine böse Überraschung, weil auch einige europäische Staaten daran mitwirkten. Dass man Menschenrechtsverletzer wie China und Sudan wiedergewählt hatte, unterstreicht nur, dass die USA nicht wegen der Missachtung von Menschenrechten, sondern wegen ihres arroganten Auftretens geschasst wurden.

Wohl kein anderes Land würde sich das trauen, es würde auch kaum als seriös eingestuft werden, wenn es jährlich alle anderen Länder einstufte – nur sich selbst nicht. Dabei lassen die Berichte von Human Rights Watch und Amnesty International erkennen, dass auch in den Vereinigten Staaten hinsichtlich der Menschrechte so manches im Argen liegt: Polizeigewalt, Missachtung der Bürgerrechte, Gewalt gegen Gefangene sind einige der Schwerpunkte, die diesbezüglich gegen die USA sprechen und es fragwürdig erscheinen lassen, ob den Staaten wirklich die Rolle des Hüters zukommen sollte. Aber sie sind eine Weltmacht – die einzige mittlerweile. Man muss sie einfach ernst nehmen.

Zur Rolle des weltweit führenden Wächters über die Einhaltung der *human rights* passt freilich nicht, dass den USA reichlich Verletzungen ebendieser Menschenrechte im eigenen Land vorgeworfen werden. Amerikaner sind es nicht gewohnt, auf Verletzungen der Menschenrechte im eigenen Land aufmerksam gemacht zu werden und solche Hinweise dankbar aufzunehmen. Als Amnesty International 1998 und 1999 ein ganzes Jahr lang auf Verstöße »in the Sweet Land of Liberty« (William F. Schulz) aufmerksam machen wollte, schrieb ihm der Direktor der Anti-Defamation League of B'nai B'rith, Abraham Foxman. Er fürchte, schrieb Foxman, der 153 Seiten starke Bericht erwecke den Eindruck, als rechtfertigten die Verstöße in den USA dieselbe Zeit und denselben Aufwand wie nichtdemokratische, unterdrückerische Staaten. Foxman ging nicht so weit, explizit zu schreiben, dass man über Verstöße in den USA nicht berichten sollte. Aber er sagte, das Auflisten der Verstöße in den USA nutze nur den Ländern, in denen Menschenrechtsverletzungen an der Tagesordnung seien. Außerdem könnte der Bericht suggerieren, die USA gehörten in dieselbe Kategorie wie nichtdemokratische Länder mit systematischen Verstößen. Dass die USA von Menschenrechtsgruppen nicht beobachtet werden müssen, weil sie demokratisch sind, ist ein schwaches Argument. Weltweit wächst die Zahl so genannter Demokratien, die dennoch viele Menschenrechte verletzen und repressiv sind. Die Tatsache, dass ein Land demokratisch sei, bedeute noch lange nicht, dass es dort keine Verstöße gebe, meint Schulz. Amnesty bewertet regelmäßig rund 160 Länder, und lediglich Island wurde noch nie eines Verstoßes beschuldigt.

Einleuchtender ist das andere Argument: Eine Abmahnung des amerikanischen Außenministeriums in dessen Menschenrechtsbericht wirkt weniger bedrohlich für Staaten, die Menschenrechte verletzen, wenn sie in dem Bericht von Amnesty über all die Verletzungen der USA gelesen haben. Wer die Standards verletzt, die er öffentlich einfordern will, macht sich unglaubwürdig. Ein Polizist, der Gesetze bricht, tut sich schwer mit seiner Integrität.

Die USA seien damit doch genug beschäftigt. Zu fordern, man solle die Vorwürfe gegen die Vereinigten Staaten unter den Teppich kehren, damit diese weiterhin international mit starker Stimme glaubwürdig über die Einhaltung der Menschenrechte wachen könnten, hält Schulz für eine seltsame Logik. Genau das Gegenteil müsse der Fall sein: Wenn die

USA im eigenen Land alle Verstöße penibel öffentlich machen und zu korrigieren versuchen, dann werde ihnen international große Glaubwürdigkeit zufallen. Immerhin will Schulz die USA nicht in eine Kategorie mit anderen Ländern stecken, die Menschen systematisch unterdrücken. Das Geniale am amerikanischen System, meint er, sei, dass es Mechanismen erfunden habe, sich zu korrigieren.

Ambivalent ist die amerikanische Haltung bei der Beachtung von Menschenrechten im eigenen Land auch bezüglich der ökonomischen Rechte. Die Charta der Vereinten Nationen und die Allgemeine Erklärung der Menschenrechte sehen das Recht auf wirtschaftliche Gleichheit vor. Obwohl die Vereinigten Staaten beide Abkommen unterschrieben haben, versuchten sie nie, dieses fundamentale Menschenrecht zu schützen oder umzusetzen. Obschon die Erklärung politische und ökonomische Rechte gleichermaßen mit einschließt, haben die USA die wirtschaftlichen Rechte nie wirklich anerkannt. Von Beginn an haben sie damit de facto nur jene Rechte anerkannt und geschützt, die ihrem politischen und wirtschaftlichen System entsprechen. Die Trennung von politischen und wirtschaftlichen Rechten sei bis heute eines der Hauptprobleme in Zusammenhang mit der weltweiten Durchsetzung der Menschenrechte, sagt Robert F. Drinan.

Zugestimmt haben die Gründungsnationen der Charta und der Allgemeinen Erklärung. Unterschiedliche Auffassungen traten zutage, als es an die Umsetzung der Abkommen ging. Plötzlich wurden tiefe Gräben zwischen Ost und West sichtbar. Die Sowjetunion weigerte sich, das Recht auf freie Meinungsäußerung und auf freie Wahlen anzuerkennen. Die Vereinigten Staaten weigerten sich, ökonomische Rechte zu gewähren. Das eine ließ sich nicht mit dem sozialistischen System vereinbaren, das andere nicht mit dem kapitalistischen. Beide Seiten taten so, als wären die jeweiligen Rechte nur ein politisches Instrumentarium der Gegenseite, um das eigene System durchzusetzen. Tatsächlich sind gleiche wirtschaftliche Rechte ein Widerspruch zum Kapitalismus. Die Gegensätze konnten nicht gelöst werden, und so wurden 1966 zwei rechtliche Abmachungen verfasst – eine für politische und eine für wirtschaftliche und soziale Rechte. Beide so genannten Covenants wurden von einer Reihe von Ländern unterzeichnet und traten 1976 in Kraft. Wenn es nicht diese Aufteilung gegeben hätte, glaubt Drinan, dann hätte sich die Umsetzung der Menschenrechte ganz anders entwickelt. Die Sowjetunion und ihre Satellitenstaaten wären unter Druck geraten, Wahlen und Pressefreiheit zuzulassen und den Satellitenstaaten mehr Freiheiten zu gewähren; und die Vereinigten Staaten hätten Millionen Arbeitern Krankenversicherung und andere ökonomische Rechte gewähren müssen. Das war ursprünglich Teil vom Traum der Vereinten Nationen und den Verfechtern der Menschenrechte.

Die USA ratifizierten den Covenant on Civil and Political Rights 1992. Den International Covenant on Economic, Social and Cultural Rights hat Präsident Jimmy Carter zwar 1978 unterzeichnet, aber ohne dass der Vertrag vom Senat je ratifiziert worden wäre. Dabei genießt er international sogar mehr Unterstützung als der andere Vertrag. 141 Länder ratifizierten 1999 die politischen, 144 dagegen die wirtschaftlichen Rechte. Außer den USA unterschrieben Kambodscha und Liberia das Abkommen, haben es aber nicht ratifiziert. Als die Vereinten Nationen 1993 zu einem Konferenzgipfel nach Wien luden, um nach fünfzig Jahren erneut über den Stand der Menschenrechte zu beraten, taten sie das in der Hoffnung, dass nach dem Ende des Kalten Krieges die Aufteilung keine Rolle mehr spiele. Tatsächlich gab es nur ein Abschlussdokument, das nicht zwischen zwei Kategorien von Rechten unterschied. Dennoch sei der Schaden nicht mehr zu beheben gewesen, meint Professor Drinan, der die Konferenz als Delegierter der American Bar Association besuchte: Im Bewusstsein der Amerikaner seien das Recht auf Religionsfreiheit und auf Meinungsfreiheit Rechte erster Ordnung geblieben, während diejenigen auf Mindestlohn und Krankenversicherung nur Rechte zweiter Ordnung seien.

Die Durchsetzung der Menschenrechte verlange eigentlich nach einer Weltordnung, die sich von der heutigen dadurch unterscheidet, dass nicht Macht durch militärische Stärke, sondern die Herrschaft des Rechts regieren sollte, sagt Drinan. Zumindest sah die Charta der Vereinten Nationen das vor. Doch angesichts des Ost-West-Konflikts ließ sich auch dieser Aspekt nie verwirklichen. Aber nur so hätte das nächste große Problem, das die Umsetzung der Menschenrechte behindert, eliminiert werden können: der Waffenhandel. Man muss die theoretischen Voraussetzungen für die Durchsetzung der Menschenrechte kennen, um die grundsätzlichen Probleme zu verstehen, die die Vereinigten Staaten mit der Durchsetzung der Herrschaft des Rechts auf internationaler Ebene und der Durchsetzung der Menschenrechte haben. Sie gründen ihre Macht auf militärische Stärke und glauben, nur durch Drohung Menschenrechte erfolgreich anmahnen zu können. Das ist im Rahmen ihrer Ordnung auch folgerichtig. Sie sehen nicht, dass es genau ihre Politik mittels Waffeneinsatz ist, die die universelle Durchsetzung der Menschenrechte behindert. Sie sehen nicht ein, warum der weltgrößte Waffenhändler nicht auch der weltweit wichtigste Menschenrechtsvertreter sein kann.

Ein Supermarkt für Waffen

Als Richard Nixon am 25. Juli 1969 in Guam auf einer Pressekonferenz die neue Militärstrategie der Vereinigten Staaten verkündete, nahm kaum einer in seinem Begleittross und in den Hauptstädten der Welt wahr, welche Tragweite das von Nixon Gesagte haben würde: dass die Umsetzung dieser Politik die USA in wenigen Jahren zum führenden Waffenhändler der Welt machen würde. Die »Nixon-Doktrin«, wie sie später von Experten getauft wurde, hat die USA in einen regelrechten Supermarkt für Waffen verwandelt: »Welcome to the U.S. Arms Superstore«, überschrieb das *Bulletin of the Atomic Scientists* 1993 etwa einen Artikel über den amerikanischen Beitrag zum globalen Wettrüsten. Die USA sind nicht nur die stärkste Militärmacht. Sie sind auch mit Abstand der größte Waffenhändler.

Kaum ein halbes Jahr im Amt, unternahm der Präsident 1969 eine Reise durch mehrere Länder. Er besuchte acht Staaten, und er redete dabei viel Unsinn. Das mag der Grund sein, dass viele seiner Worte keine große Aufmerksamkeit erhielten. Als er zu Beginn seiner Reise die beiden Astronauten begrüßte, die von ihrem Besuch auf dem Mond auf die Erde zurückgekommen waren, und sagte, das sei die »großartigste Woche der Geschichte seit der Schöpfung«, da rechnete man das noch der allgemeinen Euphorie zu. Dann aber meinte er, der Vietnamkrieg sei »eine der Sternstunden Amerikas« gewesen, und er pries den südvietnamesischen Diktator Nguyen Van Thieu als »einen der vier oder fünf fähigsten Politiker der Welt«. In Guam legte er eine Rast ein, um seine Maschine auftanken zu lassen, und plauderte zum Schrecken von Henry Kissinger mit Journalisten über eine neue Militärstrategie, die eigentlich erst Monate später hätte verkündet werden sollen.

Es ging darum, dass Amerika künftig keine Kriege mehr für korrupte Regime wie Südvietnam führen wolle, sondern plane, solchen Ländern zu helfen, sich selbst gegen die Sowjetunion und ihre Feinde zu verteidigen. Nixon wollte mit seiner Doktrin zweierlei erreichen: Weniger amerikanische Soldaten müssen ihr Leben lassen im Kampf gegen den Kommunismus, fern der Heimat; mit der Zahl der getöteten GIs reduziert sich auch die Zahl der Proteste im eigenen Land. Zugleich bessert Nixon die Außenhandelsbilanz, denn die befreundeten Länder müssen Waffen kaufen und aufrüsten, um sich zu verteidigen. Ein glänzendes Geschäft für die Rüstungsfirmen. Auch dahinter steckte eine Überlegung: Mehr und mehr waren die USA abhängig vom Öl, das die OPEC in mehreren Runden verteuerte. Indem die USA den Öl produzierenden Ländern Waffen verkaufte, konnte man das Öl bezahlen. Neben Israel waren über viele Jahre mit Iran und Saudi-Arabien zwei Öl exportierende Länder unter den Spitzeneinkäufern von Waffen. Betrachten wir Waffenverkäufe aus der Sicht Nixons: Was soll Schlimmes daran sein, Waffen zu verkaufen? Man ermöglicht einem anderen Staat, sich und seine Freiheit zu verteidigen. Ein Staat muss sich wehren können, um Demokratie und Freiheit zu schützen. Die USA tun also nichts anderes, als ihre Werte global zu schützen. Sie sorgen dafür, dass befreundete Staaten weltweit die Menschenrechte verteidigen können. So in etwa lautet die positive Begründung. So wie bewaffnete Polizei im Inland die Herrschaft des Rechts sichert und Recht und Gesetz durchsetzt, so sichern Soldaten mit ihren Waffen die Herrschaft des Rechts auf internationaler Ebene. Das kann man so sehen. Allerdings ist das nicht die ganze Wahrheit. Die Nachbarn jener Länder, die massiv aufrüsteten, fühlten sich verständlicherweise gar nicht wohl. Rivalitäten wurden geschürt statt beigelegt. Indem beispielsweise Saudi-Arabien amerikanische Technik kaufte und Stützpunkte und Flughäfen für amerikanische Truppen baute, schuf die Führung des Landes die Situation, derentwegen Terroristen Jahrzehnte später sowohl das saudische Königshaus wie auch Washington hassen.

Die Nixon-Doktrin hatte tragische Folgen. Experten sprechen vom »Bumerang-Effekt«: Um die rapide gestiegenen Waffenexporte zu rechtfertigen, behauptete Nixon, niemals seien die Waffen gegen Amerika benutzt worden. Manche Amerikaner seien gegen den Waffenhandel, schrieb er in dem Buch *The Real War*. Dabei übersähen diese Kritiker, schrieb

Nixon, dass seit dem Zweiten Weltkrieg so gut wie kein Fall bekannt geworden sei, in dem Waffen der Amerikaner für Aggressionszwecke benutzt worden seien. Vielmehr sei dies bei sowjetischen Waffen der Fall. Sein Glaube, dass amerikanisches Arsenal nie zu Angriffen benutzt werde – obwohl Dutzende Beispiele das Gegenteil belegen –, habe sich in der Außenpolitik der USA gehalten, betont der Rüstungsexperte William D. Hartung. Unter Präsident Bush senior habe dieser Glaube als Rechtfertigung für gewaltige Verkäufe in den Nahen Osten herhalten müssen – selbst nachdem es die Sowjetunion gar nicht mehr gab. Nixons Argumentation sei absurd, meint Hartung: Der Umfang der Waffenexporte explodierte und sprang von weniger als 2 Milliarden Dollar pro Jahr in den späten sechziger Jahren auf 17 Milliarden Dollar Mitte der siebziger Jahre. Viele der Empfänger nutzten die Rüstungsgüter für genau jene Feindseligkeiten gegen Nachbarn, von denen Nixon nichts zu wissen vorgab: Indonesien, das 1975 für 52 Millionen Dollar Waffen bekam, besetzte Osttimor. Marokko, das Waffen im Wert von 243 Millionen Dollar kaufte, besetzte West-Sahara. Chile erhielt 1974 Waffen im Wert von mehr als 80 Millionen Dollar, obwohl der Diktator Augusto Pinochet bekanntermaßen das eigene Volk unterdrückte.

Nixons Argumentation entsprach nicht der Wirklichkeit. Schlimmer für die USA war jedoch, dass sie immer wieder ein Land aufgerüstet haben, das die amerikanischen Waffen nach einem Regierungssturz gegen die USA eingesetzt hat. Fast könnte man diese Beobachtung zu einem der Prinzipien amerikanischer Außenpolitik erklären: Die USA haben stets künftige Gegner aufgerüstet. Sie schaffen heute die »Schurken« und ihre »Schurkenstaaten«, die sie morgen bekämpfen. (Angesichts der Gräueltaten, die diese zum Teil begehen, ist das Wort »Schurke« freilich noch ein Euphemismus.) Lange Zeit tun die USA so, als sähen sie die Menschenrechtsverstöße ihrer Vasallen nicht. Dabei sind sie nicht so unwissend und naiv, sie für ehrenwerte Politiker zu halten, sondern sagen sich offenbar: Diktator X oder Autokrat Y mag ein schlimmer Finger sein; aber die Welt ist nun mal nicht nur gut. Hauptsache, er ist *unser* Schurke. Diejenigen Amerikaner, die das sagen, wirken zynisch. Gefährlich aber ist ihre Naivität in folgender Hinsicht: Sie glauben,»ihren« Schurken benutzen zu können für ihre moralisch hochstehenden Ziele: Um die Welt vor dem Untergang zu retten, finden sie es es in Ordnung, wenn man den Despoten einen Teil der Drecksarbeit machen lässt. Dabei übersehen sie allerdings, dass es in vielen Fällen gar nicht um den Untergang der Welt geht. Ihr hehres Ziel ist durch die Zusammenarbeit mit einem Schurken aber bereits unerreichbar.

Die naive und scheinheilige Begründung für diese Art der Politik lieferte Reagans ehemalige UN-Botschafterin Jeane Kirkpatrick. Sie argumentierte einst, es gebe solche Diktatoren und solche. Die Freunde der USA, die gegen den Kommunismus kämpften, waren angeblich die besseren Potentaten. Die rechten Diktatoren seien nämlich lediglich»autoritär« und eigentlich fähig zur Besserung. Die linken dagegen seien »totalitär« und müssten bekämpft werden, weil sie gewalttätiger seien und die Menschen mehr unterdrückten als jene, die irgendwann zu Demokraten gewandelt werden könnten. Sinnigerweise lautete der Titel des Artikels, in dem Kirkpatrick diese Sicht darlegte,»Dictatorships and Double Standards« (*Commentary*, 11/1979).

Solange man in Mittelamerika einen Sieg des Kommunismus fürchtete, war der Washingtoner Regierung in Panama ein hart durchgreifender und korrupter Despot wie General Manuel Noriega gerade der richtige Verbündete – weil er die Kommunisten bekämpfte. Als Direktor der CIA hatte George Bush Noriega beschützt, denn dieser bot den USA Panama als Stützpunkt im Kampf gegen die Sandinisten in Nicaragua. Irgendwann wurde Noriega nicht mehr gebraucht. Bush war inzwischen Präsident geworden, und Noriega mit seinen Drogengeschäften war ihm inzwischen zu korrupt und zu mächtig geworden. Um Noriega vor Gericht zu stellen, marschierten die USA im Dezember 1989 in Panama ein. In den Augen führender Politiker in Washington mag die Aktion als sehr erfolgreich gelten. Immerhin wurde Noriega geschnappt, und im Gegensatz zu Saddam war der einstige Verbündete somit erledigt. Panama ist klein genug, und die USA konnten – anders als im Nahen Osten – ihre Machtpolitik allein durchsetzen. Der Erfolg hatte jedoch einen hohen Preis: Nach offiziellen Angaben wurden bei der Invasion mehrere hundert Menschen getötet; unbestätigte Schätzungen gehen sogar von Tausenden Toten aus.

Ähnlich wie mit Noriega in Panama verlief amerikanische Politik im Falle der Taliban in Afghanistan. Wieder mussten die USA irgendwann gegen die Leute kämpfen, die sie einst hochgerüstet hatten. Allerdings war der Kampf nicht so schnell und einfach zu bewältigen wie in dem mittelamerikanischen Land. Nach dem russischen Einmarsch hat die CIA einst Stringer-Raketen an afghanische Rebellen verteilt, um damit sowjetische Truppen beschießen zu können. Doch nach dem Abzug der Sowjets haben die Rebellen ihre Waffen, die man auf den Schultern tragen kann, der CIA keineswegs dankbar zurückgebracht. Einen Teil der rund 500 bis 750 Raketen verkauften sie an Meistbietende, etwa an den Iran oder an Pakistan. Verzweifelt versuchten Agenten der CIA, die eigenen Raketen auf dem Schwarzmarkt zurückzukaufen, und boten bis zu 50 000 Dollar pro Rakete. Die Rückkaufaktion kostete die CIA mehr als 10 Millionen Dollar. Die Agenten mussten schließlich oft mehr als das Dreifache des ursprünglichen Preises zahlen – 60 000 bis 70 000 Dollar. Und doch unterlagen sie häufig den feindlichen Bietern. Schließlich stellten die USA zusätzlich 55 Millionen Dollar für den Rückkauf von Waffen zur Verfügung, die sie einst verschenkt hatten. Doch etliche

Raketen waren längst an den Mann gebracht. Einige sind möglicherweise in den Händen der Männer von Osama bin Laden. Die Beispiele lassen sich fortsetzen: Als amerikanische Soldaten 1993 in Somalia getötet wurden und die USA daraufhin übereilt den Rückzug antraten, kämpften sie gegen Banden, deren Herkunft, Organisation und Strategie vielen Amerikanern mehr als chaotisch erschienen. Eines allerdings war gewiss: Die Kämpfer waren teilweise ausgerüstet mit Waffen der USA. Denn von 1977 bis 1989 hatten die Vereinigten Staaten den somalischen Diktator Siad Barre mit Kriegsgerät im Wert von rund 300 Millionen Dollar ausgestattet. Es galt – wie immer – zu verhindern, dass die Kommunisten die Weltherrschaft übernehmen. Jeder Verbündete war recht. 1991 wurde Barre gestürzt, und ein Teil seines Arsenals wanderte in die Hände ebenjener Banden.

Von Zeit zu Zeit halten amerikanische Politiker große Reden, in denen sie sich auf die Schulter klopfen dafür, dass sie den Kommunismus besiegt haben. Das ist wahr, und doch ist die Situation komplizierter. Mehr als ein Jahrzehnt nach dem Fall der Berliner Mauer kämpfen die USA gegen viele ihrer ehemals verbündeten Länder. Die Geister der damaligen Auseinandersetzungen sind nicht besiegt. Kriege und Konflikte, die die USA heute austragen, haben ihre Ursachen im Kampf gegen den Kommunismus. Damals wurden die Staaten, gegen die man heute kämpft, bewaffnet. Nun versuchen die USA verzweifelt, sie zu entwaffnen.

Innerhalb weniger Jahre, nachdem Nixon seine Doktrin öffentlich gemacht hatte, die Welt über den Verkauf von Waffen zu befrieden, verfügten Saudi-Arabien, Iran und Israel sowie Taiwan über die neueste Technik. Letztere sind treue Verbündete. In Bezug auf Saudi-Arabien mehren sich die Zweifel. Ganz gewaltig gescheitert ist jedoch die Freundschaft zu jenem Land, das zu Nixons Zeiten als wichtigster Verbündeter in der Golfregion galt: dem Iran. Der Bruch der »Freundschaft« und seine Folgen erklären auch, warum die USA heute erneut gegen einen angeblich hochgerüsteten Saddam Hussein kämpfen. Der Iran war eines der Länder, das Nixon bevorzugt belieferte. Den Schah von Persien, Mohammed Reza Pahlavi, betrachtete Nixon als Freund Amerikas und Gegner der Sowjetunion. Die CIA hatte dem Schah 1953 nach seiner Absetzung wieder auf den Thron verholfen; danach versprach dieser den USA privilegierten Zugang zu Öl. Kurze Zeit später hat der damalige Vizepräsident Nixon ihn auf einer ersten Reise an den Golf kennen gelernt. Nixon besuchte den Schah viermal in den frühen sechziger Jahren und war überzeugt, in ihm einen Verbündeten gegen den Kommunismus gefunden zu haben. Dass dieser sein Volk unterdrückte, darüber sah Nixon hinweg und gewährte Persien mehr als anderen Ländern Militärhilfe. Die Rolle des Irans wurde so zum Testfall seiner Doktrin – und ging gründlich daneben. Seine negativen Folgen sind bis heute zu spüren.

»Recycling Petrodollars«, nannten Nixon und Kissinger ihre Strategie. Der Schah ließ sich das Öl bezahlen, die USA ließen sich die Waffen bezahlen. Allein im Jahr, in dem Nixon seine Strategie verkündete (1969), orderte der Iran für eine Viertelmilliarde Dollar Waffen. 1972 überbrachten Kissinger und Nixon dem Schah die Nachricht, dass er kaufen könne, was er wolle. Nixon ignorierte Warnungen des Pentagons, nicht die allerneueste Technik abzugeben. Nixon hörte nicht und brach mit der Praxis, keine Waffen zu verkaufen, die noch nicht einmal im Besitz der US-Streitkräfte, sondern noch in Entwicklung waren. Er vermachte dem Schah die neuesten Kampfflieger. Der Iran erhielt alles – mit Ausnahme von Atomwaffen. Die Regierung ignorierte in der Regel ihre eigenen Regeln für solche Verkäufe. Zwischen 1970 und 1978 hat der Schah Waffen, Munition und militärische Ausrüstung im Wert von 20 Milliarden Dollar in den USA bestellt und war dadurch mit Abstand der größte Kunde der Vereinigten Staaten. Dank seiner Ölmilliarden machte sich der Potentat daran, binnen weniger Jahre eines der größten Arsenale der Welt aufzubauen. Damit wollte er in die Riege der mächtigsten Männer der Erde aufsteigen. Nie hätten Waffenverkäufe eine ähnlich zentrale Rolle in der Außenpolitik gespielt wie zu Zeiten des Schahs, betont Michael T. Klare. Dem Schah kam der Preisanstieg auf dem Ölmarkt zugute. Dank der Vervierfachung des Ölpreises konnte der Hobbypilot ein riesiges Arsenal aufbauen: Dazu gehörten laut William D. Hartung achtzig Grumman-F-14 Kampfflieger, mehr als hundert F-16-Kampfflieger, 108 F-4 Kampfjets, Hunderte Helikopter, Bomben und Raketen sowie eine Seeflotte. Einmal orderte er auf einen Schlag 800 britische Panzer, mehr, als die Briten besaßen.

Allerdings hatte der Schah so viele Waffen bestellt, dass etliche noch gar nicht ausgeliefert waren, als er überstürzt das Land verlassen musste. Von den Bestellungen im Wert von 20 Milliarden Dollar hatte er lediglich Material im Wert von 9 Milliarden Dollar bekommen, als das Nachfolgeregime im Januar 1979 die Macht übernahm. Später, als die US-Regierung im Tausch gegen Geiseln Waffen an den Iran lieferte, war Gerät dabei, das dem Land den Einsatz etlicher vom Schah gekaufter Waffen erlaubte.

Die Legitimation des weltweiten Handels bzw. das globale Recht auf Waffen bringen Amerikaner einmal mehr mit ihrer Verfassung in Zusammenhang. So geschehen kurz vor der Jahrtausendwende: Nach dem Ende zweier Bürgerkriege in Sierra Leone und Liberia Ende 1998 und blutigen Kämpfen in benachbarten Ländern, in deren Verlauf mehr als 250 000 Menschen starben, warb die Wirtschaftsunion westafrikanischer Staaten für ein Moratorium für Waffen: Drei Jahre lang sollten alle sechzehn Mitgliedsstaaten keine Rüstungsgüter produzieren, exportieren oder importieren. Vor allem Letzteres war wichtig, denn die meisten Waffen kamen von außerhalb in die Region. Doch hat der Wirtschaftsverband zu wenig Geld, um ein Moratorium durchzusetzen. Die sechzehn Staaten baten daher andere Länder um Unterstützung, unter anderem die Vereinigten Staaten. Tatsächlich zeigte sich Washington hilfsbereit und versprach eine Finanzspritze von 200 000 Dollar sowie eine weitere Million Dollar zur Konfliktlösung. Die Summen waren vergleichsweise bescheiden. Aber dennoch, das Geld kam nie an.

Der einflussreiche republikanische Senator Jesse Helms, der bis Ende 2002 dem außenpolitischen Ausschuss vorsaß, verweigerte die Zustimmung. Seine Begründung für die Weigerung zu helfen klang kurios. In einem Brief vom 24. August 1999 erklärte er, das Moratorium wolle mit amerikanischen Steuergeldern Maßnahmen und eine Politik propagieren, die möglicherweise den zweiten Zusatz der amerikanischen Verfassung verletze – falls die US-Regierung diese Politik in den USA umsetzen wolle. Mit anderen Worten: Ein Waffenmoratorium, wenn es denn in den USA umgesetzt würde, verstoße gegen die Verfassung. Doch im vorliegenden Fall ging es um ein Moratorium in Afrika. Was das mit dem zweiten Verfassungszusatz zu tun hat, war das Geheimnis von Helms. »Ich berichte seit zwölf Jahren über Kriege in Afrika, und es ist mir schleierhaft, was der zweite Verfassungszusatz mit dem blutgetränkten Sierra Leone zu tun hat«, sagte Kathi Austin vom Fund for Peace, einer Hilfsorganisation in Washington.

In der Tat: Welches gewichtige Recht der Amerikaner war durch das Moratorium bedroht? Immerhin versuchten die afrikanischen Länder, dem Töten, dem mehr als 250 000 Menschen zum Opfer gefallen waren, ein Ende zu setzen. Übersehen hatten sie freilich, dass Amerikaner glauben, ihre Verfassung garantiere ihnen das Recht, Waffen zu tragen. Ungeachtet der Tatsache, dass auch in den USA umstritten ist, ob der Verfassungszusatz dieses Recht der Gemeinschaft oder jedem Einzelnen gewährt, sah Jesse Helms in dem Moratorium eine Gefahr für die Freiheit der Amerikaner. Auf hinterhältige Art solle ein fundamentales Recht der Amerikaner beschnitten werden. Dafür wollte er keine Steuergelder verwendet sehen. Ein Hinweis, was ihn störte, fand sich in dem Brief: Er schrieb, das Moratorium sei nichts anderes als die Umsetzung von Clintons nationaler Politik der Waffenkontrolle auf internationaler Ebene.

Auch Jesse Helms ist Mitglied der National Rifle Association (NRA). Der Name ist eigentlich irreführend, denn die Mitglieder begreifen ihre Mission nicht national auf Amerika begrenzt. Mehr und mehr ist die NRA international tätig. Dass weltweit rund 500 Millionen Kleinwaffen existieren und beispielsweise in Afrika verheerende Folgen anrichten, finden NRA-Mitglieder völlig in Ordnung. Sie argumentieren immer nach demselben Muster: Schließlich wurde der Großteil der Waffen ursprünglich legal erworben. Dass viele davon irgendwann in Hände geraten, in denen sie nichts zu suchen haben, scheint ihnen nicht bedenklich. Schlimm finden sie, dass sich weltweit eine Sicht durchsetzen könnte, die ihren Grundsätzen widerspricht. Die NRA spendet nicht nur Geld an Verbände in weit entfernten Ländern wie Australien und Neuseeland, solange sich diese Verbände gegen Restriktionen für Waffenbesitz einsetzen. In Südafrika, England, Kanada, Japan und in anderen Ländern hat die NRA öffentliche Kampagnen für ungehinderten Waffenbesitz geführt. Ihre Lobbyisten arbeiten in so unverdächtig klingenden Organisationen wie dem World Forum on the Future of Sport Shooting Activities, das in Brüssel sitzt. Wer hat schon etwas gegen Sport?

Unter dem Vorwand, man dürfe die Rechte der Jäger und Sportschützen nicht beschneiden, haben die USA Versuche der UNO unterbunden, illegalen Handel mit Kleinwaffen zu kontrollieren. Den Vereinten Nationen warf die NRA in einer Serie von Fernsehspots vor, eine globale Kampagne zur Beschlagnahmung legal erworbener Waffen zu führen. Darin trat NRA-Chef Charlton Heston auf und warnte, liberale Politiker in Washington hätten sich mit der ganzen Welt verbündet, um freiheitsliebenden Amerikanern eines ihrer Grundrechte einfach wegzunehmen. Auf der ganzen Welt würden freie Personen systematisch entwaffnet, so Heston in dem Fernsehspot. Der zweite Verfassungszusatz und die NRA seien die Einzigen, die dieses Recht schützten.

Die Fernsehspots, die im Jahr 2000 anliefen, waren eine Warnung für die UN-Konferenz im darauf folgenden Jahr, auf der die Vereinten Nationen Maßnahmen gegen den Schwarzmarkt für Waffen zu unternehmen planten. Bei den Vorbereitungskonferenzen dieses Gipfels beobachtete eine Kollegin von Kathi Austin, dass der Botschafter von Sierra Leone eindringlich beschrieb, wie der Krieg sein Land zerstört habe. Völlig unbeeindruckt sei dann der Cheflobbyist der NRA, Tom Mason, ans Mikrophon gegangen und habe eine flammende Rede gehalten, dass man den Waffenhandel nicht eindämmen dürfe. So wie die NRA-Lobbyisten nach jeder Massenschießerei in den USA betonen, das Massaker hätte verhindert werden können, wenn alle Opfer bewaffnet gewesen und sich hätten wehren können, so empfahlen sie den vom Krieg gezeichneten Afrikanern, ihr Land benötige mehr Waffen, um Frieden zu finden.

Tatsächlich setzten sich die amerikanischen Gesandten bei der UN-Konferenz im Juli 2001 vehement gegen jegliche Restriktionen ein. Undersecretary John R. Bolton berief sich in seiner Rede vor den Delegierten aus 140 Ländern dabei wiederum auf den zweiten Verfassungsgrundsatz, der jedem Einzelnen das Recht gebe, eine Waffe zu tragen. Ungeachtet der Tatsache, dass selbst amerikanische Gerichte diese Interpretation der waffenfreundlichen US-Regierung immer wieder hinterfragt und abgelehnt haben, wehrten sich die USA gegen zahlreiche Maßnahmen, die den Schwarzmarkt eindämmen sollten. Die USA hätten eine Vielzahl von Gesetzen, die Waffenhandel regelten. Das sei vorbildlich und genüge, so Bolton. Die meisten Waffen würden legal gehandelt, beharrte Bolton.

Dass sie irgendwann in den Schwarzmarkt gelangen, wollte er nicht wahrhaben. Es dürfe keine Werbung und Aufrufe für Waffenkontrollen durch internationale Organisationen geben, solange nicht alle Mitglieder damit einverstanden seien. Mit anderen Worten: Die UN dürften sich nicht um das Thema kümmern – solange die USA anderer Meinung seien. Waffenhandel dürfe nicht auf Regierungen begrenzt werden; Einzelpersonen müssten das Recht auf eine Waffe behalten; es dürfe keine Folgekonferenzen der UN-Konferenz geben. Dass es etlichen Staaten um das Leben ihrer Bürger ging, schien den US-Delegierten nicht zu interessieren.

Menschenfreunde werfen Bomben – und humanitäre Hilfsgüter

Eine grotesk-makabre Note bekam der globale Einsatz von Waffen im Herbst 2001: Als amerikanische Kampfflugzeuge Afghanistan bombardierten, erklärten Politiker in Washington ihren Bürgern und der Welt immer wieder, dass Bomben nicht das Einzige seien, was die USA über dem Himmel von Afghanistan abwarfen. Zugleich werfe man Pakete mit Hilfsgütern ab, versicherten sie. Die militärische Aktion sei eng mit einer humanitären Hilfaktion verzahnt. Die Bomben gälten nur den Machthabern, die ihr eigenes Volk unterdrückten. Die Lebensmittel seien dagegen für die einfachen Leute bestimmt. Eine Mitarbeiterin des Außenministeriums hielt gar eine Rede mit der Überschrift: »Humanitäre Hilfe und der Kampf gegen den Terrorismus gehen Hand in Hand.«

Humanitarianism – humanitäre Hilfe von Organisationen wie dem International Rescue Committee (IRC) oder American Friends Service Committee (AFSC) – ist die international angewandte Version von *charity*: eine gut gemeinte Ausrede, an deren ehrlich gemeinten Absichten man eigentlich nicht zweifeln kann. Wo Hunger, Fluten, Feuer, Erdbeben oder andere Naturkatastrophen herrschen, muss geholfen werden – und rasche Hilfe der internationalen Gemeinschaft ist eine gute Sache. Von den Medien aufgerüttelt, verlangen Bürger von ihren Politikern, zu helfen. Doch weil sie selbst keine Lösung sehen und Angst vor den negativen Folgen eines unpopulären Engagements haben, schicken sie humanitäre Hilfe. Wider besseres Wissen warten reiche Länder, bis es zu spät ist, und schicken dann keine Soldaten, sondern humanitäre Hilfskräfte. Humanitäre Hilfe ersetzt oft die Untätigkeit der Politiker. Das Problem von humanitärer Hilfe ist das gleiche wie bei der *charity*. Niemand hat rechtlichen Anspruch darauf, obwohl Politiker oft davon sprechen. Anders als einen Passanten, der einem Unfallopfer nicht hilft, kann man die internationale Gemeinschaft nicht wegen unterlassener Hilfeleistung verklagen.

Humanitäre Hilfe ist keine amerikanische Erfindung und lebt auch nicht allein von amerikanischen Organisationen. Andere Länder haben starke Organisationen hervorgebracht; die Vereinten Nationen oder die Europäische Union bestreiten neben den USA einen Großteil der humanitären Hilfe. Aber humanitäre Hilfe ist klar eine Variante der amerikanischen Foreign Affairs. Das machte zumindest Außenminister Colin Powell deutlich, als er im Oktober 2001 in einer Rede auf die amerikanischen Nichtregierungsorganisationen (Non-Governmental Organizations) zu sprechen kam und sagte:»Die NGO verstärken unsere Truppen unglaublich. Sie sind ein wichtiger Teil unserer Kampftruppen.«

Während der Bombenangriffe auf Afghanistan kam es im Kapitol zu einer Diskussion über humanitäre Hilfe vor Ort. Ob diese Hilfe wirklich die Leute erreicht und ihnen nützt, schien zweitrangig. Wichtig war den Senatoren, dass die einfachen Menschen vor Ort auch wirklich verstünden, dass die Lebensmittelpakete, die auf sie abgeworfen wurden, vom amerikanischen Volk stammten. Sie fragten wiederholt, ob man auch sicherstelle, dass die Pakete als Geschenk Amerikas erkennbar seien. Die Botschaft sollte wohl sein: Amerika wirft nicht nur Bomben auf das Land, sondern auch Lebensmittel. Die Menschen sollten unterscheiden zwischen Bomben, die eigentlich den Taliban galten, und Lebensmitteln, die für sie bestimmt waren. Die humanitäre Hilfe sollte wohl auch Verständnis bei ihnen wecken, falls die Bomben unglücklicherweise nicht immer ihr eigentliches Ziel trafen und Zivilisten töteten.

Doch die Verteilung der Hilfsgüter funktioniere erfahrungsgemäß selten, meint der Journalist und Autor David Rieff. Ob in Kurdistan, in Bosnien oder im Kosovo – stets blieben sie weitgehend ineffektiv. Amerikanische Behördenvertreter behaupteten, sie hätten aus den Fehlern gelernt und würden in Afghanistan alles besser machen. Doch das sei nicht der Fall gewesen, so Rieff. Zwar seien die Rationen auf die Bedürfnisse der Muslime eingegangen. Aber abgeworfen wurden sie in den gleichen gelben Säcken, in denen Bomben abgeworfen wurden. Dadurch waren sie nicht von explosiver Fracht zu unterscheiden.

Es ist nicht so, dass die Regierung auf heimtückische Art humanitäre Organisationen für Kriegsziele missbraucht, während sich die Organisationen dagegen verzweifelt wehren. Im Gegenteil: Dass humanitäre Hilfe Teil des Krieges gegen Afghanistan sein sollte, kam aus dem Lager der humanitären Hilfsorganisationen selbst. Acht Tage nach den Attacken auf das World Trade Center hat Kenneth Bacon, der Chef der Washingtoner Organisation Refugees International, dem Präsidenten einen Brief geschrieben und Bush darin gebeten, Krieg nicht auf Bomben zu beschränken. Die USA seien weltweit auf die Unterstützung von moderaten Muslimen angewiesen. Um diese Unterstützung zu sichern, müsse man moralisch auf hohem Niveau verbleiben. Ein humanitäres Desaster in Afghanistan würde die amerikanischen Bürger noch mehr verletzbar machen. Bacons Sicht der Dinge entsprach der Sicht vieler Mitarbeiter amerikanischer Hilfsorganisationen im Herbst 2001, berichtet Rieff. Interessant ist in diesem Zusammenhang, was ein UN-Mitarbeiter Rieff über die Globalisierung sagte: Indem man die Interessen von Microsoft unterstütze, unterstütze man auch die Interessen von Human Rights Watch und des International Rescue Committee.

Rieff kritisiert zwar den Missbrauch humanitärer Hilfe. Aber er glaubt nicht, dass Politiker sie nur benutzen, wenn sie ihnen nutzt, und darüber hinaus keine Verantwortung empfinden. Er glaubt, dass Politiker dem Konzept folgen, weil sie es tatsächlich schätzen. In den rund zehn Jahren, in denen er sich mit den Organisationen und ihrer Arbeit beschäftigte, hat er beobachtet:»Gemeinsam mit Menschenrechten und einer idealisierten Vorstellung der Zivilgesellschaft wurde humanitäre Hilfe zum Zeichen einer völlig anderen Weltordnung, die viele bevorzugen – einer Weltordnung, deren moralische Absichten über alle Zweifel erhaben sind.« Konservative Politikwissenschaftler mögen die Nase rümpfen, dass Außenpolitik zur Sozialpolitik verkomme, aber auf die Öffentlichkeit wirke diese Art von Politik sehr anziehend und erstrebenswerter als Kissingers Realpolitik.

Als humanitäre Organisationen im Januar 2003 einen Krieg gegen den Irak erwarteten, wiederholten sich die Ereignisse von Afghanistan: UN-Organisationen bereiteten sich auf zehn Millionen irakische Flüchtlinge vor, weil die Iraker 2003 – im Gegensatz zu 1991 – ein armes Volk seien. Die humanitären Organisationen der Vereinten Nationen zögerten, sich auf einen Krieg vorzubereiten, den die meisten Mitgliedsstaaten der Vereinten Nationen ablehnten. Selbst amerikanische Hilfsorganisationen taten sich nicht leicht, sich auf einen Krieg vorzubereiten und dafür Gelder zu sammeln.

»In welcher Welt leben wir eigentlich, wo humanitäre Vertreter die größten Kriegstreiber sind?«, fragte Marcus J. Dolder, der das Büro des Internationalen Roten Kreuzes in Bagdad leitet, in der *Washington Post* vom 5. Januar 2003. »Ich sehe es nicht gern, dass humanitäre Organisationen sich vorbereiten... Wir fühlen uns deshalb unwohl. Wir wollen nicht Teil der Propaganda sein, der großen Vorbereitung. Auf der anderen Seite müssen wir uns auf das Schlimmste vorbereiten und auf das Beste hoffen. Wir wären sehr dumm, wenn wir uns *nicht* vorbereiten würden.«

Internationales Recht – in den USA nicht durchsetzbar

Wenn es um internationales Recht geht, ist die Welt immer wieder erstaunt über das Verhältnis des amerikanischen Präsidenten und seiner Regierung zum Parlament und zu den Bundesstaaten. Bevor Amerika einen Krieg erklärt, muss der Kongress über diese Frage abstimmen. Denn dazu hat nur der Kongress das Recht. Aber um eine Fabrik im Sudan oder Stellungen im Irak zu bombardieren, genügt eine einfache Anweisung des Präsidenten. Schließlich ist das noch kein Krieg. Wenn es um Beiträge an die Vereinten Nationen geht, dann gilt das Wort des Präsidenten wenig. Solange der Senat nicht zugestimmt hat, wird nicht gezahlt. Kopfschüttelnd nahmen die Vereinten Nationen die Versicherung der Regierung zur Kenntnis, man würde ja gern zahlen, aber leider habe man das nicht allein zu entscheiden.

Das Prinzip, das hier sichtbar wird, lässt sich so beschreiben, dass Washington die Rechte eines Bundesstaates höher bewertet als Rechte, die sich aus internationalen Verträgen ergeben. Selbst eine Entscheidung des Internationalen Gerichtshofs gilt in Amerika nichts, wie im Frühjahr 1999 deutlich wurde: Eine Woche nach seinem Bruder war im März 1999 der Deutsche Walter LaGrand in Arizona hingerichtet worden. Bonner Bemühungen, die Exekution zu verhindern, waren erfolglos. Die Behörden des US-Staates blieben auch von internationalem Recht unbeeindruckt. Die Bundesregierung habe für Walter LaGrand getan, was sie konnte, sagte Außenminister Joschka Fischer nach der Hinrichtung im März 1999 in Bonn und verwies auf eine Klage vor dem Internationalen Gerichtshof in Den Haag. Freilich muss der Regierung von Beginn an klar gewesen sein, dass selbst ein Urteil aus Den Haag nichts ausrichten würde. Das ergab sich anhand einer Reihe ähnlicher Fälle aus dem vergangenen Jahr sowie eines Urteils des Obersten Gerichtshofes der USA, das wegweisend war für die etwa siebzig Ausländer unter den damals mehr als 3000 zum Tode Verurteilten in den USA (*Berliner Zeitung*, 5. März 1999).

Anders als im Falle des deutschen Staatsbürgers Walter LaGrand hatte sich im April 1998 sogar die amerikanische Regierung beim Gouverneur des US-Bundesstaates Virginia bemüht, die Hinrichtung von Angel Francisco Breard, der aus Paraguay stammte, zu verhindern. Wie bei den Brüdern LaGrand hatten sich die US-Behörden auch im Falle Breard nicht um die Rechte des Angeklagten gekümmert. Entgegen der Wiener Konvention, die der US-Senat 1969 ratifiziert hatte, wurde das Konsulat Paraguays nicht verständigt, um Rechtshilfe zu leisten. Paraguay klagte 1996 wegen Unrechtmäßigkeit des Verfahrens gegen das Todesurteil. Das US-Justizministerium wollte allerdings keinen Verstoß erkennen. Ein Konsularbeamter hätte nichts am Ausgang des Verfahrens geändert, argumentierte die Behörde und setzte sich gegen den Widerstand Paraguays für eine Hinrichtung ein. Am 14. April 1998 urteilte auch der Oberste Gerichtshof der USA mit sechs zu drei Richterstimmen, Breard könne hingerichtet werden, weil er sich vor Gericht selbst schuldig bekannt habe. Einer der drei Richter, die gegen das Urteil gestimmt hatten, verwies aber auf Artikel 6 der Verfassung, wonach die Richter der Bundesstaaten verpflichtet seien, amerikanischen Gesetzen und Verträgen

Vorrang einzuräumen. Die Meinung des Richters war keine mehrheitsfähige Meinung, wie die Entscheidung zeigte.

Nach diesem Urteil bat dann aber Außenministerin Madeleine Albright den Gouverneur von Virginia, James Gilmore, die Hinrichtung zu verschieben. Zwar tue sie das »nur ungern«, sagte Albright. Aber sie wolle dem Urteil des Internationalen Gerichtshofes nachkommen und habe sich zu diesem Schritt entschieden, um im Ausland lebende Amerikaner in einer ähnlichen Situation vor Unheil zu bewahren. Denn andere Staaten könnten die Hinrichtung so deuten, als verletzten die USA internationale Abkommen und lehnten den Gerichtshof ab. Gilmore widersetzte sich dieser Bitte der Außenministerin, und Breard wurde nur Stunden später mit einer Giftspritze exekutiert.

Wie in Virginia so fühlen sich seither auch andere US-Staaten, darunter Arizona, nicht an internationale Abkommen gebunden, die Washington geschlossen hat. Wenige Tage nach Breards Hinrichtung gab das US-Außenministerium im Falle des Honduraners Jose Roberto Villafuerte zwar zu, dass die Behörden in Arizona gegen das Wiener Abkommen verstoßen haben, aber im März 1999 sparte sich die Außenministerin bereits die Bitte um Aufschub. Zuvor hatte sie sich im August 1998 gemeinsam mit Kanada beim damaligen Gouverneur von Texas, George W. Bush, gegen die Hinrichtung des Kanadiers Joseph Stanley Foulder eingesetzt – vergeblich.

Dass internationales Recht in den Vereinigten Staaten nicht zur Anwendung kommt, liegt auch daran, dass die USA internationalen Organisationen misstrauen. Sie sind ihnen zu kompliziert. Zu viele Akteure und Staaten haben ein Mitspracherecht und verzögern und behindern Entscheidungen. So funktioniert Demokratie nun mal. Im Misstrauen der USA gegenüber internationalen Organisationen liegt daher ein tiefer Widerspruch: Denn in diesen Organisationen findet eigentlich doch nur statt, was die USA propagieren: Demokratie und

Mitsprache. Das ist das Prinzip, das die USA im eigenen Land bejubeln und mitunter mit ermüdender Ausdauer praktizieren. Wenn es etwa darum geht, internationalen Verträgen nachzukommen und die Beiträge für die Vereinten Nationen zu bezahlen, dann sind viele unterschiedliche Interessen in den USA beteiligt. Der Präsident sagt ja, der Senatsausschuss aber sagt nein und erzwingt Zusagen; sind die Zusagen gegeben, stimmt der Senatsausschuss der Zahlung zu. Aber ehe das Ja im Parlament gültig wird, hat ein Abgeordneter noch einen Zusatz an das Gesetz gehängt, und plötzlich taucht eine neue Bedingung auf. Gezahlt wird nur, wenn die Vereinten Nationen bestimmte Programme für Geburtenregelung abschaffen, weil die USA nicht reinen Gewissens für Mord (= Geburtenregelung) stimmen könnten. Nun will der Präsident plötzlich wieder nicht zahlen. Die ganze Zeit über warten die Diplomaten in New York auf ihr Geld und sehen zu bei dem Spiel namens Demokratie, das die USA mit großem Schauspieltalent aufführen. Viele internationale Verträge scheitern daran, dass der Senat sich nicht zu einer Ratifizierung durchringen kann, obwohl der Präsident zuvor die Zustimmung gegeben hat. Es ist doch nichts falsch an dieser Demokratie. Sie soll sicherstellen, dass wichtige Beschlüsse von möglichst vielen Politikern getragen werden.

Das Prinzip liegt auch internationalen Organisationen zugrunde. Möglichst viele Länder sollen bestimmte völkerrechtliche Abkommen mittragen. Doch die Demokratie anderer ist den USA suspekt, sobald sie eigenen Interessen zuwiderläuft. Die Vereinigten Staaten propagieren weltweit Demokratie. Aber nicht unter allen Staaten, schon gar nicht unter Einbindung der USA als Gleicher unter Gleichen. Droht die Herrschaft des Rechts die USA als gleichen Staat unter gleichen Staaten zu behandeln, dann haben sie die schönen Reden von der *rule of law, not men* vergessen, und es regiert das Recht des Stärkeren. Die Ereignisse erinnern dann an das Spiel kleiner jähzorniger Kinder. Wenn eins das Spiel zu verlieren droht, gelten plötzlich die Spielregeln nicht mehr. Das stärkste Kind setzt neue Regeln durch – oder bricht das Spiel ganz ab.

Ihre Machtstellung erlaubt den USA, sich als Wächter über die Einhaltung internationaler Abkommen aufzuspielen, während sie für sich einen doppelten Standard in Anspruch nehmen und sich von bestimmten Abkommen ausschließen. Recht ist Recht, wenn es uns nützen kann, lautet die Maxime amerikanischer Politiker. In Ottawa hatten Anfang Dezember 1997 mehr als hundert Staaten den Vertrag über das Verbot von Anti-Personen-Minen unterzeichnet. Am 1. März 1999 trat die Konvention in Kraft. Über 130 Staaten haben sie inzwischen ratifiziert. Mehr als 34 Millionen Landminen wurden zerstört, der Handel mit diesen Waffen wurde fast völlig eingestellt. Die Zahl der durch Minen Verletzten ist gesunken. Aber immer noch werden jährlich mindestens 15 000 bis 20 000 Menschen verwundet, und in den Arsenalen der Militärs lagern noch 230 Millionen Minen. Die Internationale Landminenkampagne hat gegen den Widerstand der Landminen-Großmächte USA, Russland und China 1997 eine Konvention durchgesetzt, die diese Waffe ächtet. 143 Länder haben den Vertrag unterzeichnet, die drei Großen – also auch die USA – sind bis heute nicht dabei. Amerikanische Militärs möchten nicht auf ihr Recht verzichten, im Kriegsfall Landminen zu verteilen. Nachdem Clinton den Vertrag abgelehnt hat, packte ihn doch das schlechte Gewissen: Zugute halten muss man den USA, dass sie das meiste Geld in den Fonds zur Minenbekämpfung gezahlt haben.

Die Liste der amerikanischen Absagen an internationale Verträge, Übereinkommen und Projekte ist mittlerweile lang: Landminen, Klimaschutz, Raketenabwehr, Atomteststopp, Kleinwaffen, Biowaffen. Hinzu kommen der Ausfall der USA als ernsthafte Vermittler im Nahen Osten, als Schlichter in Nordirland sowie der Ausstieg aus den Korea-Verhandlungen.

In Washington regieren die Neinsager, stellte die *Berliner Zeitung* am 15. Juli 2002 fest und veröffentlichte eine Liste der Abkommen und Verträge, die die USA ablehnen oder – entgegen ihrer Zusage – einfach nicht umsetzen. Die Liste vom Juli 2002 ist nicht vollständig, aber auch unvollständig beeindruckend:

Atomwaffen: Artikel 6 des Atomwaffensperrvertrages (NPT) von 1968 verpflichtet alle Vertragsparteien, »in redlicher Absicht« auf einen Vertrag zur weltweiten nuklearen Abrüstung hinzuarbeiten. Die USA sind Vertragspartei, haben jedoch – wie die anderen vier offiziellen Atommächte allerdings auch – bisher die Bestimmung schlicht ignoriert. Dafür läuft in den USA ein weltweit einmaliges Programm zur Modernisierung des bestehenden Nukleararsenals. Die Zahl der Sprengköpfe soll zwar gesenkt werden, dies jedoch im Austausch gegen kleinere und effektivere Atomwaffen, die auch in regional begrenzten Konflikten eingesetzt werden könnten. Im Unterschied zu den drei offiziellen Atommächten Russland, Frankreich und Großbritannien haben die USA die Ratifizierung des Atomteststopp-Abkommens (CTBT) von 1996 abgelehnt. China beruft sich auf die Haltung der USA und hat bislang ebenfalls nicht ratifiziert. Insgesamt muss der Vertrag von 44 namentlich festgelegten Staaten mit nuklearer Potenz ratifiziert werden. In 31 Fällen ist das bereits geschehen. Die Bush-Administration bekräftigte mehrfach ihre Ablehnung des Vertrages, immer wieder gab es Berichte, die USA planten, ihre Atomtests wieder aufzunehmen.

B/C-Waffen: Sowohl im Bereich der biologischen als auch der chemischen Waffen sperren sich die USA gegen wirksame Kontrollen. Die Konvention über das C-Waffen-Verbot von 1996 wurde zwar ratifiziert, am Inspektionsregime nimmt das Land mit dem höchst entwickelten Chemiesektor jedoch nur sehr eingeschränkt teil. Unter Hinweis auf Spionagegefahren wurde die chemische Industrie des Landes sowohl von allen

Deklarationspflichten als auch von internationalen Kontrollen praktisch ausgenommen – europäische Diplomaten sprechen von einem »partiellen Vertragsbruch«. Darüber hinaus behält sich der US-Präsident das Recht vor, Verdachtskontrollen zu untersagen. Auch der B-Waffen-Konvention von 1972 sind die Vereinigten Staaten beigetreten, dort verhindern sie jedoch, dass überhaupt ein Mechanismus zur Kontrolle des Verbots erarbeitet wird. Im September des Jahres 2001 habe die *New York Times* enthüllt, die US-Regierung wolle Projekte in diesem Bereich – offiziell ist von der Erforschung von Abwehrmöglichkeiten die Rede – verheimlichen. Insbesondere handele es sich um die Simulation einer Produktionsanlage für B-Waffen, den Test einer nur unvollständig ausgestatteten Bakterienbombe, die Blaupause für genetisch veränderte Milzbranderreger.

Raketenabwehr/ABM-Vertrag: Mit der Kündigung des ABM-Vertrags über die Begrenzung der Raketenabwehr haben die USA Ende 2001 eine Säule der globalen Sicherheitsarchitektur demontiert. Das 1972 zwischen der UdSSR und den USA geschlossene Abkommen sollte die gegenseitige Verwundbarkeit sichern und so den Frieden bewahren. Die USA erklärten, dank der Technik sei der Schutz des Landes nun auch mittels eines umfassenden Raketenabwehrschirmes möglich. Für Staaten, die nicht unter dem Schirm liegen würden, stellt sich das anders dar. Kritiker betonen, dass erst eine wirksame Abschirmung des eigenen Hinterlandes den USA wirklich freie Hand für militärisches Eingreifen in aller Welt gibt. In dem Zusammenhang sind die Ankündigungen der Vereinigten Staaten, gegen Feinde auch mit Präventivangriffen vorzugehen, besonders brisant. Gearbeitet wird in den USA jedoch längst an Projekten, die auf eine Militarisierung des Kosmos hinauslaufen. Russland, China und andere Staaten verlangen, das Thema Weltraumwaffen in der Genfer Abrüstungskonferenz zu behandeln. Die USA lehnten stets ab, was wesentlich zur jahrelangen Blockade der Konferenz beitrug.

Landminen/Kleinwaffen: Trotz massiver Störversuche durch die USA, Russland, China und andere große Staaten wurde 1997 das Übereinkommen über das Verbot von Anti-Personen-Minen verabschiedet. Über 130 Staaten haben inzwischen den Vertrag ratifiziert, die USA verweigerten dies insbesondere mit dem Hinweis auf Südkorea. Der Bündnispartner, so hieß es, sei nur mithilfe von Anti-Personen-Minen wirksam gegen Nordkorea zu schützen. Doch die USA haben diese Waffen auch in den letzten Jahren mehrfach gezielt aktiv eingesetzt, Berichten der *New York Times* zufolge auch in Afghanistan. Weit mehr Menschen als durch Minen kommen alljährlich durch Kleinwaffen – Pistolen, Gewehre, leichte Maschinengewehre – ums Leben. Es wird geschätzt, dass weltweit 550 Millionen Stück im Umlauf sind. Vor allem auf Drängen der EU-Staaten kam 2001 erstmals eine UN-Konferenz zu diesem Thema zustande. Konkrete Beschlüsse zur Eindämmung der Kleinwaffenverbreitung folgten nicht – unter anderem, weil sich die USA gegen jede Einschränkung des Rechts ihrer Bürger sperrten, Waffen zu tragen.

Kinderkonvention: Die UN-Kinderrechtskonvention von 1989 fixiert in 54 Artikeln eine Vielzahl politischer, sozialer und kultureller Rechte der Kinder, darunter das Recht auf einen Namen oder das Recht auf Schutz vor sexuellem Missbrauch. Obwohl die Konvention in der Praxis noch immer wenig beachtet wird, gilt sie als wichtiger erster Schritt für eine allmähliche Realisierung der Kinderrechte. Nur zwei Staaten haben nicht ratifiziert: Somalia und die USA. Für die Vereinigten Staaten liegt das Hauptproblem in der Tatsache, dass die Konvention die Todesstrafe für Personen unter achtzehn Jahren verbietet. In 22 Bundesstaaten der USA ist es aber nach wie vor legal, Personen, die zur Tatzeit minderjährig waren, mit dem Tode zu bestrafen. Von 1976 bis Ende 2002 haben die USA 21 Menschen, die zur Zeit ihrer Tat unter achtzehn Jahren waren, exekutiert. Texas hat dreizehn Jugendliche hingerichtet, davon drei 2002, in Virginia waren es drei, in Georgia, Louisiana, Missouri, Oklahoma und South Carolina jeweils einer. Im November 2002 saßen 83 Jugendliche in Todeszellen und warteten auf ihren Exitus. – Die Kinderrechtskonvention ist kein Einzelfall: Ungeachtet ihrer sonstigen Menschenrechtsrhetorik brauchten die USA auch für die Ratifizierung anderer *Human-rights*-Abkommen viele Jahre. Im Falle der Genfer Konventionen dauerte es mehrere Jahrzehnte.

Kioto-Protokoll/Umwelt: Anfang Juni 2002 räumte US-Präsident George W. Bush immerhin erstmals ein, dass das Erdklima durch menschliche Eingriffe verändert wird. Bis dahin hatten die USA stets betont, die Forschungen seien noch nicht weit genug, um festzustellen, welchen Einfluss der Mensch auf das Klima habe. Anstoß für das Umdenken in Washington dürften ernst zu nehmende Prognosen gegeben haben, nach denen der so genannte Treibhauseffekt auch in den USA drastische Umweltveränderungen bewirken wird. Dennoch will die US-Regierung ihre Entscheidung von 2001, aus dem internationalen Kioto-Protokoll zum globalen Schutz des Erdklimas auszusteigen, nicht revidieren. Dieses von 178 Staaten unterzeichnete Abkommen war insbesondere von den Europäern initiiert worden. Die USA sind der weltweit größte Erzeuger von Treibhausgasen, mit Rücksicht auf die Interessen amerikanischer Konzerne will Washington die Verursacher jedoch lediglich zu Selbstverpflichtungen bewegen.

Klagen gegen Diktatoren und Folterer

Im Jahr 1980 hat Irving Kaufman, Richter eines Revisionsgerichts in New York, geurteilt, dass Folter gegen das Völkerrecht verstoße. Folglich habe Dolly Filartiga das Recht, den Mann zu verklagen, der ihren Bruder Joelito in Paraguay misshandelt und getötet habe. Das Gericht verurteilte den Täter dazu, der

Schwester des Opfers insgesamt 10 Millionen Dollar Strafe und Entschädigung zu zahlen. Das Urteil war wohl beeinflusst von der Konvention gegen Folter, die die UN 1979 beschlossen haben, und das Gericht wurde vom Justizministerium der Carter-Regierung in seiner Sicht der Dinge bestärkt. Das Urteil ist aber auch deswegen bedeutend, weil Richter Kaufman das Land mit seinem Urteil daran erinnerte, dass es nichts Schlechtes ist, Internationales Recht zu befolgen und anzuwenden. Obwohl die Gründer der Vereinigten Staaten genau dies empfohlen hatten, wie Richter Kaufman in seiner Urteilsbegründung schrieb, fühlen sich amerikanische Richter unwohl, wenn sie sich auf internationales Recht berufen sollen. Als ob internationales Recht nur Recht zweiter Ordnung wäre. In den Augen vieler Amerikaner ist es freilich genau das: Recht zweiter Ordnung.

Dabei hat der Kongress 1789 mit dem Alien Tort Act ein Gesetz erlassen, wonach in amerikanischen Gerichten jeder verklagt werden kann, der gegen ein amerikanisches Gesetz oder gegen das Völkerrecht verstößt. 1900 hat der Supreme Court bekräftigt, dass »internationales Recht Teil unseres Rechts ist und von den entsprechenden Gerichten angewandt werden muss«. Der Alien Tort Act war so gut wie vergessen, als Richter Kaufman sein Urteil sprach. Im Jahr 1992 wurden die Vereinigten Staaten das erste Land, das Folteropfern per Gesetz erlaubt, die Peiniger auf Entschädigung zu verklagen. Zwar hat der Kongress 1976 per Gesetz die Immunität von ausländischen Staatschefs bekräftigt, die somit nicht einfach verklagt werden können. Aber in gewisser Weise hat das Gesetz von 1992 einiges vorweggenommen, wozu fast zehn Jahre später das Internationale Strafgericht geschaffen wurde. Dem Gericht obliegt die strafrechtliche Bestrafung; der Tort Victim Protection Act entspricht der zivilrechtlichen Komponente und würde die Opfer entschädigen und die Täter zivilrechtlich bestrafen. Mit Spannung darf daher der erste Fall erwartet werden, in dem das von den USA nicht anerkannte Strafgericht eine Person verurteilt, die sodann in den USA zivilrechtlich aufgrund des Tort Victim Protection Acts verklagt wird. Werden amerikanische Richter sich auf Entscheidungen eines Gerichts berufen, das von den USA nicht anerkannt wird?

Die USA erlauben ihren Bürgern, andere Länder zu verklagen, und sie schützen ihre Bürger vor den Klagen anderer Länder: Im Februar 1996 hat Kuba zwei Flugzeuge von Exilkubanern aus Miami vom Himmel geschossen. Die Flieger waren wiederholt in den kubanischen Luftraum geflogen, hatten Flugblätter gegen Castros Kuba abgeworfen und Warnungen kubanischer Behörden missachtet. Im Dezember 1997 sprach ein amerikanischer Richter den Familien der getöteten Piloten 187,6 Millionen Dollar Schadenersatz zu. Kuba habe internationales Recht gebrochen, Menschenrechte verletzt und vier Menschen im internationalen Luftraum gemordet. Im November 1996 hatte die US-Regierung den Familien bereits 300 000 Dollar als Anzahlung der kommenden Entschädigung überwiesen – ein Jahr bevor das Urteil gesprochen war. Das Geld stammte von eingefrorenen kubanischen Konten.

Weniger erfolgreich war eine Klage Kubas im Mai 1999 vor einem Gericht in Havanna: Die kubanische Regierung verlangte darin von den USA 181,1 Milliarden Dollar Entschädigung für Tod und Verletzungen, die Kubaner in vier Jahrzehnten des amerikanischen »Kriegs« gegen Kuba erlitten haben, so die Klage, etwa durch die Invasion in der Schweinebucht, durch Ausbildung von Rebellentruppen in Miami und durch einzelne Anschläge von dem US-Militärstützpunkt in Guantanamo Bay aus. Jeweils 30 Millionen Dollar verlangte Kuba für jeden der 3478 Kubaner, die angeblich durch Washingtons Aktionen starben, weiterhin 15 Millionen Dollar für jeden der 2099 Verletzten. Die kubanische Gesellschaft wollte mit jeweils 10 Millionen Dollar bzw. 5 Millionen Dollar entschädigt werden. Die Klage betonte, die Summen lägen deutlich unter denen, die das amerikanische Gericht den Familien der vier Piloten zugestanden hatte. Die Klage blieb ohne Folgen. Kuba hat nun mal alle amerikanischen Privatguthaben auf der Insel längst verstaatlicht. Aber die Botschaft war klar: Die Klage sollte zeigen, wie fragwürdig und einseitig die amerikanische Politik des Klagens ist, selbst wenn sie »nur« im Auftrag von Privatpersonen durchgeführt wird, nicht im Auftrag des Staates.

Im Februar 1998 kam es in Italien zu einem Unglück, bei dem der amerikanische Staat gefordert war. Ein Düsenjäger eines amerikanischen Militärstützpunktes in Italien war bei einem Übungsflug zu tief geflogen und hatte das Drahtkabel einer Seilbahn durchtrennt. Die zwanzig Menschen in der Bergbahn in dem Wintersportort Cavalese stürzten etwa 100 Meter in die Tiefe und fanden den Tod. Obwohl den Piloten eine Mindestflughöhe von 1000 Fuß (305 Meter) vorgeschrieben war (nach italienischem Gesetz sogar 2000 Fuß) und norditalienische Gemeinden sich immer wieder über zu tief fliegende Flugzeuge der Amerikaner beschwert hatten, zertrennt der Düsenjäger das Seil in einer Höhe von nur 360 Fuß (110 Meter). Die Piloten waren mit 621 Meilen (knapp 1000 Kilometer) in der Stunde geflogen, obwohl 517 Meilen (832 Kilometer) in der Stunde als Obergrenze galten. Der Pilot hatte Tiefflugkunststückchen vollführt, während sein Kopilot Videoaufnahmen machte (die er später zerstörte). Auf empörte Rufe nach einer strafrechtlichen Verfolgung reagierten die Piloten mit Ausreden: Ihre Karten seien ungenau gewesen, ihr Höhenmesser habe nicht funktioniert, und sie seien nicht über die Gefahren vor Ort informiert gewesen. Genau die Sorte von Ausreden, die eine amerikanische Jury in der Regel nicht davon abhält, ein Urteil zu sprechen. Im Gegenteil, irgendjemand muss für die Fehler verantwortlich sein. Tatsächlich kam es zu einer Gerichtsverhandlung – aber nicht in Italien, sondern in den USA. Ein Kriegsgericht in North Carolina sprach alle Beteiligten frei

und wertete den Vorfall als »Unfall« während eines Übungs-
fluges. Auf die erneute Empörung in Italien hin versprach Bill
Clinton finanzielle Entschädigung. Der Kongress und das Pentagon lehnten dies im Mai 1999 jedoch ab. Der Staat weigerte
sich nicht nur, seine Bürger strafrechtlich verfolgen zu lassen.
Auch er selbst wies jede Verantwortung von sich, obwohl die
Truppen in Italien längst nicht mehr den Feind im Osten abhalten sollen. Nach dem Ende des Kalten Krieges sollen sie das
Imperium der USA aufrechterhalten.

Das Internationale Strafgericht: Niemand darf über dem Recht stehen – (nur wir!)

Mag dem weiter oben beschriebenen Verschieben von Zuständ-
digkeiten noch etwas Groteskes abzugewinnen sein, unternahm die amerikanische Regierung im Mai 2002 etwas Bei-
spielloses: George W. Bush ließ einen Vertrag, den die USA
Monate davor unterzeichnet hatten, rückgängig machen. *Un-
signing the treaty* hieß das, was Bush anordnete: die Unterschrift unter dem Vertrag rückgängig machen. Die Juristen bei
den Vereinten Nationen und zahlreiche Beobachter aus allen
Ländern fragten sich: Geht das überhaupt? Bush ließ einfach
erklären, die Unterschrift seines Vorgängers Bill Clinton sei
ungültig.

Diese Maßnahme des Präsidenten irritierte aus zwei Gründen. Clinton hatte den Vertrag zur Gründung eines Internationalen Strafgerichts an seinem letzten Amtstag, am 31. Dezember 2000, unterschrieben. Damit die Unterschrift und der
Beitritt der USA zu dem Gericht rechtsgültig würden, hätte
Clinton sie dem Senat vorlegen müssen. Erst nach dessen Zustimmung wäre der Vertrag in Kraft getreten. Clinton hat das
jedoch beim Unterschreiben nicht beabsichtigt, sonst hätte er

den Vertrag zügiger zu ratifizieren versucht. Er sagte, der Vertrag enthalte Dinge, die nicht im Interesse Amerikas seien. Aber um diese Dinge zu ändern, sollten die USA dem Vertrag beitreten. Dadurch sicherten sie ihren Einfluss. Da der Senat den Vertrag nicht ratifiziert hat, hätte Bush den ungültigen Vertrag einfach in diesem unfertigen Status belassen können. Doch Bush teilte Clintons Sicht nicht, dass die USA als Vertragspartner Änderungen herbeiführen sollten. Er verweigerte sich der Idee eines Strafgerichts, das auch über Amerikaner richten könnte. Dass Verträge nicht eingehalten wurden, war man gewohnt. Sie rückgängig zu machen, war jedoch eine neue Außenpolitik. Da die USA trotz oder wegen ihrer Macht Vorbild sind für viele andere Länder, fürchteten die Juristen der Vereinten Nationen, die USA hätten ein schlechtes Beispiel gegeben: Was, wenn das Beispiel Schule macht? Mit welchem Argument kann man andere Länder zur Einhaltung von Verträgen zwingen, wenn die USA einfach erklären, sie nähmen eine Unterschrift zurück?

Das Verhalten der amerikanischen Regierung im Mai 2002 erstaunte, denn eigentlich ist die Idee internationaler Justiz eine amerikanische Idee. Dass einzelne Personen sich für Kriegsverbrechen verantworten müssen, war die Idee der Nürnberger Prozesse nach dem Zweiten Weltkrieg. Das Tribunal stützte sich auf folgendes Prinzip: »Verbrechen gegen das Völkerrecht werden von Menschen und nicht von abstrakten Wesen begangen, und nur durch Bestrafung jener Einzelpersonen, die diese Verbrechen begehen, kann den Bestimmungen des Völkerrechts Geltung verschafft werden.« Ausgerechnet ein Amerikaner – William R. Pace – hat den Gedanken 1995 aufgegriffen und nach seiner Arbeit für Amnesty International begonnen, mit einer Koalition von Nichtregierungsorganisationen für das Völkertribunal zu kämpfen. Die Herrschaft der Gewalt soll weltweit durch die Herrschaft des

Rechts ersetzt werden, lautete seine Vision für den Strafgerichtshof. Notfalls gegen den Widerstand Amerikas. Für die Umsetzung der uramerikanischen Idee arbeitete Pace eng mit Regierungen anderer Länder zusammen. Die Bedenken seiner Heimat bezeichnete er einmal als »Blödsinn auf Stelzen«.

Wie kommt es, dass ein Land die Gründung der Vereinten Nationen forciert wie kein anderes, die Menschenrechte vorantreibt und zumindest zeitweise sogar nach eigenem Bekunden über alle anderen Interessen der Außenpolitik stellt, Tribunale für Kriegsverbrechen in Ruanda und in Jugoslawien einzurichten hilft, aber plötzlich – als all diese Bemühungen um internationale Verurteilung von Menschenrechtsverletzungen mit der Gründung eines Internationalen Strafgerichtshofs ihren Höhepunkt erreichen – sich gegen die Institution stellt, die Human Rights Watch als den wichtigsten Fortschritt in Menschenrechtsfragen in den vergangenen fünfzig Jahren sieht? Wie kommt das? Verwechseln Amerikaner das öffentliche Eintreten für die Menschenrechte mit ihrer tatsächlichen Durchsetzung?

Den Amerikanern wurde mitunter vorgeworfen, in Nürnberg gegen die Nazis Siegerjustiz praktiziert zu haben. Der amerikanische Chefankläger des Tribunals, Telford Taylor, hat sein Standardwerk über die Nürnberger Prozesse vielleicht deshalb mit einem Hinweis abgeschlossen, der das Ideal internationaler Justiz formuliert: »Das Kriegsrecht gilt nicht nur für mutmaßliche Verbrecher besiegter Länder. Es gibt keinen moralischen oder rechtlichen Grund, siegreichen Ländern Immunität gegenüber einer gerichtlichen Untersuchung zu gewähren. Das Kriegsrecht ist keine Einbahnstraße.« Taylors Hinweis gründet auf dem Grundsatz, nach dem alle Menschen gleich sind vor dem Gesetz. Dieses Prinzip, Errungenschaft der Französischen Revolution, findet sich nicht nur in internationalen Menschenrechtsverträgen, sondern auch in den Verfassungen der meisten Länder, ebenso in der amerikanischen

Verfassung. Ist man deshalb nicht versucht, George W. Bush an diesen Gedanken, der das Ideal internationaler Justiz formuliert, zu erinnern? Immerhin hat Taylor das Gegenteil dessen formuliert, was die USA etwas mehr als fünfzig Jahre später mit großem Aufwand verfolgen: Immunität, Siegerjustiz, Ungleichheit.

Das Strafgericht sei »die wichtigste Menschenrechtsinstitution der vergangenen fünfzig Jahre«, meint Kenneth Roth, der Direktor von Human Rights Watch. Das Drängen der Bush-Regierung nach Immunität sei die letzte Manifestation, dass internationale Justiz nur für andere gelte, nicht für Amerikaner. Darin sieht er eine »atemberaubende Arroganz«. Roth fordert andere Länder auf, eine Grenze zu ziehen und radikalen Amerikanern zu zeigen, dass sie nicht über dem Recht stehen. Ausgerechnet am 1. Juli 2002, dem Tag, an dem das Statut des Gerichts in Kraft trat, starteten die USA die größte Attacke auf das Gericht und legten im Sicherheitsrat ein Veto gegen die Fortsetzung der Friedensmission in Bosnien ein. Vordergründig ging es den USA um die 46 amerikanischen Offiziere der UN-Polizeitruppe in Bosnien, die immun gegen Anklagen des Gerichts sein sollten. Kein Amerikaner dürfe vor fremde, demokratisch nicht legitimierte und daher nicht kontrollierbare Richter gestellt werden. In Wirklichkeit ging es ihnen freilich um viel mehr: Das Veto war Ausdruck ihres Willens, künftig keine internationale Bindungen und Zwänge mehr eingehen zu wollen. In der außenpolitischen Doktrin der Regierung bekräftigen Bushs Berater, sie seien von der Überzeugung geleitet, »dass keine Nation eine sicherere und bessere Welt allein schaffen kann. Allianzen und multilaterale Institutionen können die Stärke freiheitsliebender Nationen vervielfachen«. Doch in Wirklichkeit praktizieren sie Unilateralismus, den sie als Multilateralismus ausgeben. Es ist ein »Multilateralismus à la carte«, wie es Clintons Planungschef im Außenministerium, Richard Haass, bezeichnet hat: Wenn möglich, dann handelt

Amerika mit anderen zusammen; wenn nötig, handelt Amerika eben allein.

Um ihre Vorstellung durchzusetzen, haben die USA die Blauhelm-Missionen und damit Hunderttausende Menschen in Konfliktgebieten kurzerhand zu Geiseln gemacht. Ihre Forderung lief auf eine Erpressung hinaus: entweder Immunität für US-Soldaten vor dem Gericht oder ein Nein der Vetomacht USA bei den fälligen Verlängerungen von UN-Mandaten. Mit der UN-Resolution 1422, die zeitlich befristet Immunität gewährt, ist das Problem keineswegs ausgeräumt. US-UNO-Botschafter John Negroponte stellte klar, dass sich die Vereinigten Staaten niemals dem Gericht unterwerfen würden. Nachdem der Sicherheitsrat am 12. Juli 2002 in seiner Resolution 1422 den Amerikanern Immunität auf Zeit gewährt und damit eine völkerrechtliche Zweiklassengesellschaft geschaffen hatte, kommentierte eine Zeitung, das Weltstrafrecht habe seine Unschuld bereits verloren: Der Grundsatz, nach dem alle Menschen vor dem Gesetz gleich seien, sei bereits wenige Wochen nach der Geburt des Strafgerichts verraten worden. Der neue Grundsatz laute nun:»Alle Menschen sind vor dem Gesetz gleich, außer sie sind Staatsangehörige der Vereinigten Staaten von Amerika.« Nebenbei wurde durch die amerikanische Initiative auch anderen Nichtvertragsstaaten Immunität gewährt, darunter China, Russland und Indien.

Bevor man sich mit den Einwänden der Amerikaner beschäftigt und entscheidet, ob sie stichhaltig sind, sollte man sich ein paar Ereignisse in Erinnerung rufen, die zur Gründung des Strafgerichtshofes geführt haben.

Viermal so viele Zivilisten wie Soldaten starben in allen Kriegen des 20. Jahrhunderts: Allein Regierungen haben nach Berechnungen rund 170 Millionen Menschen getötet – nicht Bürger anderer Länder, sondern die des eigenen Staates. Die Täter wurden zwar nicht gerichtlich verurteilt, aber sie sind Medien und anderen Regierungen wohl bekannt. Nachdem die Nazis sechs Millionen Juden gemordet hatten, versprach die Welt – angeführt von den USA –, so etwas Grausames dürfe nie wieder passieren. Doch aus dem gut gemeinten Versprechen »Nie wieder!« wurde in der Realität »Immer wieder und wieder«: Michael Scharf schreibt in seinem Buch *Balkan Justice*, dass 1937 bis 1953 vier Millionen Menschen in den Gulags der Sowjetunion starben – ohne dass sich die Mörder dafür verantworten mussten; fünf Millionen wurden während der Kulturrevolution in China (1966 bis 1976) vernichtet; zwei Millionen Menschen wurden 1975 bis 1979 in Kambodscha abgeschlachtet, 30 000 Menschen verschwanden 1976 bis 1983 in Argentinien; 200 000 starben 1975 bis 1985 in Osttimor; 750 000 in den Jahren 1971 bis 1987 in Uganda; der Irak hat 1987 bis 1988 rund 100 000 Kurden vergast; Todesschwadronen in El Salvador töteten 1980 bis 1992 rund 75 000 Menschen. Es sei wahrscheinlicher, dass eine Person für einen einzigen Mord vor Gericht gestellt wird als für den Mord an 100 000 Menschen, beschrieb der Beauftragte der Vereinten Nationen für Menschenrechte die Situation in den neunziger Jahren.

Die Amerikaner haben das Internationale Strafgericht, obwohl es ihre Idee was, zwar nie sonderlich gefördert, aber ohne die von ihnen etablierten Kriegsverbrechertribunale in Tokio und Nürnberg und die Vereinten Nationen gäbe es das Gericht nicht. Zeitweise hat Amerika diese Rolle akzeptiert und das eigene Verdienst hervorgehoben. Dabei war die Rolle Amerikas von Beginn an von Zweifeln begleitet. Das Kriegsverbrechertribunal von Nürnberg hat gezeigt, dass ein internationales Gerichtsverfahren möglich ist, und die Vollversammlung der Vereinten Nationen hat die Prinzipien von Nürnberg unterstützt. Schon damals begannen nach dem Krieg die ersten Versuche, ein permanentes Gericht für Strafsachen aufzubauen – ein internationales Strafgericht. Dazu hat die Vollversammlung 1948 die International Law Commission beauftragt zu ergründen, ob der Aufbau eines solchen Gerichtes wünschenswert und möglich sei. Unter anderem sollte das Gericht für Genozid zuständig sein. Die Kommission kam zu dem Ergebnis, dass eine derartige Einrichtung sowohl wünschenswert als auch machbar sei. Daher richtete die Vollversammlung 1950 einen Ausschuss ein, um genau das zu tun. Er sollte die notwendigen Schritte für die Gründung des Gerichts erarbeiten. Bereits ein Jahr später sind die siebzehn Mitgliedsländer des Ausschusses übereingekommen und haben Vorschläge unterbreitet. Allerdings konnte man sich 1954 nicht einigen, wie man Aggressionskrieg definieren sollte. Die Arbeit an dem Gericht schlief ein. Erst zwanzig Jahre später beschloss die Vollversammlung eine Definition und nahm das Ansinnen wieder auf.

Während der Ost-West-Spannungen fürchteten die Supermächte ein solches Gericht, das ihre nationale Souveränität untergraben könnte. Daher konnten die Vereinten Nationen erst nach dem Ende des Kalten Krieges an dem Projekt weiterarbeiten. Sechzehn lateinamerikanische und karibische Länder brachten 1989 einen entsprechenden Vorschlag in die Vollversammlung ein – um international gegen Drogenschmuggler vorgehen zu können.

Es waren die Vereinigten Staaten, denen der Vorschlag nicht gefiel und die eine Resolution behinderten. Entscheidungen des Internationalen Gerichtshofes gegen die USA ließen die Regierung in Washington zu dem Schluss kommen, dass man Richtern internationaler Gerichte nicht trauen könne. Im Außenministerium scherzte man nach einem als ungerechtfertigt und feindlich empfundenen Urteil: Irgendetwas stimme nicht mit dem Wasser in La Hague, dem Sitz des Internationalen Gerichtshofs. Mehr internationale Gerichte bedeuteten in den Augen der Amerikaner mehr fragwürdige Urteile gegen die USA. Man fürchtete, dass völkerrechtlich zweifelhafte Kriege, etwa die Invasion in Grenada 1983, die Bombardierung von Tripolis 1986 oder die Invasion von Panama 1989 vor

dem Gericht verhandelt werden könnten. Überhaupt fürchteten die USA, ihre juristische Autorität zu verlieren: Vor dem
Supreme Court wurde der Fall Alavarez Machain verhandelt.
Die Regierung argumentierte in dem Fall, dass es völlig in
Ordnung sei, Bürger anderer Staaten im Ausland zu entführen,
um sie vor amerikanische Gerichte zu stellen.
Der Vorschlag von Trinidad erfreute sich aber großen Zu-
spruchs. Die USA wollten deshalb nicht offen dagegen ange-
hen, sondern sie versuchten, die Debatte zu verschleppen. Sie
schlugen vor, die UN International Law Commission mit dem
Thema zu betrauen, und dachten dabei wohl an den Ruf des
Ausschusses, solche Themen in jahrzehntelanger gründlicher
Detailarbeit zu behandeln. Die Alternative wäre gewesen,
einen Vertrag für das Gericht auszuarbeiten. Die USA be-
glückwünschten sich bereits, als sie die Generalversammlung
überredet hatten, das Thema im Ausschuss weiter zu erforschen. Zur Überraschung Washingtons legte dieser der Generalversammlung jedoch bereits nach einem Jahr seine Emp-
fehlungen vor: Die USA kritisierten einige Details, und auf ihr
Drängen hin wanderte das Thema zurück in den Ausschuss.
Vielleicht würde der Vorschlag noch heute dort verhandelt,
wenn nicht die Kriegsverbrechen im ehemaligen Jugoslawien
Politiker und Diplomaten von der Dringlichkeit des Gerichts
überzeugt und die USA ein Tribunal für Jugoslawien etabliert
hätten. Einen Monat nach der Gründung des Jugoslawien-Tri-
bunals durch den Sicherheitsrat beauftragte die Generalversammlung die Law Commission, ein Statut zu erarbeiten.
   Nach sechsjähriger Vorbereitung war bereits vor der Gründungskonferenz im Sommer 1998 in Rom das Unbehagen
Amerikas gegenüber dem Strafgerichtshof deutlich zu spüren.
Während seiner Afrikareise kurz vor der Gründungskonferenz
setzte sich Bill Clinton in Ruanda für ein starkes Gericht ein,
das die Arbeit der Kriegsverbrechertribunale fortsetzen solle.
Zu Hause in New York jedoch, wo im Auftrag der UN-Vollver-

sammlung zur selben Zeit die Teilnehmer der Vorbereitungskonferenz über Details berieten, taten Clintons Gesandte alles, damit das künftige Gericht nicht sehr effektiv arbeiten würde. Vor allem wandten sie sich gegen einen unabhängigen Ankläger, dessen Existenz aber nach Ansicht von Experten eine wichtige Voraussetzung für die Effizienz des geplanten Gerichts sei. Die USA müssten wegen ihrer globalen Rolle als Friedensstifter besonders vorsichtig sein, weil »unsere Soldaten stärker als alle anderen« einem Ankläger ausgesetzt wären, erklärte US-Delegationsleiter David Scheffer die Bedenken des Pentagons. Gemeinsam mit drei weiteren ständigen Mitgliedern des Weltsicherheitsrates – Russland, China und Frankreich – beharrten die USA auf dem Recht, wie im Falle der Ad-hoc-Tribunale von Bosnien und Ruanda ein künftiges Verfahren in die Wege zu leiten: Das Gericht wäre ein reines Instrumentarium der Veto-Mächte geblieben. Einzig Großbritannien setzte sich zusammen mit einer Gruppe von etwa fünfzig Staaten dafür ein, die Ermittlungsarbeit einem unabhängigen Ankläger zu überlassen. Zugleich unterstützte es die Kompromissformel, dass der Sicherheitsrat ein Gerichtsverfahren nur dann blockieren kann, wenn alle fünf ständigen Mitglieder zustimmen. Ein Gericht, über das Washington kein Veto-Recht ausüben könne, sei eine »Totgeburt«, warnte der einflussreiche Senator Jesse Helms. In seinem Schlussstatement drohte der amerikanische Delegationsleiter David Scheffer ganz unverhohlen »aktiven Widerstand« gegen das Gericht an: »Wir werden entscheiden müssen, welche diplomatische Haltung wir gegenüber Ländern einnehmen werden, die eine Ratifikation vorbereiten«, sagte Scheffer.

Einer der Ankläger im Nürnberger Kriegsverbrecherprozess, Benjamin Ferencz, beschäftigt sich seit dem Krieg mit der Frage, wie man Kriegsverbrechen verhindern oder zumindest vor Gericht bringen kann. Im Jahr 1980 veröffentlichte er ein Standardwerk über ein internationales Strafgericht, das damals eine Utopie schien. 1998 war der alte Mann eigens nach Rom gekommen, um die Verwirklichung der Utopie zu beobachten. Die Ängste der amerikanischen Regierung vor der Einrichtung des Gerichts könne er nicht verstehen, sagte Ferencz Reportern (*Berliner Zeitung* vom 20. Juli 1998). »Das State Department hängt an Konzepten aus dem 19. Jahrhundert und beharrt auf einem obsoleten Souveränitätsbegriff«, kritisierte er. »Ich verstehe nicht, warum die Amerikaner so nervös sind.« Schließlich sehe das Statut zahlreiche Schwellen und Schutzklauseln gegen politischen Missbrauch des Gerichts vor.

Die USA haben grundsätzliche Einwände gegen den Strafgerichtshof vorgebracht: Das Gericht sei nicht mit ihrer Verfassung vereinbar, denn ihre Verfassung gewähre jedem Amerikaner das Recht auf eine Jury. Der Strafgerichtshof richtet jedoch ohne Jury. Zudem gelte das Statut auch für Drittländer, die den Vertrag nicht unterzeichnet haben, und verletze somit ein wichtiges Prinzip internationaler Verträge. Doch dem Staat entstehen keine Verpflichtungen, wenn er nicht beitritt. Und Ausländer, auch Amerikaner, werden seit Jahren in einem Land angeklagt und vor Gericht gestellt, in dem sie eine Straftat begangen haben – unabhängig davon, ob ein Rechts- und Auslieferungsabkommen mit der Heimat des Täters besteht. Das wird auch von den USA gehandhabt.

Doch jenseits ihrer Staatsgrenzen will Amerika keine Regeln akzeptieren. Amerika schützt seine Freiheit, will sich nicht einschränken lassen. Es verteidigt das Ideal der Freiheit in diesem Fall – und sei es, dass man dafür die Regeln brechen muss. Dass der Weltpolizist die Regeln des Weltstrafgerichts nicht akzeptiert und sie mit Sonderabkommen durchbricht, scheint den verantwortlichen amerikanischen Politikern kein Widerspruch zu sein.

Die amerikanische Regierung sieht das genau umgekehrt. »Als erster Vertrag der Geschichte, der auch Nichtunterzeichner binden will, ist der Strafgerichtshof ein Affront gegen internationales Recht«, betonte das *Wall Street Journal*. Indem die Unterzeichner ihr Recht allen anderen Staaten aufzwängen, handelten sie unilateral, nicht die USA. Doch das tut der Vertrag eben gerade nicht. Wer nicht beitritt, kann nur belangt werden, wenn er Verbrechen außerhalb seines Territoriums begeht. Das ist zugleich einer der ernst zu nehmenden Fehler des Gerichts: Falls Saddam Hussein erneut Tausende Kurden vergast, wird er sich dennoch nicht vor dem Gericht verantworten müssen. Denn der Irak zählt neben den USA zu den Ländern, die den Vertrag für das Gericht nicht ratifiziert haben. Deshalb übt das Gericht keine Jurisdiktion aus, falls der Irak Verbrechen gegen Bürger im eigenen Land verübt. Aus dem gleichen Grund könnte Russland erneut Tschetschenien bombardieren, und China könnte wiederum Menschen in Tibet ermorden, ohne sich Sorgen um das Gericht machen zu müssen. Tatsächlich haben Staaten die meisten schlimmen Verbrechen nach dem Zweiten Weltkrieg gegen ihre eigenen Bürger verübt. Weil sich diese Länder kaum der Rechtsprechung des Gerichts freiwillig unterwerfen werden, wird der Strafgerichtshof die zahlreichen schlimmen Verbrechen nicht ahnden können.

Der Strafgerichtshof soll vier Kategorien von Verbrechen behandeln: Zwei davon – Genozid und Verbrechen gegen die Menschlichkeit – treffen nicht auf einzelne Verbrechen zu, sondern auf solche, die in großer Zahl verübt werden. Er soll nicht über die nie auszuschließende Exzesstat eines Einzelnen richten. Die ist Sache der nationalen Gerichtsbarkeiten. Die dritte Kategorie betrifft Kriegsverbrechen, und die werden nur behandelt, wenn sie in Zusammenhang mit einem Krieg stattgefunden haben und Amerika an diesem Krieg beteiligt ist. Die vierte Kategorie schließlich betrifft »Aggression« und macht den Amerikanern am meisten Sorgen, weil bislang eine Definition fehlt, was damit gemeint sein wird. Allerdings wird diese Kategorie nur auf Staatschefs und ihre wichtigsten Helfer Anwendung finden. Die USA befürchten, dass Einsätze im Kosovo 1999, im Irak 1998 oder in Afghanistan 2001 unter die Definition eines Aggressionskrieges fallen könnten. Doch die bisherigen Verhandlungen zeigen, behaupten Diplomaten, dass bislang nur Kriegstreiber vom Schlage eines Adolf Hitler oder Saddam Hussein die Definition eines Angriffskriegers erfüllen. Aber seit Bush im Herbst 2002 seine Doktrin bekannt gemacht hat, ist klar, dass die USA Angriffskriege für gerechtfertigt halten: Bush betont, den USA müsse erlaubt sein, künftig Angriffskriege zu führen – im Dienst der Vorbeugung gegen die bereits genannten »Schurkenstaaten«.

Davon abgesehen, würden amerikanische Soldaten allenfalls in einem Krieg wie in dem gegen Vietnam angeklagt werden, vorausgesetzt, das Land ist dem Vertrag beigetreten. Doch selbst wenn es erneut zu einem ähnlichen Massaker wie in My Lai käme, würden die Täter nicht vom Strafgericht verurteilt werden, weil sie vor einem amerikanischen Militärgericht angeklagt würden – und damit die Zuständigkeit des internationalen Gerichts nicht gegeben wäre. Allenfalls müsste der internationale Chefankläger beweisen, dass hochrangige Offiziere in Washington solch ein Massaker geplant hätten. Dann könnte er versuchen, sie anzuklagen. Falls er dafür keine Beweise vorlegen könnte, gäbe es kein Verfahren vor dem Strafgerichtshof. »Niemand kann dem Pentagon versprechen, dass amerikanische Soldaten niemals angeklagt würden vom Strafgericht«, sagt Aryeh Neier, ehemaliger Chef von Human Rights Watch. »Man kann nur sagen, dass die Umstände für eine Anklage extrem sein müssten; und selbst dann könnten die Vereinigten Staaten das Strafgericht ausschalten, indem sie selbst tätig werden.« Mit anderen Worten: Die Bedenken der USA sind fragwürdig.

Die US-Regierung sieht das anders: Amerikanische Soldaten sichern weltweit den Frieden. Deshalb dürfen sie nicht für ihre Fehler von einem Gericht zur Rechenschaft gezogen werden, das niemandem gegenüber verantwortlich sei. Die USA haben Angst, dass etwas, das sie selbst wesentlich mitentwickelt haben, international Karriere macht: die frivole Klage. Könnten der ehemalige serbische Präsident Milosevic oder der irakische Diktator Saddam Hussein nicht versuchen, die USA wegen angeblicher Kriegsverbrechen zu verklagen? Das Argument mag schwach und die Vorkehrungen dagegen mögen stark sein. Für amerikanische Regierungen ist Außenpolitik immer Innenpolitik, und Amerikaner sind so sehr mit dem Problem der frivolen Klagen vertraut, dass sie keine Mühe haben, ein solches Argument zu verstehen. Der Regierung geht es jedoch nicht um die relativ unbegründete Angst vor Missbrauch. Es geht um Macht. Um die Autorität, Recht zu sprechen. Um die Frage, wer über wem steht und wer über wen richtet: Amerika über den Rest der Welt oder der Rest der Welt über Amerika?

»Ein 800 Pfund schwerer Gorilla mag nicht, was seine Handlungsfreiheit einschränkt, außer wenn er denkt, dass er es völlig unter Kontrolle hat«, sagte Stephen M. Walt, Professor der Internationalen Politik an der Kennedy School der Harvard University. Tatsächlich fürchteten viele Amerikaner, dass ihre Landsleute von einem Gericht angeklagt werden könnten, dessen Regeln man nicht kontrollieren könne. Europäer sehen einen Doppelstandard der Amerikaner: mit Regeln für Amerika und Regeln für den Rest der Welt. »Der Disput über die Immunität ist der Anfang eines echten Problems«, sagte ein europäischer Diplomat bei den Vereinten Nationen. »Wenn die USA sagen, wir sind von anderer Herkunft und Natur und dürfen nicht mit anderen verglichen werden, andere müssen diszipliniert werden, aber nicht Amerikaner, dann geht es um die Zukunft der Menschlichkeit. Falls Amerika glaubt, Multinationalismus und internationale Regeln nicht respektieren zu müssen, wie sollen wir China dazu bringen?« Sogar Großbritannien, Amerikas engster Verbündeter in Europa, rückte von den USA ab und kritisierte deren Streben nach Immunität. Europäer sehen darin den Versuch der Amerikaner, ein wichtiges Prinzip einer neuen Weltordnung zu schwächen und zu unterlaufen.

Der deutsche Diplomat Claus Kreß, der an den Verhandlungen beteiligt war, kam zu dem Schluss: »Es fällt schwer, die Kampfansage der Regierung Bush als die Verteidigung vitaler Interessen der Vereinigten Staaten zu begreifen. Näher liegt die Annahme, die amerikanische Regierung wolle den mit dem Strafgerichtshof verbundenen Anspruch minimaler internationaler Verhaltenskontrolle durch von Amerika nicht kontrolliertes Personal per se zurückweisen. Eine solche Haltung verdient keine Solidarität« (*Frankfurter Allgemeine Zeitung* vom 12. Juni 2002).

Obwohl EU-Länder das Strafgericht unterstützen, hat jedoch auch ihre Glaubwürdigkeit gelitten. In der Friedensmission in Afghanistan haben sie nämlich für ihre Truppen Immunität vor Verfolgung durch das Strafgericht geltend gemacht. Als die USA im Mai baten, in die Verlängerung der UN-Mission in Osttimor einen gleichlautenden Passus einzuarbeiten, lehnte der Sicherheitsrat den Antrag der USA jedoch ab.

Am 3. August 2002 unterzeichnete Bush den American Servicemembers Protection Act, einen Anhang des Gesetzes für den Krieg gegen den Terror. Wie der Name des angehängten Gesetzes sagt, soll es Amerikaner schützen. Das Gesetz ist jedoch auch unter der Bezeichnung »Hague Invasion Act« oder »Hague Invasion Clause« bekannt. Es ermächtigt amerikanische Militärs, Landsleute oder Bürger eines befreundeten NATO-Landes aus der Gewalt des Strafgerichtshofes zu befreien. »Die Staaten, die diesen Vertrag [für den Strafgerichtshof] ratifiziert haben, versuchen, die Herrschaft des Rechts zu stärken«, sagt Richard Dicker von Human Rights Watch in einer Pressemitteilung vom 3. August 2002. »Die Bush-Regierung versucht, sie dafür zu bestrafen.« Das Gesetz sieht vor, dass Ländern, die dem Gericht beitreten, militärische Hilfe entzogen wird, und limitiert die amerikanische Beteiligung bei UN-Friedensmissionen, solange den USA nicht Immunität zugesichert wird. Allein der Präsident kann diese Bestimmungen »aus nationalem Interesse« außer Kraft setzen. Das Gesetz kann also, muss aber nicht angewendet werden.

Wenn man an den Ursprung der Idee einer internationalen Strafgerichtsbarkeit denkt und die Sonntagsreden der Amerikaner hört, in denen es vor allem um die Menschenrechte geht, stellt man fest, dass sie eng verbunden sind mit der ganz speziellen Rhetorik und vielen Ritualen, die an den Holocaust erinnern. Nie wieder soll ein Diktator einen Holocaust über ein Volk bringen, lautet die Botschaft der Redner. Nie wieder Genozid!

Dabei geht es ihnen um den Völkermord, den Deutschland an den Juden verübte. Sie denken nicht an die Metzelei, welche die ersten Siedler aus Europa an den Indianern verübten, um sich die Herrschaft in den USA zu sichern. Sie denken auch nicht an all jene Genozide, die vor und nach dem Holocaust Millionen Menschen das Leben gekostet haben – während die um die Menschenrechte besorgten Länder tatenlos zusahen. Der Kampf gegen den Genozid ist oft eine gut gemeinte Idee geblieben. Die Reden und das Erinnern ersetzen die Aktion. So gegenwärtig sind die Erinnerungen, dass Amerikaner das Gefühl haben, sie träten tatsächlich mit all ihren Mitteln dafür ein, dass es nie wieder irgendwo auf der Welt zu einem ähnlichen Verbrechen kommt.

Im vergangenen Jahrhundert haben die Vereinigten Staaten einen nur geringen Fortschritt erzielt, was ihren Umgang mit dem Völkermord betrifft, stellte die Leiterin des Carr Center for Human Rights Policy der Harvard University, Samantha Power, in einer großen Studie fest, die sie 2002 veröffentlicht hat. In »*A Problem from Hell.*« *America and the Age of Geno-*

zid konstatiert die Absolventin der Harvard Law School und ehemalige Balkan-Reporterin: Von der herrschenden Politik der Regierung abweichende Meinungen und Vertreter der Menschenrechte außerhalb der Regierung machten es den Verantwortlichen schwer, ihre eigenen Reden nicht ernst zu nehmen. Als Beispiel nennt sie den ehemaligen serbischen Präsidenten Slobodan Milosevic, der sich letztendlich doch vor einem internationalen Tribunal wegen seiner Verstöße gegen die Menschenrechte verantworten muss.

Aber solche Erfolge sieht Power überschattet durch Amerikas Duldung unglaublicher Gräueltaten, die meist unter den Augen der Öffentlichkeit begangen wurden. Die Gründe dafür hätten sich geändert im Laufe der Jahre, eines aber blieb gleich: Amerika habe sich stets geweigert, Risiken einzugehen, um den Genozid zu verhindern. Freilich seien die USA nicht allein. Die Nachbarstaaten der Länder, in denen das Abschlachten ganzer Bevölkerungsteile geschah, sowie Europa hätten ebenso tatenlos zugesehen. Trotz der Versicherung, dass es »nie mehr« zu einem Genozid kommen solle, und trotz der Reden, dass sich Demokratie durchgesetzt habe, sei das letzte Jahrzehnt des 20. Jahrhunderts »eines der tödlichsten im dunkelsten Jahrhundert der Geschichte« gewesen, meint Samantha Power.

Die USA haben nichts getan gegen den Völkermord in Kambodscha 1975 bis 1979, dem zwei Millionen der sieben Millionen Einwohner zum Opfer fielen. Nach dem verlorenen Vietnamkrieg hatten die USA wenig Lust, sich noch einmal militärisch in Asien zu engagieren. In den Jahren 1987 bis 1988 hat der irakische Diktator Saddam Hussein systematisch Kurden ermordet. Die USA unternahmen nichts. Präsident Reagan blockierte Sanktionen des Senats, um Saddam weiterhin mit Landwirtschaftskrediten in Höhe von 500 Millionen Dollar versorgen zu können.

Die Hutus in Ruanda konnten 1994 ungehindert »frei, freudig und systematisch«|(Power) täglich 8000 Tutsi töten. Und das ungestört hundert Tage nacheinander, während die Welt zusah und die *New York Times* und andere amerikanische Medien darüber berichteten. Das ist wohl das Erstaunlichste an Powers Studie: die Erkenntnis, dass Genozid *nach* dem Kalten Krieg, *nach* dem Entstehen der Menschenrechtsgruppen, *nach* der Entwicklung blitzschneller Informationsübertragung, *nach* Gründung von CNN und *nach* der Errichtung des Holocaust-Museums in Washington stattfand – als hätte es all dies nicht gegeben. Power findet es »pervers«: Amerikas Bewusstsein des Holocausts habe oft dazu geführt, dass die Messlatte zu hoch gelegt wurde; »wir konnten uns sagen, dass die aktuellen Genozide nicht heranreichten«. Dieselben Politiker, die den Holocaust verurteilt haben, hätten Genozide geschehen lassen, kritisiert Power. Der New Yorker Autor David Rieff bringe diese Ansicht auf den Punkt, wenn er schreibt: »Nie wieder« müsse wohl verstanden werden als: »Nie wieder soll Deutschland Juden in Europa in den vierziger Jahren umbringen.« Dagegen kann freilich niemand etwas sagen. Es muss auch niemand etwas tun, um dieses Versprechen zu erfüllen. Es ist Vergangenheit.

Bhopal: Der Starke bekommt Recht

Seine Nachbarn in Long Island nennen ihn einfach nur Warren. In Indien dagegen ist er »Staatsfeind Nummer eins«, wie die Zeitschrift *Far Eastern Economic Review* vom 12. September 2002 berichtet. Warren Anderson ist jetzt über achtzig Jahre alt und lebt im Ruhestand. Früher war er einmal Vorstandschef von Union Carbide, jenes amerikanischen Pharmakonzerns, aus dessen Fabrik 1984 in der indischen Stadt Bhopal viele Tonnen von giftigen Gasen entwichen sind: Tausende Bewohner wurden damals im Schlaf von dem Gift überrascht und starben. Die genaue Zahl der Toten steht bis heute nicht fest: 3000 kamen in den Tagen nach dem Austritt des Gifts um. Rund 2000 weitere Opfer wurden in den Jahren danach von den Folgen dahingerafft, wie das Bhopal Gas Tragedy Relief Department errechnet hat. 5000 Tote lautet die offizielle Zahl; Umweltschutzorganisationen schätzen die Anzahl der Toten dagegen auf mehr als 20 000. Unklar ist, wie viele Tausende an den Folgen der Vergiftung erkrankt sind und in Krankenhäusern oder zu Hause unter teilweise ärmlichen Bedingungen ohne ärztliche Versorgung dahinsiechen. Schätzungen gehen in die Hunderttausende. 578 000 Personen wurde Entschädigung zugestanden.

Gegen Warren Anderson läuft ein Auslieferungsantrag. Er war nach dem Unfall, 1984, zunächst zum Unglücksort nach Indien geeilt. Die Polizei nahm ihn vor Ort fest, ließ ihn jedoch gegen Zahlung einer Kaution wieder frei. Anderson verließ eiligst das Land – und lebt seitdem »auf der Flucht« ein ruhiges, zurückgezogenes Rentnerleben in Long Island und in Florida. In den Jahren nach der Tragödie ist es ruhig um seine Person geworden; die Welt schien ihn vergessen zu haben. Sein Anwalt betont, er persönlich trage keine Schuld an dem Unglück. Als ein Reporter Andersons Frau Lillian mit dem Vorfall konfrontierte, sagte sie, die Presse habe den Fall falsch dargestellt; im Übrigen sei das fast zwanzig Jahre her und längst erledigt. Doch in Bhopal wird der Person Warren Andersons lebhaft gedacht: »Hängt Anderson«, haben empörte Inder an eine Wand gegenüber der Fabrik gekritzelt. Sein Anwalt William Krohley dagegen beharrt darauf, dass Anderson nichts vorzuwerfen sei: »Er ging nach Indien, um zu helfen, als er von dem Gasunglück hörte«, sagte der Anwalt. Anderson persönlich treffe jedoch absolut keine Schuld an dem Unfall.

Dass Mitarbeiter von Greenpeace Warren Anderson achtzehn Jahre nach seinem Abtauchen im August 2002 in den USA aufgespürt haben, stimmt eigentlich positiv. Denn immerhin hielten die indischen Justizbehörden den Vorwurf von vorsätzlichem Mord aufrecht.

Doch es ist unwahrscheinlich, dass er an Indien ausgeliefert und dort vor ein Gericht gestellt wird. Obwohl Greenpeace den Aufenthaltsort bekannt gab und Berichte darüber in den Medien erschienen, verhielten sich die indischen Behörden auffällig ruhig – als wären sie an seiner Auslieferung nicht wirklich interessiert. Tatsächlich haben Beobachter den Eindruck gewonnen, dass die Behörden ein Gerichtsverfahren vermeiden wollen. Es fehle einfach der politische Wille dazu, beklagt Ganesh Nochur, ein Mitarbeiter von Greenpeace in Indien. Andere Konzerne sollen nicht davon abgeschreckt werden, in Indien zu investieren. Darin zeigt sich die Macht amerikanischer Konzerne.

Im Februar 2001 hatte Greenpeace die Suche nach Anderson verstärkt, als Union Carbide von dem Konkurrenzkonzern Dow Chemical, der zweitgrößten Pharmafirma Amerikas, geschluckt wurde. Die Betroffenen des Unfalls in Indien betonen, damit sei Dow Chemical nun für die Schäden verantwortlich, die Union Carbide angerichtet hat, und müsse sich um die verursachten Umweltprobleme kümmern und den Opfern helfen. Das Management von Dow lehnt das jedoch ab.

Hat Union Carbide nicht bereits genug Entschädigung geleistet? 1989 schloss der Konzern einen Vergleich mit Opfern und sagte die Zahlung von 470 Millionen Dollar zu. Bis heute haben es die indischen Behörden jedoch nicht geschafft, das Geld an die Opfer zu verteilen. Das Fabrikgelände wurde nie gesäubert. Entschädigungen betrugen im Schnitt lediglich 580 Dollar, und selbst dieses Geld erreichte die Opfer häufig nicht. Erst im Jahr 2001 sollten die Entschädigungszahlungen abgeschlossen werden. Tausende der Opfer haben in den USA und in Indien vor Gericht für eine Entschädigung gestritten.

Die Rolle der Regierung wird von Umweltschützern auch hier als fragwürdig dargestellt: Indien habe versucht, die Entschädigungssummen niedrig zu halten, um ausländischen Investoren Anreize für künftige Investitionen zu bieten. Die Botschaft laute: Das hier ist nicht Amerika. Hier in Indien kann man sündigen – ohne verklagt zu werden.

Während amerikanische Juristen ausländische Firmen in amerikanischen Gerichten verklagen, suchen die Anwälte amerikanischer Firmen, genau dies zu verhindern. Opfer in Indien dagegen wollten die Einigung ihrer Regierung mit Union Carbide nicht akzeptieren. Sie argumentierten, dass das Werk in Bhopal von der amerikanischen Mutterfirma kontrolliert wurde und deshalb ein Verfahren in den USA geführt werden müsse. Die Regierung lobte sich selbst, eine gute Einigung erzielt zu haben. In Indien hätten die Opfer nie so viel Geld herausgeholt. Doch die Opfer wollten gar nicht in Indien klagen, sondern in Amerika.

Warum es nicht dazu kam, ist eine seltsame Geschichte. Ein amerikanisches Gericht hat 1986 kurzerhand entschieden, dass die Gerichte in Indien für den Fall zuständig seien. Das erstaunt, bedenkt man, wie viele Sammelklagen, die eigentlich nichts mit Amerika tun zu haben, vor amerikanischen Gerichten zugelassen werden. Allein die Drohung einer Klagezulassung bewirkt ja bekanntlich, dass Firmen sich auf einen Vergleich einlassen.

Hat das amerikanische Gericht sich 1986 nur geirrt? Offensichtlich nicht, denn 1987 bestätigte ein Berufungsgericht das erste Urteil. Daraus ergibt sich eine fragwürdige Auffassung von Gerechtigkeit: Ein Amerikaner, der beim Zugunglück in Eschede stirbt oder dessen Angehörige bei einem Flugzeugunglück in Paris ums Leben kommen, darf die Deutsche Bundesbahn, die französische Fluglinie in den USA auf hohe Summen verklagen. Eine amerikanische Firma, die im Ausland Bürger eines anderen Landes schädigt, genießt vor amerikanischen Gerichten offenbar Immunität. Es drängt sich die Auffassung auf, dass es statt um Gerechtigkeit darum geht, Entschädigungen von Ausländern zu erpressen und von Ame-

378

rikanern fern zu halten. Mit anderen Worten: Die US-Justiz pflegt eine Doppelmoral, die nicht Gerechtigkeit für alle, sondern Bereicherung für wenige verfolgt.

Union Carbide hat stets versichert, Grund für den Unfall sei Sabotage. Doch kein Täter wurde je gefunden und angeklagt. Stattdessen ergaben Anhörungen, dass wohl nicht Sabotage, sondern mangelnde Sicherheitsvorkehrungen die Schuld an der Tragödie tragen. Die Opfer fordern das Geld, das Union Carbide zahlen musste. Die Firma hat der indischen Regierung immerhin 470 Millionen Dollar überwiesen. Doch nur etwa die Hälfte davon erhielten die Opfer, im Schnitt 550 bis 580 Dollar pro Person. Bei den meisten hat das Geld nicht einmal für die Kosten der Bestattung Angehöriger und die eigene Arztrechnung gereicht. Bürokraten haben Opfer erpresst und ließen sich von ihnen teilweise dafür bezahlen, die Entschädigung weiterzuleiten. Einen großen Teil – rund 70 Millionen Dollar – hat die indische Regierung für den Bau von 200 Gebäuden verwandt, die den Opfern medizinische Versorgung und Unterbringung gewährleisten sollten. Doch weniger als hundert Opfer fanden aufgrund der Aktionen der Regierung neue Arbeit; viele Gebäude blieben mangelhaft oder werden für andere Zwecke genutzt.

In einer so genannten »Kolonie der Gasopfer« leben Opfer des Unglücks in einem Dorf von 1500 Häusern, wo es viel Elend und viel Unglück, aber keine Arbeit gibt. Achtzehn Jahre mussten die Bewohner des Dorfes zusehen, wie die Regierung in ihrem Namen einen Krankenhauskomplex – mit sechs Hospitälern – baute, bei dem dank Korruption angeblich die Baufirmen und Regierungsangestellte das beste Geschäft gemacht haben. »Dieser Unfall war für einige eine Tragödie und für andere eine gute Gelegenheit«, sagte Abdul Jabbar, der den Verband der Bhopal Women Gas Victims leitet. Jabbar hat seinen Vater und seinen Bruder durch den Unfall verloren und hofft, dass Anderson dafür büßen muss.

Auch Union Carbide hat ein Krankenhaus gebaut. Das immerhin 40 Millionen Dollar teure Gebäude wurde 2000 eröffnet. Es ist jedoch kaum mehr als zur Hälfte belegt. Für die Ärzte und Berater des Krankenhauses hat Union Carbide Häuser nebenan gebaut, inklusive Swimmingpool. Der Leiter der Stiftung, die das Haus betreut, hat viel Geld für die Verwaltung ausgegeben, warfen ihm Zeitungen vor. Das Krankenhaus verschlinge einen Haufen Geld, bringe den Opfern jedoch wenig. Letztere betonen, sie hätten ihre Entschädigung für Arztkosten ausgegeben.

1992 hörte die Regierung auf, die Zahl der Personen zu zählen, die an Folgeschäden sterben. Studien über medizinische Langzeitfolgen wurden eingestellt. Ein Problem der Behandlung von Langzeitfolgen ist sicherlich, dass Union Carbide die Zusammensetzung des ausgetretenen Gases nie öffentlich gemacht hat. Die Zusammensetzung sei ein »Firmengeheimnis«. So kommt es, dass Opfer das Unglück für Depressionen, Gedächtnisschwund, Panikattacken und viele andere gesundheitliche Probleme verantwortlich machen. Ärzte und Behörden nehmen viele Klagen der Opfer nicht ernst. Sie glauben, es gehe ihnen nur darum, sich eine Entschädigung zu erschleichen. Immerhin haben eine Million Menschen Entschädigung beantragt – fast doppelt so viele, wie zum Zeitpunkt des Unglücks in Bhopal gelebt haben.

Die Antwort weiß nur der Wind: Monsanto vs. Schmeiser

Manchmal werden wichtige Fälle weit abseits der bekannten großen Städte verhandelt. Die gerichtliche Auseinandersetzung des kanadischen Landwirts Percy Schmeiser gegen den amerikanischen Industriekonzern Monsanto ist so ein Fall. Lange Zeit war der Streit nur einer von vielen in einem kleinen kanadischen Ort namens Saskatoon. Inzwischen beschäftigt der Ausgang des Verfahrens jedoch weltweit Farmer, Globalisierungsgegner, Lebensmittelkonzerne und Juristen. Schmeiser wurde zu einer Symbolfigur im Kampf gegen multinationale Konzerne, die stets neue Märkte suchen für genmanipulierte Lebensmittel. Mahatma Gandhis Familie hat ihm eine Auszeichnung verliehen für seinen Kampf, und er spricht bei solchen Gelegenheiten in Indien, Afrika, Neuseeland oder Südamerika über die Rechte der Bauern. Schmeiser gilt als David im Kampf gegen Goliath. So jedenfalls stellt er selbst den Streit auf seiner Website (www.percyschmeiser.com) dar: »The Classic David vs. Goliath Struggle«.

Globalisierungsgegner werfen Monsanto vor, einen kleinen Farmer mit geradezu haarsträubenden Vorwürfen und nahezu kriminellen Methoden zu bekämpfen – um die konzerneigene genmanipulierte Saat am Markt durchzusetzen. Dabei weiß sich Monsanto mit dubiosen Gesetzen zu helfen und wollte Percy Schmeiser und seine Familie auf dem Klageweg ruinieren. Der Fall, der im World Wide Web traurige Berühmtheit erlangt hat, mag als Paradebeispiel dienen, wie ein amerikanischer Konzern selbst im Ausland skrupellos sein Recht durchsetzt.

Der Reihe nach: Der über siebzigjährige Percy Schmeiser war seit mehr als fünfzig Jahren Bauer; er war auch Bürgermeister in dem kleinen Ort Bruno in der Region Saskatchewan und Parlamentsabgeordneter. In den Jahren als Bauer hat er Fluten, Dürre, Krankheitsepidemien und Ungeziefer überstanden. Aber seitdem er sich vor einigen Jahren entschieden hat, sich zur Ruhe zu setzen und nur noch nebenbei zu arbeiten, ist die Ernte seiner jahrzehntelangen Arbeit mehr bedroht als je zuvor. Das liegt an Monsanto, einem der größten landwirtschaftlichen Konzerne der Welt.

Monsanto hat eine Sorte Raps entwickelt und sie schützen lassen. »Roundup Ready« heißt die patentierte Saat. Rund die

Hälfte der 35 000 bis 45 000 Bauern in Kanada, die Raps anbauen, beziehen ihr Saatgut mittlerweile von Monsanto. Immerhin sei die Saat resistent gegen Ungeziefer, verspricht die Firma. Schmeiser zählt zu den Bauern, die nicht viel von dem genmanipulierten Raps halten. Der Bauer in dritter Generation ist zwar kein Biobauer. Er verwendete zwar Jahr für Jahr ein Ungeziefermittel von Monsanto namens »Roundup«. Die Saat des Konzerns lehnte er jedoch ab. Stattdessen arbeitete er wie seine Vorfahren. Er sammelte die besten Samen aus seiner Ernte und säte sie im darauf folgenden Jahr. Von Zeit zu Zeit kaufte er auch auf Märkten Saatgut und mischte es in seine eigene Saat. So haben es Bauern seit Jahrtausenden gemacht. »In fünfzig Jahren habe ich durch *trial and error* mein eigenes Saatgut entwickelt«, sagt er. Es sei gegen viele Krankheiten resistent gewesen.

Im Zeitalter von genmanipuliertem Saatgut birgt diese alte Methode plötzlich ungeahnte Risiken. Wenn man Schmeiser glauben darf, und vieles spricht für seine Version, kann sie einen unbedarften Farmer zum Kriminellen machen. Das liegt nicht daran, dass Schmeiser etwas Kriminelles getan hat. Es liegt an Gesetzen, die – sagen wir es ruhig – kriminell sind: Sie schützen riesige Konzerne wie Monsanto und schaden kleinen Bauern wie Schmeiser.

Sein Streit mit Monsanto begann 1997. Damals sprühte er das Unkrautvernichtungsmittel Roundup. Mithilfe des Gifts wollte er Pflanzen an Telefonmasten und neben der Straße entfernen. Das machte er so seit fünfzehn Jahren, bevor er sein eigenes Saatgut pflanzte. Mit ungutem Gefühl registrierte Schmeiser jedoch, dass das Unkraut einfach nicht verschwinden wollte. Um zu sehen, wie viele der Pflanzen mittlerweile resistent waren gegen das Mittel, sprühte er einen Streifen in sein Feld. Die resistenten Pflanzen waren auch bei ihm zu finden. Je weiter er in sein Feld ging, desto weniger waren resistent – als hätte der Wind fremdes Saatgut von einem Wagen in sein Feld geblasen und es darin verteilt.

Dass es sich um Monsanto-Saat handeln könnte, habe er damals nicht geahnt, sagte er später. Er habe deren Saat nicht einmal gekannt. Ohne schlechtes Gewissen pflanzte er daher in der darauf folgenden Saison auch einige der resistenten Samen. Sein Ertrag in dieser Saison war geringer als davor, was er heute darauf zurückführt, dass seine Saat verseucht worden ist mit genmanipuliertem Saatgut. 1998 reichte Monsanto Klage ein. Das Unternehmen gab an, man könne beweisen, dass Schmeiser die Saat illegal erworben und gepflanzt und davon profitiert habe. Monsanto forderte Schmeiser auf, er müsse den Gewinn aus der Ernte an das Unternehmen abgeben. Schmeiser weigerte sich und betonte, Monsantos Saat sei zufällig durch einen Unfall auf seinem Boden gelandet. Deshalb schulde er dem Unternehmen nichts. Er vermutete, dass die Saat von einem vorbeifahrenden Lastwagen auf seine Felder geweht worden sei. Oder die Saat sei von einem benachbarten Feld zu ihm »gewandert«. Im Übrigen wolle er den genmanipulierten Raps überhaupt nicht. Im Gegenteil. Er beklagte, dass die fremde Saat seine eigene überlegene verseucht und zerstört habe. Um die genmanipulierte Saat loszuwerden, habe er auch seine eigene Saat vernichten müssen. Dabei war er nur teilweise erfolgreich: Etwa 20 Prozent seiner weiteren Ernten seien genmanipuliert.

Monsanto ließ sich von seiner Klage nicht abbringen und verklagte Schmeiser auf 300 000 Dollar Schadenersatz. Drei Wochen dauerte das Verfahren im Juni 2000. Ein Gericht verurteilte Schmeiser im Mai 2001 zu 15 000 Dollar Lizenzkosten und weiteren 100 000 Dollar Schadenersatz. Schmeiser habe die Rechte von Monsanto verletzt, indem er deren Saat gepflanzt und geerntet habe. Schmeiser sagte, er habe nicht einmal das Geld, das Urteil zu bezahlen. Das Verfahren habe bereits 200 000 Dollar Gerichtskosten von ihm gefordert. Nach dem Urteil sagte er, er fürchte, er müsse seine Farm nun verkaufen. Im Sommer 2002 wurde Schmeiser auch noch dazu verurteilt, Monsanto mehr als 150 000 Dollar Gerichtskosten zu erstatten.

Hier könnte die Geschichte zu Ende sein, und Schmeiser wäre einer von Hunderten Fällen, in denen Monsanto seine Muskeln spielen lässt und Bauern droht, sie in die Knie zu zwingen, oder sie verklagt. Die anderen Fälle wurden außergerichtlich beigelegt, nur Schmeiser ging vor den Kadi. Er will gegen den Riesen aus den USA kämpfen und hat eine Gegenklage über 10 Millionen Dollar eingereicht. Monsanto habe seinen Boden widerrechtlich betreten, seine Saat zerstört und ihn verleumdet. Denn Monsanto habe seine Felder heimlich und ohne Erlaubnis betreten, um Proben für DNA-Analysen zu entnehmen.

Monsanto dagegen behauptet, man habe die Proben von angrenzenden Grundstücken entnommen sowie von Humboldt Flour Mill, wo seine Ernte verarbeitet wird. Schließlich habe man Aussagen von anderen Bauern gehabt, wonach Schmeiser genmanipulierte Saat ohne Lizenz gesät habe. Daraufhin beauftragte Monsanto Privatdetektive, Beweise gegen Schmeiser zu sammeln. Monsanto kann einfach nicht glauben, dass Schmeiser nichts gewusst hat von der Saat. Seine Behauptung sei schlicht eine Ausrede. Immerhin habe man in seiner Gegend 1996 Informationsveranstaltungen gehalten und Anzeigen in Lokalblättern geschaltet. Monsanto will nicht glauben, dass ein Mann wie Schmeiser, der immerhin Bürgermeister und Abgeordneter war, davon nichts mitbekommen hat.

Schmeisers Unschuld sei jedenfalls nicht offensichtlich, folgerte eine Zeitschrift, die ihm freundlich gesinnt ist. Im Zuge der Klage habe Monsanto eine gerichtliche Erlaubnis zu DNA-Tests erwirkt; dabei zeigte sich, dass über 90 Prozent des Raps Roundup Ready war, sagt Craig Evans, Geschäftsführer von Monsanto in Kanada. Dass die Saat von einem Lastwagen stammt, hält Monsanto für unwahrscheinlich, denn 1996 sei keiner der Monsanto-Lieferwagen an Schmeisers Farm vorbeigekommen. Ein Wissenschaftler sagte im Gerichtsverfahren aus, dass Verseuchung im Prinzip möglich sei, aber nicht in dem hohen Maße, wie in Schmeisers Feld geschehen. Monsanto habe es nicht darauf abgesehen, Bauern hereinzulegen, die kein genmanipuliertes Saatgut verwenden, beteuert Evans. Man habe allerdings etwas gegen Leute, die die Saat absichtlich heimlich pflanzten und sich daraus einen Wettbewerbsvorteil verschafften. Damit ist ganz offensichtlich Schmeiser gemeint.

Wer all die Zweifel an Schmeisers Version gehört hat, der sollte auch wissen, dass Monsanto Schmeisers Schuld nie bewiesen hat. Man kann diesen Umstand gar nicht genug betonen. Nie wurde bewiesen, dass Schmeiser die Saat absichtlich gepflanzt hat. Zwar behauptet Monsanto in einem Gerichtsdokument, dass Schmeiser sich die Saat illegal besorgt habe. Diesen Vorwurf hat das Unternehmen jedoch nie belegt. Dessenungeachtet halten Mitarbeiter von Monsanto den Vorwurf in ihren Statements aufrecht und erwecken für flüchtige Leser den Eindruck, als sei Schmeisers Schuld bewiesen. Immer wieder haben Mitarbeiter des Unternehmens Schmeiser öffentlich vorgeworfen, den genmanipulierten Raps absichtlich gepflanzt zu haben. »Sie verbreiten weiterhin falsche Informationen«, klagt Schmeiser auf seiner Website. Eine Schuld Schmeisers ist, wie gesagt, keineswegs bewiesen.

Schmeiser spricht von Falschinformationen, weil der Chefermittler von Monsanto, Aaron Mitchell, im Gerichtsverfahren gegen Schmeiser zugeben musste, dass das Unternehmen keine Belege für seine Anschuldigungen besitze. Und das, obwohl die Detektive großen Aufwand betrieben und eine Menge Farmer befragt haben; Monsanto hatte außerdem eine kostenlose telefonische Hotline geschaltet und auf Hinweise eine Belohnung ausgesetzt. Der kanadische Monsanto-Chef Craig Evans hat gegenüber der Zeitschrift *Mother Jones* vom 13. Dezember 2000 nach dem Gerichtsverfahren noch einmal ausdrücklich zugegeben, dass die Firma nicht wisse, woher Schmeiser die Saat habe. Zwar sagte Evans auch, Schmeiser habe Monsanto nie über die Verseuchung informiert, als mache dieses Verhalten Schmeiser verdächtig. Doch auch das bestreitet Schmeiser: Er habe Monsanto nach seinen ersten Entdeckungen 1997 und in all den Jahren darauf, also 1998 bis 2000, kontaktiert und der Firma von seinem verseuchten Raps berichtet und sich beschwert. Außerdem hätten Monsanto-Mitarbeiter öffentlich behauptet, Schmeisers Raps sei schön säuberlich in Reihen gewachsen, als hätte man ihn fein säuberlich gepflanzt. Auch das sei falsch, sagt Schmeiser. Der kontaminierte Raps sei vielmehr in Grüppchen gewachsen, was wilde Verseuchung nahe legt. Der Umstand, dass 1996 kein Monsanto-Lastwagen an Schmeisers Feld vorbeigefahren und es daher unwahrscheinlich sei, dass das Saatgut von einem Auto heruntergeweht wurde, heißt noch lange nicht, dass der genmanipulierte Raps nicht doch ohne Schmeisers Dazutun auf seine Felder »gewandert« sein kann. Zumindest ergaben Studien der Canadian Seed Growers Assocation sowie in Australien, dass genmanipulierter Raps sich offenbar sehr viel weiter verbreitet als angenommen. Beide Studien wurden erst nach Entscheidung des Urteils gegen Schmeiser bekannt.

E. Ann Clark, eine Agrarwissenschaftlerin an der University of Guelph in Ontario, hat den Gerichtsfall Schmeiser und sein Urteil mit den folgenden Worten zusammengefasst: »Damit das von Anfang an klar ist, weswegen Percy Schmeiser verurteilt worden ist: Er wurde verurteilt, a) die Saat von Monsanto auf seinem Land zu haben und b) Monsanto nicht gebeten zu haben, zu kommen und die Saat einzusammeln. Er wurde nicht verurteilt, sich die Saat widerrechtlich besorgt zu haben. Alle diesbezüglichen Anschuldigungen wurden im eigentlichen Verfahren fallen gelassen, weil es keine Beweise dafür gab.«

Doch die Frage, ob Schmeiser verantwortlich ist für das

Pflanzen oder wilde Wachsen, scheint für das Patentrecht nebensächlich zu sein. Ob er bewusst angepflanzt hat oder die Saat ohne sein Zutun auf seinen Feldern wuchs, sei nebensächlich, sagt Dan Burk, Juraprofessor der University of Minnesota Law School, der als Spezialist für Biotechnologie- und Urheberrechtsgesetze gilt. Monsanto bleibe gar nichts anderes übrig, als Bauern wie Schmeiser zu verfolgen. Rechtlich gesehen, sei Monsanto verpflichtet, das Patent an dem genmanipulierten Raps zu schützen, Verletzungen zu verfolgen und dagegen vorzugehen, sagt Burk. Anderenfalls verliere Monsanto das Recht an der eigenen Saat. Dann nutze dem Konzern auch der Gang vors Gericht nichts.

Ist also die Herrschaft des Rechts schuld am Ergebnis in diesem Fall? Können beide Seiten – Schmeiser und Monsanto – am Ende gar nichts für die aus der Distanz eigentümliche Entscheidung? Sind beide Opfer des Rechts? Es ist zumindest bequemer für Firmen wie Monsanto, gegen Leute wie Schmeiser zu klagen als umgekehrt. Denn wie kann sich ein Bauer gegen genmanipulierte Saat schützen, die auch auf Nachbarfelder wandert? Warum gibt es kein Gesetz, das es Konzernen verbietet, Nachbarfelder mit ihrer Saat zu verseuchen? Es scheint, das Recht ist einseitig aufseiten der Konzerne. Der Wind befördert das Urheberrecht auf Nachbarfelder. Monsanto muss es dann nur noch einklagen und Schadenersatz fordern. Der Richter im Fall Schmeiser entschied, dass sogar auch sämtliche Erträge von den nicht untersuchten Feldern an Monsanto gehen müssen. Schließlich könne man nicht wissen, ob dort nicht auch genmanipulierter Raps wuchs. Davon ging der Richter wohl aus. »Monsanto muss nur irgendwo Saat in ein Feld setzen«, sagt Schmeiser. »Sobald es die nachbarlichen Felder verseucht, kann der Nachbar nicht mehr pflanzen ohne die Erlaubnis von Monsanto, für die er eine Gebühr zahlen muss.«

Das Urteil im Fall Schmeiser wirft für die Agrarwissenschaftlerin E. Ann Clark einige unbequeme Fragen über den Sinn des Rechts auf. Statt die Preise für Lebensmittel zu senken, erhöhe genmanipulierte Saat die Preise. Ironischerweise erhöhe sie sie vor allem für jene, die keine genmanipulierten Produkte kaufen wollen, denn sie müssen für die erhöhten Kosten der Bauern aufkommen. Schließlich müssen Bauern eine Menge Geld investieren, um sicherzustellen, dass ihre Felder nicht verseucht sind – und wenn doch, dann müssen sie erst recht viel Geld ausgeben. Entweder weil sie in der neuen Saison neues Saatgut für eine neue unbelastete Ernte kaufen müssen – oder weil sie zusätzliche Kosten für Monsanto oder für einen Rechtsstreit gegen Monsanto aufzubringen haben. Die Kosten müssen sie freilich irgendwie durch Preissteigerungen an die Verbraucher weitergeben. Warum, fragt Ann Clark, sollen Verbraucher mehr für Lebensmittel bezahlen, die offensichtlich weniger wert sind? Die Kosten der Konzerne, ihre Rechte zu schützen, übernimmt dagegen der Staat, indem Gerichte in aufwendigen Verfahren die Rechte schützen. Die wahren Kosten von genmanipulierten Lebensmitteln werden so auf subtile Art auf die Steuerzahler abgewälzt. Wieso sollen Steuerzahler dafür aufkommen, dass der Staat den Konzernen bei der Kontrolle ihrer Patentrechte hilft?

2002 pflanzte Schmeiser das erste Mal seit fünfzig Jahren keinen Raps mehr an. Es klingt bitter, wenn er über die rechtliche Situation spricht, über die »Gefahren, nicht mehr in der Lage zu sein, die eigene Saat zu benutzen, und von multinationalen Konzernen« beherrscht zu werden: »Ich habe mich gewehrt, weil ein Bauer nie sein Recht aufgeben soll, eigene Saat zu benutzen. Das ist mir wichtig, weil meine Großeltern aus Europa eingewandert sind, um hier zu leben und das Land zu bearbeiten, um frei zu sein und anzupflanzen, wozu sie Lust hatten. Doch nun erhalten wir wieder ein feudales System, das sie eigentlich verlassen haben, weil sie nicht frei waren – im Grunde werden wir zu Dienern des Bodens. Das ist meine

Einschätzung, was Bauern langfristig passieren kann, wenn sie Kontrolle über ihre Saat verlieren… Der Richter entschied, dass Patentrechte und Urheberrechte über den Rechten der Bauern stehen. Du kannst alle Rechte der Welt haben und glauben, dass du geschützt bist. Aber Patentrecht steht nach Meinung des Richters eben über allen Rechten der Bauern, und am Ende hat der Bauer überhaupt keine Rechte mehr.« Sein Urteil besagt, dass Bauern grundsätzlich die Saat und die Ernte auf ihrem Feld gehört, wenn Saat auf ihr Feld geweht wurde. Dies treffe jedoch nicht zu, wenn es sich um genmanipulierte Pflanzen handle. Dann steht Patentrecht über dem Recht des Bauern, und der gesamte Ertrag gehört dem Hersteller der künstlich manipulierten Saat – also auch der Ertrag aus der nicht verseuchten Saat. Dabei ist völlig egal, so der Richter, wie die genmanipulierte Saat auf ein Feld gelangt ist, ob absichtlich oder nicht.

Die rechtlichen Folgen der Explosion von Bhopal sind ein Beispiel, wie Anwälte anfänglich Katastrophentourismus praktizieren und das amerikanische Rechtssystem nur eine Seite begünstigt: die amerikanische. In diesem Fall die Seite der Unternehmer. Es wäre interessant zu wissen, was geschehen wäre, wenn die Opfer aus den USA und der Konzern aus Indien stammen würden. Hätte ein Richter dann im Sinne der Opfer entschieden?

Kann der Fall Schmeiser dem amerikanischen Recht angelastet werden? Ja und nein. Nein, denn in Kanada mag zwar gemeines Recht herrschen, aber entschieden haben kanadische Gerichte. Dass kanadische Gerichte die Rechte amerikanischer Firmen verteidigen, beruht freilich auf der Globalisierung des Rechts. Die USA haben das Konzept des Patentrechts und Urheberrechts amerikanischer Prägung international durchgesetzt, und andere Länder verpflichteten sich, Urheberrechte zu schützen. Das muss auf beiden Seiten geschehen. Rein theoretisch müsste eine kanadische Firma, die genmanipulierte Saat in die USA exportiert, dort gegen Bauern klagen und gewinnen können – wie Monsanto in Kanada. In Kanada agiert Monsanto über eine Tochterfirma, die als kanadische Firma freilich erst recht den Schutz einklagen kann. Doch das ist eine theoretische Überlegung. Die multinationalen Konzerne, die weltweit Märkte für ihre genmanipulierte Saat suchen, sind nun mal amerikanische Konzerne. Sie haben für die Entwicklung ihrer Saat Hunderte von Millionen Dollar ausgegeben und wollen damit Gewinn machen. So sind es eben amerikanische Firmen, die von der Globalisierung des Rechts profitieren.

Bhopal in Indien und Monsanto in Kanada – in beiden Fällen schützen ausländische Gerichte amerikanische Firmen. Beide Fälle geben ein Beispiel dafür, wie amerikanische Konzerne auch über die Grenzen Amerikas hinweg ihr Recht durchsetzen. Man ist versucht zu sagen: Amerikanische Konzerne sind immer im Recht.

Die Aufrüstung des Iraks

Jimmy Carter hatte während seiner Präsidentschaft die Zahl der geheimen Operationen der CIA verringert und deutliche Beschränkungen bei Waffendeals mit anderen Staaten durchgesetzt, die – wie Iran und Irak – miteinander Krieg führen. Carter war aus dem Weißen Haus mit dem Wissen gegangen, dass die Politik gegenüber dem Iran nicht ganz schuldlos war an seiner verlorenen Wahl. Er war nicht mehr an der Macht. Aber immerhin hatte er Beschränkungen eingeführt, an die sich auch die nächste Regierung würde halten müssen. Oder etwa nicht?

Der Regierungswechsel muss den Mitarbeitern der CIA nur recht gewesen sein, verhießen die neuen Chefs doch *back to business*. Anfang der achtziger Jahre hatten die Berater Reagans beschlossen, dass es wohl das Beste sei, wenn keiner von beiden – weder der Iran noch der Irak – den Machtkampf gewönne. Optimal wäre es, so die Überlegungen in Washington, wenn sich die beiden in ihrem Machtkampf zerfleischten und auf Jahre hinaus nachhaltig schwächten. Sorgen machte den Nachrichtendienstleuten und politischen Beobachtern nur, dass der Irak nicht wirklich stark genug war, um dem Iran starke Verluste zuzufügen. Letzterer drohte den Krieg zu gewinnen. Dass die Ayatollahs die gesamte Region am Golf kontrollieren könnten, hielt man in Washington aber für gar nicht gut. Das sollte um alles in der Welt verhindert werden, und sei es um den Preis, dass man einen anderen nicht gerade beliebten Herrscher unterstützen müsste. So wurden die USA zum wichtigsten Verbündeten von Saddam Hussein.

Die Politik der Menschenrechte war der militärischen Realpolitik gewichen. Freilich konnte auch Reagan sich auf die Menschenrechte berufen – irgendwie. Indem man den Iran blockiere, verhindere man, dass die Ayatollahs die ganze Region unterdrückten. War das nicht auch eine Sicherung der Menschenrechte? Es scheint ja so zu sein, dass selbst diejenigen ihren Einsatz für die Menschenrechte proklamieren können, die in erster Linie Krieg führen. Sie führen Krieg wegen der Menschenrechte. In der Rhetorik vertauscht sind nur Platz eins und zwei. Stand in der Rhetorik Carters der Friede auf Platz eins, so war es nun der Krieg. Stand bei Carter gemeinsam mit dem Frieden die Sicherung der Menschenrechte auf Platz eins, so waren sie nun an die zweite Stelle gerückt. Während Carter wichtig schien, dass auch der Weg zum Frieden mit friedlichen Mitteln erreicht wird, hieß die Devise nun: Um Frieden zu erreichen, darf man auch Krieg führen. Alle Mittel sind recht.

Es ist den Konservativen in den USA seit Jahren ein Leichtes, diese Argumentation zu vertreten, ohne als Verräter an den Menschenrechten zu gelten. Im Gegenteil, es fällt nicht schwer, selbst als Kriegstreiber ernst genommen zu werden als Freund des Friedens und der Menschenrechte. Schuld daran ist auch, dass Carter seinen Kurs während seiner Präsidentschaft nie wirklich verfolgt hat. Seht her, Carter ist gescheitert mit seiner Strategie, können seine ideologischen Gegner seither behaupten – und haben damit nicht einmal so Unrecht. Wenn aber Carter, dem es nun wirklich ernst schien mit seiner Menschenrechtspolitik, damit nicht weit kam – soll man diesen schönen Traum dann nicht lieber als Traum belassen und reale Politik betreiben?

Als Reaktion auf die Feindschaft mit dem Iran kann die Irakpolitik von Vater George Bush gesehen werden: Ohne es damals zu ahnen, stürzte Amerika in das nächste außenpolitische Desaster. Ja, Bush half kräftig mit, den Mann als Freund aufzubauen und militärisch aufzurüsten, der nun als ärgster Feind Amerikas gesehen wird. Bereits Anfang der achtziger Jahre wunderte sich Howard Teicher, ein junger Mitarbeiter des National Security Council im Weißen Haus, dass regelmäßig Waffen aus Amerika in den Irak gelangten.

Teicher hatte 1979 als Mitarbeiter von Carters Verteidigungsminister ein fünfzigseitiges Memo verfasst, in dem er warnte, Saddam Hussein wolle Iran und Kuwait kontrollieren. Verteidigungsminister Harold Brown schrieb ihm, er irre sich. Der Irak habe sich geändert und seine Machtambitionen gemäßigt. 1982 und 1983 gehörte es zu Teichers Aufgaben, Waffenlieferungen in den Nahen Osten zu beobachten. Immer wieder stieß er auf Hinweise über amerikanische Waffenlieferungen, obwohl solche Lieferungen illegal waren. Es erstaunte ihn zu hören, dass Waffen, Computer, Elektronik, Ersatzteile und Munition auf Anweisungen aus dem Weißen Haus über Drittländer in den Irak gelangten. Teicher glaubte an ein Versehen und war überrascht zu erfahren, dass Mitarbeiter der Regierung regelmäßig mit einem Telefonanruf Recht und Gesetz außer Kraft setzten und den Transaktionen ihren Segen gaben. Die geheimen Lieferungen seien »im nationalen Interesse«. Als Teicher wissen wollte, wer das Material in den Irak schaffe, wurde ihm gesagt, es gebe »da draußen Leute«, die das übernehmen. Die »Leute da draußen« waren Mitarbeiter der CIA, die die Waffen beispielsweise nach Amman schafften. Mit Zustimmung von König Hussein wurden sie dann nach Bagdad gebracht. Jordanien erhielt im Gegenzug Öl und stand unter dem Schutz des Iraks. Was Teicher irritierte, war der Umstand, dass es keine Anweisung des Präsidenten für die Lieferungen gab. Nicht einmal eine geheime Anweisung. Sie waren illegal.

Zu den Mitarbeitern, die die Lieferungen per Telefon autorisierten, zählte der ehemalige CIA-Chef George Bush, der mittlerweile Vizepräsident war. In Besprechungsrunden im Weißen Haus machte Bush kein Geheimnis aus seiner Position, sondern sagte laut Teicher wiederholt, er wolle dem Irak helfen. »Seine Tür war stets offen für die Iraker«, erinnerte sich Teicher später. »Sie konnten ihn sprechen, wann immer sie wollten.« Weil die USA dem Irak helfen wollten, wurde dessen Name 1982 von der Liste der Länder gestrichen, die Terroristen Unterschlupf bieten. Laut Teicher war Außenminister Alexander Haig damals empört, als er von der Streichung erfuhr, weil seine Zustimmung gar nicht gefragt war.

Damit der Iran den Krieg gegen den Irak nicht gewann, lieferten die USA nicht nur Waffen, sondern übernahmen auch geheimdienstliche Aufklärung: Obwohl der Irak von manchem in der Regierung als den Sowjets nahe stehend empfunden wurde, lieferten die USA Satellitenaufklärungsfotos. Weil es sich dabei um besonders delikates Material handelte, wurden sie nicht von einem Kurier oder Spion überbracht. König Hussein selbst diente Washington als Bote und überbrachte Saddam Hussein die Aufnahmen. Später installierten die USA in Bagdad eine Anlage, um die Bilder direkt dorthin senden zu können, und sie stellten Geheimdienstler zur Verfügung, die die Fotos interpretierten.

Im Jahr 1983 diskutierte man in Washington, ob man nicht Beschränkungen für Waffenlieferungen fallen lassen sollte. Die Diskussion wirkt heute heuchlerisch: Außenminister George P. Shultz betonte, Waffenlieferungen verstießen gegen Gesetze. Man werde jedoch nichts unternehmen, wenn andere Länder Waffen lieferten, die den Krieg gegen den Iran nicht ausweiteten. Dabei muss den Politikern klar gewesen sein, dass die Lieferungen auf Wunsch Washingtons erfolgten und den Krieg natürlich ausweiten bzw. verlängern sollten. Schriftliche Anweisungen hielten sich an die Gesetze, während die Lieferungen heimlich via Kuwait, Jordanien und Ägypten vonstatten gingen.

William Eagleton, der Chefdiplomat der amerikanischen Interessenvertretung in Bagdad, versuchte, seine Regierung zu überreden, die unterbrochenen diplomatischen Beziehungen doch bitte wieder aufzunehmen. Saddams Stellvertreter informierten Eagleton im November 1983, dass sie jederzeit gern einen Gesandten aus Washington empfangen würden, um das Thema zu besprechen, und bereits am 17. Dezember 1983 schickte Ronald Reagan den späteren Verteidigungsminister Donald Rumsfeld mit einem handschriftlich verfassten Brief nach Bagdad. Reagan regte darin an, die diplomatischen Beziehungen zwischen beiden Ländern doch wieder aufzunehmen und militärische sowie geschäftliche Beziehungen aufzubauen. Der junge Regierungsbeamte Teicher begleitete Rumsfeld und sagte später, dieser Brief sei der Anfang einer engen Beziehung gewesen. Die US-Regierung habe »den Hut gezogen« vor Saddam und gesagt: »Wir respektieren dich. Wie können wir dir helfen? Lass uns helfen.« Saddam bat die USA, Waffenlieferungen an den Iran zu unterbinden. Die USA taten mehr als das, indem sie dem Irak Kredite boten, die von der Regierung gedeckt wurden. Mit dem Geld kaufte der Irak Waffen, Computer und Munition. Für diese Aufgabe wählte die Regierung die Export-Import-Bank, eine Regierungsorganisation, deren Kredite mit Steuergeldern abgesichert wurden. Im Frühjahr 1984 gewährte die Eximbank 500 Millionen Dollar Kredit für den Bau einer Pipeline, die Öl nach Jordanien bringen sollte, damit der Iran die Rohstoffe nicht attackieren konnte.

Allerdings verlief die Pipeline nahe der israelischen Grenze. Deshalb forderte Saddam direkte Zusagen der USA, dass Israel die Pipeline nicht angreifen würde. Die USA sollten sich direkt in das Projekt einbringen, anderenfalls würde er es nicht umsetzen. Die Eximbank war zudem gegen die Kreditvergabe, weil sie fürchtete, der Irak könne das Geld nicht zurückzahlen. George Bush brachte die Sache in Ordnung. Wieder einmal griff er persönlich zum Telefon und setzte sich im Gespräch mit dem Chef der Eximbank für Saddam Hussein ein. Wenige Tage nach dem Anruf von Bush gewährte die Eximbank mehr als 500 Millionen Dollar. Am 26. November 1984 wurden schließlich die diplomatischen Beziehungen wieder aufgenommen; das Außenministerium richtete eine eigene Abteilung ein, die speziell für die Irakpolitik zuständig war. Die Beziehungen beider Länder liefen, als handelte es sich um alte Freunde: Wenn nötig, konnte der irakische Außenminister seinen amerikanischen Amtskollegen binnen 24 Stunden treffen.

Der Irak kam dem Angebot gerne nach: 1987 beantragte er kurzfristig einen Kredit über 200 Millionen Dollar. Die Eximbank lehnte dies ab, weil die alten Kredite nicht bezahlt wurden. Wieder griff Bush zum Telefon. Auf sein Eingreifen hin wurde der Kredit gewährt, wie Bush dem irakischen Botschafter einem Protokoll zufolge stolz mitteilte. Der Irak hat die 200 Millionen Dollar freilich nie zurückgezahlt. Seinen größten Freundschaftsdienst für Saddam leistete Bush im Herbst 1989, als er bereits Präsident war. Der Krieg zwischen dem Iran und dem Irak war damals bereits beendet; er forderte von 1980 bis 1988 mehr als eine Million Menschenleben. Alle fünf ständigen Mitglieder des Sicherheitsrates hatten beide Seiten mit Waffen versorgt. Insgesamt lieferten 53 Staaten Kriegsmaterial an den Iran oder den Irak, 29 an beide Seiten. Die USA waren mit ihrer fragwürdigen Waffenpolitik also keineswegs allein. Aber sie sind weltweit die Nummer eins unter den Waffenhändlern. Ihre Politik wird von vielen nachgeahmt. Dazu kommt, dass die USA zugleich mit hohem moralischen Gestus die Rolle des weltweiten Waffenkontrolleurs spielen. Sie schienen gleichzeitig der erfolgreichste Gauner und der erfolgreichste Polizist sein zu wollen. Aufgrund dieses Interessenkonflikts sind sie auf erschreckende Weise erfolgreich.

Im Herbst 1989 wollte Bush Saddam durch neue Kredite und Waffenlieferungen als »Freund« behalten, obwohl das FBI bereits eine Bank durchsucht hatte, die dem Irak Kredite für illegale Waffenlieferungen gewährte. Die USA boten dem Irak 400 Millionen; dieser wies das Angebot als »beleidigend niedrig« zurück. Wieder gab es Zweifel an der Kreditwürdigkeit des Iraks. Bush räumte sie mit seiner National Security Directive 26 aus und erhöhte die Kredite auf 1 Milliarde Dollar. (Tatsächlich blieb der Irak bis heute 2 Milliarden Dollar an Staatskrediten schuldig.) Im November 1989 erließ der amerikanische Kongress ein Gesetz, wonach gegen den Irak wegen des Genozids an den Kurden Wirtschaftssanktionen verhängt werden sollten. Es verbot ausdrücklich weitere Kredite – außer der Präsident persönlich gestattete die Vergabe. Und genau das tat der Präsident. Am 17. Januar 1990 – etwa ein Jahr vor dem Golfkrieg – unterzeichnete George Bush eine Kreditanweisung. Darin heißt es, die Zahlungen seien »im nationalen Interesse der Vereinigten Staaten«.

Trotz der großen Unterstützung für den Irak gab es Mitte der achtziger Jahre auch Mitarbeiter in der US-Regierung, die dessen Gegner stärkten – so seltsam das klingen mag: Um amerikanische Geiseln in Beirut freizubekommen, wurde die Hilfe des Irans in Anspruch genommen. Denn die Geiseln wurden von iranischen Terroristen festgehalten. Im Gegenzug lieferten die USA auch Waffen an den Iran. Was später als Iran-Contra-Affäre bekannt wurde, zeigt, wie heillos sich die USA in ihrer Außenpolitik verzettelten. Sie brachen eigene Gesetze, und sie lieferten Waffen nach allen Seiten, obwohl ihnen klar sein musste, dass diese womöglich auch gegen Freunde und sogar Amerikaner eingesetzt würden. Waffen wurden als ganz normales Instrumentarium der Außenpolitik gesehen. Mit wem auch immer die USA ins diplomatische Geschäft kommen wollten, der bekam Kriegsmaterial. 1986 lehnte die Regierung zwar eine Waffenlieferung unter Verweis auf den Arms Export Control Act ab. Stattdessen wurde aber George Bush in den Nahen Osten geschickt, um Saddam Hussein über König Hussein von Jordanien und den ägyptischen Präsidenten Mubarak bei der Kriegsführung zu beraten. Bush empfahl Saddam, verstärkt seine Luftwaffe einzusetzen. Das amerikanische Geheimpapier über Bushs Beraterdienste trägt den unmissverständlichen Titel »US Government support for Iraq during the war«. Es blieb nicht nur bei der Beratung: Washington mag 1986 eine Waffenlieferung abgelehnt haben. Aber etwa zur selben Zeit, als Bush Mubarak traf, versorgte Saudi-Arabien den Irak mit einigen hundert amerikanischen schweren MK-84-Bomben. Als die Lieferung später bekannt wurde, sagte der amerikanische Außenminister James Baker dem Kongress, dies sei eine Entscheidung Saudi-Arabiens gewesen, und er kenne die Umstände leider nicht. Experten bezweifelten allerdings, dass Saudi-Arabien einem anderen Land auch nur eine Patrone ohne das Einverständnis der USA geben würden.

Informationen über die Waffenlieferungen tauchten erst nach dem Golfkrieg 1991 auf: »Viele Amerikaner wissen nicht, dass ihre Regierung in den Jahren vor dem Golfkrieg 1991 hart gearbeitet hat, um dem Irak Kredite im Wert von Milliarden Dollar und Ausrüstung im Wert von Hunderten von Millionen Dollar zu beschaffen«, meint William D. Hartung, ein Experte für den internationalen Waffenhandel, in seinem Buch *And Weapons for All*. Die Bush-Regierung habe versucht, die Bedeutung ihres Engagements herunterzuspielen. »Aber es ist keine Frage, dass die USA lebenswichtige Rohstoffe geliefert haben, die der Irak zum Bau von Raketen, konventionellen Bomben sowie atomaren, chemischen und biologischen Waffen benutzt hat.« Zwar habe George Bush den irakischen Staatschef, was dessen Moral betrifft, gleichgesetzt mit Adolf Hitler, erinnert sich Hartung. »Aber wenn es einen Einzelnen gibt, dem Saddam Hussein danken muss für seinen Einsatz, damit er zur dominanten Militärmacht am Persischen Golf aufsteigen konnte, dann George Bush.«

Dass Saddam Hussein chemische Waffen gegen sein Volk eingesetzt hat, war Präsident George Bush und Außenminister James Baker bekannt, als sie die Verbindungen zum Irak enger knüpften und ihn in seinem Angriffskrieg gegen den Iran unterstützten. Den irakischen Diktator Saddam Hussein wollen die USA in einem Tribunal vor Gericht stellen. Unter anderem soll ihm der Mord an den Kurden zur Last gelegt werden. Da die USA davon wussten, dass sie ihm chemische Waffen geliefert hatten, die er gegen die Kurden einsetzte, und dass sie tatenlos zusahen, werden sie in dem Gerichtsverfahren vermutlich nicht thematisieren.

Am 2. Oktober 1989 unterzeichnete Bush eine geheime präsidentielle Anweisung, die später als National Security Directive 26 bekannt wurde. Sie trug den Titel »US-Politik am Persischen Golf« und besagte: »Zugang zum Öl des Persischen Golfs und die Sicherheit befreundeter Staaten in der Region sind lebenswichtig für die Sicherheit der Vereinigten Staaten.« Um die Regierung in Bagdad freundlich zu stimmen, werde man »wirtschaftliche und politische Anreize schaffen«. Man werde versuchen, amerikanische Unternehmen stärker in der irakischen Ölindustrie zu engagieren. Im Oktober 1989 war der Irak zwar seit sieben Jahren von der Liste der Terrorstaaten verschwunden; doch Baker hatte Informationen, wonach Bagdad Terroristen immer noch Unterschlupf gewährte. Die Anweisung warnte ausdrücklich, man werde Sanktionen erlassen, falls der Irak chemische oder biologische Waffen einsetze oder internationale Abkommen verletze. Aber es liegt nahe, dass diese Formulierung ein Lippenbekenntnis von Bush war, das den Kongress besänftigen sollte. Schließlich hatte Bush als Reagans Vize gegen Sanktionen gestimmt, als der Kongress nach der Vergasung der Kurden im August 1988 Sanktionen erlassen wollte. In dem Dokument legte Bush außerdem dar, dass man den Irak von Fall zu Fall militärisch unterstützen könne. Engere wirtschaftliche Zusammenarbeit hieß freilich, dass amerikanische Firmen Technik in den Irak lieferten. Damit hatte dieser Staat Zugang zu technischen Gütern, die man auch zum Bau von Waffen verwenden konnte.

Am 28. Februar 1991 verkündete George Bush einen Waffenstillstand im Golfkrieg gegen den Irak. Am selben Tag ließ das FBI in Washington wissen, dass man einige Bankangestellte einer italienischen Bank in Atlanta festgenommen habe, weil sie dem Irak illegale Kredite gewährt und bei der Beschaffung von Waffen geholfen hätten. Mitarbeiter der Regierung Bush achteten sorgfältig darauf, dass im Skandal um die italienische Banca Nazionale del Lavoro (BNL) der 38-jährige Bankangestellte Christopher Drogoul als Einzeltäter galt. Drogoul soll von 1984 an ganz allein mehr als 4 Milliarden Dollar zum Irak verschoben haben. Doch der britische Journalist Alan Friedman, der den Skandal um die BNL-Bank aufgedeckt hat, hält es für ausgeschlossen, dass Drogoul 2500 Kreditbriefe zwischen Bagdad, Atlanta und New York hin und her schicken konnte, ohne dass die amerikanischen Geheimdienste CIA oder NSA dies mitbekommen hätten. Die Regierungen von Bush und Clinton hatten diese Zweifel nicht und verzichteten auf eine Untersuchung. Dabei wäre vielleicht auch in der Öffentlichkeit diskutiert worden, wieso die US-Regierung

unter Reagan und Bush dem Irak bis 1989 Kredite für Land-
wirtschaftshilfe über mehr als fünf Milliarden Dollar gewährt
hat, die Saddam Hussein über Scheinfirmen in den USA wieder für Waffenkäufe einsetzte. Insgesamt haben die USA
711 Ausfuhrgenehmigungen für Güter erteilt, die auch zum
Bau von Massenvernichtungswaffen benötigt werden.

Mitten in den Kriegsvorbereitungen im Herbst 2002 tauchte
plötzlich ein altes Video auf, das Verteidigungsminister Donald
Rumsfeld an einen Besuch im Irak erinnerte, den er wohl lieber vergessen würde. Während er öffentlich forderte, man
müsse Saddam Hussein unschädlich machen, wurden Bilder
von Rumsfelds Besuch in Bagdad im Dezember 1983 gezeigt:
Darauf war Reagans Gesandter zu sehen, wie er seinem Gastgeber herzlich die Hand schüttelte und versprach, ihm zu helfen. Der Sondergesandte übermittelte »die Grüße des Präsidenten« und sprach über die Verbesserung der Beziehungen
zwischen beiden Ländern. Wie schrieb der Sohn des Mannes,
der Saddam bewaffnet hat, in der Sicherheitsstrategie: »Wenn
die Feinde der Zivilisation offen und aktiv nach den zerstöre-
rischen Technologien der Welt streben, dürfen die Vereinigten
Staaten nicht tatenlos bleiben.«

Präventivkrieg vs. UN-Charta

Amerikanische Weltpolitik bedeutet, Konflikte zu verhindern,
egal, an welchem Ort der Welt sie auftreten. Die USA gelten
als *global cop* – als Weltpolizist. Aber manche Orte und Konflikte sind den USA einfach wichtiger als andere. Die USA geben das allerdings nicht offen zu. Die Benennung ihrer vitalen
Interessen bleibt unscharf, um von Fall zu Fall entscheiden zu
können. Andererseits kann ein Weltpolizist nicht ohne Verlust
des Ansehens sagen, diese Opfer interessieren mich nicht. Sollen sie doch sterben. Mich interessieren nur die anderen Opfer

in dem anderen Land. Wer so etwas sagte, der würde sich unglaubwürdig machen als Weltpolizist. Deshalb beschreiben die USA viel Papier und halten zahlreiche Reden, um der Öffentlichkeit belegen zu können, wie sehr sie sich doch der lebenswichtigen Belange aller angenommen hätten. Den Beteiligten in den USA ist dabei die ganze Zeit freilich klar, dass Weltpolitik zu einem großen Teil die Kunst ist, nichts tun zu müssen und Hilfe zu unterlassen, während man den Betroffenen versichert, man konzentriere alle Kräfte auf eine Lösung. Diplomatie ist zu einem guten Teil Ersatz für Handeln geworden mit dem Ziel, das Gesicht zu wahren und glaubwürdig zu bleiben, vor den eigenen Wählern freilich mehr als vor den Menschen in anderen Ländern.

Seit Mitte der neunziger Jahre etwa spricht der UN-Generalsekretär Kofi Annan gern von »präventiver Diplomatie«. Einfache Diplomatie der internationalen Gemeinschaft setzt erst ein, wenn Konflikte bereits ausgebrochen sind und die Krisenherde kurz vor dem Explodieren stehen. Das ist zu spät, befand Annan. Die wichtigen UN-Mitglieder, also vor allem die Vereinigten Staaten, müssten vorausschauend agieren und sich abzeichnende Konflikte frühzeitig auf diplomatischem Weg beizulegen versuchen. Annans Konzept von präventiver Diplomatie kann man auch »präventiven Frieden« nennen. Die Bezeichnung klingt komisch, aber sie dient lediglich dazu, den Gegensatz zur amerikanischen Position deutlich zu machen. Annans Konzept bedeutet: präventives Bemühen um – und Schaffen von – Frieden.

In Widerspruch dazu steht, was der amerikanische Präsident George W. Bush im September 2002 in seiner Doktrin für seine Außenpolitik veröffentlichte: Sein Konzept kann man als »präventiven Krieg« bezeichnen. Man könnte ihn dafür loben, dass er nicht nur reden, sondern tatsächlich Taten folgen lassen wolle. Dass er präventiv Krieg führen wolle, um Frieden zu schaffen. Dass er Reden nicht als Ersatz von Handeln betrachte. Doch im Falle der Bush-Doktrin ist es genau umgekehrt. Seine »Sicherheitsstrategie« ist eine gefährliche Doktrin, weil sie auf einem fragwürdigen Verständnis des Völkerrechts beruht. Sie will die Normen und Grundlagen des Völkerrechts im Alleingang neu definieren.

Sollte die Doktrin nur dem Zweck gedient haben, wortbrüchige Regimes zur Ordnung zu rufen, dann wäre ihr zu applaudieren. Dann hätte Bush schlicht der Einsicht nachgegeben, dass Regimes wie Nordkorea und Irak nicht mit Verträgen zu kontrollieren sind, dass die *rule of law* im internationalen Zusammenspiel der Staaten Grenzen hat. Aber mit jeder Drohung, die glaubwürdig bleiben will, ist es nun mal so, dass sie irgendwann umgesetzt werden muss, sonst verliert sie ihre Glaubwürdigkeit. Darin liegt jedoch das Problem. Bush will eine internationale Ordnung aufrechterhalten mit Mitteln, die diese internationale Ordnung zerstören. Mit der Drohung, auch Erstschläge führen zu wollen, erklärte Washington das zentrale Element des modernen Völkerrechts für nichtig – das Verbot von Angriffskriegen.

Präventivkriege im genuinen Sinn des Begriffs sind illegal, sagt Reinhard Merkel in seinem Artikel »Amerikas Recht auf die Welt«. Dieser triviale Befund, »den niemand bestreitet«, ergebe sich aus dem Zusammenspiel des Artikels 2, Absatz 4, und des Artikels 51 der UN-Charta: dem Gewaltverbot und seiner anerkannten Ausnahme, dem »naturgegebenen Recht« eines Staates zur Selbstverteidigung, sofern er Ziel eines »bewaffneten Angriffs« wird. Einen Angriff dürfe man demnach nur dann abwehren, wenn der Angriff »gegenwärtig« sei. Die Prinzipien der Notwehr gestatten demnach nur dem Gewaltanwendung, der wirklich angegriffen wird. Wer präventiv »abwehre«, sei normativ Aggressor. »Wer gewaltsam abwehrt, was es nicht gibt, der verteidigt schon begrifflich nichts. Das macht ihn normativ zum Aggressor.«

In der Bush-Doktrin wird als Bedingung der Selbstverteidigung das »unmittelbare Drohen« eines bewaffneten Angriffs genannt. Damit folgte Bush den geltenden Bestimmungen des Völkerrechts. Doch eine unmittelbare Drohung ergibt sich noch nicht daraus, dass der Irak Waffen besitzt, und seien es Atomwaffen. Der Irak muss diese Waffen tatsächlich einsetzen oder unmittelbar im Begriff sein, sie einzusetzen. Somit hätte Bush Probleme, einen Angriff auf den Irak zu rechtfertigen, solange der Irak sich seinerseits nicht entschließt, seine Waffen für einen Angriff zu nutzen. Doch das Strategiepapier von Bush gibt sich mit der Situation nicht zufrieden, sondern bestimmt, die Amerikaner müssten den Begriff des unmittelbaren Drohens an die Fähigkeiten und Ziele ihrer heutigen Gegner anpassen. Der Satz besagt nichts anderes, als dass die USA mit dieser Doktrin ein neues Völkerrecht schaffen bzw. bestehende Rechte neu definieren und im Sinne Amerikas auslegen wollen.

Zur Verteidigung der USA könnte man das Argument einbringen, die Attacken am 11. September 2001 hätten tatsächlich neue Anforderungen an das Völkerrecht offenbart. Die Vereinigten Staaten sind von Terroristen aus Afghanistan angegriffen worden, und deshalb geht es um die Frage, ob der Staat (Afghanistan) angegriffen werden darf, wenn Terroristen von seinem Boden aus einen anderen Staat (die USA) attackieren. Der Sicherheitsrat hat diese Frage eindeutig mit Ja beantwortet, indem er den USA das Recht auf Selbstverteidigung eingeräumt und einem Angriff auf Afghanistan »aus Notwehr« zugestimmt hat. Doch im Falle Iraks liegen die Dinge anders: Hier geht es nicht um einen Anschlag wie am 11. September. In den Wochen nach dem Attentat hat Bush behauptet, der Irak unterstütze die Terroristen von Al Qaida. Doch die USA haben diese These nie bewiesen. Im Gegenteil. Im Sommer berichteten amerikanische Zeitungen, dass die Behauptung auf fragwürdigen Informationen des tschechischen Geheimdienstes beruhe. Der tschechische Präsident informierte das Weiße Haus persönlich, dass den Hinweisen nicht zu trauen sei, weil sie sich als falsch herausgestellt hätten. Die USA gaben die Begründung, der Irak habe die Terrorangriffe unterstützt, im Herbst 2002 daraufhin völlig auf – als hätten sie nie das Gegenteil behauptet. Stattdessen zauberten sie im September 2002 mit ihrer »Sicherheitsstrategie« eine neue Begründung für einen Krieg aus dem Hut.

Denn dank der neuen Doktrin müssten die USA gar nichts mehr beweisen, um einen Krieg beginnen zu dürfen. Freilich setzen sie sich damit über geltendes Völkerrecht hinweg und. interpretierten bestehende Beschlüsse des Sicherheitsrates ganz in ihrem Sinne. Um einen Präventivkrieg gegen den Irak zu rechtfertigen, ohne weitere Beschlüsse des Sicherheitsrates einzuholen, ist es nach geltendem Völkerrecht nämlich unerheblich, ob der Irak Massenvernichtungswaffen besitzt. Die USA müssten beweisen, dass der Irak Terroristen unterstützt. Das jedoch ist schwierig. Denn es geht nicht um die Frage, ob der Irak früher einmal Terroristen unterstützt hat (das hat er jahrelang getan). Das Prinzip der Notwehr erlaubt weder Vergeltung noch Strafe für frühere Taten. Es setzt eine gegenwärtige unmittelbare Bedrohung voraus. Die USA müssten beweisen, dass er sie zurzeit unterstützt. Das haben die Vereinigten Staaten nicht getan. Stattdessen setzten sie auf Machtpolitik. Der Irak bedrohe die USA mit Massenvernichtungswaffen (auch dafür wurden keine stichhaltigen Beweise erbracht) und müsse deshalb militärisch durch einen Krieg entwaffnet werden.

Die Vereinigten Staaten stützen sich auf ihre Haltung, dass der Sicherheitsrat längst einen Krieg abgesegnet hat. Als Begründung für einen Krieg diente ihnen die Feststellung, dass der Irak die Waffenstillstandsresolution 687 des Sicherheitsrats aus dem Jahr 1991 missachte. Darin ist festgestellt, dass der Irak abrüsten muss. Da er die Resolution immer wieder verletzt hat, lebt nach Auffassung der USA die ursprüngliche

Resolution 686 fort, die 1990 Gewalt gegen den Irak autorisiert habe. Obwohl die Autorisierung zur Gewalt nach Ansicht von Völkerrechtlern mit dem irakischen Rückzug aus Kuwait erloschen ist, dient diese Irak-Resolution aus dem Jahr 1990 weiterhin als rechtliche Grundlage militärischer Maßnahmen gegen den Irak. Seit dem Ende des Krieges benutzten die USA und England sie auch zur Rechtfertigung einzelner Militärschläge. Beispielsweise bombardierten Flugzeuge beider Länder den Irak immer wieder wegen Verletzungen in den so genannten Flugverbotszonen.

Es gebe »keine denkbaren Antworten«, die Amerikas Pläne für einen Präventivkrieg rechtfertigten, meint Juraprofessor Merkel: Das besage nicht nur das bestehende Völkerrecht, sondern auch jedes künftige Völkerrecht, das seinen Namen verdient. »Der echte Präventivkrieg ist keine rechtlich mögliche Form der Notwehr«, meint er. »Er liegt außerhalb der Reichweite ihres Begriffs und damit ihrer Legitimation. Er hebt das Gewaltverbot auf. Dieses ist aber keine disponible Form des Völkerrechts. Es ist die Bedingung seiner Möglichkeit als Recht. Denn rechtsförmige und gewaltförmige Konfliktlösung schließen einander logisch aus. Jedes Recht beginnt erst mit dem Gewaltverbot. Daher endet es zwingend mit dessen Aufhebung.«

Es gehe in der Irakpolitik nicht nur darum, einen ungerechtfertigten Krieg mit unkalkulierbaren Folgen zu verhindern, betonte Richard Falk, Professor emeritus für internationales Recht an der Princeton University, nach Bekanntwerden der Pläne in *Le Monde diplomatique* (Dezember 2002). Es gehe auch darum, den Versuch der USA zu verhindern, einen Präzedenzfall für das Funktionieren der neuen Weltordnung zu schaffen. Indem man die Politik der USA gegenüber dem Irak mit der Politik gegenüber Israel vergleiche, werde »die Heuchelei Washingtons nur umso deutlicher«, was die Durchsetzung von UN-Resolutionen betrifft. Gegenüber Israel den-

405

ken die USA gar nicht daran, auf den UN-Forderungen – nach Rückzug aus den besetzten Gebieten, den illegalen Siedlungsbau einzustellen und den Status von Jerusalem zu respektieren – zu bestehen. »Diese Politik der selektiven Durchsetzung von UN-Resolutionen untergräbt die Autorität des Völkerrechts, denn die erste Voraussetzung jeder Rechtsordnung ist das Prinzip der Gleichbehandlung«, betont Falk.

Indem die »Sicherheitsstrategie« von Bush die Möglichkeit eines präventiven Krieges propagiert, schafft sie neue Unsicherheiten: Dass er in einer Rede in der Militärakademie in West Point erstmals im Juni 2002 von *pre-emptive action* gesprochen hatte, wurde in anderen Ländern nicht nur besorgt, sondern von manchem Staatschef auch zustimmend zur Kenntnis genommen: Vor allem in Russland, Indien und Israel nahm man Amerikas neue Militärstrategie willkommen auf, hat das Magazin *Newsweek* in einer Special Edition »American Power« beobachtet (Dezember 2002 bis Februar 2003). Der russische Staatschef benutze im Kampf gegen Tschetschenien eine ähnliche Sprache wie Bush gegen den Irak und drohe Terroristen, die sich in Tschetschenien versteckten. Der indische Außenminister betonte, ein präventiver Schlag sei das Recht eines jeden Staates, um Unheil von sich abzuhalten. In Indien fühlt man sich von Pakistans Atombomben bedroht. Amerikanische Diplomaten registrieren diese Entwicklung angeblich mit Sorge, denn es fehlen ihnen die Argumente, warum Indien nicht darf, was die USA dürfen.

Israel hat die Strategie des Präventivschlags bereits zweimal angewandt: das erste Mal 1967, als Ägypten mit einem Angriff drohte; das zweite Mal 1981, als der Irak einen Atomreaktor errichtete, der dem Bau einer Atombombe gedient haben könnte. Alle drei Staaten – Russland, Indien und Israel – argumentieren, dass sie mehr als die USA das Recht dazu haben, präventive Kriege zu führen, weil sie im Gegensatz zu den Vereinigten Staaten wirklich unmittelbar von ihren Nachbarn bedroht seien, während der Irak eben doch weit, weit von den USA entfernt sei und bislang keine Raketen besitze, die Amerika erreichen könnten.

Amerikas »lebenswichtige Interessen«: Öl

In der amerikanischen Außenpolitik geht es ums Öl. Öl ist der Rohstoff, den amerikanische Präsidenten in ihren Grundsatzerklärungen als »vitale« oder »lebenswichtige Interessen« Amerikas umschreiben. Dass es Amerikanern ums Öl geht, ist eine Binsenweisheit. Sie brauchen es, um ihre Wirtschaft in Gang zu halten und ihr Leben im American way zu führen. Die Behauptung, dass es ihnen *nur* oder in erster Linie ums Öl geht, wirkt allerdings oberflächlich und klischeehaft. Darf man ihnen vorwerfen, es ginge ihnen lediglich um ihr materielles Wohl? Dass sie dafür guten Gewissens töten und morden?

Die Erklärung »Es geht ums Öl« ist heutzutage ein Allgemeinplatz bei Straßenumfragen zur Irakpolitik. Wie ein Ausrufezeichen wird das Schlagwort Öl als letzte Wahrheit von weltpolitisch eher unerfahrenen Stammtischrunden gebraucht. Kann es wirklich sein, dass diese George W. Bush und seine gesamte Regierung durchschauen? Ist Weltpolitik so einfach? Bestärkt wird der durchschnittlich gebildete Politik-Interessierte in dieser Ansicht jedenfalls, wenn er am Kiosk auf den Titel des *Spiegels* schielt und ihm die Erkenntnis entnimmt: »Blut für Öl. Worum es im Irak wirklich geht.«

Es spricht einiges dafür, dass es Amerika nicht nur im Nahen Osten, sondern auch in vielen anderen Teilen der Welt ums Öl geht. Ja, man könnte sagen: In der Außenpolitik Amerikas spielen der Zugang zu Öl und der Erhalt der Versorgung eine immer wichtigere Rolle, seitdem die USA in ihrem Versuch gescheitert sind, die Ölversorgung durch Bohrungen im eigenen Land und in Kooperation mit befreundeten Ländern wesentlich zu verbessern. Selbst da, wo kein Öl im Spiel ist, ist Öl im Spiel. Das klingt paradox, folgt aber einer eigenen Logik. Denn die Logik vom Öl ist die eines geschlossenen Weltbildes. Wer der Logik, dass es immer ums Öl geht, erst einmal verfällt, der braucht auf keine anderen Argumente mehr zu achten. Er kann alles erklären: warum etwas passieren musste und warum etwas nicht passieren konnte. Wenn Amerika eingreift, geht es ums Öl. Wenn Amerika nicht eingreift, geht es auch ums Öl. Denn Amerika hat ganz gewiss deshalb nicht eingegriffen, weil es kein Öl gibt. Wenn es aber doch Öl gibt? Dann gibt es eben nicht genug Öl, um ein Eingreifen zu rechtfertigen. Manchmal greift Amerika sogar ein, obwohl es kein Öl gibt. Die Ausnahme bestätigt die Regel. Erdöl sei zu einem »geistigen Fixpunkt für Kriegsgegner« geworden, schreibt die *Berliner Zeitung* am 7. Dezember 2002. Wo immer US-Soldaten aufmarschierten, witterten Kriegsgegner eine weitere Partie im großen Spiel ums Öl. »Kein Blut für Öl« laute die universelle Parole der Friedensbewegung seit Ende des Kalten Krieges.

Die Frage ist, welche Rolle das Öl in der Außenpolitik Amerikas spielt. Die Behauptung verleitet dazu, Gegenargumente zu überhören und Prinzipien, die die Außenpolitik – ob wesentlich oder nicht – auch bestimmen, zu übersehen. Es gibt eine Reihe von Kritikern, die der Erklärung Öl nicht trauen. Es lohnt sich, ihre Argumente zu hören. Sind sie stichhaltig, darf die Theorie vom Öl als wichtigstem außenpolitischen Prinzip als widerlegt gelten. Denn wenn nicht im Irak, wann und wo dann sollte es ums Öl gehen?

»Öl ist längst kein Argument mehr«, meint Günter Barudio, Autor der *Weltgeschichte des Erdöls*, in der *Frankfurter Allgemeinen Zeitung* vom 10. August 2002. Denn: Die Ölvorkommen werden längst nicht mehr nur am Persischen Golf gefördert. Länder wie Norwegen, England und Dänemark haben sich unabhängig gemacht. Ein Irakkrieg bedrohe keineswegs die Ölversorgung im Westen; die Geschichte seit Gründung der OPEC spreche dagegen. »In Bushs Irak-Politik sind Rohstoff-Interessen zweitrangig«, behauptet die *Berliner Zeitung* vom 7. Dezember 2002 und weiß: »Ein Angriff rechnet sich nicht.« Was waren die Argumente derjenigen, die Öl als Erklärung der US-Politik im Nahen Osten ablehnten?

Es sei falsch, bei Krisen im Nahen Osten gleich an erhöhte Spritpreise und steigende Heizölkosten oder an eine Rezession in den Industrieländern zu denken. Die Geschichte der OPEC seit 1960 spreche, wie gesagt, dagegen. Zwar hätten einzelne OPEC-Staaten Öl immer wieder als Waffe eingesetzt, aber längst sei die Macht der OPEC gebrochen. Die Ölwirtschaft habe sich geändert. Stephan Kaufmann und Sabine Schier argumentierten in der *Berliner Zeitung*, dass ein Krieg im Irak sehr teuer werden würde und deshalb keine Gewinne zu erwarten seien. Die Ölmultis müssten erst viel Geld investieren, um am irakischen Öl zu verdienen.

Es sprach vieles dafür, dass tatsächlich keine kurzfristigen Gewinne mit einem Krieg zu erzielen wären. Es mochte auch sein, dass ein Irakkrieg den Ölpreis nur kurzfristig verteuern würde, aber mittelfristig keine Auswirkungen hätte. Am Ende des Golfkriegs von 1990/91 hatten die USA damit begonnen, den Irak und sein Öl mit Sanktionen aus dem internationalen Geschäft herauszuhalten, abgesehen von dem Export geringer Mengen, um mit dem Erlös Lebensmittel für die hungernde Bevölkerung zu kaufen. Aber diese Strategie würde nicht ewig funktionieren. Einige Staaten wie Frankreich oder Russland drängten seit Jahren immer wieder darauf, die Sanktionen aufzuheben, um mit dem Irak Geschäfte machen zu können. Wenn man den Irak völlig entwaffnet hätte, müsste man dann die Sanktionen nicht aufheben? Dann könnte Saddam Hussein seine Kassen mit dem Geld aus Ölexporten füllen. Die USA profitierten davon, dass Saddam nicht genügend Zeit zu haben glaubte, um sich auf diese Variante einzulassen, bevor er versuchen würde, mit den Ölmilliarden Jahre später erneut aufzurüsten.

Weiter wurde argumentiert, die USA könnten sagen: Wir sperren das irakische Öl für den internationalen Markt, lassen die Ölvorkommen einstweilen ungenutzt liegen – und brauchen seinen Einfluss auf den Weltmarkt nicht zu fürchten. Unterdessen würden die USA Öl aus Saudi-Arabien importieren. Irgendwann nach dem Abdanken oder Tod Saddams könnten dann die irakischen Quellen genutzt werden. Offenbar hatten die USA jedoch Angst, dass diese Strategie nicht funktionieren würde. Die USA reagierten ungewöhnlich gelassen auf den Hinweis, als Länder wie Indien, Pakistan und Nordkorea verkündeten, sie seien im Besitz von Atomwaffen. Ihre Reaktion legt nahe, dass es den USA im Irak nicht nur um Waffen, sondern doch auch um Öl geht. Die Hinweise von Nordkorea müssen ihnen klar gemacht haben, dass die Verbreitung von Massenvernichtungswaffen mit Verträgen allein nicht gestoppt werden kann.

Kritiker erweckten den Verdacht, Bush & Co. gehe es darum, ihren alten Geschäftsfreunden aus dem Öl-Business lukrative Verträge zuzuschanzen. Schließlich kämen maßgebliche Mitglieder der Regierung von George W. Bush aus dem Ölgeschäft, nach Bushs Sicherheitsberaterin Condoleezza Rice ist sogar ein Öltanker benannt. Wenn es sich ergäbe, würde das Bush-Kabinett amerikanischen Ölfirmen helfen. Aber deshalb wollten sie keinen Krieg führen. Es gehe nicht um kleinliche Gaunereien und Geschäftemachereien. Es gehe nicht um kurzfristige Gewinne. Es gehe um die Angst der Amerikaner, dass ein Irak mit Atomwaffen die eigenen, aber auch die Ölvorräte umliegender Länder (Saudi-Arabien, Kuwait, Iran und die Vereinigten Arabischen Emirate) kontrollieren würde. Selbst wenn sich die USA mit Bohrungen in Nigeria, Kasachstan, Venezuela und Alaska von den Ölvorhaben des Persischen Golfs unabhängiger machten, sind sie davon noch lange nicht unabhängig. Die USA selbst vertrauen auf offene Marktwirtschaft. Würde der Irak den Markt überschwemmen, hätte das Auswirkungen auf den Preis aus den anderen Ländern. Zu groß wäre die Macht des Iraks.

Die Vorkommen in Norwegen reichen zudem nur noch wenige Jahre. Bohrungen im Meer sind sehr teuer. Die Menge der Vorkommen im Kaspischen Meer ist unklar. Es sind keine Vorkommen bekannt, die das Rohöl am Persischen Golf langfristig ersetzen könnten. Mag sein, dass die irakischen Vorräte aufgrund der Sanktionen keine große Rolle spielten. Aber was ist in zwanzig Jahren? Scheinbar reagiert die amerikanische Politik stets aufgrund kurzfristiger Erfordernisse: Der Iran wandelt sich vom Freund zum Gegner. Also wird der Irak zum Freund, und Saudi-Arabien soll den Iran ersetzen. Mit den Anschlägen am 11. September 2001 wurde mit einem Mal klar, dass das Königshaus in Saudi-Arabien unter Druck stand und die Ölquellen irgendwann mit einem Schlag durch einen Putsch zu versiegen drohten: Also beschlossen die USA, die weitgehend ungenutzten Quellen im Irak anzugehen. Hinter all diesen wechselhaften Bemühungen stand stets die Absicht, die Energieversorgung langfristig zu sichern. Saudi-Arabien und der Iran sollten den USA auf lange Sicht zu bevorzugten Bedingungen Öl liefern. Auch der Regimewechsel im Irak sollte auf lange Sicht verhindern, dass der Irak mithilfe seiner Ölvorkommen aufrüstet und die Vorherrschaft im Nahen Osten anstrebt. So kurzfristig die USA sonst in ihrer Außenpolitik zu agieren scheinen, beim Thema Öl verfolgen sie langfristige Ziele. Sie mögen scheinbar wahllos zwischen Saudi-Arabien, Iran und Irak hin und her lavieren, ihr Ziel ist jedoch langfristig: Zugang zu den großen Ölvorkommen des Persischen Golfs.

Kein einzelner Grund könnte mehr erklären, wieso ein Krieg gegen den Irak unausweichlich scheint. Es gibt viele Gründe: Der Sohn, George W. Bush, wolle die Sache seines Vaters erledigen. Osama bin Laden zu besiegen, ist Bush nicht gelungen. Das Vorhaben erwies sich als schwieriger denn gedacht. Mit einem Schlag gegen den Irak könnte Bush vom Misserfolg ablenken. Nicht zuletzt hat innenpolitischer Druck, der sich hochschaukelt, dazu beigetragen, dass George Bush sein politisches Überleben mehr und mehr an einen Sieg gegen den Irak knüpft.

Natürlich gehe es im Irak aber auch um Öl, betonte Thomas Friedman, der Kolumnist und dreifache Pulitzerpreisträger der *New York Times* am 5. Januar 2003: Das zu verneinen, wäre lachhaft. Dass Bush einen möglichen Angriff des Iraks als Grund für einen Krieg nannte, sei peinlich. Doch dass es um Öl gehe, sei nicht schlimm, fand Friedman, solange es auch um Menschenrechte gehe. Mit dieser Argumentation sollten die Liberalen in den USA für einen Krieg gewonnen werden. Wenn es nur auch um Menschenrechte geht, ist es okay, einen Krieg zu führen. Es ist wohl kein Zufall, dass im Januar 2003 Pläne der US-Regierung für die Zeit nach Saddams Sturz bekannt wurden. In den Plänen war viel von Menschenrechten und von Selbstbestimmung die Rede.

Als Jimmy Carter 2002 den Friedensnobelpreis erhielt, blieb der Hinweis des Jurysprechers unwidersprochen, dass die Auszeichnung Carters auch eine Kritik am Vorgehen von George W. Bush und seiner Politik gegenüber dem Irak darstelle. Etliche Politiker freuten sich gar über diese Bemerkung, und Zeitungen schrieben von einer »Ohrfeige für Bush«. Die Botschaft: Carter war und ist ein Mann des Friedens. Bush ist ein Mann des Krieges.

Als Carter noch Präsident war, rief er jedoch zu Härte auf gegen Länder, die Amerikas Way of Life gefährdeten. In seiner nach ihm benannten Carter-Doktrin hatte er 1980 vor dem Kongress festgelegt, dass die USA den Zugang zu Öl – wenn nötig – auch militärisch verteidigen sollten. Carter sagte: »Jeder Versuch einer fremden Macht, die Kontrolle über die Region am Persischen Golf zu erlangen, wird als Angriff auf die lebenswichtigen Interessen der Vereinigten Staaten angesehen. Jeglicher Angriff dieser Art wird mit allen Mitteln zurückgeschlagen werden, auch mit militärischen.« George W. Bush setzte also lediglich fort, was Carter zwanzig Jahre zuvor als Doktrin formuliert hat und seine Nachfolger ebenso befolgt haben.

Der Feind Amerikas ist derjenige Staat oder Akteur, der die nationalen Interessen angreift: den American Way of Life oder die Dinge, die nötig sind, den American Way of Life zu leben. Die Versorgung mit großen Mengen Öl ist die Grundlage für den American Way of Life. Zugang zu Öl zu erhalten ist demnach oberstes Prinzip der amerikanischen Außenpolitik. Dinge und Ereignisse, die sonst keinen Sinn ergeben oder denen aus moralischer Sicht ein Doppelstandard zugrunde liegt, ergeben plötzlich Sinn, wenn man sie durch das Raster »Öl« betrachtet.

Amerika verbraucht riesige Mengen von Öl, um seinen hohen Lebensstandard aufrechtzuerhalten. Die eigenen Ölvorkommen reichen nicht aus, den Bedarf zu decken. Amerika ist deshalb abhängig von den großen Ölproduzenten dieser Welt. Amerika hat seine Außenpolitik und seine Militärpolitik darauf ausgerichtet, den Zugang des Landes zu Öl zu sichern. Wenn amerikanische Politiker von »nationalen Interessen« sprechen, die gefährdet seien, dann reden sie, ohne es zu sagen, eigentlich von Öl. Dass sich die Politik um ein materielles Gut dreht, wollen die Politiker den Bürgern aber nicht sagen. Also sprechen sie von Menschenrechten. Die wiederum werden freilich nur in einem Rechtsstaat geachtet und geschützt. Oft wird daher in einem Atemzug mit den Menschenrechten auch die Herrschaft des Rechts beschworen, die es wiederherzustellen gelte – und sei es mit Einsatz von Waffengewalt.

Wenn man dem amerikanischen Präsidenten glaubt, dann geht es beim Kampf gegen den Terror vor allem um den Schutz der Freiheit. Die Terroristen wollten die Meinungs- und Religionsfreiheit beschneiden, sagte George W. Bush wiederholt.

Der Kampf gegen den Terror ist seit dem 11. September 2001 so bestimmend in der amerikanischen Innen- und Außenpolitik, dass man glauben kann, die Regierung verfolge sonst gar keine Ziele mehr. In Wirklichkeit geht es nicht nur um Freiheit – die amerikanische Regierung verfolge drei verschiedene Ziele, sagt auch Michael T. Klare, Professor und Friedensforscher am Hampshire College in Amherst, Massachusetts. Allerdings seien die drei Strategien mittlerweile so sehr ineinander übergegangen, dass man sie nur noch schwer voneinander trennen könne. Neben dem Kampf gegen den Terror, der eines der drei Ziele darstellt, gehe es Bush zweitens um die Erneuerung und Erweiterung der militärischen Einrichtungen und drittens um Zugang zu Rohölreserven. Aus den ursprünglich getrennt voneinander existierenden Strategien sei inzwischen ein einheitliches Konzept geworden.

Dieses Phänomen ist weltweit zu beobachten: Amerikanische Militärhilfe und Soldaten sollen vor allem den Drogenhandel bekämpfen. Dabei haben sie wenig Erfolg erzielt. Aber aus Sicht der Amerikaner macht es Sinn, Kolumbien mit Milliarden von Dollar zu unterstützen und Soldaten ins Land zu schicken, denn sie sollen auch die Ölpipeline der amerikanischen Firma Occidental schützen. Dabei sind sie durchaus effektiv und verhindern Sabotageanschläge der Guerillas. Vordergründig haben die USA ihre militärische Präsenz in anderen Teilen der Welt erhöht, um Terror zu bekämpfen. Nach dem 11. September 2001 haben sie beispielsweise Truppen nach Zentralasien geschickt. Die Soldaten sollen die Taliban bekämpfen. Sie sollen aber auch helfen, die riesigen Energievorkommen am Kaspischen Meer zu kontrollieren.

Offiziell gehe es bei der Konfrontation mit Saddam Hussein um dessen Streben nach Massenvernichtungswaffen und um seine Unterstützung von Terroristen. Zufällig ist der Irak aber auch jenes Land, in dem einige der ertragreichsten unangezapften Erdölvorkommen der Welt liegen. Daher liegt der amerikanischen Regierung sehr daran, Saddam Hussein zu stürzen und durch ein proamerikanisches Regime zu ersetzen. Dieses Regime, so die Kalkulation, würde Amerika als Belohnung Zugang zu den Ölfeldern verschaffen.

Die enge Beziehung der Amerikaner zu Saudi-Arabien geht zurück auf ein heimliches Abkommen, das der damalige amerikanische Präsident Franklin D. Roosevelt mit dem saudischen König Abdul Aziz Ibn Saud, dem Vater des derzeitigen Königs, geschlossen hat. Roosevelt hat mit dem Gründer des modernen Saudi-Arabien 1945 im Anschluss an die Konferenz von Jalta in Ägypten gesprochen. Dabei trafen sie folgende Übereinkunft, die bis heute die Basis für die Zusammenarbeit ist: Amerika bekommt bevorzugt Öl. Im Gegenzug hat sich Amerika verpflichtet, die Königsfamilie zu schützen. Anfangs schickten die USA Militärberater und Waffen. Nach und nach haben die USA ihre militärische Präsenz vor Ort ausgebaut. Sie stationierten rund 5000 bis 10 000 Soldaten im Land und eine weit größere Zahl auf Schiffen und in Bahrain.

Im Kern sei der Konflikt mit Afghanistan ein Streit um Rohstoffe, meint Michael Klare. Der Friedensforscher ist der Überzeugung, zu dem Konflikt sei es gekommen, weil die USA den Zugang zu den Rohstoffen am Persischen Golf kontrollieren wollten. Afghanistan habe mit Rohstoffen zwar nicht direkt zu tun. Osama bin Laden und seine Anhänger in Afghanistan bekämpften jedoch eigentlich die amerikanische Dominanz in Saudi-Arabien, dem führenden Ölproduzenten weltweit. Bin Laden, der aus Saudi-Arabien stammt, verteufele den American Way of Life, und er beobachte mit Abscheu, dass es die Rohstoffe aus seinem Heimatland sind, die den Amerikanern erst ihren Lebensstil erlauben. Das herrschende Königshaus habe den USA Zugang zum Öl versprochen, solange die USA das Königshaus beschützten. Deshalb wolle Osama bin Laden die Regierung in Saudi-Arabien stürzen. Die USA wollten das mit aller Macht verhindern und versuchten daher mit allen

Mitteln, gegen Osama bin Laden und seine Krieger vorzugehen. So liege dem Terror und dem Krieg gegen den Terror ein
Konflikt um Öl zugrunde – ohne dass es die beteiligten Parteien aussprächen.

Die Extremisten in Saudi-Arabien bedrohten die amerikanischen Interessen, denn die USA fürchteten um die saudische
Monarchie, mit der sie 1945 ihr Abkommen geschlossen hatten. Die Königsfamilie habe die USA immer gut bedient, was
Öl und seinen Preis betrifft. Innerhalb der OPEC war die Königsfamilie stets jener Akteur, der den USA am freundlichsten
gesinnt war. Die Vereinigten Staaten fürchteten, diese privile-
gierte Stellung zu verlieren, wenn Feinde der Königsfamilie im
Land herrschten. Die amerikanische Wirtschaft bekäme die
Folgen durch erhöhte Ölpreise direkt zu spüren.

Erstmals im Mai 2001 hat die US-Regierung auf das Problem zunehmender Abhängigkeit vom Öl aufmerksam gemacht.
In dem so genannten *Cheney Report* betont der Vizepräsident,
dass importiertes Öl im Jahr 2000 für die Hälfte des Ölver-
brauchs benötigt wurde. Die Abhängigkeit von importiertem
Öl werde bis 2020 sogar auf zwei Drittel steigen. Der Bericht
ließ keinen Zweifel daran, dass der Großteil der importierten
Ressourcen vom Persischen Golf werde kommen müssen, weil
allein dort genügend Potenzial vorhanden sei, um den wachsenden Bedarf der USA zu decken. Deshalb, kam der Bericht
zu dem Schluss, müsse die Regierung ihre Anstrengungen verstärken, mehr Öl vom Persischen Golf einzuführen.

Doch nach dem 11. September 2001 mussten die USA befürchten, dass die Importe des zuverlässigsten Handelspart-
ners gefährdet sein könnten. Deshalb hätten die USA nach
einem Back-up gesucht, sollten die Importe aus Saudi-Arabien
abnehmen, sagt Klare. Einige Strategen schlugen Russland als
Ersatz vor; Aserbeidschan und Kasachstan waren ebenfalls im
Gespräch. Doch letztlich komme nur ein Land infrage, das
Saudi-Arabien wirklich ersetzen könnte: eben der Irak. Denn

im Irak liegen 112 Milliarden Barrel Öl (ein Barrel entspricht 159 Litern). In Russland sind es nur 49 Milliarden und am Kaspischen Meer 15 Milliarden Barrel. Somit könne der Irak ganz allein als Ersatz für Saudi-Arabien dienen. Zugleich würde der Zugang zum Öl des Iraks saudische Forderungen nach Hilfe für die Palästinenser weniger dringlich erscheinen lassen. Noch ein Vorteil: Mit einem Mal wäre die Kontrolle der OPEC über die Ölpreise geschwächt.

Während die Ölfelder in Saudi-Arabien zum großen Teil bereits vergeben sind, besitzt Irak große Gegenden, in denen Öl vermutet, aber noch nicht gebohrt wurde. In diesen Feldern vermuten Experten die größten Ölvorkommen der Welt – größer als in Alaska, Afrika und am Kaspischen Meer. Wer immer Zugang zu diesen Feldern bekommt, habe enormen Einfluss auf die globale Energieversorgung im 21. Jahrhundert, glaubt Klare. Weil Saddam Hussein das bewusst sei, habe er in der Konfrontation mit Washington Teile dieser Ölfelder an Firmen in Russland, China und Europa vergeben. Diese Konzessionen haben ein Potenzial von 44 Milliarden Barrel Öl – etwa so viel wie die USA, Kanada und Norwegen gemeinsam.

Der Kampf ums Recht und der Kampf ums Öl: Wie sich beides ergänzt

Die Herrschaft des Rechts und Menschenrechte, Waffen und Energie; Gleichheit und hoher moralischer Anspruch; Ungleichheit und Amoral und die Kraft und Macht, sich durchzusetzen; das Recht aller und das Recht des Stärkeren: Wollte man eine Rangliste aufstellen, dann spricht vieles dafür, dass Waffen und Energie ganz oben stehen und Menschenrechte und die Herrschaft des Rechts als Rechtfertigung für die Durchführung einzelner Aktionen willkommen, nicht jedoch der wirkliche Grund oder das alleinige Motiv für Aktionen sind. Die Herrschaft des Rechts erfüllt auch deshalb eine wichtige Funktion, weil sie anderen Staaten Regeln vorgibt und Sanktionen für den Fall der Missachtung androht. Eine vereinfachte Darstellung der Zusammenhänge könnte so aussehen: Waffen dienen als Mittel, Zugang zu Energie sicherzustellen. Die Moral und die Herrschaft des Rechts lenken vom wahren Interesse ab und kleiden den rigorosen Anspruch und die Machtpolitik in ein akzeptables Gewand.

Wichtigstes Ziel der Außenpolitik ist Zugang zum Öl. Um ihn zu gewährleisten, stecken die USA mehr Geld und Energie in die Entwicklung, den Ausbau und die Pflege von Waffensystemen als irgendein anderes Land. Um die Märkte offen zu halten (und somit ihren Zugang zum Öl), beteiligen sie andere Staaten an Waffensystemen und verkaufen ihnen Waffen, auch wenn sie Menschenrechte massiv verletzen. Im Gegenzug erwarten sie Unterstützung bei ihrem bedeutendsten Ziel, Zugang zu den wichtigen Ölressourcen zu erhalten. Da alle Alleinherrscher irgendwann von einer Allianz der nächstgrößeren Staaten und Herrscher zu Fall gebracht werden, ist es nur logisch, dass die USA ihre unangefochtene und beispiellose Vorherrschaft nicht ständig offen zeigen wollen. Sie ist aber bereits viel zu gewaltig, als dass sie nicht oftmals in erschreckend arroganter Art sichtbar wird. So weit es ohne Einschränkung der Interessen geht, versuchen die USA, ihre Macht und ihre wahren Interessen herunterzuspielen. Nicht alles lässt sich nur mit dem Stichwort Öl erklären. Aber Öl ist eine gute Erklärung für viele Entwicklungen, mindestens so gut wie die Theorie vom Kampf der Kulturen des Harvard-Professors Samuel Huntington oder die Theorie von der Globalisierung des Kolumnisten und Autors Thomas Friedman.

Was wäre besser geeignet, die Vorherrschaft zu verbergen, als der Öffentlichkeit zu versichern, man sei nicht an einem Alleingang, sondern an guter Zusammenarbeit und (noch wichtiger) am Wohl der ganzen Welt interessiert? Hier erfüllt die Versicherung, oberstes Ideal und somit höchstes Ziel der Außenpolitik seien die Wahrung der Menschenrechte und die Aufrechterhaltung der Herrschaft des Rechts, ihren Zweck: Man versichert der Welt, dass die eigene Macht nur zum Wohle aller benutzt wird, dass man die Macht nicht voreilig einsetzt, sondern sich mit den anderen Staaten berät und bestimmten Prinzipien (den Menschenrechten) folgt und deshalb berechenbar ist. Die eigene Macht mag groß sein, aber man unterwirft sich freiwillig der Kontrolle aller. Dass der Einsatz für die Menschenrechte einem Teil der Amerikaner tatsächlich sehr am Herzen liegt und sie ehrlich dafür eintreten, ist kein Widerspruch. Es lässt die USA nur umso glaubwürdiger erscheinen und gleicht eine Schwäche des Systems aus: Diese Schwäche besteht darin, dass manche ihrer unabhängigen Bürger ihre Glaubwürdigkeit in Zweifel ziehen. Die Regierung und die Politik verlieren an Glaubwürdigkeit, aber dank der Transparenz, der Meinungsfreiheit, Zweifel zu äußern, und der Kritik des Häufleins unabhängiger Bürger gewinnen die USA verdientermaßen ein großes Stück an Glaubwürdigkeit zurück.

Die amerikanische Regierung sagt freilich nicht, dass in der Herrschaft des Rechts ein wesentliches seiner Ideale längst nicht mehr gilt, nämlich die Gleichheit. Die USA wollen das Ideal auf ihre ganz eigene Art verwirklicht sehen: Sie gewähren und garantieren anderen Gleichheit, sich selbst nehmen sie jedoch davon aus. Das Recht auf Freiheit und Demokratie werde nur dem gewährt und versichert, der den Anspruch der USA akzeptiert, dass es zwei Arten der *rule of law* gibt, ja aus Sicht Washingtons geben muss: eine für die USA, die die Regeln machen, und eine für den Rest der Welt, der die Regeln befolgt. Ein fast perfektes System – solange sich alle an die Regeln halten und den Hüter über die Regeln akzeptieren. Für die USA gilt das Recht des Stärkeren, und für den Rest der Welt gilt die *rule of law*. So befinden sich alle auf gewisse Art und Weise irgendwie immer im Recht.

EPILOG
Coca-Cola oder Root Beer

American Law – ein Exportgut erobert die Welt.
Wird es sich und die Welt zerstören?

In der Mongolei war ein junger Mitarbeiter einer Behörde hocherfreut, als ihm amerikanische Juristen einige amerikanische Gesetzestexte über das Funktionieren der Börse gaben. Der junge Mann bat, sie sollten ihm doch bitte mehr davon aus den USA schicken. Sein Gegenüber aus Amerika las aus der Bitte zufrieden, dass der junge Mann offenbar ganz heiß war auf *the rule of law – American style.* Auf Nachfrage erklärte der junge Mann jedoch, mit den Texten könne er »freilich« in seinem Land wenig anfangen. Aber die unbeschriebenen Rückseiten der Gesetzestexte würden ihm helfen, in seinem Büro den chronischen Mangel an Qualitätspapier zu beseitigen. Amerikaner behaupten immerzu, der Welt würde es besser gehen, wenn es mehr American Law gäbe. Im Fall des jungen Mongolen traf die Behauptung auf eigentümliche Art tatsächlich zu.

American Law gilt weltweit als Exportschlager. Ist das auch wirklich so? Verhält es sich mit amerikanischem Recht wie mit Coca-Cola? Oder wie mit Root Beer – einer Limonade aus Wurzelextrakten? Überall auf der Welt trinkt man Coca-Cola. Aber nur Amerikaner trinken Root Beer. Lawrence M. Friedman behauptet, amerikanisches Recht sei beides – Coca-Cola und *Root Beer.*

Die USA geben mehr aus, konsumieren mehr, und sie spielen eine wichtigere Rolle als irgendein anderes Land. Amerikas Kultur breitet sich in der ganzen Welt aus. Englisch ist die beherrschende Sprache weltweit. Da ist es nur logisch, dass die

Grundlage des Ausgebens und Konsumierens und Kommunizierens an Bedeutung zugenommen hat: Das Recht auf den American Lifestyle erlebt eine Globalisierung. Die amerikanische Klagewut greift um sich: Die Russen, die im Herbst 2002 in einem Theater in Moskau eingesperrt und unter Verlust vieler Menschenleben befreit wurden, verklagten ihren Staat auf Schadensersatz. Die sehr amerikanische Art, wenn etwas schief läuft, irgendjemanden dafür zahlen zu lassen, greift um sich.

In Amerika hat die Bedeutung des Rechts im 20. Jahrhundert vor allem auf Bundesebene zugenommen. Im 21. Jahrhundert geht die Entwicklung möglicherweise weiter in Richtung internationale Ebene. Das heißt jedoch nicht, internationales Recht erobere Amerika, sondern das Gegenteil: Amerikanisches Recht erobert die Welt.

Grenzen verschwimmen, die Wirtschaft wird global. Die Globalisierung zwingt zur Übernahme des amerikanischen Kapitalismus. Da ist es nur folgerichtig, dass auch die rechtliche Ordnung, auf der die amerikanische Wirtschaft beruht, sich ausdehnt und American Law selbst zum Exportgut wird. Anwälte sind vor allem lokal verwurzelt, und ihre Gewohnheiten und Orientierung werden sie nicht umgehend aufgeben. Aber in den großen Kanzleien, die multinational operieren, hat amerikanisches Recht an Bedeutung gewonnen. Wenn Kultur und Wirtschaft sich globalisieren, wird Recht folgen, meint Lawrence Friedman: »Das entstehende globale Recht spricht mehr und mehr mit amerikanischem Akzent.« Akademiker beobachten jedenfalls eine globale Amerikanisierung des Rechts.

Die Börsenaufsicht SEC hat die Börsenaufsichten von Ungarn, Bulgarien und Polen beraten und beim Aufbau geholfen. Als Deutschland 1994 ein neues Konkursrecht eingeführt hat, wurden amerikanische Ideen zur Reorganisation nach dem Modell des so genannten Chapter 11-Konkursverfahrens übernommen. Seit Jahren bemühen sich Anwälte in den USA und in Deutschland, das amerikanische Modell der Sammelklagen auch hier einzuführen. Bislang versuchen sie, es durch die Hintertür zu etablieren – indem bei jedem erdenklichen Fall ein Bezug zu den USA hergestellt wird –, um dann in New York klagen zu können. Diese Versuche wirken wie reine Geschäftemacherei, bedenkt man, dass es bei den hohen Strafgeldern in den USA idealerweise nicht um Entschädigung der Geschädigten geht, sondern um Kontrolle der Unternehmen bei gleichzeitiger maximaler Freiheit vor Staatseingriffen. In Deutschland aber werden Unternehmen von Behörden reguliert. Es existiert ein anderes System über Behörden und Gesetze und Steuern. Dem amerikanischen Tort System fehlt in Europa die Grundlage, die es rechtfertigen würde. Eine der spannenden Fragen der Zukunft wird sein, ob die Wirtschaft weltweit gänzlich amerikanische Werte übernimmt – und sich nur mehr von Anwälten und Klagen regulieren lässt.

Den Trend zur Großkanzlei haben europäische Länder aus den USA übernommen. Amerikanische Kanzleien etablierten Filialen in Europa und Asien. Während 1952 nur eine Hand voll New Yorker Kanzleien Ableger in anderen Ländern hatten, jeweils drei in London und Paris und eine in Mexico City und Zürich, so ist die Zahl der Filialen kräftig gestiegen. Skadden, Arps, Slate, Meagher and Flom verfügte 1999 über Ableger in Tokio, London, Hongkong, Sydney, Toronto, Brüssel, Frankfurt, Paris, Peking, Moskau und Singapur. Solch ein globales Netz ist die Ausnahme; dennoch verfügt fast jede große Kanzlei über mindestens eine Filiale im Ausland. Mayer, Brown and Patt in Chicago hat Filialen in Berlin, Köln, London, Paris und Mexico City sowie Vertreter in eigenen Büros in Turkmenistan, Usbekistan und Russland. Die weltgrößte Kanzlei war 1999 ein britisches Unternehmen namens Freshfields.

Amerikaner kämpfen heftig um ihr Recht. Der Kampf um das Recht ist in Amerika ungleich mehr politisiert als in anderen Ländern. Recht ist Politik, und Politik ist Recht. Der Jura-professor Robert A. Kagan bezeichnet den American Way of Law als *adversarial legalism*. Im Vergleich mit anderen demo-kratischen Ländern vertrauen Amerikaner mehr darauf, ihre Probleme und Konflikte von Gerichten lösen zu lassen. Sie ver-stehen die Gegenseite nicht als Partei, mit der man einver-nehmlich eine Lösung finden sollte, sondern sie betrachten diese als Gegner. Sie sind gewohnt und trainiert, für ihr Recht zu kämpfen. Sie kennen das Ideal, aber sie scheuen sich nicht, ihre Prinzipien zu vergessen, um Recht zu bekommen. Das auf Gegnerschaft gründende amerikanische Rechtssystem hat Stärken, aber seine Kosten und seine Willkür befremden Bür-ger oft, findet Kagan, und sie machen die Suche nach Gerech-tigkeit zu einer frustrierenden Angelegenheit.

Wenn man Beispiele aus Gesellschaft, Wirtschaft und Poli-tik betrachtet, gewinnt man den Eindruck, dass die hohen Kosten des Systems der Preis ist, den die Illusion von Gerech-tigkeit kostet. Das extrem teure System macht »Sinn« aus dem Blickwinkel derer, die das meiste daran verdienen. Sie schimp-fen zwar auf die hohen Kosten und würden das teure System der Zivilklagen gern reformieren und Entschädigungsgrenzen einführen. Doch man hat den Eindruck, dass sie besonders laut auf ein System schimpfen, damit man nicht merkt, dass sie von ebendiesem System überaus freundlich bedient werden. Das System ist nicht gerecht. Recht mag die Illusion von Gleichheit erzeugen, weil es im Prinzip Chancengleichheit bietet. Aber diese Chancengleichheit durchzusetzen, kostet sehr viel Geld, weshalb es sich nicht jeder Amerikaner leisten kann.

Während sich Unternehmen immer mehr Freiheiten er-kämpfen, schränkt der Staat im eigenen Land jene Freiheiten ein, die die USA in den vergangenen Jahrzehnten zu Recht als Errungenschaft gerühmt haben: Freiheit und Gleichheit. Bei-spielhaft ist der Versuch der amerikanischen Regierung, im Kampf gegen den Terror ein paralleles Rechtssystem einzuführen. Es genügt schon, im Verdacht zu stehen, Wissen über mutmaßliche Terroristen zu haben. Die Einführung eines zweiten Rechtssystems, das Beschuldigten keine Rechte gewährt, verrät bereits im Ansatz das Ideal einer Justiz, die angeblich alle gleich behandelt. Indem die USA vorgeben, ihre Werte schützen zu wollen, zerstören sie diese Werte. Vielleicht sollte man an die Worte von Juraprofessor Paul F. Campos erinnern: »Wann werden wir uns darüber klar werden, dass es genau unsere Sucht auf Recht ist, die so viel Unrecht gebiert?« Um ihr System – das Recht – zu schützen, exportieren die USA Unrecht.

Warum vertrauen Amerikaner einem scheinbar so zufällig agierenden System? Warum sind sie so versessen darauf, alles rechtlich regeln zu wollen? Man könnte argumentieren, Amerikaner stellen eben das Recht über die Moral. Doch wie bringt man mit dieser Sicht die Tatsache in Einklang, dass Amerikaner die Tugend der *rule of law* in ihrem eigenen Land, wenn sie nach ihren eignen Regeln läuft, abgöttisch verehren, sie aber ablehnen, sobald sie in anderen Ländern nach anderen Regeln verläuft?

Die oberflächliche Beobachtung gibt einen ersten Hinweis auf eine Antwort: Dass Amerikaner ihr Rechtssystem als bestes der Welt erklären, wird selten mit technischen Argumenten untermauert. Der Feststellung liegt lediglich ein moralisches Urteil zugrunde. Denn Recht und Moral sind nicht zu trennen. Recht wird aufgrund von moralischen Vorstellungen gesprochen. Wo viel Recht gesprochen wird, herrscht keineswegs Unmoral. Umfragen in den USA und Europa belegen stets, dass Amerikaner traditioneller und religiöser sind als Europäer und ihnen Werte und Moral wichtiger sind. Entsprechend sind politische Fragen in den USA stets Fragen der Moral. Geht es um eine stärkere Kontrolle von Waffenbesitz, sehen die Gegner sofort das hohe moralische Gut der Freiheit und der Selbstverteidigung aufs Spiel gesetzt. Geht es um einen Angriff auf den Irak, so muss man die Iraker von der Diktatur befreien. Damit rechtfertigt man die eigenen Interessen, den freien Zugang zum Öl.

Sucht man einen Schatten des amerikanischen Rechtssystems, dann kann er vielleicht so zusammengefasst werden: Das Rechtssystem ist frei, sich missbrauchen zu lassen. Jede politische Richtung nimmt sich die Freiheit und das Recht heraus, das Recht zu missbrauchen. Das amerikanische Rechtssystem ist frei genug, von allen Seiten benutzt und missbraucht zu werden. Grundsätzlich kann Recht Gutes tun (Bürgerrechte erkämpfen) oder Gutes verhindern (Bürgerrechte beschneiden). Recht kann im Namen der Gerechtigkeit Unrecht hervorrufen.

Warum sind die Amerikaner so wahnsinnig bemüht um Gerechtigkeit im Detail und zugleich so wenig bemüht, Gerechtigkeit im Allgemeinen – also für alle – durchzusetzen? Gerechtigkeit für alle hat für Amerikaner einen negativen Beigeschmack: den Beigeschmack des Sozialismus. Das mag erklären, warum es in den USA verboten ist, sich Gedanken über Gerechtigkeit für alle zu machen. Es ist ein Tabu. Jede Debatte darüber lässt sich leicht mit Verweis auf das Scheitern des Sozialismus augenblicklich beenden. Amerikaner setzen *the rule of law* mit Freiheit und Freiheit mit ihrem Sieg über den Sozialismus gleich. Letzterer sei etwas Teuflisches. Er predige Gleichheit, während er zugleich das Volk unterdrücke.

Amerikaner spüren mehr und mehr, dass ihr Rechtssystem nicht mehr Teil der Lösung, sondern Teil des Problems ist. Doch statt zu erkennen, dass ihr Rechtssystem nie Gerechtigkeit für alle angestrebt hat, kritisieren Juristen, dass es Freiheiten beschneidet. Dabei hat sich das System doch gerade zu dem jetzigen Zustand entwickelt, weil es frei war, sich von bestimmten Interessen missbrauchen zu lassen, und eben nicht Gerechtigkeit von allen zum Ziel hatte. Politiker sprechen von Chancengleichheit und behandeln Bürger ungleich. Unternehmer loben das Ideal der Freiheit – und meinen ihre eigene Freiheit. Der Staat redet von Freiheit und spricht sich frei von Verantwortung. International gesehen, ist Amerikas Recht immer mehr ganz einfach das Recht des Stärkeren.

Während Amerikas Rechtssystem weltweit ein Exportgut ist und immer mehr Einfluss auf die Welt nimmt, distanzieren sich die USA von internationalen Abkommen. Berücksichtigt man die Rechtskultur des *adversarial legalism*, verwundert nicht, dass Amerikaner mit kämpferischen Mitteln auf internationaler Bühne auftreten und auch dort um ihr Recht kämpfen. Dass sie die Stärksten sind und den Kampf ums Recht gewinnen müssen – soll man ihnen das vorwerfen? Soll man sich wundern, dass die Mehrheit der Amerikaner sich das nicht vorwirft?

Die USA haben keinen Konkurrenten in irgendeiner Dimension von Macht. Die einzige Macht, die den USA gefährlich werden könnte, sind die USA selbst. Oft werden sie mit dem Römischen Reich verglichen, das an den eigenen Fehlern zugrunde ging. Der Harvardprofessor Joseph S. Nye behauptet, dass Amerika nicht von einem anderen Imperium besiegt werden wird, »sondern eher mit Tausenden von Nadelstichen durch Horden neuer Barbaren gefällt werden kann«.

Die Vereinigten Staaten rechnen sich hoch an, ein System geschaffen zu haben, das transparent ist und offen für Kritik und daher in der Lage, sich ständig selbst zu verbessern. Gerade deshalb muss es Sorgen machen, dass die USA einen großen Teil ihrer Probleme nicht wahrhaben wollen. Politiker verharmlosen die Gefahren, die dem Land und der Welt drohen, weil es seine Ideale verrät. Der Hamburger Juraprofessor Reinhard Merkel meint: »Man muss einen blinden Fanatismus beklagen, der nicht sieht, dass unter den Opfern, die er für Freiheit und Recht bringen will, diese selbst sind.«

In ihrer Rhetorik mögen amerikanische Politiker so tun, als stehe Völkerrecht über dem Recht einer Nation. In Wirklichkeit haben sie insgeheim längst eine ganz andere Ordnung aufgestellt: Internationales Recht ist das höchste Gut, wenn es sich zufällig mit den Plänen der Amerikaner deckt. Dann steht internationales Recht über dem Recht aller Länder – dem Schein nach auch über dem amerikanischen Recht. Nur lässt sich das in dem konkreten Fall freilich schlecht auseinander halten, weil sich die Ziele Amerikas und die des Völkerrechts decken. Dass dem nicht so ist, erkennt man erst, wenn Amerika und die Vertreter von internationalem Recht gegensätzliche Standpunkte vertreten. Dann steht aus amerikanischer Sicht ihr Recht ganz klar an oberster Stelle. Meist argumentieren amerikanische Politiker und Rechtsgelehrte dann, das internationale Recht *verstoße* gegen die amerikanische Verfassung. Die Sprache drückt bereits die Schuldfrage aus. Klar ist auch, dass Amerikaner in einem solchen Fall vor dem internationalen Recht geschützt werden müssen. Die Logik hinter dieser Argumentation gleicht der Logik, die einzelne Bundesstaaten jahrzehntelang gegen die Bundesregierung vorgebracht haben. Oft wurde beklagt, Bundesgesetze würden gegen die Rechte der einzelnen Bundesstaaten verstoßen. Vielleicht folgt nun, da die Bundesregierung in vielerlei Hinsicht die Stellung und Aufgaben der Bundesstaaten übernommen hat, die Argumentation gegenüber internationalen Organisationen.

Der Kolumnist der *Washington Post*, Michael Kinsley, hat nach dem Anschlag auf das World Trade Center beklagt, Amerikaner seien lediglich im Detail, nicht aber im Allgemeinen um Gerechtigkeit bemüht. Wenn einem das World Trade Center auf den Kopf fällt, dann hat man Anspruch auf Millionen Dollar. Wenn einem das eigene Haus auf den Kopf fällt und keine Fernsehkamera ist in der Nähe, dann hat man nicht einmal Anspruch auf Krankenversorgung. Der Gedanke von Kinsley lässt sich weiterführen: Wenn man im Irak gefoltert und gegängelt wird, dann hat man eine gute Chance, dass die USA zur Befreiung und Erhaltung der Menschenrechte einen Krieg führen. Wenn man dagegen in Ruanda mit ansehen muss, wie Freunde und Familie abgeschlachtet werden, dann hat man Pech gehabt. Wo der Zugang zum Öl geschützt werden muss, da werden nebenbei eben auch die Menschenrechte geschützt.

Sind es der Zufall und das Glück, dass ein Land Bodenschätze aufweist oder nicht, die den Menschen ihre Menschenwürde geben? Genau dieses Prinzip scheint dem amerikanischen Denken von Gerechtigkeit zugrunde zu liegen. Genau dieses Denken lässt zweifeln, ob ihnen wirklich viel an ihren Prinzipien liegt. Oft hat man das Gefühl, sie verwechseln Reden mit Handeln.

Zyniker haben das freilich immer schon gewusst. Sie sagen, Amerikaner hätten ihre Werte doch schon immer verraten. *No big deal*. Diese Haltung ist freilich in sich zynisch, weil sie auf der Freiheit beruht, diese Meinung äußern zu dürfen – und damit die amerikanischen Werte heimlich doch ernst nimmt. Die USA sind einfach zu wichtig (und man muss es sagen: Sie haben auch zu viel Gutes bewirkt, und sei es, weil es ihnen selbst genutzt hat), um nur zynisch über sie zu urteilen. Man muss sie ernst nehmen. Es gibt kein besseres Herrschaftssystem als den Rechtsstaat. Das heißt nicht, dass das amerikanische Modell das beste aller Systeme ist.

Amerikanische Fernsehserien mit Rechtsatmosphäre mögen weltweit beliebt sein, aber das System erntet nicht nur Zustimmung: Europäer misstrauen dem Staat nicht so sehr wie Amerikaner. Europäer werden gegenüber Kleinwaffen und der Todesstrafe kritisch, reserviert und ablehnend bleiben. Europa wächst von 15 auf 25 Staaten. Es wird eine eigene Verfassung bekommen, das erste europäische Staatsoberhaupt wird 485 Millionen Menschen vertreten. Europa wird aussehen, als wäre es die Vereinigten Staaten von Europa, aber es werden wichtige Unterschiede bestehen bleiben. Fraglich ist, ob das Rechtssystem in Europa sich dem in Amerika angleicht:

Wird der Ansatz mehr und mehr von Gegnern geprägt? Oder wird das europäische römische Recht dem amerikanischen Paroli bieten?

Hinter dem amerikanischen System steckt die größte Macht, seine Regeln durchzusetzen. Es hat sich zum Vorreiter aller Rechtssysteme gemacht und gibt weltweit die Regeln vor. Wenn dieses System die eigenen Regeln nicht mehr befolgt und die eigenen Ideale verrät, dann zerstört es nicht nur sich selbst, sondern auch alle anderen, die sich den Regeln des American Way of Law unterwerfen müssen.

Beliebte Exportschlager der USA sind Partnerschaftsbücher amerikanischer Psychologen: Ein oft diskutiertes Problem in ihren Büchern ist die Rechthaberei der Männer. Das starke Geschlecht neigt dazu, immer Recht haben zu wollen. Die Psychologen lassen keinen Zweifel daran, dass es sich dabei nicht um eine lobenswerte Eigenschaft handelt. Vielleicht sollte Amerika das auch lernen: Es kann Ausdruck einer Schwäche sein, immer im Recht zu sein.

Anhang

Literatur

Einen Teil der im Buch behandelten Themen habe ich selbst vor Ort recherchiert. Beispielsweise berichtete ich über die Klagen gegen die Tabakkonzerne, stand in der Todeszelle von Huntsville, verfolgte den Umgang mit internationalen Verträgen und den Vereinten Nationen – etwa die Vorbereitungsverhandlungen für das internationale Strafgericht. Ein Großteil der Recherche ist jedoch nicht mein Verdienst. Ich habe lediglich Vorhandenes zusammengefasst und in einen neuen Zusammenhang – den der *rule of law* – gerückt. So danke ich den zitierten Personen, Mitarbeitern von Menschenrechtsorganisationen und anderer NGOs, Akademikern und Journalisten. Sofern ihre Rechercheergebnisse falsch wiedergegeben sind, ist das mein Fehler. Falls das Buch zu neuen Erkenntnissen führt, ist das ihr Verdienst. Ich habe ihre Ergebnisse lediglich neu interpretiert.

Grundlage der Arbeit bilden etwa hundert Bücher zur Politik, Gesellschaft und Kultur sowie mehrere hundert Artikel aus amerikanischen Tageszeitungen, Wochen- und Monatzeitschriften sowie aus juristischen Fachzeitschriften. Dazu kommen Interviews, die ich im Laufe meiner Korrespondentenzeit führte.

Ich habe mich bemüht, nur Originalquellen zu verwenden und nahezu ausschließlich amerikanische Kritiker zu Wort kommen zu lassen. Nur im Ausnahmefall und nur wenn es aus der Argumentation nahe liegend war, griff ich auf deutsche Experten, Akademiker, Juristen und Korrespondenten zurück.

Bücher

Abramsky, Sasha: *Hard Time Blues. How Politics Built a Prison Nation*, New York 2002

Adams, W. P./Czempiel, E.-O./Ostendorf, B./Shell, K. L./Spahn, P. B./Zöller, M. (Hrsg.): *Länderbericht USA I*, Bonn 1992

431

Authers, John/Wolffe, Richard: *The Victim's Fortune. Inside The Epic Battle Over The Debts Of The Holocaust*, New York 2002

Bacevich, Andrew J.: *American Empire. The Realities and Consequences of U.S. Diplomacy*, Cambridge 2002

Bagdikian, Ben: *The Media Monopoly*, Boston 1997

Bello, Walden: in Mander/Goldsmith (Hrsg.)

Benko, Laura/Benko, Attila: *Buy this Book ... Or We'll Sue You!*, New York 2001

Bloomberg, Michael: *Bloomberg über Bloomberg*, Förtsch 1998

Blum, William: *Rogue State*, London 2001

Bogus, Carl T.: *Why Lawsuits are Good for America*, New York 2001

Brenner, Robert: zitiert nach Wagner

Breyer, Stephen J.: zitiert nach Gillman

Bugliosi, Vincent: *The Betrayal of America*, New York 2001

Burns, James: zitiert nach Winter

Byrnes, Robert Ebert/Marquart, Jaime: *Brush with the Law*, Los Angeles 2001

Campos, Paul F.: *Jurismania. The Madness of American Law*, New York 1998

Cass, Ronald A: *The Rule of Law in America*, Baltimore 2001

Crier, Catherine: *The Case Against Lawyers*, New York 2002

Diamond, Sara: *Not by Politics Alone. The Enduring Influence of the Christian Right*, New York 1998

Diaz, Tom: *Making A Killing. The Business of Guns in America*, New York 1999

Drinan, Robert: *The Mobilization of Shame*, New Haven 2001

Fehrenbach, T. R.: zitiert nach Winter

Foege, Alec: *The Empire God Built. Inside Pat Robertson's Media Machine*, New York 1996

Frantz, Joe: zitiert nach Winter

Friedman, Alan: *Spider's Web. The Secret History of how the White House illegally armed Iraq*, New York 1993

Friedman, Lawrence M.: *A History of American Law*, New York 1973

ders.: *American Law in the 20th Century*, New Haven und London 2002 ders.: *Crime and Punishment in American History*, New York 1993

ders.: *Law in America. A Short History*, New York, 2002

Friedman, Thomas: zitiert nach Klare (2002)

Garvey, Stephen P.: *Beyond Repair? America's Death Penalty*, Durham und London 2003

Gillman, Howard: *The Votes That Counted*, Chicago 2001

Glendon, Mary Ann: *A Nation Under Lawyers*, Cambridge 1994

Goddell, William: zitiert nach Kennedy

Gray, James P.: *Why Our Drug Laws Have Failed And What We Can Do About It*, Philadelphia 2001

Hartmann, Thom: *Unequal Protection*, Montpelier 2002

Hartung, William D.: *And Weapons for All*, New York 1995

Hertsgaard, Mark: *The Eagle's Shadow*, New York 2002

Howard, Philip K.: *The Collapse of the Common Good. How America's Lawsuit Culture Undermines our Freedom*, New York 2001

ders.: *The Death of Common Sense. How Law is Suffocating America*, New York 1994

Human Rights Watch: *World Report 2002*, New York 2002

Huntington, Samuel: zitiert nach Klare (2002)

Irons, Peter: *A People's History Of The Supreme Court*, New York 1999

Issacharoff, Samuel/Karlan, Pamela S./Pildes, Richard: *When Elections Go Bad. The Law and the Presidential Election of 2000*, New York 2000

Johnson, Chalmers: *Ein Imperium verfällt*, München 2001

Kapur, Devesh/Lewis, John P./Webb, Richard: *The World Bank*, Washington 1997

Kennedy, Randall: *Race, Crime, and the Law*, New York 1997

Klare, Michael T.: *American Arms Supermarket*, Austin 1984

ders.: *Ressource Wars. The New Landscape of Global Conflict*, New York 2002

Klare, Michael T./Arnson, Cynthia: *Supplying Repression. US Support for Authoritarian Regimes Abroad*, Washington 1981

Klein, Richard: zitiert nach Campos

Koenig, Thomas H./Rustad, Michael L.: *In Defense of Tort Law*, New York 2001

Krauss, Michael I.: *Fire & Smoke. Government, Lawsuits and The Rule of Law*, Oakland 2000

Lazarus, Edward: *Closed Chambers. The Rise, Fall and Future of the Modern Supreme Court*, New York 1999

Ledbetter, James: *Made Possible By ... The Death of Public Broadcasting in the United States*, New York 1997

Lieberman, Jethro K: *The Litigious Society*, New York 1983

Lundberg, Ferdinand: zitiert nach Wagner

Mander, Jerry/Goldsmith, Edward (Hrsg.): *Schwarzbuch Globalisierung*, München 2002

Massey, Douglas S./Denton, Nancy A.: *American Apartheid*, Cambridge 1993

May, Ernst: zitiert nach Bacevich

McChesney, Robert W./Nichols, John: *Our Media Not Theirs*, New York 2002

McChesney, Robert W.: *Corporate Media and the Threat to Democracy*, New York 1997

McChesney, Robert W.: *Rich Media, Poor Democracy*, New York 2000

Mello, Michael A.: *Dead Wrong*, Madison (Wisconsin) 1997

Merseburger, Peter: *Die unberechenbare Vormacht*, München 1983

Mersky, Roy: zitiert nach Bugliosi

Mitchell, Lawrence E.: *Der parasitäre Konzern*, München 2002

Nader, Ralph/Smith, Wesley J.: *No Contest. Corporate Lawyers and the Perversion of Justice in America*, New York 1996

Nader, Ralph: *The Ralph Nader Reader*, New York 2000

Neier, Aryeh: *War Crimes*, New York 1998

Nixon, Richard M.: *The Real War*, New York 1980

Nye, Joseph S.: *The Paradox of American Power*, New York 2002

Olson, Walter K.: *The Litigation Explosion*, New York 1991

Palast, Greg: *The Best Democracy Money Can Buy*, London 2002

Parenti, Christian: *Lockdown America*, New York 2000

Phillips, Kevin: *Wealth and Democracy*, New York 2002

Power, Samantha/Allison, Graham: *Realizing Human Rights*, New York 2000

Power, Samantha: *»A Problem From Hell«. America and the Age of Genocide*, New York, 2002

Pringle, Peter: *Big Tobacco at the Bar of Justice*, New York 1998

Rabin, L. Robert/Sugarman, Stephen D.: *Regulating Tobacco*, New York 2001

Radelet, Michael L., et al.: *In Spite of Innocence*, Boston 1992

Regan, Patrick: *Lawyers. Jokes, Quotes, and Anecdotes*, Kansas City 2001

Rieff, David: *A Bed For the Night. Humanitarism in Crisis*, New York 2002

Risen, James/Thomas, L. Judy: *Wrath Of Angels, The American Abortion War*, New York 1998

Roberts, Clay: zitiert nach Toobin (2001)

Rosenblatt, Roger: *Where We Stand*, New York 2002

Sarat, Austin/Garth, Bryant/Kagan, Robert A.: *Looking Back at Law's Century*, Ithaca 2002

Scharf, Michael: *Balkan Justice. The Story Behind the First International War Crimes Trial Since Nuremberg*, Durham, North Carolina, 1997

Schulz, William F.: *In Our Own Best Interest. How Defending Human Rights Benefits Us All*, Boston 2002

Schwartz, Bernard: *The Law in America. A History*, New York 1974

Schwartz-Nobel, Loretta: *Growing Up Empty. The Hunger Epidemic in America*, New York 2002

Simons, Geoff: *The Scourging of Iraq. Sanctions, Law and Natural Justice*, New York 1998

Speiser, Stuart M.: *Lawyers and the American Dream*, New York 1993

Sugarmann, Josh: *Every Handgun is Aimed at You*, New York 2001

Tapper, Jake: *Down & Dirty. The Plot To Steal The Presidency*, New York 2001

Taylor, Telford: *Die Nürnberger Prozesse*, München u. a. 1995 (1951)

Thompson, Hunter S.: zitiert nach Byrnes/Marquart

Thoreau, Henry David: zitiert nach Wagner

Tocqueville, Alexis de: *Über die Demokratie in Amerika*, Stuttgart 2001

Toobin, Jeffrey: *A Vast Conspiracy*, New York 2000

ders.: *Too Close To Call*, New York 2001

Turow, Scott: *One L*, New York 1977

Wagner, David: *What's Love Got to Do With It? A Critical Look at American Charity*, New York 2000

Watson, Justin: *The Christian Coalition*, New York 1999

Westervelt, Saundra D./Humphrey, John A.: *Wrongly Convicted*, New Brunswick 2001

Winter, Rolf: *Ami go home*, München 1990

Wright, Bruce: *Black Robes, White Justice*, New York 1993

Yalof, David Alistair: *Pursuit of Justices*, Chicago 1999

Zegart, Dan: *Civil Warriors. The Legal Siege on the Tobacco Industry*, New York 2000

Zinn, Howard: *A People's History Of The United States*, New York 2001

Zitrin, Richard/Langford, Carol: *The Moral Compass of the American Lawyer*, New York 1999

Zobel, Hiller: zitiert nach Howard (2001)

Zeitschriften, Forschungsberichte u. a.

ABC News Nightline: »The Price of Grief«, 6. 2. 2002

Associated Press: »Oneidas file 20 lawsuits seeking private land«, 21. 2. 2002

Associated Press: »Opposition grows to land claim deal«, 20. 2. 2002

Austin, Kathi: »The Second Amendment, Going Global«, *Washington Post*, 26. 3. 2000

Bagli, Charles: »Settlement Offers Fail to End Trade Center Insurance Battle«, *New York Times*, 9. 8. 2002

Baum, Geraldine: »Response to Terror Sept 11 Fine Print Angers Many Relatives«, *Los Angeles Times*, 17. 1. 2002

Beisner, John/Davidson Miller, Jessica: »They're Making a Federal Case Out of It... In State Court«, Center for Legal Policy at the Manhattan Institute, 3. 9. 2001

Bositis, David: zitiert nach Palast (2001)

Boyle, Leo: »A dangerous distortion«, *Trial*, 1. 3. 2002

Breyer, Stephen: »The Work of the Supreme Court«, *Bulletin of the American Academy of Arts and Science*, September/Oktober 1998

Brickman, Lester: »Anatomy of a Madison County Class Action: A Study of Pathology«, Center for Legal Policy at the Manhatten Institute, August 2002

Brooks, Stephen G./Wohlforth, William C.: »American Primacy in Perspective«, *Foreign Affairs*, Juli/August 2002

Carney, Dan: »Here Comes The Trial Lawyer«, *Business Week*, 19. 11. 2001

Chen, David W.: »2nd Round of Compensation for Sept. 11 Victims' Families«, *New York Times*, 7. 9. 2002

ders.: »Battle Over Iroquois Land Claims Escalates«, *New York Times*, 16. 5. 2000

ders.: »Defining Limit of Generosity For 9/11 Fund«, *New York Times*, 14. 7. 2002

ders.: »Family of 9/11 Victim Accepts $1.04 Million in U.S. Compensation«, *New York Times*, 8. 8. 2002

ders.: »Fund for Terror Attack Victims Offers Awards in 14 Test Cases«, *New York Times*, 30. 9. 2002

ders.: »Many Relatives, Wary and Anguished, Shun Sept 11 Fund«, *New York Times*, 1. 6. 2002

ders.: »Saying No to Free 9/11 Aid, Many Families Hire Lawyers«, *New York Times*, 29. 7. 2002

ders.: »Victims' Fund Announces First Awards«, *New York Times*, 23. 8. 2002

Children's Defense Fund: »Welfare to what? Early Findings on Family Hardship and Well Being«, National Coalition for the Homeless, 1998, zitiert nach Schwartz-Nobel

CNBC: Hardball with Chris Matthews: »Lawyers offer to help victims of terror free of charge«, CNBC, 16. 10. 2001

Cohen, Adam: »Are Lawyers Running America?«, *Time*, 17. 7. 2000

Dao, James: »One Nation Plays the Great Game Alone«, *New York Times*, 6. 7. 2002

Eichenwald, Kurt: »Could Capitalism Actually bring Down Capitalism?«, *New York Times*, 30. 6. 2002

Eig, Jonathan: »Litigating Grief«, *The Wall Street Journal*, 11. 9. 2002

Eviatar, Daphne: »Is Litigation A Blight, Or Built In?«, *New York Times*, 23. 11. 2002

Firestone, David/Risen, James: »White House, in Shift, Backs Inquiry on 9/11«, *New York Times*, 21. 9. 2002

Fleischhauer, Jan/Hütelin, Thomas/Osang, Alexander: »Das Leben nach dem Tod«, *Spiegel*, 9. 9. 2002

Freedman, Michael: »Is There A Way Out?«, *Forbes*, 13. 5. 2002

Glaberson, William: »Lawyers Said to Back Compensation Plan to Polish Image«, *New York Times*, 14. 1. 2002

Greenhouse, Linda: »Court had Rehnquist Initials Intricately Carved on Docket«, *New York Times*, 2. 7. 2002

dies.: »The Competing Visions of the Role of the Court«, *New York Times*, 7. 7. 2002

dies.: »The Court: Same Time Next Year. And Next Year«, *New York Times*, 6. 10. 2002

Grewe, Wilhelm: zitiert nach Merkel

Grimaldi, James: »Lawyers Line Up to Sue«, *Washington Post*, 9. 9. 2002

Howard, Paul: »A 9/11 Tort-Fest«, *New York Post*, 10. 8. 2002

Howard, Philip K.: »Facing the Limits of Law«, *New York Times*, 21. 9. 2002

Human Rights Watch: »Loosing the Vote: The Impact of Felony Disenfranchisement Laws in the United States«, The Sentencing Project, Oktober 1998

Jacoby, Mary: »Lawyers say suits may benefit clients«, *St. Petersburg Times*, 15. 11. 2001

Johnson, Kirk: »In Bereavement, Pioneers on a Lonely Trail«, *New York Times*, 8. 9. 2002

Kellman, Laurie: »Sept. 11 Families Seek $1 Trillion«, *Washington Post*, 16. 8. 2002

Koniak, Susan P.: »Accountability Issues: Lessons Learned from Enron's Fall«, Testimony United States Congress, House of Representatives, Committee on the Judiciary, 6. 2. 2002

dies.: »Mass Torts and Class Action Lawsuits«, Testimony United States Congress, House of Representatives, Committee on the Judiciary, 5. 3. 1998

Lane, Charles: »In Terror War, 2nd Track for Suspects«, *Washington Post*, 1. 12. 2002

Liptak, Adam: »Disabled Man Sues Club over Privacy of Lap Dance«, *New York Times*, 18. 7. 2002

McCarthy, Sheryl: »We've Hit a New Stage in the grieving Process: Greed«, *Newsday*, 14. 1. 2002

Merkel, Reinhard: »Amerikas Recht auf die Welt«, www.zeit.de/2002/41/Kultur/200241_voelkerrecht.html

Miller, Elsie: »Fairness of 9/11 Fund«, *New York Times*, 19.9.2002

National Academy of Sciences, Institute of Sciences: »Fostering Rapid Advances in Health Care Learning from System Demonstrations«, 19. 11. 2002

Needleman, Jack: »Nurse Staffing Levels and patient Outcomes in Hospitals«, Harvard School of Public Health, 23. 4. 2001

Neier, Aryeh: »Waiting For Justice: The United States and the International Criminal Court«, *World Policy Journal*, 1. 10. 1998

New York Times: »9/11 Exposed Deadly Flaws in Rescue Plan«, 7. 7. 2002

New York Times: »After Sept 11, a Legal Battle Over Limits of Civil Liberty«, 4. 8. 2002

New York Times: »Holding Lawyers Accountable«, 15. 8. 2002

New York Times: »The Court's Troubling Term«, 3. 7. 2002

Palast, Gregory: »Florida's ›Disappeard Voters‹«, *The Nation*, 18. 1. 2001

Perkins, Joseph: »Lawsuit Comes Naturally«, *San Diego Union-Tribune*, 2. 11. 2001

Precious, Tom: »New York is Becoming a Gambler's Paradise«, *Buffalo News*, 26. 8. 2001

Price, Fred/Kleinman, Mitch: »The Damaged Spirit of the Sept. 11 Fund«, *New York Times*, 18. 1. 2002

Ramer, Holly: »Widow of Sept 11 Passenger Files Lawsuit«, Associated Press, 21. 12. 2001

Ranalli, Ralph: »Y2K bill verdict eyed«, *Boston Globe*, 28. 6. 1999

Richter, Konstantin: »A Question of Geography«, *Wall Street Journal*, 20. 4. 2001

Ringle, Ken: »Legal Eagles, Beating Back«, *The Washington Post*, 9. 1. 2002

Ripley, Amanda: »What Is A Life Worth?«, *Time*, 11. 2. 2002

Santora, Marc: »Teenagers' Suit Sasy McDonald's Made Them Obese«, *New York Times*, 21. 11. 2002

Saul, Stephanie: »Pro Bono First For Sept 11 Suit«, *Newsday*, 11. 1. 2002

Schmeltzer, John: »Some wary Sept 11 families opt to sue«, *Chicago Tribune*, 15. 6. 2002

Schmemann, Serge: »U.S. vs. U.N. Court: Two Worldviews«, *New York Times*, 2. 7. 2002

Simpson, Stan: »Lawyer: Slavery Reparations Will Be Paid«, *The Hartford Courant*, 26. 10. 2002

Sparks, Sarah/Geyelin, Milo: »Attack on America: Experts Propose Novel Ways to Handle Mass Injury Suits«, *Wall Street Journal Europe*, 26. 9. 2001

Sporkin, Stanley: zitiert nach Koniak (2002)

Sullivan, Ashley: *Hunger in the United States*, United States Departement of Agriculture, 2000

Trial Lawyers Care: »What People Are Saying About Trial Lawyers Care, Inc«, »Remarks of Leo Boyle«; »What Is Trial Lawyers Care?«, www.911Lawhelp.org

Tyrangiel, Josh: »Holding The Checkbook«, *Newsweek*, 1. 11. 2002

Tyre Tyre: »Fighting Big Fat«, *Newsweek*, 5. 8. 2002

Waldman, Amy: »Bhopal Seethes, Pained and Poor 18 Years Later«, *New York Times*, 21. 9. 2002

Wanamaker, Tom: »Series of Upstate New York Land-Claim Lawsuits Dismissed«, *Indian Country Today*, 13. 9. 2002

Weiser, Benjamin: »Judge Says Sept 11 Families Can Change Minds on Suing«, *New York Times*, 4. 9. 2002

Glossar

adversarial legalism: American Way of Law.

ambulance chasers: abfällige Bezeichnung für Anwälte, die Klienten am Unfallort suchen.

American Way of Law: auch *adversarial legalism* (Juraprofessor Robert Kagan). Jeder muss um sein Recht kämpfen. Verständnis, dass eine Gesellschaft Konflikte nicht einvernehmlich beilegen, sondern gerichtlich austragen sollte.

business lawyer: Die Mehrzahl der Juristen in den USA arbeiten für Unternehmen, handeln Verträge aus, beispielsweise für Fusionen.

case law: *common law.*

civil law: römisches Recht.

class action lawsuit: Sammelklage. Ein Anwalt streitet für zahlreiche Geschädigte, die man als *class* bezeichnet. Aufgrund eines einzigen Verfahrens werden alle Geschädigten entschädigt, die der *class* beitreten.

common law: Die englischen Siedler haben ihr *common law* (gemeines Recht) in die USA gebracht. Die britische Rechtstradition stützt sich – im Gegensatz zum römischen Recht des europäischen Festlands – auf das griechische, auch sokratisch genannte Rechtsverständnis. Gemeines Recht stützt sich nicht auf allgemein anerkannte Gesetzesbücher, sondern auf vorhergehende Urteile ähnlicher Fälle, daher auch die Bezeichnungen *case law* oder Richterrecht.

contingency fee: Erfolgshonorar. Anwälte müssen nur bezahlt werden, wenn sie gewinnen. Der Vorteil ist, dass auch arme Leute klagen können, der Nachteil, dass Anwälte nur Klagen annehmen, von denen sie sich eine hohe Entschädigung versprechen, und nicht akzeptieren, wenn ihr Klient seine Meinung ändert und die Klage fallen lassen will. Die weitaus meisten Anwälte in den USA stellen jedoch Stundensätze in Rechnung.

frivolous lawsuits: verrückte Klagen, etwa wegen verschütteten Kaffees in einer McDonald's-Filiale.

Law School: Die dreijährige Ausbildung ist Voraussetzung, um als Anwalt praktizieren zu dürfen. Die bekannteste ist die Harvard Law School der Harvard University.

litigation: Rechtsstreit, Prozess.

public interest lawyer: Jurist, der in Bürgerorganisationen Minderheiten vertritt.

Richterrecht: andere Bezeichnung für gemeines Recht (*common law*). Hinweis darauf, dass Richter im *case law* eine herausragende Rolle spielen. An ihrem Urteil liegt es, ob ein Fall einem anderen zugrunde gelegt werden kann.

römisches Recht: Rechtssystem in Deutschland, Frankreich, Italien, Spanien und in anderen europäischen bzw. von den genannten Ländern kolonialisierten Gebieten. Römisches Recht stützt sich auf Rechtsnormen, die in Gesetzesbüchern festgeschrieben sind. Daher kommt im römischen Recht Gesetzbüchern eine größere Bedeutung zu als Richtern.

rule of law: Akademiker, Juristen und Politiker beschwören immer wieder die Herrschaft des Rechts als grundlegendes Prinzip der amerikanischen Demokratie. Die Herrschaft des Rechts ist absolut in den USA; fast alle Meinungsverschiedenheiten und Streitigkeiten werden irgendwann von Gerichten behandelt.

Sammelklage: *class action lawsuit.*

securities lawyer: Jurist an der Börse.

tort law: *Tort* ist eine unerlaubte Handlung, wofür ein Geschädigter einen Entschädigungsanspruch einzuklagen versucht.

trial lawyer: Anwalt, der tatsächlich vor Gericht kämpft – im Gegensatz zum großen Heer der *business lawyers*.

Danksagung

Die Idee zu einem solchen Buch entstand zwischen 1991 und 1998 während Praktika, Studium und meiner Zeit als Zeitungskorrespondent in New York. Eine wichtige Anregung lieferte – hoffentlich ohne es zu bereuen – Anne Nelson, eine meiner Professorinnen an der Columbia University. In ihrer Vorlesungsreihe »The US as a foreign country« kam sie darauf zu sprechen, was Amerika wirklich präge: die Herrschaft des Rechts und Rechtsgläubigkeit der Amerikaner. Sie sprach aus, was ich längst beobachtet hatte, ohne den American Way of Law wirklich einordnen zu können.

Die konkrete Idee zu diesem Buch entstand spontan während des ersten Treffens mit meinem Verleger Gerhard Riemann. Ich danke ihm, dass er offen war, sich auf das Projekt einzulassen – obwohl es aus nichts als aus einer Idee bestand. Ich danke ihm für sein Interesse, seine Anregungen und dafür, dass er stets von »unserem Buch« gesprochen hat. Besonders danke ich Ralf Lay für sein Lektorat und seine Änderungsvorschläge.

Gleich zu Beginn meiner Recherche erlebte ich eine Überraschung. Zwar standen zwei volle zwei Meter hohe Regalreihen unter »Law« bei Strands und Barnes & Noble in New York. Es war jedoch nirgendwo ein Buch zu finden, das aus den vielen Schwächen ein Bild von Geschichte, Gesellschaft, Wirtschaft und Politik der Vereinigten Staaten zu entwerfen versucht. Der Mangel hat die Arbeit erschwert, aber auch motiviert.

Ich danke Michael und Odelia, Christian, Helmut, Juanita, Petra und Alexandra für ihre Gastfreundschaft in New York, Berlin, Bogotá, Orvieto und Karpathos, wo Teile des Manuskripts entstanden sind. Für Anregungen und Hilfe bei der Recherche danke ich Christian und Nandi. Ferner danke ich allen, die mir während der Arbeit am Manuskript mit Rat und Kritik geholfen haben, aber ungenannt bleiben wollen. Ihre Hilfe hat das Buch erst zu dem gemacht, was es ist. Fehler sind hingegen allein meine Schuld.

München, im Februar 2003

Register

Abramsky, Sasha 137, 144
Abtreibung 231 ff., 261 ff., 267 ff., 279 f., 299
Ackerman, Bruce 256
Adams, Willi Paul 67
Albright, Madeleine 306, 349
Alexander, Lamar 206
Alliance Defense Fund 269 f.
Anderson, Warren 375 ff., 379
Annan, Kofi 401
Armstrong, S.C. 73
Arnold, Marcus 99–106
Arulanandam, Andrew 190
Ärzte 124 ff.
Ashcroft, John 278–283
Austin, Kathi 340, 342

Bacevich, Andrew J. 306 ff.
Bacon, Kenneth 345
Bailey, F. Lee 90
Baker, James 16, 245, 247, 249, 397 ff.
Barlett, Donald L. 94
Barre, Siad 337
Bartolotta, Vincent J. jr. 35
Barudio, Günter 408
Baumeister, Mitch 44
Bazerman, Max H. 172
Beisner, John 200
Bello, Walden 315
Bentlex, Judith 238
Bernstein, Carl 222
Bloomberg, Michael 209, 211 f. 218, 220 f., 228
Bogus, Carl T. 207
Bolton, John R. 342
Bork, Robert H. 232 f., 281
Börse 22, 158–166, 172, 176
Bositis, David 241
Bourdier, Erma 42
Bourdier, Francisco 42
Boyle, Leo 25–32, 34 ff., 40, 43 f., 50

Brady, Anthony 111
Breard, Angel Francisco 348 f.
Brenner, Robert 215
Breyer, Stephen J. 231, 234 f., 238 f., 250, 257
Brickman, Lester 194
Brill, Steven 222 ff.
Britton, John Bayard 269
Broder, Aaron J. 31, 36
Brooks, Stephen 302
Brown, Harold 392
Bryant, Arthur 192
Buchanan, Pat 247, 258
Bugliosi, Vincent 236, 238, 255
Buren, Martin von 64
Burger, Warren 237
Burk, Dan 387
Burns, James 87
Bush, George 16, 130, 233, 241, 245, 278, 306, 334 f., 392 f., 395 ff., 411 f.
Bush, George W. 9 f., 16, 22 f., 29, 51, 113, 116, 137, 143, 169 f., 172, 182, 184, 189, 206 f., 210, 216, 234 ff., 238 ff., 242–252, 255, 257 ff., 271, 278 f., 283, 287 f., 297, 299 f., 304, 307 f., 310, 322, 324, 326, 345, 349, 355, 359 f., 362, 370, 372, 396, 399–403, 406 f., 409, 410–413
Bush, Jeb 239 f., 242 f., 248 f.
Bush, Laura 210
Byrnes, Robert Ebert 106, 108

Campbell, Donovan 276
Campos, Paul F. 13, 127 f., 425
Carnahan, Mel 278, 280 f.
Carter, Jimmy 214, 287–295, 322, 325, 330, 390 ff., 412 f.
Cassidy, John 159, 162
Castro, Fidel 318
Ceaușescu, Nicolae 290
Chafee, Lincoln 209

Checchi, Al 208
Cheney, Dick 169, 171, 184
Christian Coalition 260f., 264, 266f., 270, 275, 280, 297ff., 325
Christian Right 267f., 278f., 282
Christopher, Warren 16, 246
Clark, E. Ann 386, 388
Clifford, Robert 39
Clinton, Bill 10, 16, 116, 137, 166, 181f., 189, 209, 214f., 223, 233, 241, 246, 250, 271, 273–278, 280f., 298, 306f., 310, 341, 351, 359f., 362, 366f., 399
Corzine, Jon 207ff.
Crier, Catherine 18
Cunningham, Charles 266

Danforth, Gerald 92
Danworth, John 237
Davidson, Jessica 200
Davis, J.C. Bancroft 153
DeLay, Tom 301
Denton, Nancy A. 56
Dershowitz, Alan M. 256
Diamond, Sara 271
Dicker, Richard 372
Dolder, Marcus J. 346
Dole, Elisabeth 206
Donelson, John 68
Down, James Blair 198f.
Drinan, Robert F. 325f., 329ff.
Drogengesetze 133ff.
Drogoul, Christopher 399
Dukakis, Michael 130
Dulles, John Foster 322

Eagleton, William 394
Edelman, Daniel 196f.
Edwards, John 209
Eisenhower, Dwight D. 237
Eisner, Michael 161
English, Michael 264
Evans, Craig 384ff.

Falk, Richard 405f.
Falwell, Jerry 262, 275
Farmer-Paellmann, Deadra 54f., 97
Fehrenbach, T.R. 74
Feinberg, Ken 48f.
Ferencz, Benjamin 367f.
Fischer, Joschka 348

Fischer, Stanley 317
Foege, Alex 261
Folter 355f.
Forbes, Steve 208, 280
Ford, Gerald 135, 238, 250, 254
Foulder, Joseph Stanley 349
Foxman, Abraham 328
Franks, Bob 208
Frantz, Joe 74
Freiwald, Aaron 253
Friedman, Alan 399
Friedman, Lawrence M. 54, 61, 82f., 85, 99, 117, 133, 303, 421, 422
Friedman, Milton 149
Friedman, Thomas 412, 418
Frist, Bill 209

Gallagher, Kevin 29
Gardy, Mark C. 182
Gates, Bill 213f., 219f.
George III. (brit. König) 63
Gilmore, James 349
Gillman, Howard 250
Ginsburg, Ruth Bader 250
Giuliani, Rudolph 30, 49f.
Glendon, Mary Ann 18
Goldenberg, Mark C. 200
Goldwater, Barry 237
Goodell, William 54, 79
Gore, Al 9f., 16, 143, 235f., 239ff., 245–252, 255, 258, 271
Granger, Thomas 86
Gray, James P. 135f.
Grewe, Wilhelm 304
Griffin, Michael 268f.
Grossman, Larry 227f.
Grundfest, Joseph 181
Gunn, David 268f.

Haass, Richard 362
Haig, Alexander 291, 393
Harmelin, Allen 133
Harris, Katherine 241ff., 245ff.
Harrison, Henry William 69
Hartmann, Thom 153
Hartung, William D. 334, 339, 397f.
Hellerstein, Alvin K. 49
Helms, Jesse 340f., 367
Hertzberg, Rick 258
Heston, Charlton 341f.

Hicks, Joe 98
Hilfiger, Tommy 138
Hill, Paul 269
Hogg, Thomas 86
Homosexualität 270, 279, 299
Howard, Philip K. 119–123
Huffington, Michael 208
Humanitäre Hilfe 343 ff.
Huntington, Samuel 301, 418
Hussein, Saddam 288, 338, 369 ff., 374,
   391–398, 400, 409 f., 412, 414 f., 417

Ignatieff, Michael 304
Indianer 66–74, 87–96, 218
Internationaler Währungsfonds s. IWF
Internationales Strafgericht 10 f.,
   359–364, 368 ff., 372
Irons, Peter 78
Issacharoff, Samuel 255
IWF 312–317

Jabbar, Abdul 379
Jackson, Andrew 67 ff., 72, 74
Jaworksi, Leon 234
Jefferson, Thomas 57, 71, 184
Jensen, Michael 160
Johnson, Lauri Macmillan 121
Johnson, Lyndon B. 272
Jones, Paula 274, 276
Jones, Tommy Lee 124
Jordan, Marabeth 264
Judson, Andrew 65
Jung, C.G. 23

Kagan, Robert A. 305, 424
Karlan, Pamela S. 255
Karven, Ursula 124
Kaufman, Irving 355 f.
Kaufmann, Stephan 409
Kennedy, Anthony 233, 238, 252 ff.
Kennedy, John F. 116
Kennedy, Randall 79 ff.
Kennedy, Ted 209
Kerry, John 209
Kinderkonvention 354 f.
King, Larry 213
Kinsley, Michael 45 f., 51, 428
Kioto-Protokoll 355
Kirkpatrick, Jeane 335
Kissinger, Henry 116, 322, 332, 346

Klare, Michael T. 339, 414 ff.
Klein, Richard 126 f.
Klite, Paul 225
Knox, Henry 71
Kohl, Herb 209
Koniak, Susan P. 173 ff., 193
Kozlowski, Mark 203
Kreindler, James 49
Kreindler, Lee S. 25, 44 f.
Kreß, Claus 372
Kreye, Andrian 193
Krohley, William 376
Krugman, Paul 169 f., 210 f.

Laden, Osama bin 30, 33, 50, 308, 337,
   411, 415 f.
LaGrand, Walter 347 f.
Law, Edward 111
Lay, Kenneth 160
Lazarus, Edward 252, 256
Leahy, Patrick 280
Ledbetter, James 228
Lerach, Bill 176 ff., 181 ff., 189
Levitt, Arthur jr. 166 ff., 182
Lewinsky, Monica 223
Liebeck, Stella 20, 113
Lieberman, Joseph 240
Lind, Michael 260
Lloyd, Eddie Joe 146
Lott, Trent 56
Lowell, Francis Cabot 158
Lumpkin, Richard 160

Machain, Alavarez 366
Madison, James 75
Mahoney, Richard 205
Manza, Jeffrey 240
Marquart, Jaime 99, 106 ff.
Marshall, Alfred 160
Marshall, John 76 ff.
Marshall, Thurgood 271 ff.
Mason, Tom 342
Massey, Douglas S. 56
Matthews, Chris 31
May, Ernest 308 f.
McBride, Bill 244
McCain, John 206 f.
McChesney, Robert W. 226 f.
McLeod, Carl 160
McNamara, Robert 311

Meckling, William 160
Meese, Edwin 279
Melancon, Barry 167
Mello, Michael A. 145
Menschenrechte 23, 288–296, 310,
  322 ff., 326 ff., 333 f., 346, 357, 361,
  373 f., 391 f., 412 f., 417 ff., 428 f.
Merkel, Reinhard 304, 402, 405, 427
Merseburger, Peter 288
Mersky, Roy 231, 237
Milken, Michael 177
Miller, Jed 132
Milosevic, Slobodan 371, 374
Mitchell, Aaron 385
Mitchell, Lawrence E. 156 f.
Montgomery, Charles 121
Morgan, John P. 17
Mortham, Sandra 242
Motley, Ronald L. 15, 185 ff., 198
Mourdier, Magdalena 42

Nader, Ralph 149, 152, 156, 177, 204
National Rifle Association s. NRA
Needleman, Jack 126
Negroponte, John 363
Neier, Aryeh 370
Nichols, John 226 f.
Nixon, Richard 16, 21, 130, 135, 233 f.,
  238, 254, 273, 331, 333 f., 337 f.
Nochur, Ganesh 377
Nolan, Don 38
Noriega, Manuel 335 f.
Nossiter, Adam 125
NRA 341 f.
Nye, Joseph S. 302, 427

O'Connor, Sandra Day 233, 238, 251 f.
Ochoa, Billy 128 ff.
Öl 288, 333, 338 f., 395, 407–418, 426, 428

Pace, William R. 360 f.
Pahlavi, Mohammed Reza (pers. Schah)
  338 f.
Paine, William 86
Palast, Gregory 239
Parshall, Janet 301
Peck, Jeffrey 168
Peskin, Stephen 42
Phillips, Kevin 210
Pildes, Richard H. 255

Pinochet, Augusto 334
Pitt, Harvey 169, 171 f., 182
Popoff, Frank 205
Porteous, Skip 262
Portnick, Jennifer 111
Powell, Colin 214, 344
Power, Samantha 310, 373 ff.

Radelet, Michael L. 144
Radin, Margaret Jane 256
Reagan, Ronald 182, 214 f., 232 f., 237 f.,
  253 f., 265 f., 279, 294, 322, 326, 335,
  374, 390 f., 394, 399 f.
Reed, Ralph 261, 264, 297 f., 301
Regan, Patrick 13
Rehnquist, William 233 f., 237, 251,
  254, 259
Reno, Janet 244
Resnick, Alice Robie 203
Reuben, Donald 149
Reyes, Matias 147
Rice, Condoleezza 306 f., 410
Rieff, David 345 f., 375
Robbins, Deirdre 35
Roberts, Clay 243, 248 f.
Robertson, Pat 260, 262 f., 264 ff., 271,
  275, 280, 297 f., 300
Rockefeller, Jay 209
Rockefeller, Nelson D. 133 ff.
Rogin, Michael 70
Roosevelt, Eleanor 322
Roosevelt, Franklin D. 16, 184, 288, 415
Rose, Charlie 228
Rosenblatt, Roger 17
Roth, Kenneth 362
Rove, Karl 300
Rubenstein, Ed 13
Rumsfeld, Donald 394, 400

Sammelklage 26, 192–202
Saud, Abdul Aziz Ibn 415
Scalia, Antonin 238, 259
Scharf, Michael 364
Scheffer, David 367
Schier, Sabine 409
Schilit, Howard 163
Schlesinger, Arthur 67
Schmeiser, Percy 380–389
Schulz, William F. 325, 327, 329
Schwartz, Bernard 59 f.

Schwartz-Nobel, Loretta 115, 117
Schwarze 21, 75 f., 79 f., 82, 87 ff., 97 f.,
   141 ff., 152 f., 218, 241, 272
Scott, Dred 78 f.
Scott, Harriet 78
Scruggs, Dickie 187
Sears, Alan 270
Semmell, Elisabeth 145
Sercye, Christopher 122 f.
Shannon, Rachelle 269
Shaver, Doug 147
Sheridan, Billy s. Arnold, Marcus
Shultz, George P. 394
Silva, Robert J. 109 f.
Silverstein, Larry 33
Simpson, O.J. 90, 223, 236, 271
Skilling, Jeff 179 f.
Sklaverei 54 ff., 64 ff., 75–82, 87 ff.,
   97 f., 153
Smith, Chuck 243
Smith, Evelyn 269 f.
Smith, John 77
Souter, David 238, 250
Souther, Simeon 81
Speiser, Stuart M. 14
Spenden 212 ff., 219 f., 266, 270
Sporkin, Stanley 174
Staples, Brent 54
Starr, Kenneth 223, 274, 277
Stassen, Harold 237
Steart, Larry 31
Stelle, James B. 94
Stern, Ernest 314
Stern, Nicholas 316
Stevens, John Paul 231, 238, 250, 257
Stipanovich, Mac 248
Stratton, Richard 139
Sugarmann, Josh 189
Sullivan, Ashley 115
Sullivan, Scott 160
Sutter, Russ 191

Taylor, Telford 361 f.
Teicher, Howard 392 ff.
Thieu, Nguyen Van 332
Thomas, Clarence 237 f., 251, 254, 259
Thomas, Helen 278
Thompson, Hunter S 108
Thoreau, Henry David 218
Three-Strikes-Gesetz 128 f., 131, 133, 136

Tiller, George 269
Tito, Marschall 290
TLC 28, 31, 36, 38 ff., 47
Tocqueville, Alexis de 59 f., 234, 271
Todesstrafe 144 ff., 268, 354
Toobin, Jeffrey 258, 271, 276
Trial Lawyers Care s. TLC
Turner, Ted 213 f., 214
Turow, Scott 108

Velasquez, Jay 167
Vereinte Nationen 10 f., 310, 321 ff., 327,
   329 ff., 342 ff., 346 f., 350, 356, 359 ff.,
   364 ff., 371
Viguerie, Richard 262
Villafuerte, Jose Roberto 349

Wade, Robert 312
Waffen 188 ff., 266, 268, 280 ff., 288,
   292 ff.,331 ff., 336–343, 351 f., 354,
   392 ff., 396 ff., 400, 403 f., 410, 414 f.,
   417 f.
Wagner, David 214 ff., 218
Wahlrecht 141 ff., 153, 235, 240 ff., 244
Walt, Stephen M. 371
Warren, Earl 327
Washington, George 55, 71, 92
Webster, William 171
Welch, Jack 227 f.
Weltbank 312–317
Weyrich, Paul 260, 262
White, Ronnie 281
White, Steven 131
Whitehead, John 274 ff.
Wiese, Kurt 264
Will, George F. 118
Wilson, Pete 130
Winnick, Gary 160
Wohlforth, William 302
Wolfensohn, James D. 317
Woodward, Bob 222
Wootton, James 15
Wright, Paul 139, 141
Wyrick, Justin Anthony jr. s. Arnold,
   Marcus

Yermack, David 161 f.

Zinn, Howard 68, 71, 75, 290
Zobel, Hiller 119